교육행정가와 교사를 위한 교육혁신 지침서

교육행정의 혁신

박선하 지음

지식공감

머리말

대다수 국가들은 생산기술 향상에 직결되는 인적자원의 개발을 위해 교육혁신을 강조하고 있으며, 국가적 차원에서 교육투자를 강화하고 새로운 교육체제를 형성하는 데 많은 노력을 기울이고 있다.

미국은 1980년대에 교육혁신을 시작하고 지속적으로 자율과 책임을 강조하는 수월성 위주의 교육혁신을 추진하고 있다. 우리나라에서도 교육개혁위원회를 설치하고 사교육 의존에 따른 학부모의 사교육비 부담을 경감시키고, 교육 과정의 정상 운영을 위해 강도 높은 교육정책을 수립하고 이를 실현시키고자 노력하였다. 그러나 역대 정부의 강력한 과외단속과 일련의 공교육 강화 정책에도 아직도 사교육 의존도는 줄어들지 않고 있으며, 대다수의 공립 중·고등학교의 학력 수준은 그렇게 높지 못하고 상당수 학교에서 교실붕괴현상이 나타나고 있는 실정이다. 일부 시·도에서 창의성 위주의 혁신학교를 시범적으로 운영하고 있으나 아직까지는 그 결과에 대해 정확한 평가를 내리기에는 시기상조인 것 같고, 소수의 혁신학교 성과를 일반화하는 것도 현재로서는 어려운 점이 많다.

미국의 교육혁신에서 나타난 바와 같이 '위에서 아래로'의 교육혁신은 실패하기 쉬우므로 '아래서 위로'의 교육혁신이 이루어지도록 단위학교의 자율과 책임을 강조하는 방향으로 교육혁신을 추진해야 할 것이다. 단위학교마다 독특한 교육환경, 인적구성, 교육활동, 학교문화와 풍토 등을 지니고 있으므로 이러한 특수성을 고려하지 않는 일률적인 혁신학교 운영은 별로 효과를 거두지 못하게 된다. 따라서 구체적인 교육혁신 방법은 개개 학교의 실정에 맞도록 구안하여 운영하도록 하는 것이 효과적일 것이다. 이론은 무수한 교육적 현상에 대해 보편적인 지식을 제공하고 실제에의 적용에서 지향해야 할 방향을 탐색하는 데 도움을 주므로, 교육행정이론은 단위학교 교육행정 혁신을 통해 '아래에서 위로'의 교육혁신을 추구하는 데 유용한 근거를 제공해 줄 수 있다.

이러한 관점에서 이 책에서는 단위학교 교육행정의 혁신에 도움이 될 수 있는 주요한 교육행정이론을 제공할 목적으로 제1장 열린 사회체제로서 학교조직, 제2장 소식 구성원의 동기부여, 제3장 학교의 효과성 및 채무성, 제4장 조직문화와 조직풍토 개선, 제5장 참여적 의사결정, 제6장 학교에서 의사소통 네트워크, 제7장 상황에 따른 교육리더십, 제8장 교육 외부환경의 관점과 대응전략, 제9장 교육혁신의 전개과정과 실제로서 구성하였다.

이 책의 출판이 교육혁신을 추진하는 교육행정가와 교사들에게 다소나마 이론적 기여를 할 수 있었으면 하는 바람을 지니며, 교육행정학을 공부하는 학도들에게도 학문적 도움이 되었으면 한다. 이 책의 내용에서 미흡한 부분이 있으면 널리 지적해 주기 바라며, 앞으로 잘못된 내용은 계속 수정 보완해 나가고자 한다. 이 책의 출판을 위해 많은 노고를 기울여주신 도서출판 지식공감 김재홍 대표님과 직원 여러분에게 감사의 뜻을 전한다.

2012년 4월

박 성 하

CONTENTS

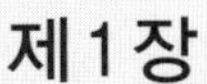

제1장

열린 사회체제로서 학교조직

체제개념은 사회과학은 물론 자연과학에서도 오랫동안 사용됐다. Alfred N. White-head(1925)와 George C. Homans(1950)는 환경 속에 조직화된 전체 또는 체제라는 이념이 존재하며, 이는 과학에서 근본적이며 본질적인 역할을 하고 있음을 관찰하여 알아냈다.

조직 행동 분석에서 의미 있는 발전은 열린 체제와 닫힌 체제 간의 구분이다. 학교의 초기 체제 분석(Getzels and Guba, 1957)은 조직을 외부세계와 단절된 닫힌 체제로서 보았다. 환경에 의한 외부적 제약에 대한 주의를 거의 기울이지 않고 조직의 내적활동에 대한 설명이 주로 이루어졌다. 그러나 현대의 조직이론가들은 외부적으로 일어나는 사건과 분리해서 조직을 이해할 수 있다는 전제를 거의 수락하지 않는다. 사실상 Marshall Meyer(1978:18)는 "열린 체제와 닫힌 체제의 논쟁은 열린 쪽으로 종결되었다."고 하였다.

비록 동시대의 조직사상이 현대사회과학에 근거하고 있지만, 세 가지 경쟁적인 체제관점이 대두되고 주창되고 있다. W. Richard Scott(1987b, 1992, 1998)은 이를 합리적 체제, 자연적 체제, 열린 체제라 불렀다. 이러한 세 가지 조직 견해는 비교적 구분되지만, 부분적으로 중복되고 상호보완하며, 부분적으로 갈등을 일으키나, 각각은 초기 조직사상에 근거를 두고 있다. 다음은 Scott(1992, 1998)의 저서에서 발췌한 조직이론의 몇 가지를 상술한 것이다.

열린 사회체제의 관점

1 합리적 관점

합리적 체제 관점(rational-systems perspective)은 조직을 구체적인 조직목표를 달성하기 위해 계획된 형식적 수단으로 본다. 합리성은 설정된 목표를 최대한 효율적으로 달성하기 위해 일련의 행동을 조직하고 이행하는 정도이다(Scott, 1992). 합리적 접근방법은 과학적 관리의 고전적 조직사상에 근거를 둔다.

과학적 관리운동(scientific management movement)의 아버지 Frederik Taylor는 산업조직에서 사람들을 효과적으로 이용하는 방법을 찾았다. Taylor는 근로자, 사무원, 기계 기사, 감독자, 기획부장을 거쳐 최고 엔지니어가 된 배경과 경험을 통해 사람들을 효율적인 기계처럼 다룰 수 있다는 신념을 갖게 되었다. 과학적 관리 접근방법의 핵심은 기계와 유사하게 사람들을 관리하는 것이다.

Taylor와 그의 동료들은, 근로자는 경제적 유인으로 동기화되고 생리적 한계를 지니며, 계속된 지시가 필요한 존재로 생각하였다. 1911년 Taylor(1947, 1998)는 자신의 이념을 과학적 관리론에 담아 형식화하였다. 그의 이념 중에서 몇 가지를 발췌하여 관리이론의 일면을 제시하고자 한다. Taylor와 그의 동료들은 물질적 생산에 초점을 두고, **시간과 동작 연구(time and motion studies)**를 통해 근로자의 육체적 한계를 찾고 주어진 과업수행을 위한 가장 빠른 방법을 기술하였다(Barnes, 1949:556-67). 그들은 과업을 체계적으로 연구하고 여러 가지 과업을 수행하는 데 걸리는 시간을 연구함으로써 과업을 완수하는 데 필요한 가장 효율적인 방법을 결정할 수 있다고 믿었다. 비록 Taylor의 연구가 편협한 생리적 측면에 치우치고 심리적, 사회적 변수들이 무시되었지만, 많은 작업이 더욱 효율적으로 수행될 수 있음을 입증하였다. 또한, 미숙련공의 생산성을 높임으로써 미숙련공도 숙련공에 근접하는 임금을 받을 수 있게 하는 데 기여하였다(Druker, 1968). Taylor의 인사 관리자들이 근로자 개개인으로부터 위쪽으로 연구를 한데에 비하여, 행정관리자들은 관리담당 임원으로부터 아래쪽으로 연구하였다. Taylor와 같이 Henri Fayol도 과학적 접근방법을 행정에 적용하였다. Fayol은 프랑스 광산기술자였고 행정을 가르치기도 한 성공한 행정관이었다. Fayol에 의하면(Uwick, 1937:119) 행정적 행동은 다섯 가지 기능. 즉, 계획, 조직, 명령, 조정, 통제로 구성되어 있다. Luther Gulick(1937)은 후일에 "최고경영자는 무슨 일을 하는가?"라는 질문에 "POSDCoRB"라고 하였는데, 이는 일곱 가지 행정과정인 계획, 조직, 인사, 지시, 조정, 보고, 예산편성의 머리글자를 합친 것이었다.

행정관리에서 **분업(division of labor)**은 조직의 첫째 원리이다. 과업이 구성요소에 따라 더 많이 세분되고 전문화되면, 그에 따라 근로자는 더 효과적으로 과업을 수행할 수 있게 된다. 근로자의 분업을 보완하기 위해, 과업은 직무 안에 조화롭게 배당되고, 직무는 부서 안에 통합된다. 분업의 기준이 요구와 갈등을 빚기도 하지만 근로자의 분업과 직무의 세분화는 관리 측면에서 필요하다. 더 나아가, 공식화된 업무수행을 위해 과업을 잘게 쪼개서 작업의 **표준화(standardization)**를 이루었다.

통솔범위(Span of control), 또는 직접 감독을 받는 근로자의 수는 둘째 원리이다. 과업을 위에서 아래로 세분화함에 따라, 개개 작업반의 감독과 다른 작업반에 대한 과업조정이 필요하게 되었고, 이를 가장 효과적으로 수행하기 위해 통솔범위를 5명에서 10명으로 잡았다. 이와 같은 대략적 규칙은 행정조직을 편성하는 데 아직도 널리 사용되고 있다. 위에서 아래로 권력과 권위가 물처럼 일률적으로 흘러가기 위해서는 한 명의 경영자가 피라미드형 구조 형태에서 통솔하게 되는데, 이는 둘째 원리에서 비롯된 것이다.

경영관리자의 셋째 원리는 **동질성의 원리(principle of homogeneity)**이다. Gulick(1973)에 따르면, 한 부서는 서로 다른 네 가지 방법, 즉 주요 목적, 주요과정, 고객, 또는 위치에 의해 형성된 지위의 집단이라 볼 수 있다.

- 주요 목적은 공동목표를 공유한 사람들을 연결한다.
- 주요과정은 비슷한 기능이나 기술을 지닌 사람들을 결합한다.
- 고객 또는 물질은 비슷한 고객이나 물질을 다루는 사람들을 집단화한다.
- 위치 또는 지리적 영역에 근거한 조직은 기능과 관계없이 함께 일하는 사람들을 결속시킨다.

이런 네 가지 방법으로 부서를 조직하는 것은 분명히 문제가 있다. 예를 들면, 학교보건활동을 교과부와 보건복지부의 어디에 두어야 하는가? 에 대한 답변은 부서의 서비스 특성을 바꾸게 될 것이다. 네 가지 방법 중에서 어느 하나에 의해 부서를 동질화하는 것은 모든 면에서 부서를 동질화한 것은 아니다. James D. Thompson(1967:57)은 "문제는 집단화를 위해 어떤 기준을 사용하느냐가 아니고, 오히려 여러 가지 기준을 어떤 우선순위에 따라 사용하느냐?"에 있다고 하였다.

인사 관리자와 과학적 관리자 양쪽은 형식적 조직이나 관료적 조직을 강조하였다. 이들은 분업, 권력배분, 직위의 세분화에 관심이 많았고, 개인적 특질이나 과업을 수행하는 사람들의 사회적 역동성에는 관심이 없었다. '기계모형'이라 부를 수 있는 이러한 관점은 다리나 엔진을 만들듯이 조직을 설계도에 따라 구성할 수 있다고 보았다(Worthy, 1950).

Roald Campell과 그의 동료들(1987)은 교육행정의 발전은 일반행정의 발전과 일치해서 나아간다고 상술하였다. 비록 인사 관리자들은 엄밀함이 부족하지만, Taylor의 과학적 관리자와 유사하게, Franklin Bobbit(1913) 같은 초기 교육행정 학자들은 조직 행동을 직무분석의 관점에서 보았다. 그들은 행정가의 직무를 관찰하여, 수행해야 할 과업의 요소를 구체화하고, 각 과업을 효과적으로 수행하는 방법을 결정하였으며, 효율성을 최대화할 수 있는 조직을 제시하였다.

1910년부터 1930년 사이의 기간을 중심으로 학교의 분석과 '효율성의 숭배'에 관한 분석을 한 Raymond E. Callahan(1962)의 연구에서 학교에 대한 과학적 관리자의 영향을 분명하게 알 수 있다.

Taylor의 과학적 관리를 지나가는 일시적 유행으로 간주하는 것은 옳지 않을 것이다. Kanigel(1997)은 테일러주의는 미국식 생활 그 자체가 되었고 현대 조직에서도 생생하게 이어져 온다고 한다. 시간, 질서, 생산성, 효율성에 대한 Taylor의 강박관념은 오늘날에도 생산성과 효율성을 유지하도록 해주는 전자수첩, 휴대전화, 자동응답전화, 무선호출기에 대한 매력 속에 전달되고 있다. 오늘날, 테일러주의는 지적으로는 수명을 다한 것 같지만, 미국사회에서 계속해서 영향을 미치고 있음을 누구도 부인할 수 없을 것이다. 좋건 싫건 간에 테일러주의는 여전히 살아있다.

② 구조적 관점

합리적 체제 관점에서 조직 행동은 목적적이고, 규율에 따르며, 합리적이다. 합리적 체제 이론가들의 관심과 개념은 '효율성', '최적화', '합리성', '계획' 같은 용어에 의해 전달된다. 더 나아가, 이 관점은 조직상황에서 개인 의사결정자의 한계를 강조한다. 그러므로 기회, 억제, 형식적 권위, 규율과 규칙, 복종, 조정이 합리성의 주된 요소가 된다. 현대의 합리적 체제 이론가들은 이러한 요소들이 조직의 합리성과 효율성에 중요한 공헌을 하므로 목적의 구체성과 형식화를 강조한다(Scott, 1998).

목표(Goals)는 조직 행동을 안내하는 바람직한 목적이다. 구체적 목표는 의사결정을 지시하고, 형식적 구조에 영향을 미치고, 과업을 구체화하고, 자원배분을 안내하고, 계획결정을 지배한다. 모호한 목표는 명확하지 않음으로써 합리성을 방해하고, 대안의 우선순위를 정하거나 합리적 선택을 하는 것을 불가능하게 만든다. 그러므로 일반적 목표가 모호하다면(흔히 **교육에서 그러하듯이**), 구체적인 목표를 세워 실제적인 운영을 매일 할 수도 있다. 교육자들은 끝없이 진보주의 교육과 전통주의 교육의 장점을 논쟁할 수 있다. 그러나 학교현장에서는 졸업요건, 훈육방침, 학교규칙 같은 논쟁점에 대해서는 상당한 협정이 이루어져 있다.

형식화(Formalization) 또는 규율과 직무의 성문화 수준은 합리적인 조직을 만드는 다른 특징이다. 형식화는 과업수행의 표준화와 규정화를 이루게 하였다. 규율은 행동을 정확하고 명확하게 다스리기 위해 개발된 것이다. 직무는 수락할 수 있는 행동의 관점에서 신중하게 정의되고, 역할관계는 조직구성원의 개인적 특성과 상관없이 규정되며, 때때로 직무 흐름 자체가 명확하게 구체화된다. 형식화는 표준화와 규정화에 의해 예측할 수 있는 행동을 만들기 위한 조직의 수단이다. Simon(1947:100)은 "조직과 기관은 특수한 조건에 처해 있는 다른 구성원의 행동에 대해 안정적인 기대를 하도록 허용한다. 그런 안정적인 기대는 사회집단의 행위결과에 대한 합리적인 고려를 하는 데 필수적인 전제조건이 된다."라고 설득력 있는 진술을 하였다.

형식화는 조직이 합리적으로 기능하는 데 기여하는 여러 가지 중요한 방법 중 하나이다(Scott, 1992). 또한, 형식화는 관리자가 업무수행 향상을 위해 형식적 구조를 조정할 수 있게 조직적 관계의 구조를 볼 수 있도록 해준다. 목표관리(MBO), 기획예산제도(PPBS), 성과평가검토기법(PERT)은 관리자가 합리적 의사결정을 촉진하기 위해 사용하는 기술적 도구의 예이다. 형식적 구조는 또한 감정적 유대나 느낌보다는 사실에 바탕을 둔 규율과 의사결성을 증신한다. 사실상 형식화는 구성원들이 서로에 내해 갖는 긍정적 느낌이나 부정적 느낌을 어느 정도 감소시켜 준다. Merton(1957:100)은 "형식화는 직원들의(아마 적대적인) 서로에 대한 개인적 태도에도 사무실 사용자들의 상호작용을 촉진하도록 해준다."라고 하였다. 더 나아가, 형식화는 조직이 특정한 개인에게 의존하는 것을 줄여준다. 교육받은 개인이 최소한의 저항으로 적절하게 재배치 될 수 있도록 개인의 교체가 관례화된다. Seldon Wolin(1960:383)은 "조직은 단순화되고 절차를 관례화함으로써 뛰어난 재능을 지닌 인재에 대한 요구를 없애기도 하지만, 이것은 조직이 평균적인 사람들에 의해 운영되고 있음을 의미한다."라고 지적하고 있다.

조직목표 달성을 위해 헌신하는 사람들에게 합리성과 형식화는 방법 탐색의 중요한 특징이 된다. 효율적인 직무수행을 위해서 조직구조를 어떻게 형성해야 할 것인가? 합리적 체제 이론가는 분업, 전문화, 표준화, 형식화, 권위의 위계, 통솔범위의 축소, 예외 법칙 등과 같은 지침을 중시한다. 분업은 과업을 기본적 구성요소로 세분화하며, 이는 전문화로 이끌어 준다. 전문화는 전문적 기술을 향상하고 표준화와 더불어 일상적인 과업의 효율과 효과를 증대한다. 더 나아가, 형식화는 규칙과 규정에 따르는 조직체제에서 표준화된 운영 절차를 증진시킨다. **예외 원칙**(exception principle)은 규정에 없는 예외적인 상황이 발생했을 때는 상급자가 처리해야 한다는 것이다. 마지막으로 권위의 위계는 일치된 명령체계로 조직적 행동을 조정하고 통제하며, 상의하달식 구조는 행정지시에 직원들이 반발 없이 복종하도록 한다. 앞에서 제시한 조직 원리들을 적용함으로써 효율적이고 효과적으로 운용될 수 있다는 조직에 대한 믿음은 형식적 조직만큼 중요하다.

아마도 합리적 체제 관점의 가장 큰 단점은 조직 개념이 너무 경직되어 있다는 것이다. James G. March와 Herbert Simon(1958)은 조직의 구조와 기능수행은 조직 외부의 사건에 의해서, 조직 내에서 불완전하게 조정된 사건에 의해서 크게 영향을 받을 수 있지만, 이러한 사건발생의 어느 것도 미리 조정할 수가 없다는 것을 관찰하였다.

현대의 비평가들은 또한 전체보다 부분을 지나치게 강조하는 점을 지적한다. Senge와 그의 동료들은[Kofman and Senge(1993), Senger(1990)] 조직의 부분에만 관심을 둔다든지, 전체를 최대화하기 위해 부분을 최적화해야 한다는 믿음을 갖는 것은 전체의 탁월성을 경시하고, 인위적인 구별을 강조하며, 조직의 체계적 기능수행을 부인하기 때문에 근시안적이라고 주장한다.

③ 자연적 관점

자연적 체제 관점(natural-systems perspective)은 합리적 체제 관점과 상반되는 다른 조직의 견해를 제공한다. 자연적 체제 관점은 1930년대의 인간관계론에 뿌리를 두고 있다. 인간관계론은 과학적 관리론에 대한 반작용과 합리적 체제 모형의 부적합성에 대한 인식으로 대대적으로 개발되었다.

Mary Parker Follett은 인간관계 운동의 선구자였다. 그녀는 행정의 인간적 측면을 다루는 일련의 재기 넘치는 논문들을 발표하면서 조직에서 기본적인 문제는 역동적이고 조화로운 관계를 개발하고 유지하는 것이라고 주장했다. 부가적으로, Follett(1924:300)은 "갈등이 반드시 불일치로 인한 낭비를 발생하는 것은 아니며, 관심 있는 모든 것의 질을 높이기 위해 사회적으로 가치 있는 차이를 나타내는 정상적인 과정이다."라고 생각했다. Follett의 연구에도, 인간관계론의 발전은 시카고에 있는 Western Electronic Company의 Hawthorne 공장에서 수행된 연구에서 유래되었다. 이 연구들은 비형식적 집단을 기술하는 문헌들의 기초가 되었고, 비형식적 집단의 연구는 학교분석에 근거가 되었다.

Hawthorne 연구(Roethlisberger and Dickson, 1939 참조)는 생산현장에서 조명의 질과 양이 효율성과 어떤 관계가 있는가를 고찰하기 위해 세 가지 실험을 했다. 첫 번째 조명 실험은 세 부서에서 실시되었다. 부서마다 조명강도를 일정한 간격으로 증가하였다. 그 결과는 혼란스러웠다. 조명강도 증대와 생산율 증가는 상관관계가 없었고, 조명강도를 낮추어도 생산은 감소하지 않았다. 두 번째 실험에서는 조명 세기를 변화시킨 실험집단과 조명을 일정하게 유지한 통제집단을 비교하였다. 두 집단은 지속적으로 거의 똑같이 생산율의 증가를 보여주었다. 마지막으로, 세 번째 실험에서는 실험집단의 밝기는 줄이고 통제집단의 밝기는 일정하게 하였는데도 두 집단의 효율은 증가하였다. 더 나아가, 근로자들이 너무 어두워 일을 제대로 할 수 없다고 불평할 때까지 조명을 낮추었어도 생산율은 증가하였다.

그 결과는 실험에서 원래 예상했던 만큼 단순하지도 명쾌하지도 않았다. 두 가지 결론이 내려질 수 있을 것 같다. 근로자의 생산은 원래 조명 조건에 관련되지 않는다. 그리고 너무 많은 변수가 실험에서 통제되지 못하였다. 이 연구의 놀랄만한 특징이 더 많은 연구를 자극하였다.

Harvard 교수인, 산업심리학자 Elton Mayo와 사회심리학자 Fritz Roethlisberger는 작업의 물질적 조건과 생산성 간의 관계를 계속해서 연구하였다. 서부전기회사는 생리적 요인과 마찬가지로 심리적 요인을 지닌 것이 아닌가 하고 생각하였다. 1927년부터 1932년까지 두 연구자는 사회과학분야의 고전이 된 일련의 실험을 한 Hawthorn 연구를 계속하였다. 한 가지 일반화가 거의 즉각적으로 명백해졌다. 근로자의 행동은 공식적 직무 명세서에 따르지 않는다는 것이다. 비공식적 조직이 업무수행에 영향을 미쳤다. **비공식적 조직(비형식적조직, infomal organization)**은 비공식적 규범, 가치, 정서, 의사소통 형태와 마찬가지로 비공식적 지도자를 가지며, 공식조직 내에 나타나는 비공식적 사회구조이다.

연구자들은 근로자들이 일하기 위해 함께 모이자마자 비공식적 상호작용 형태를 개발함을 알게 되었다. 우정이 형성되고, 잘 정의된 집단들이 나타났다. 이러한 비공식적 집단들은 근무시간 동안이나 외에 상호작용하는 것이 명백했다. 예를 들면, 한 집단은 다른 집단과 달리 퇴근 후에 어떤 게임을 하며 어울렸다. 다른 상호작용 형태보다 훨씬 더 중요한 것은 행동을 지배하고 집단을 통일시키는 비공식적 규범이었다. 너무 많은 일을 하면 작업속도를 위반하는 사람이 되고, 마찬가지로 너무 적게 일하면 잔꾀 부리기를 한 심각한 비공식적 규범 위반으로 여겨졌다. 배신을 없애는 규범, 즉 집단구성원은 동료를 해칠 수 있는 말을 해서는 안 되었다. 다른 규범은 주제넘은 행동이나 자기 독단적인 행동을 못하도록 하였다. 시끄럽지 않고, 배려와 리더십을 열망하지 않는 '보통 사람'이 되기를 기대하였다.

작업집단은 변절자에 대한 압력을 행사하기 위해 따돌림, 야유, 비난을 통해 비공식적 규범을 존중하도록 강요받는다. 복종하도록 하기 위한 한 가지 기제는 팔 윗부분을 빠르고 세차게 때리는 것이다. 이러한 구타행위는 육체적으로 상처를 입히지 않고 그럴 의도도 없지만, 집단 응징의 상징적 표현이 된다.

집단내의 많은 활동은 형식적 역할 규정에 반대하는 것이다. 근로자는 규정된 자신의 직무에 충실하지 않고 빈번히 직무의 허점을 이용하며, 비공식적 시합을 하거나 때로는 다른 사람의 일을 돕기도 한다. 집단은 또한 생산성을 억제하기도 한다. 집단규범은 수락할 수 없을 만큼 너무 낮지는 않지만, 관리자의 기대보다 낮은 공정한 일일 작업량을 정한다. 대부분의 일은 오전에 끝난다. 작업속도가 빠른 근로자는 일찌감치 작업속도를 줄이거나, 일감이 없는 날의 생산비축을 위해서 성취한 작업량을 줄여서 보고하기도 한다. 더 많은 생산이 가능한데도 불구하고 비공식적 생산 수준은 일정하게 유지된다. 이 집단은 성과급 제도를 적용하고 있으므로, 생산을 많이 할수록 임금이 더 높아진다. 그러므로 집단행동은 경제적 유인이 아니고, 집단규범과 상관관계가 있는 것으로 나타났다. Hawthorne 공장의 실험연구는 우선 인사 관리자와 과학적 관리자의 기본적 가정에 대해 의문을 갖게 하였으나, 다른 한편에서는 이런 결과를 비공식적 조직에 대한 중요성의 결과로서 받아들였다.

이러한 연구결과가 1930년대에 이루어진 것이기는 하나, 오늘날에도 그 중요성이 남아 있다. 그러나 인간 관계론에 대한 비판이 없는 것은 아니다. Amitai Etzioni(1964)는 인간관계론은 작업의 실재를 숨기고 조직생활의 복잡성을 지나치게 단순화했다고 하였다. 조직은 가치와 이해관계를 공유하지만, 갈등을 빚기도 한다. 조직은 인간만족의 근원이 되기도 하지만 소외의 근원이 되기도 한다. 근로자의 불만족은 상황이해 부족으로 나타나는 표시이기도 하지만 숨겨진 갈등과 이해관계의 모습이 드러나는 징후이기도 하다. 단순히, 조직은 흔히 커다란 '행복한 가족'이 아니다. 인간관계 운동에 대해, 현대 비평가들[Clark et al.(1994), Scott(1998)]은 근로자들에 대한 관심은 진정한 것이 아니며 오히려, 관리자들이 부하를 다루기 위한 도구나 전략으로 이용하였다고 주장한다. 그럼에도, 결론은 명확하다. 인간관계론은 근로자의 동기, 만족, 집단사기를 강조하는 조직적 구조에 집중한 과학적 관리자의 관심을 완화해주는 역할을 하였다.

Hawthorne 연구가 학교에 준 영향은 민주적 행정에 관한 저서와 권고에 명백하게 나타나 있다. 그 시기의 잘못 정해진 표어는 민주적 행정, 민주적 장학, 민주적 의사결정, 민주적 교수 같은 '민주적'이라는 것이다. Roald Campbell(1971)은 인간관계와 민주적 실행에 관한 이러한 강조는 어떤 조건을 마련해야만 하고, 조직 속에서 사람들이 어떻게 행동해야 하는가에 관한 일련의 당위적 규정을 의미한다고 지적하였다. '행정의 원리'는 많이 있지만, 성공한 행정가의 귀칠이니 대학교수의 민주적 이념에 지나지 않는다. 1940년대와 1950년대 초에 민주적 접근방법으로서 교육행정은 수사적 표현으로는 장기간 지속되었지만, 연구와 실제 면에서는 불행하게도 짧았다(Campell, 1971).

❹ 인간자원 관점

합리적 체제론자들은 조직을 특수한 목적을 성취하기 위해 신중하게 고안된 구조적 배치로서 생각하는 데 비해, 자연적 체제론자들은 조직을 특수한 상황에서 적응하고 생존하기 위해 애쓰는 사회적 집단으로 본다. 자연적 체제 분석가들은 일반적으로 목표 세분화와 형식화가 조직의 특성이라는데 동의하지만, 다른 특성들이 훨씬 더 중요하다고 주장한다. 사실상, 어떤 학자는 형식적 목표와 구조는 조직에서 실제로 일어나고 있는 것과 별로 관계가 없다고 말한다[Scott(1998), Etzioni(1975), Perrow(1978)].

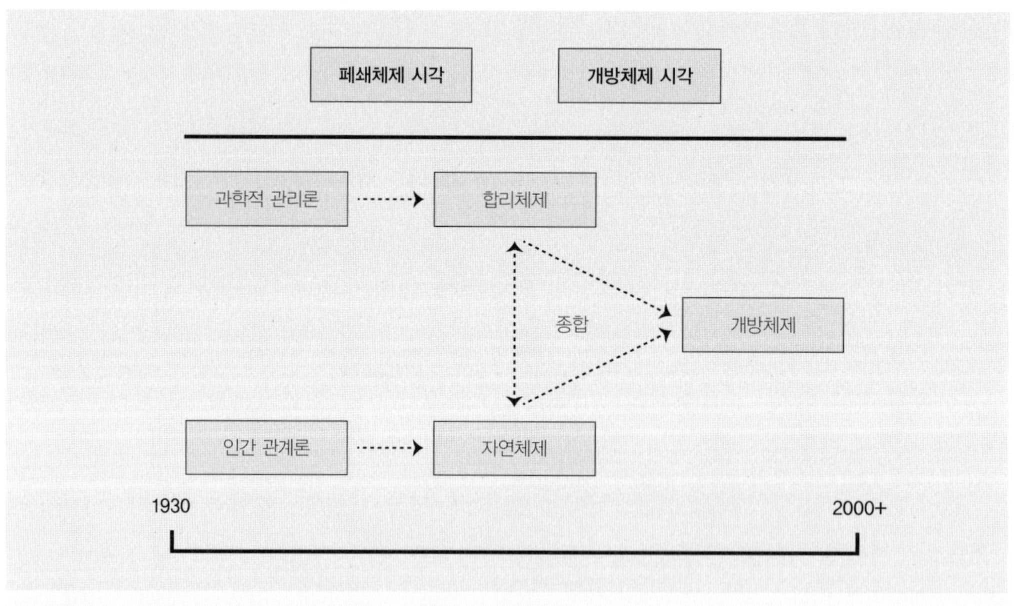

그림 1.1　　조직사상의 성장과 발전

자연적 체제관점은 사회집단 사이에 존재하는 유사성에 초점을 맞춘다. 그러므로 모든 사회집단과 마찬가지로 조직은 특별히 고안된 특수기관의 목표에 의해서가 아니고 기본적인 생존의 목표에 의해 주로 이끌려 간다. Gouldner(1959:405)는 자연적 체제론의 본질을 파악하고 "이 모형에 의하면 조직은 생존을 위해, 균형을 유지하기 위해서 분투한다. 이러한 분투는 조직의 목표가 성공적으로 획득된 이후에도 지속될 수 있다. 생존을 향한 이러한 긴장은 조직목표를 경시하거나 왜곡시킬 수도 있다."라고 진술하였다. 생존은 최우선적인 목표이다. 형식적 조직을 특수한 목표를 성취하기 위한 수단으로 보지 않고, 인간적 욕구를 만족시키기 위한 매체로 여긴다. 사람은 조직의 가치 있는 인적자원이다.

자연적 체제 분석가들이 일반적으로 목표를 조직의 중요한 특성으로 여기지 않는 것처럼, 목표를 성취하기 위해 구성된 형식적 구조도 별로 중요하지 않은 것으로 본다. 비록 형식적 구조의 존재를 인정하지만, 조직 행동은 주로 형식적 체제를 바꾸기 위해 나타난 비형식적 구조에 의해 규정된다고 주장한다. 조직 속의 개인은 단순히 손만 고용된 것이 아니고 그들의 머리와 가슴도 같이 고용된 것이다. 개인은 조직 속에 그들의 욕구, 신념, 가치, 동기를 가지고 들어간다. 그들은 다른 사람들과 상호작용하고, 비형식적 규범, 지위구조, 권력관계, 의사소통 네트워크, 직무수행 배치를 형성한다(Scott, 1992).

　요약하면, 목표와 구조가 조직을 구분 짓게 하진 않는다. 사실상, 형식적 조직형태는 생존을 위한 체제의 바람, 개인의 특성, 비형식적 관계 같은 보다 일반적 특성에 의해 가려져 있다. 합리적 체제 관점이 개인보다 구조의 중요성을 강조하는 데 비해, 자연적 체제론은 구조보다 개인을 강조한다. Warren G. Bennis(1959)는 합리적 체제의 초점은 '사람 없는 구조'에 주어지고, 반면에 자연적 체제 모형에서는 우선권이 전도되어 '조직 없는 사람'을 지향한다고 간단명료하게 말하였다.

　이와 같이 조직사상의 발달과정을 초기 과학적 관리론과 인간 관계론으로부터 현대의 합리적 체제와 자연적 체제 관점(**그림** 1.1)까지 살펴보았다. 초기 체제관점은 닫힌 체제에 주어졌으나, 점차 열린 체제 쪽으로 바뀌었다. 실제로 모든 사람은 조직을 열린 체제로 보고 있으며, 열린 체제를 조직생활의 형식적, 합리적 요소와 비형식적, 자연적 요소를 종합하기 위한 구조로 보고 있다. 다음 절에서는 조직과 학교에 대한 열린 체제론의 논의를 다루고자 한다.

열린 사회체제의 성격

　열린 체제 관점은 조직 행동이 외부적 요인으로부터 격리되어 일어날 수 있다는 비실제적인 가정에 대한 반작용으로 나타났다. 환경으로부터 비롯된 경쟁, 자원, 정치압력 등은 조직의 내부활동에 영향을 미친다. 열린 체제 모형은 조직이 환경에 의해 영향을 받을 뿐만 아니라 환경에 의존한다고 본다. 일반적 수준에서, 조직은 열린 체제로서 쉽게 그려질 수 있다. 조직은 환경으로부터 투입이 이루어지고 전환되며, 결과물을 산출한다(그림 1.2 참조).

　예를 들면, 학교는 환경으로부터 노동, 학생, 돈 같은 자원을 투입받고, 이들 투입요소가 교육적 전환과정을 거쳐, 박식하며 교육받은 학생과 졸업생을 산출하는 사회적 체제이다. 합리적 체제론은 특히 과학적 관리자들은 개인적 욕구와 사회적 관계의 영향을 무시하였고, 자연적 체제 특히 인간관계론자들은 형식적 구조를 도외시하였기에, 이러한 양쪽의 체제관점은 제한적이고 불완전하였다. 구조와 사람에 더하여 형식적, 비형식적 양상도 분명히 조직을 이해하는 데 중요하다. 열린 체제는 그런 면에서 유익한 관점을 제공해 준다.

　Chester I. Barnard(1938)는 『행정의 기능』이라는 책에서 조직생활을 분석하면서 처

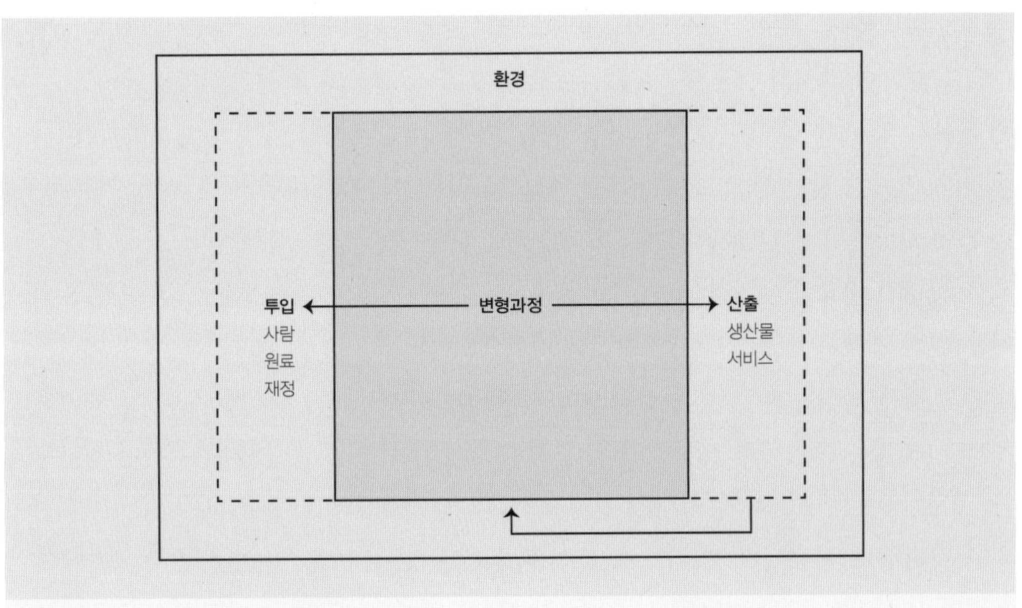

그림 1.2 피드백 고리로서 열린 체제

음으로 이 두 가지 견해를 고찰하였다. New Jersey의 Bell 전화회사 사장으로 재직할 때 집필한 이 책은 형식적 조직에서의 협동 행동에 관한 종합적 이론을 제공하고 있다. Barnard는 형식적, 비형식적 조직에 관해 처음으로 정의를 내렸고, 형식적 조직과 비형식적 조직 간의 불가피한 상호작용을 설득력 있게 입증하였다. Barnard(1940)는 스스로 구조적 개념과 역동적 개념에 대한 그의 공헌을 요약하였다. 그가 중요하게 고려한 구조적 개념은 개인, 협동적 체제, 형식적 조직, 복잡한 형식적 조직, 비형식적 조직이었다. 그가 중시한 역동적 개념은 자유의지, 협동, 의사소통, 권위, 의사결정과정, 역동적 균형이었다.

Herbert Simon(1947)은 『행정적 행위』라는 저술에서 Barnard의 연구를 확대하여 조직균형의 개념을 작업 동기의 형식적 이론을 위한 초점으로 사용하였다. Simon은 조직을 인센티브가 작업을 위해 교환되는 교환체제로서 보고 있다. 고용인들은 자신들의 작업공헌보다 인센티브가 더 크다고 인식하는 한 조직에 남아있게 된다.

조직은 합리적 결정을 위해 구조, 정보, 가치를 제공해주지만, 정보의 수집과 처리, 대안의 탐색, 결과예측 등의 능력에서 제한되어 있다. 따라서 문제는 최적화를 통해서보다는 만족화를 통해서 해결된다. Simon의 견해에서 보면, 어떤 문제에서도 최선의

해결이란 있을 수 없고, 다만 어떤 해결이 다른 해결보다 더 만족스러울 뿐이다.

다른 중요한 조직의 이론적 형식화는 Max Weber(1947)의 저술로부터 발전되었다. 비록 Weber의 견해 중 많은 면이 과학적 관리자에 의해 채택된 방법과 일치하지만, 관료주의와 권위에 관한 Weber의 논의는 오늘날의 이론가들에게 환경과 상호작용하면서 환경에 의존하는 사회체제로서의 조직개념에 관한 출발점을 제공한다. 그러나 조직에 대한 환경의 중요성을 강조하고, 사회체제는 환경에 의존하고 환경에 의해 영향을 받는다는 열린 체제로서 조직개념을 수립한 것은 Talcott Parson(1960)에 이르러서였다.

열린 체제 모형은 합리적 관점과 자연적 관점을 결합하여 종합할 수 있는 잠재력을 지닌다. 조직은 복잡하고 역동적이다. 조직은 설정된 목표를 달성하기 위한 형식적 구조를 가지지만, 흔히 조직의 기대와 갈등을 일으키는 자신의 특유한 욕구, 흥미, 신념을 지닌 사람들로 구성된다. 그러므로 조직은 계획된 모습과 계획되지 않은 모습, 합리적 특성과 비합리적 특성, 형식적 구조와 비형식적 구조를 지닌다. 어떤 조직에서는 관계에서 합리적 관심이 좌우하지만, 다른 조직에서는 자연적, 사회적 관계가 우세하다. 그러나 모든 조직에는 합리적 요소와 자연적 요소가 한 체제 안에 공존하면서 환경에 대해서는 열려있다.

어떤 학자들은 현대의 조직은 서로 다른 환경에 적응하는 열린, 자연적 체제이거나 열린, 합리적 체제라고 주장한다(Lawrence and Lorsch, 1967). 우리의 견해는 학교를 환경적 힘이 변화함에 따라 합리적, 자연적 제약도 변화하는 상황에 직면한 열린 체제라고 보며, 합리적 요소나 자연적 요소의 어느 하나를 무시하고 학교를 보는 것은 근시안적이라 여긴다. 이 책에서 열린 체제 이론은 교육행정의 개념적 토대를 탐색하기 위한 일반적 구조가 된다. 비록 우리의 분석에서 많은 이론이 논의되지만, 열린 체제 관점은 조직 행동에 영향을 주기 위해 상호작용하는 네 가지 하위체제 즉, 구조적 체제, 문화적 체제, 개인적 체제, 정치적 체제를 강조한 아치 모양으로 겹쳐진 구조를 이룬 것이다. 세 가지 체제관점의 주된 개념, 가정, 원리는 표 1.1에 요약되어 있다.

표 1.1   세 가지 체제관점의 주된 개념, 가정, 원리

역사적 근원	→	현대체제이론
과학적 관리론		합리적 체제이론
(초점: 조직의 목표)		(초점: 공식조직, 합리성, 효율성)
(시대: 1900~1930)		(시대: 현대)

주창자	주요개념	주요가정과 원리
Taylor	목표	① 조직은 목적달성을 위해 존재한다.
Fayol	분업	② 전문화는 분업에서 나온다.
Gulick	전문화	③ 전문화는 전문적 기술자·지식을 강조한다.
Utwick	표준화	④ 과업표준화는 효율성을 가져온다.
Weber	공식화	⑤ 활동의 공식화는 효율성을 증대시킨다.
	권위의 위계	⑥ 위계는 규정에 따른 순종을 강조한다.
	좁은 통솔범위	⑦ 통솔범위가 좁으면 감독하기 수월하다.
	통제	⑧ 행정가의 통제는 효율성에 필수적 요소이다.
	합리성	⑨ 합리적 의사결정은 효율성을 증진시킨다.
	공식조직	⑩ 효율성을 극대화하기 위한 공식조직을 만들 수 있다.

인간관계론	→	자연체계이론
(초점: 개인적 욕구)		(초점: 비공식 조직, 자연적 집단 형성)
(시대: 1930~1960)		(시대: 현대)

주창자	주요개념	주요가정과 원리
Follet	생존	① 조직은 생존과 적응을 위한 사회적 집단이다.
Rothlicberger	욕구	② 개인적 욕구가 조직적 수행의 주요 동기가 된다.
McGregor	개인	③ 효과성을 달성하는 데 구조보다 개인이 더 중요하다.
	사회적 구조	④ 개인은 자신의 관심을 기초로 비공식적 조직을 형성한다.
	비공식적 규범	⑤ 비공식적 규범과 절차가 공식적 규범과 절차보다 더 중시되는 경우도 종종 있다.
	권한부여	⑥ 의사 결정을 공유하면 효과성을 증진한다.
	넓은 통솔범위	⑦ 넓은 통솔범위가 교사의 자율성과 효과성을 증진한다.
	문화	⑧ 조직문화가 구조의 효과를 중재한다.
	팀	⑨ 팀워크가 조직성공의 열쇠이다.
	비공식조직	⑩ 비공식구조가 공식구조보다 더 중요하다.

역사적 근원	→	현대체제이론
사회과학이론		개방적 체제이론
(초점: 통합)		(초점: 상호의존, 통합, 상황적합)
(시대: 1960~현대)		(시대: 현대)

주창자	주요개념	주요가정과 원리
Weber	조직통합과 조직 환경	① 모든 조직은 개방체제로 환경과 상호작용 한다.
Barnard	통합	② 조직내 활동은 조직구조와 개인적 욕구의 상호작용 함수이다.
Simon	조직목적과 개인의 욕구	③ 모든 조직은 합리적 특성과 자연적 특성이 있다.
Parsons	합리적 성격과 자연적 성격	④ 조직의 성공을 위해서 긴장결합과 이완결합이 모두 필요하다.
Weick	긴장과 이완 결합	⑤ 조직생활에 정치적 속성이 내재한다.
Katz&Kahn	계획적 활동과 비공식적 시각	⑥ 조직은 공식조직과 비공식조직이라는 두 개의 얼굴이 있다.
	상황적합이론	⑦ 조직 구성, 의사결정, 동기화, 지도력, 의사소통에 유일의 최선책이 있는 것이 아니라 다양한 상황에 적절하게 대응하면 효과적일 수 있다.

출처: Hoy & Miskel, Educational Administration(New York, McGraw-Hill, 2008) p. 37

열린 사회체제의 특징

　열린 체제는 구조와 과정에 관심을 둔다. 열린 체제는 견고한 구조관계와 느슨한 구조관계를 지닌 안정성과 융통성이 있는 역동적 체제이다. 다양한 역할과 관계로 이루어진 조직은 정적이지 않다. 생존을 위해 조직은 적응해야 하고 적응을 위해 조직은 변해야 한다. 조직과 환경의 상호의존은 중요하다. 합리적 체제 관점에서는 환경을 경시하고, 자연적 체제 관점에서는 환경을 적대적으로 보는 대신 "열린 체제 모형은 조직을 둘러싸고 있는 요소와 조직에 침투하는 요소들을 상호 관련시키는 호혜적 결속을 강조한다. 환경을 질서 그 자체의 원천으로 본다(Scott, 1987b, p. 91)."

　대부분의 사회적 체제를 규정하는 주된 특성과 과정에 관한 동의를 구하고서, 아홉 가지 핵심 개념을 제시하고, 정의하고, 논의하는 것으로 시작하고자 한다. 열린 체제는 외부로부터 투입물을 획득하고, 투입물을 전환하며, 환경에 생산물을 산출하는 요소들의 상호작용 형태이다. 사람, 원료, 정보, 돈은 전형적으로 조직을 위한 투입요소이다. 전환과정에서, 이들 투입요소는 흔히 산출이라 부르는 가치 있는 것으로 변화되어서 다시 환경으로 내보내 진다. 산출은 항상 생산물과 서비스이며, 또한 고용인의 만족이나 전환과정의 다른 생산물도 포함될 수 있다. 교실, 책, 컴퓨터, 교수자료, 교사, 학생은 학교의 중요한 투입요소이다. 이상적으로, 투입된 학생은 학교체제의 전환과정을 거쳐 교육받은 졸업생으로 바뀌며, 폭넓은 환경 또는 사회에 공헌하게 된다. 열린 체제의 이 세 가지 요소는 그림 3.1에서 설명되고 있다.

체제의 피드백 능력은 '투입-전환-산출'의 반복적이고 순환적인 형태를 촉진시킨다. 피드백은 체제 그 자체를 교정할 수 있는 체제에 관한 정보이다. PTA와 다양한 자문위원회 같은 형식적 의사소통 구조와 정치적 접촉 같은 비형식적 구조가 학교에 피드백을 제공하기 위하여 학교 내·외에 설립된다. 그러나 기계적 체제와 달리, 사회체제는 반드시 변화를 위해 정보를 사용하지 않는다. 교육감은 SAT 점수가 떨어졌다거나, 졸업생들이 취업이나 대학 진학의 어려움을 겪는다는 정보를 받으면, 문제 해결을 위한 행동을 취하는 데 도움이 되는 체제 안의 요인들을 확인하기 위하여 피드백 정보를 이용할 수 있다. 모든 교육감이 그런 행동을 취하지는 않는다. 비록 피드백이 자기교정 기회를 제공하지만, 그런 가능성이 항상 실현되는 것은 아니다.

체제는 환경으로부터 차별화된 경계를 가진다. 열린 체제는 닫힌 체제보다 경계가 덜 분명한데, 그렇다고 존재하지 않은 것은 아니다. 학부모는 체제의 한 부분인가? 어떤 학교에서는 학교의 한 부문으로 생각하지만, 다른 학교에서는 그렇게 생각하지 않는다. 학부모가 학교 경계 안에 속하느냐, 속하지 않느냐에 관계없이 학부모-교사 회합, 지역 사회 봉사 활동, 성인교육프로그램 같은 경계 범위에서 이루어지는 활동에 학교는 지속적인 노력을 기울인다.

환경은 내적 구성요소의 특성에 영향을 미치거나, 사회체제 그 자체를 변화시키는 체제경계 밖의 어떤 것이다. 특수학교, 교육청의 정책, 교육청의 교육행정가, 다른 학교시설, 지역사회는 중요한 학교의 환경 측면이다. 비록 조직 환경이 전형적으로 조직의 외부조건에 의해 이해되지만, 환경으로부터 조직을 명확하게 구분하는 것은 학교와 같은 열린 체제에 적용할 때는 실제로 불가능하다. 그러나 실제에서 어떤 행정가는 학교의 개방을 통제하고자 한다. 예를 들면, 단지 적절한 고객만 학교출입을 허용하고, 부랑자 같은 사람들은 정문을 닫고서 출입을 통제하며, 학교 방문자는 교장실에 비치해둔 방문록에 서명하도록 한다.

체제 구성요소 사이에 안정적 상태를 유지하기 위하여 일단의 단속자들에 의해 행해지는 과정을 **항상성(homeostasis)**이라 부른다. 항상성을 생물학적으로 유추하여 설명하면, 유기체가 따뜻한 환경에서 찬 환경으로 이동할 때, 항상성 기제는 체온을 유지하기 위한 반응을 일으킨다. 유사하게 학교에서 중요한 요소와 활동은 전반적인 안정성을 유지하기 위하여 보호된다. 생존하고자 하는 체제는 안정된 상태-균형을 향해 이동하는 경향이 있다. 그러나 이러한 안정된 상태는 정적이지 않다. 환경을 통하여 에너지가 지속적으로 들어오고 나간다. 비록 체제를 유지하고자 하는 힘이 체제를 파괴하기 위해 위협하는 힘을 막아내지만, 체제는 역동적으로 성장하고 있다. 체제의 균형을 깨는 사건의 발생은 체제가 새로운 평행상태 또는 균형을 유지하기 위해 이동하는 데 적합한 행동을 취하도록 한다. 행정가들이 잘 알고 있는 바와 같이, 파괴적인 스트레스는 이러한 균형을 깨고 일시적으로 불균형상태를 만든다. 지역사회의 어느 집단에서 성교육 같은 교육 과정을 없애자고 요구할 수 있다. 이러한 경우 불균형이 생기지만, 체제는 자체적으로 변화하거나 체제를 파괴하려는 힘을 무력화시킴으로써, 다시 균형을 회복한다.

어떤 체제가 쇠퇴해지는-소멸되는 경향을 **균질성(entropy)**이라 부른다. 열린 체제는 환경으로부터 에너지를 유입하여 균질성을 극복할 수 있다. 예를 들면, 조직은 환경적 요구조건의 변화에 따라 적응함으로써 호의적인 입장을 유지하려고 노력한다. 새로운 프로그램 실시에 대한 주 교육부의 압력은 전형적으로 체제를 지원하기 위하여 더 많은 세금과 자원이 필요하더라도 이러한 요구를 수용하도록 한다.

이인동과성(equifinality)의 원리는 서로 다른 지점에서 시작하여 다른 통로를 거치더라도 같은 목적지에 도달할 수 있음을 시사한다. 그러므로 조직을 위한 유일한 최선의 방법은 존재하지 않으며, 유사하게 같은 목적에 도달하기 위해서도 한 가지 방법만 있는 것은 아니다. 가령, 학교는 학생의 중요한 사고 능력을 향상하기 위해 다양한 방법(**즉, 발견학습, 개별학습, 상호작용 기술 등**)을 선택할 수 있다.

열린 학교조직의 기본가정

사회체제에 관한 생각은 일반적이다. 이러한 생각은 조심스럽고 사려 깊게 계획된 사회조직을 위해서나, 자발적으로 생성된 사회조직에 적용될 수 있다. 학교는 사회적 상호작용의 체제이다. 학교는 유기적 관계 속에서 상호작용하는 사람들로 구성된 조직된 전체를 형성한다(Waller, 1932).

사회체제(social system)로서, 학교는 부서 간의 상호의존, 명확하게 정해진 인원, 환경으로부터의 구별, 사회적 관계의 복잡한 네트워크, 독특한 문화 등에 의해 특징지어진다. 모든 형식적 조직처럼, 사회적 체제로서의 학교 분석은 조직생활의 양상인 계획된 측면과 계획되지 않은 측면, 형식적 측면과 비형식적인 측면에 관심을 기울여야 한다.

지금까지 체제에 대한 논의에서 몇 가지 함축적인 가정을 설정하였다. 지금부터는 사회체제로서 학교를 조사하기 위하여 다른 사례를 들어 명확하게 논의를 전개하고자 한다. 이러한 가정은 문헌으로부터 수집되었으며, 주된 자료는 Jacob W.Getzel and Egon G. Guba(1957), Jacob W.Getzel, James Lipham, and Ronald F. Campbell(1968), Charles E. Bidwell(1965), and W.Richard Scott(1998, 2003)의 연구이다.

- 사회체제는 열린 체제이다. 학교는 주(州) 명령, 정치, 역사, 일단의 환경적 힘으로 영향을 받는다.
- 사회체제는 상호의존적 부분, 제반 특성, 전체에 공헌하기도 하고 받기도 하는 활동으로 구성된다. 교장이 새로운 교육 과정을 받아들이라는 학부모의 요구에 직면하는 경우, 그런 요구는 학교장에게 직접적인 영향을 줄 뿐만 아니라 교사와 학생에게도 영향을 미친다.
- 사회체제는 사람들로 구성된다. 교사는 사람들의 역할과 마찬가지로 욕구, 신념, 목표(동기)에 근거하여 행동한다.
- 사회체제는 목표지향적이다. 학생들의 학습과 통제는 여러 가지 학교목표 중에서 단지 두 가지 목적에 불과하다. 그러나 어떤 학교체제의 핵심 목표는 학생들이 성인 역할을 할 수 있게 준비시키는 것이다.
- 사회체제는 구조적이다. 학교체제는 분업(즉, **수학과 과학 교사**), 세분화(즉, **교사, 상담 교사, 행정가**), 위계(**교육감, 교장, 교감, 교사**)를 가진다.
- 사회체제는 규범적이다. 학교는 적절한 행동을 규정하는 비형식적 규범에 더하여 형식적 규율과 규정을 가진다.
- 사회체제는 제재를 행사한다. 학교는 빈정거림, 따돌림, 조소의 사용 같은 비형식적 제재에 더하여 제명, 정직, 계약종료, 신분보장, 승진 같은 형식적 기재를 가진다.
- 사회체제는 정치적이다. 학교는 불가피하게 행정가와 교사 활동에 영향을 미치는 권력관계를 가진다.
- 사회체제는 특유의 문화를 가진다. 학교는 행동에 영향을 미치는 지배적인 공유가치 형태를 보인다.
- 사회체제는 개념적이고 관계적이다. 한 가지 목적을 위해서 교실을 하나의 사회체제로 고려할 수도 있고, 다른 목적을 위해서 학교나 학교체제를 사회체제로 볼 수도 있다.
- 모든 형식적 조직은 사회체제이다. 그러나 모든 사회체제는 형식적 조직이 아니다.

이러한 가정은 학교는 조직 행동에 영향을 미치는 다수의 중요한 요소나 하위체제로 구성되어 있음을 말해 준다.

열린 학교조직의 주요 요소

모든 사회체제는 상당히 안정적 형태 속에서 성취될 수 있는 몇 가지 활동과 기능을 가진다. 예를 들면, 만약 사회 자체를 사회체제로서 확신한다면, 교육활동, 보호활동, 통치활동 같은 일상적이고 피할 수 없는 기능이 교육기관, 사법기관, 정부기관에 의해 수행된다. 사회체제의 특성과 관계없이, 행동의 형태는 규칙적이고 일상적이다.

목표달성이 집단노력을 요구한다면, 사람들은 흔히 활동을 조정하기 위해, 이러한 목적에 사람들을 참여시키기 위한 유인을 제공하기 위해서 특별히 계획된 조직을 설립한다. 어떤 목표를 성취하기 위하여 명확하게 설립된 그런 조직이 **공식적 조직(형식적 조직, formal organization)**이다. 우리의 관심은 공식적 조직으로서 학교사회체제에 있다.

그림 1.3은 사회체제의 주된 요소나 하위체제를 묘사하고 있다. 형식적 조직에서 행동은 구조적, 개인적 요소뿐만 아니라 문화적, 정치적 요소에 의해 영향을 받는다. 구조는 조직목표를 달성하기 위하여 계획되고 조직된 형식적, 관료적 기대에 의하여 정해진다. 개인은 욕구, 목표, 신념, 일 역할의 인지적 이해 견지에서 보아진다. 문화는 참여자들이 일에 대해 공유하는 지향점이다. 문화는 조직에 특별한 정체성을 준다. 정치는 다른 통제체제에 저항하기 위해 나타난 비형식적 권력관계체제이다.

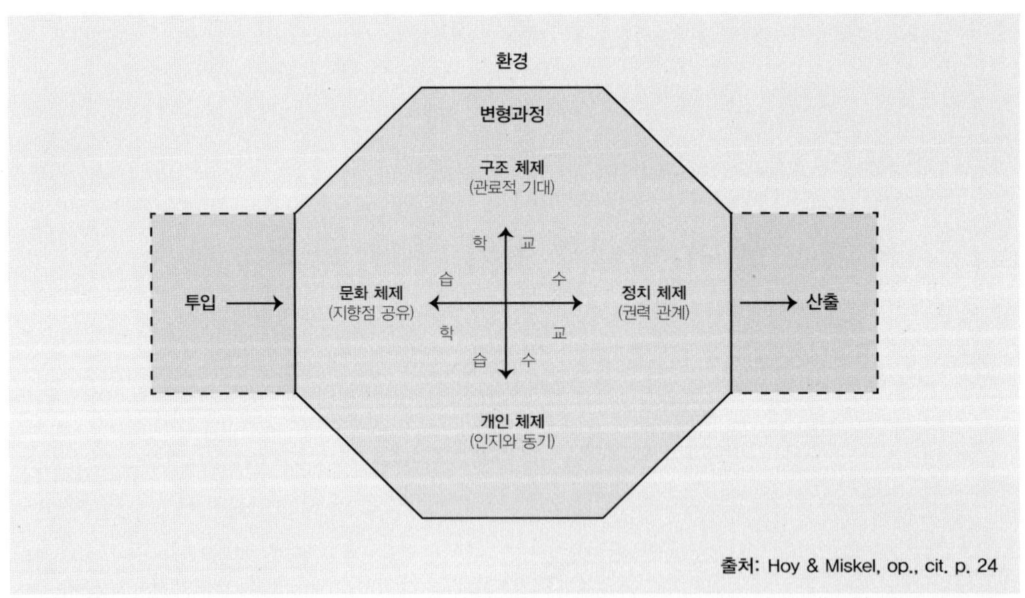

그림 1.3　　체제의 내적 요소

　더 나아가, 체제 안의 모든 요소와 상호작용은 핵심기술과 환경으로부터 나온 중요한 힘에 의해 억제 된다. 체제는 열려 있다. 마지막으로, 사회체제로서 형식적 조직은 생존과 번영을 위해서 적응, 목표달성, 통합, 잠재력의 기본적 문제를 해결해야만 한다.[1] 형식적 조직모형은 제안된 모든 요소를 고려하여 형성된다. 체제의 내적 요소를 조사하는 것으로 시작하여, 학교와 학교의 성과에 관한 환경과 핵심기술의 영향을 논의하고자 한다.

■1 구조

　관료적 기대는 조직에 의해 설정된 형식적 요구와 의무이다. 그것은 조직구조를 형성하는 주된 요소이다. **관료적 역할(Bureaucratic roles)**은 조직 속의 지위와 임무가 결합된

1　여기서 제시한 모형은 기본적으로 Getzels와 Guba(1957), Abbott(1965b), Leavitt, Dill, 그리고 Eyring(1973), Scott(1987, 1987b, 2003), Mintzberg(1983a), Nadler와 Tushman(1983, 1989), 그리고 Lipham(1988)의 연구를 종합하고 확대한 것이다.

기대의 형태에 의해 정해진다. 학교에서 교장, 교사, 학생의 지위는 중요하게 여겨지며, 개개의 지위는 일련의 기대에 의해 설정된다. 관료적 기대는 구체적 역할이나 지위를 위한 적절한 행동을 상술하게 한다. 가령, 교사는 학생들의 학습경험을 위해 학습계획을 세울 책무를 지니고, 효과적인 교수 방법으로 학생들을 수업에 끌어들일 의무가 있다. 관료적 역할과 기대는 주어진 행동을 위한 공식적인 청사진이다.

어떤 형식적 기대는 결정적이고 강제적이며, 다른 기대는 보다 융통성을 지닌다. 많은 역할이 정확하게 기술되어있지 않으며, 대부분 지위와 관련된 기대는 범위가 넓다. 이러한 자유의 범위는 아주 다른 개성을 지닌 교사들이 불필요한 긴장이나 갈등(Parsons and Shils, 1951) 없이 똑같은 역할을 수행할 수 있도록 만들어 준다. 역할은 체제 내의 다른 역할과 비교를 통해 그 의미를 끌어낸다는 점에서 서로 보완적이다. 가령, 학생과 교사의 관계를 명확하게 말하지 않고서 학교에서 학생의 역할이나 교사의 역할을 정하는 것이 불가능하지는 않지만 어려운 일이다. 유사하게, 교장의 역할은 교사와 학생의 역할 관계에 의존한다.

모호하고 상반된 기대에 관한 광범위한 정리를 통해서, 형식적 조직은 조직목표와 부합되는 몇 가지 일반적인 관료적 기대를 신뢰한다. 이러한 기대는 흔히 조직의 공식적 규율과 규정으로 형식화, 성문화되고, 적용된다. 이런 기대는 출근 시간, 업무, 직무규정 같은 것으로 서술될 수 있다. 전문화—고용인의 행동은 전문가에 의해 이끌릴 수 있을 것이라는 기대는—규율과 규정을 보완한다. 그러므로 교사는 학교의 규율과 교수 직무에 요구되는 전문가적 지식에 근거하여 적절한 처신을 해줄 것을 기대한다.

간단히 말해서, 학교 같은 형식적 조직은 관료적 기대와 역할, 업무와 지위의 위계, 규율과 규정, 전문화로 구성된 구조를 가진다. 관료적 기대는 조직역할을 정한다. 역할은 지위와 업무 속에 결합되고, 지위와 업무는 관련된 권력과 지위에 따라 권위의 형식적 위계 속에 배정된다. 규율과 규정은 의사결정을 이끌도록 해주고, 조직의 합리성을 증진하며, 업무가 개인의 전문성에 따라 나누어지도록 해준다.

어떤 구조는 조직의 운영을 촉진시키고, 다른 구조는 방해되고 의심을 품게 하지만, 조직 속의 행동은 학교의 구조적 배치에 의해 결정된다.

❷ 개인

　형식적으로 설정된 사회단위라고 해서 사회구성원의 모든 활동과 상호작용이 구조적 요구조건—공식적 청사진에 엄격하게 따르지는 않는다. 공식적 지위와 관료적 기대를 무시하고, 구성원들은 자신의 개인적 욕구, 신념, 직무의 인지적 이해를 지닌다.

　마치 모든 기대가 조직 행동의 분석에 관련된 것이 아니듯이 모든 개인적 욕구도 조직적 업무수행에 관련되지는 않는다. 이러한 개인의 조직적 행동을 결정하는 데 있어 가장 큰 수단이 되는 개인적 측면은 무엇인가? 욕구, 목표, 신념, 인지를 개인의 중요한 인지적 측면으로 가정하고자 한다. 작업 동기는 형식적 조직에서 고용인과 관련된 단일의 가장 큰 욕구이다. 다음 장에서 자세히 다루겠지만, 여기서는 작업 동기를 작업 행동을 동기화시켜 주는 근본적인 힘이라고 정의하겠다.

　인지(Cognition)는 지각, 지식, 기대된 행동의 관점에서 직무를 이해하기 위해 개인이 사용하는 정신적 표상이다. 근로자는 일의 복잡성을 무시하고 자신의 일에 관한 의미 있고, 일관성 있는 상을 창조하기 위해 애쓴다. 근로자들은 자신의 행동을 감시하고, 점검하면서 자신의 직무를 배우게 된다. 근로자들의 욕구, 개인적 신념, 목표, 이전의 경험은 조직의 실재를 이해하고 그들의 작업을 해석하는 데 근거가 된다. 근로자의 동기와 인지는 자기통제와 능력, 개인적 목표, 성공과 실패에 대한 개인적 기대, 작업 동기 같은 요인들에 의해 영향을 받는다. 간단히 말해서, 개인체제 면에서 두드러진 양상은 개인적 욕구, 신념, 목표, 작업에 대한 인지적 성향 등이다.

　비록 구조적(S) 영향과 개인적 요소(I)를 분리해서 조사하고 있지만, 행동은 관료적 역할 기대와 조직구성원[B=ƒ(S×I)]의 관련된 작업성향 간의 상호작용 함수(ƒ)이다.

　예를 들면, 교원평가는 교장의 욕구와 마찬가지로 교육청 정책의 영향을 받는다. 규율과 규정에 따라 교장이 전문적인 평가도구를 사용하여 주기적으로 개개 교사들을 평가하도록 명시되어있다. 교장은 이러한 정책의 결과에 맞추어 행동한다. 교장의 행동은 개인적 인지와 동기적인 욕구로 인해 교원평가 회의에서 서로 다르게 나타날 수 있다. 교사들과 인간적인 사회적 관계를 형성하기를 바라는 행정가는 교원평가를 평가보다는 우호적인 사회적 관계수립의 기회로 삼을 수도 있다. 그러나 사회적 관계에 관심이 없는 교장은 규정에 따라 분석적으로 평가를 실시할 것이다. 두 교장은 구조적 요소와 개인적 요소에 의해 영향을 받지만, 첫 번째 교장은 개인적 욕구로부터 더 많은 영향을 받고, 두 번째 교장은 관료적 역할 기대로부터 더 많은 영향을 받게 된다.

적어도 부분적으로 행동을 결정하는 개인적 일 욕구와 관료적 기대의 비율은 조직의 특수한 조직유형, 특수한 직무, 특수한 사람에 따라 다양해질 것이다. 그림 1.4는 회화적으로 개인적 욕구와 관료적 기대에 대한 일반적 상호작용의 성격을 나타내고 있다. 종축 A선은 관료적 구조에 의해 통제되는 행동 부분이 상당히 크고, B선(오른쪽)은 주로 개인적 욕구에 의해 통제되는 행동 상황을 나타내고 있다.

군사조직은 흔히 관료적 통제가 많은 A선에 나타날 수 있지만 연구나 개발 조직은 B선에 나타날 수 있다. 대부분 학교는 아마도 두 양극단 사이에 위치할 것이다. 자유롭고, 열린 개념의 Montessori 학교는 B선에 근접해 자리 잡을 것이다. 종교계 학교는 전형적으로 A선에 더 근접한다고 생각될 것이다. 이렇게 볼 때, 행정가와 학생은 어디에 위치할까? 그것은 개인에 따라 다를 것이다. 자유로운 정신을 가진 사람은 B선에, 관료적인 경향을 지닌 사람은 A선에 있을 것이다. 교원평가에 대한 두 교장의 사례에서, 첫 번째 교장은 사회적 승인에 높은 욕구를 지니므로 B선에 가까울 것이고, 두 번째 교장을 A선에 더 근접할 것이다.

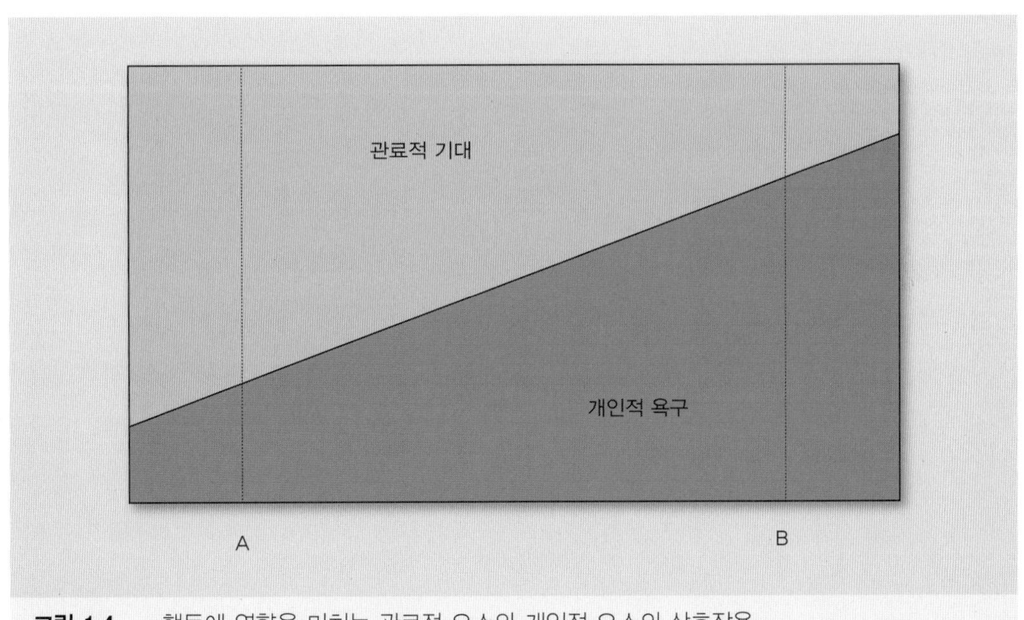

그림 1.4　행동에 영향을 미치는 관료적 요소와 개인적 요소의 상호작용

❸ 문화

사람들이 직장에 함께 모이게 되면 관료적 역할 요구와 개인적 작업 욕구 간에 역동적 관계가 발생한다. 조직은 자신의 특유한 문화를 개발한다. 조직구성원들이 상호작용할 때 공유된 가치, 규범, 신념, 사고방식이 나타난다. 이러한 공유된 지향성이 조직의 문화를 형성한다. **조직문화**(organizational culture)는 조직을 서로 구분 짓게 하며 구성원들에게 조직 정체성을 갖게 한다[Hellriegel, Slocum, and Woodman(1992), Daft(1994)]. 학교에서 교사들 사이의 공유된 신념과 형식적 규범은 행동에 중요한 영향을 미친다. 문화는 구성원들에게 자신을 벗어나 신념과 가치에 헌신하도록 한다. 개인은 자신보다 더 큰 집단에 소속된다. 문화가 융성할 때, 집단의 정체성과 영향력도 커진다.

문화는 성문화되지 않은 조직의 정서를 표현한다(Daft, 1994). 정서의 소통은 동료, 특히 친구 사이에 이루어진다. 공유된 지향은 인간적 통합, 자존감, 소속감에 관한 응집력과 정서를 유지하게 해준다. 그 이유는 조직 내 상호작용은 비형식적이고, 인간적이며 권위에 의해 지배받지 않기 때문이다. 조직 내 상호작용은 개인의 인성을 파괴하지는 않지만, 억누르려는 관료적 조직의 시도에 대항하여 개인들이 자신의 개성을 유지할 수 있게 해준다(Barnard, 1938). 구성원들은 집단으로부터 중요한 보상을 받고, 집단규범은 구성원들의 행동을 안내하는 데 중요하다.

예를 들면, 학생들을 훈육하기 위해 형식적 규율이 아닌 용인된 비형식적 절차를 교사들이 협력하여 개발할 수 있다. 사실상, 많은 학교에서 학생통제를 위해서 비형식적 규범을 '효과적' 교수활동의 판단 기준으로 삼고 있다. 훌륭한 통제는 훌륭한 교수활동만큼 중요하다.

형식적 조직에서 행동은 구조적, 개인적 요소뿐만 아니라 작업집단의 가치와 공유된 지향성에 의해서도 영향을 받는다. 조직문화는 중요한 집단규범, 가치, 신념과 더불어 조직 행동에 영향을 미치는 또 다른 강력한 힘이다.

4 정치

　구조가 학교사회체제의 형식적 차원을 나타낸다면, 체제의 인간적 측면은 개인적 차원으로 나타난다. 문화는 형식적인 차원과 인간적 차원을 묶어서 공유된 신념의 체제를 창조하는 집합적 체제의 차원이다. 그러나 다른 합법적 통제체제에 저항하기 위해 흔히 나타나는 비형식적 권력관계를 낳는 것은 정치적 차원이다. 구조, 문화, 개인적 체제의 한계 내에서 일하는 구성원들은 대체로 조직의 요구에 부응하여 직접 헌신한다. 구조는 형식적 권위를 제공한다. 문화는 비형식적 권위를 생성한다. 그리고 개인은 조직에 전문적 지식의 권위를 가져다준다. 반대로, 정치는 전형적으로 비공식적이며, 종종 은밀하며, 빈번히 비합법적이다. 정치는 조직에 손해를 끼치지만, 개인과 집단에는 이익이 되는 계획된 행동을 하기 때문에 비합법적이다. 결과적으로, 대부분 정치는 분열적이고 대립적이며, 대체로 개인과 집단이 서로에 대해 대항하고, 조직에 대항하도록 만든다(Mintzberg, 1983a, Pfeffer, 1992).

　그러나 정치는 조직생활의 불가피한 부분이다. 조직에는 언제나 자신의 개인적 목적을 위해 권력을 잡으려는 사람들이 있기 마련이다. 극단적으로 말하면, 조직은 '자신이 이익을 위해 정치에 영향을 미치려고, 또는 조직의 이해에 관한 자신의 왜곡된 이미지를 위해서 경쟁하는 권력집단(Strause, 1964:164)'으로 인식될 수 있다. 권력관계는 여러 가지 방법(**정치적 책략과 게임, 협상, 갈등해결**)으로 전개된다. 구성원들은 변함없이 정치의 권력게임에 개입한다. Allison(1971:168)은 간단명료하게, '권력은 협상의 이익, 협상의 기술, 협상에 유리한 점을 이용하고자 하는 의지 등이 혼합되어 이해하기 어려운 개념'이라고 요약하였다. 비록 정치가 비형식적이고, 분열적이며, 전형적으로 비합법적이지만, 조직 행동에 영향을 주는 중요한 힘임을 거의 의심치 않는다.

　조직생활을 이해하기 위해서는 권력의 합법적, 비합법적 형태와 마찬가지로 형식적, 비형식적 형태를 살펴보아야 한다. 그러므로 구조, 개인, 문화, 그리고 정치는 사회체제의 결정적인 요소이다. 이러한 요소는 조직 행동을 보기 위한 개인적 틀이나 렌즈일 수 있다. 그러나 행동은 이러한 요소들의 상호작용 기능임을 잊지 말아야 한다.

🔢5 핵심 기술 : 교수와 학습

모든 조직은 사회체제의 주된 임무와 함께 주로 관심을 갖는 핵심기술을 가진다. 학교에서 조직의 핵심은 교수·학습과정으로 모든 다른 활동들은 교수와 학습의 기본적 임무를 지원하기 위한 이차적이며, 학교에서는 행정적 결정에 의해 이차적인 활동이 이루어진다. 학생의 지식이나 행동에 안정된 변화가 있을 때 학습이 일어났다고 본다. 학습은 복잡한 인지 과정이므로 누구도 학습에 관한 최선의 설명을 할 수 없다. 다양한 학습이론은 무엇을 배웠는가에 의존하는 교수에 대해 서로 다른 함축성을 지닌다. 행정은 진공상태에서 이루어지는 것이 아니다. 학습으로 행동적, 인지적, 구성주의 등의 관점은 학교의사결정을 위한 배경을 제공한다.

🔢6 환경

일반적으로, 환경은 조직 외부에 있는 모든 것을 말한다. 그러나 물질계와는 달리 사회체제는 열려있다. 그러므로 사회체제와 환경과의 경계는 훨씬 더 모호해지며, 사회체제는 환경으로부터 더 많은 영향을 받는다. 환경이 학교의 조직 기능수행을 위해 결정적이라는데 의심의 여지는 없다. 환경은 체제의 에너지 공급원이다. 환경은 자원, 가치, 기술, 요구, 역사를 제공해준다—이런 모든 것들은 조직 행동을 제한하거나 기회를 마련해준다.

학교에서 행동을 억제하는 데 환경의 특징 중 어느 것이 가장 두드러지는가? 신속하고 간단하게 답하기는 곤란하다. 포괄적이고 특수한 환경요인이 학교의 구조와 활동에 영향을 미친다. 더욱 넓은 사회적, 법적, 경제적, 정치적, 인구학적, 그리고 기술적 경향이 학교에 일시적으로 강력한 영향력을 행사하지만, 그런 일반적인 환경적 힘의 효과는 어떠한 수단에 의해서도 명백하게 밝힐 수 없다. 이와는 대조적으로, 부모, 납세자, 노동조합, 규제기관, 대학(교), 주 의회, 인증기관, 그리고 교육협의회 같은 이해관계자들은 학교에 보다 즉각적이고 직접적인 영향을 미친다.

환경에서 불확실의 정도, 구조와 조직의 정도, 그리고 희소성의 정도가 환경적 요인에 대한 학교의 반응을 조절한다. 학교의사결정자는 정보를 통해 환경을 통제하며, 이들의 환경인식이 조직의 미래 방향을 결정한다. 모든 조직과 마찬가지로 학교는 불확실성을 줄이고, 환경을 통제하기 위해 애쓴다. 그러므로 행정가는 흔히 외부효과를 최소화하기 위한 전략에 의지한다. 더 나아가, 만약 집단과 환경조직이 고도로 조직화했다면, 학교는 그들로부터 강력한 요구와 제약에 직면하게 되며, 그 결과 거기에 복종하게 될 것이다. 마지막으로, 환경 내에서 경쟁하는 학교들은 다양한 자원의 공동이용을 합의하여 정한다. 만약 특수한 종류의 자원이 부족하다면, 내부구조와 조직적 활동을 통해 희소자원 획득을 위한 방법을 찾을 것이다.

간단히 말해서, 학교는 외부적 힘에 의해 영향을 받는 열린 체제이다. 비록 환경의 중요성에 관해 기본적인 동의는 하지만, 환경의 복잡성은 분석을 어렵게 만든다. 그럼에도, 학교가 반응해야 할 기본적인 외부적 요구, 제약, 기회가 어떤 요인에 의해 개별적으로, 다른 것들과의 관계 속에서 창출되는지 고찰할 필요가 있다.

▨ 결과

학교는 개인적, 구조적, 문화적, 정치적 요소들의 세트로서 생각될 수 있다. 그러나 조직 내의 행동은 단순히 조직 요소와 환경적 힘의 기능은 아니다. 요소들의 상호작용 기능이다. 그러므로 조직 행동은 이러한 요소들 간의 역동적 관계의 결과이다. 더 구체적으로 말하면, 행동은 환경적 힘에 의해 제약받는 구조, 개인, 문화, 정치의 상호작용에 따른 기능이다. 학교 내의 행동을 이해하고 예측하기 위해서는 이 네 가지 요소가 각각 2개씩 짝을 이루어 조화롭게 상호작용하는 여섯 가지 경우를 검토해 보는 것이 유용하다. 여기서 **일치가정(congruence postulate)**, 다른 것이 똑같다면 체제의 요소 간의 일치 정도가 클수록, 더 효과적인 체제가 된다는 가정을 설정한다.[2]

---

2 많은 이론적 공식화가 이러한 가정을 제안해왔다. 예를 들어, Getzels와 Guba(1957), Etzioni(1975), 그리고 Nadler와 Tushman(1989)의 이론을 참조하시오.

표 1.2 짝 지워진 주요 요소 간의 일치

일치관계	주요 질문
개인 ↔ 구조	개인의 근로욕구는 관료적 기대를 어느 정도 높이는가?
개인 ↔ 문화	공유된 조직문화 지향성은 개인의 근로욕구와 어느 정도 일치하는가?
개인 ↔ 정치	권력관계는 개인의 근로욕구와 어느 정도 충돌하는가?
구조 ↔ 문화	관료적 기대는 공유된 문화체제 지향성을 어느 정도 강화시키는가?
구조 ↔ 정치	권력관계는 관료적 기대를 어느 정도 훼손시키는가?
정치 ↔ 문화	권력관계는 공유된 문화지향성과 어느 정도 충돌하고 또 훼손시키는가?

예를 들면, 비형식적 규범과 형식적 기대가 더 많이 일치될수록, 조직은 형식적 목표를 더 잘 달성할 수 있을 것이다. 유사하게, 개인적 동기와 관료적 기대가 잘 맞을수록 업무수행이 더 효과적이 된다. 표 1.2는 짝 지워진 주요 요소들의 일치에 관한 주요 질문의 예가 제시된 개요이다.

업무수행 결과는 목표성취의 척도이다. 업무수행 결과는 성취, 직무만족, 결근, 그리고 전반적인 업무수행의 질 같은 척도를 포함한다. 예컨대, 행동의 결정적 측면은 체제의 산출에 의해 정해진다. 모형에서는 이러한 행동의 효과적인 성취는 체제요소 간의 일치 정도에 달려있다고 추정한다. 그러므로 조직 효과성은 실제 결과와 기대된 결과가 일치하는 정도이다. 그림 1.5에 주된 요소, 요소 간의 상호작용, 환경의 요구와 제약, 그리고 행동결과가 요약되어있다.

8 내부 피드백 고리

그림 1.5에 묘사된 사회체제모형은 또한 내부, 외부 피드백 기제를 지닌다. 예를 들면, 형식적 학교구조와 비형식적 집단은 양쪽 다 개인행동에 영향을 준다(Abbott, 1965b). 피드백은 관료적 구조와 비형식적 조직이 개인들의 행동을 어떻게 보는지 알려준다. 비록 관료제가 형식적 기제를 가지고, 작업집단이 비형식적 기제를 가지지만, 둘 다 내부 피드백 고리를 가진다.

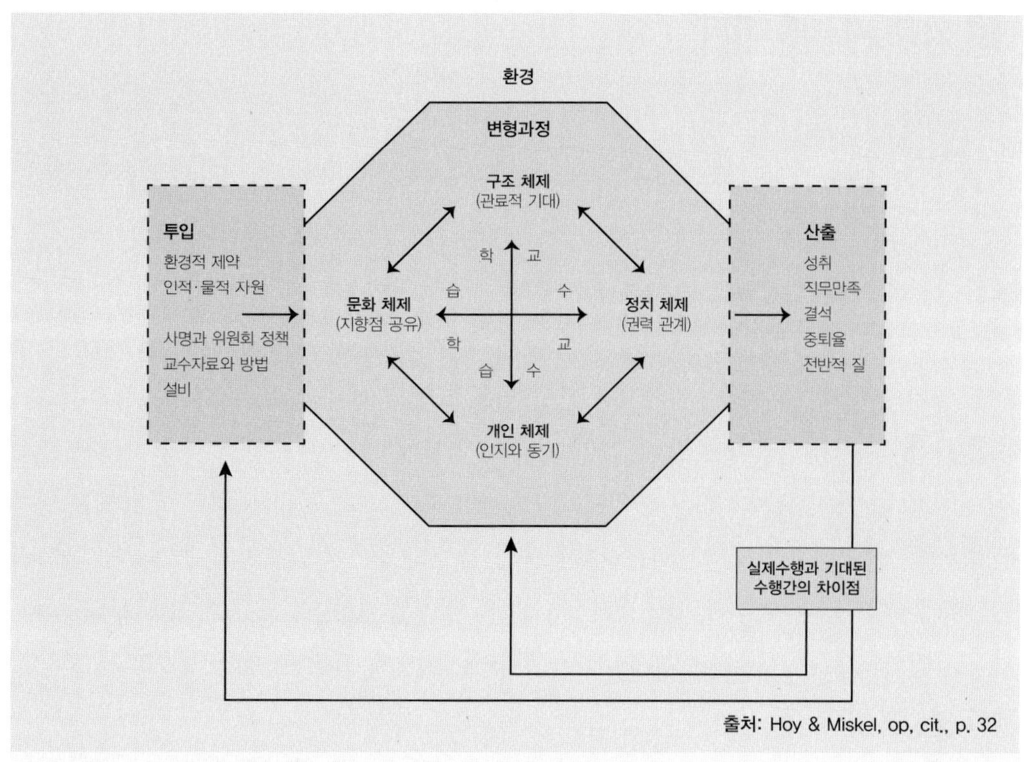

그림 1.5　　학교의 사회체제 모형

　형식적 학교조직은 지위에 관한 공식적 규정을 정하고, 위계의 등급을 매기며, 지위에 관련된 기대된 행동을 알려준다. 사실상, 관료적 구조는 적절한 행동을 유지하게 하도록 보상형태를 설정한다. 만약 학교관료제가 개인의 업무수행을 승인한다면, 긍정적 보상이 조직 구성원들의 행동을 강화시켜 줄 것이다. 만약 어떤 사람의 행동이 열등한 것으로 평가된다면, 긍정적 보상은 줄어들고 반면에 부정적 보상이 늘어날 것이다.

　비공식 집단도 비슷하게 행동에 영향을 준다. Hawthorne 연구에서 밝혀진 바와 같이, 집단규범은 행동을 통제한다. 학교에서도 모든 비형식적 동료집단 간에 규범이 존재한다. 예를 들면, 교사들은 동료교사들이 학생들을 적절하게 통제해 줄 것을 기대한다. 만일에 어떤 교사가 교실 내의 기강을 유지하지 못한다면, 다른 교사들로부터 제재를 받게 된다. 교사 휴게실에서 다른 교사들의 빈정거림이나 따돌림은 기강을 확립하지 못한 교사에게 파괴적인 영향을 미칠 수 있다.

🖪 외부 피드백 고리

학교에서 행동은 또한 외부피드백 고리를 통해 통제된다. 지역사회 문화는 직접 관료적 기대, 집단규범, 조직목표에 영향을 주고, 간접적으로 개인적 욕구에 영향을 미치는 환경적 제약을 제공한다. 학교가 환경에서 벗어나려고 시도하지만 지역사회, 주 정부, 전국 단위 단체들의 압력을 여전히 받고 있다.

예를 들면, 학교 교육 과정에 AIDS 교육을 도입하는 문제는 드물게 대중으로부터 주의를 끌지 못한다. 사실상, 지역사회 집단들은 AIDS 교육프로그램의 목표를 수립하고 성과를 내는데 고려해야 할 다양한 요구를 학교에 투입한다. 학교에서 사회적 행동은 적어도 네 가지 요소, 또는 하위체제(**구조, 개인, 문화, 그리고 정치**)에 의해 직접적인 영향을 받는다. 학교의 사회적 행동은 교수활동과 학습활동에서 발생한다. 더 나아가, 그림 1.5는 내부피드백과 외부피드백이 적절한 조직 행동을 강화해 줌을 설명해 주고 있다. 기대된 결과와 실제 결과 사이에 차이가 생길 때, 피드백 고리는 체제 내외의 개인과 집단에 정보를 알려준다.

사회체제모형은 피드백 기제와 조직행위의 구성요소(**구조, 개인, 문화, 정치**)를 사용하여 학교에 관한 역동적 고찰을 하도록 한다. 좋고, 나쁜, 보통의 사건들이 계속해서 일어나는 체제의 역동적인 성격은 학생, 교사, 행정가가 다른 사람의 행동에 영향을 미치는 방법을 살펴볼 때 더 명백하게 나타난다. 체제분석은 전체, 즉 요소와 활동이 주어진 결과를 어떻게 산출하는지에 초점을 둔다. 역동적 결과는 관료제, 하위집단, 그리고 개인들이 목표, 가치표현을 조정하고, 그리고 리더십, 의사결정, 의사소통을 통해 권력을 발휘할 때 무한한 변화가 생기기 때문에 완전히 정확한 예측은 할 수 없다.

결 론

조직이론의 역사를 추적해 보고, 조직사상을 합리적, 자연적, 열린 세 가지 관점에서 살펴보았다. 우선, 합리적 체제 관점은 조직을 조직목표 성취를 위해 설계된 형식적 도구로 보았다. 구조가 가장 중요한 특징이다. 자연적 체제 관점은 조직을 생존을 위한 전형적인 사회집단으로 간주한다. 사람이 가장 중요한 양상이다. 마지막으로, 열린 체제 관점은 동일한 구조 속에 합리적 요소와 자연적 요소를 결합하기 위해 사용되며 보다 완전한 관점을 제공한다. 사회체제 모형은 조직생활의 합리적 양상과 자연적 양상에 주의를 불러일으킨다. 사회체제 모형은 오늘날의 이론과 연구를 사용하여 모형의 구성요소. 즉, 조직구조, 개인, 풍토와 문화, 정치, 교수와 학습, 환경, 그리고 효과성을 정교화한다. 이에 더하여, 주된 행정적 과정이 사회체제 요소 간의 상호작용에 영향을 주기 위하여 사용된다. 학교조직에서 의사결정, 의사소통, 지도성에 관련된 의미 있는 지식체계가 사용된 것이다.

다음 각 장에서 사회체제 모형의 주요 이론과 연구 그리고 행정적 과정을 보다 상세하게 기술해 놓았다. 이 책에서 접근방법은 실용적이고 다원적이며 실증적이다. 행정가를 이해하고, 조직의 복잡한 질서와 변화를 설명하기 위하여 가장 훌륭한 이론(**전통적**,

비전통적)을 선택하려고 노력하였다.

교육행정에 관련된 연구를 담은 전문학술지도 많이 있다. 행정이론과 연구를 연계시키는 두 가지 교육전문학술지로는 Educational Administration Quarterly와 Journal of Educational Administration이 있다. Planning and Changing, Journal of School Leadership, 그리고 Canadian Administrator은 교육행정연구의 적용과 교육행정 실제를 위한 적용에 초점을 둔 연구전문학술지이다.

마지막으로, 많은 행정전문학술지가 행정 각 영역에 걸쳐 중요한 논문들을 싣고 있다. 이러한 학술지로는 Academy of Management Journal, Academy of Management Review, Administrative Science Quarterly, Journal of Management Inquiry, Organization Behavior and Human Decision Processes, Organization Science, 그리고 Personnel Psychology 등이 있다.

참고문헌

Calas, M. B., and Smircich, I. *Postmodern Management Theory*. Brookfield, VT: Ashgate Publishing, 1997.
A fascinating set of readings on postmodern thought applied to management.

Donmoyer, R. B. "The Continuing Quest for a Knowledge Base: 1976-1998." In J. Murphy and K. S. Louis (Eds.), *Handbook of Research on Educational Administration* (2nd ed., pp. 25-44). San Francisco: Jossey-Bass, 1999.
An attemt to examine the domain of knowledge in educational administration.

English, F. N. *The Postmodern Challenge to the Theory and Practice of Educational Administration*. Sptingfield, IL: Charles C. Thomas, 2003.
A critical analysis of contemporary organizational theory.

Etzioni, A. *Modern Organizations*. Englewood Cliffs, NJ: Prentice Hall, 1964.
A classic examination of the history of orgamizational thought.

Kanigel, R. *The One Best Way*. New York: Viking, 1997.
A historical analysis of the impact of scientific management on organizations and contemporary society.

Katz, D., and Kahn, R. L. *The Social Psychology of Organizations* (2nd ed.). New York: Wiley, 1966.
A Classic analysis of open systems theory-one of the first and one of the best.

Miner, J. B. *Organizational Behavior: Foundations, Theories, and Analyses*. New York: Oxford University Press, 2002.
A comprehensive review of the foundations of organizational theory and analysis.

Morgan, G. *Images of Organizations*. (New Ed.). Thousand Oaks, CA: Sage, 2006.
An alternative and novel way of viewing organizations using metaphors to develop images of organizations that represent important partial truths.

Scott, W. R. *Organizations, Rational, Natural, and Open Systems* (5th ed.). Upper Saddle River, NJ: Prentice Hall, 2003.
An inquiry into the use of systems thinking to build learning organizations.

Senge, P. M. *The Fifth Discipline: The Art and Pracice of the Learning Organization*.

New York: Doubleday, 1990.

A classic on learning organizations.

Stinchcombe, A. L. *The Logic of Social Science Research*. Chicago: University of Chicago Press, 2005.

An insightful analysis of the complementaty roles of science, theory, and research.

제 2 장

조직구성원의 동기부여

　　행정가들이 조직을 분석할 때, 때때로 개인을 희생시키고 조직에 초점을 맞춘다. 그러나 조직은 목표 달성뿐만 아니라 인간욕구충족을 위해 존재한다. 학교사회체제의 구조적 요소나 개인적 요소 중 어느 하나를 경시하는 것은 단기적이고 불완전한 것이 된다.

　　앞에서 살펴보았듯이(1장 참조), 학생, 교사, 행정가들은 개인적인 욕구를 지니고 있고, 그들의 역할에 관한 개인적인 성향과 인식적 이해를 발전시켜 간다. 개인의 어떤 측면이 학교에서 직무와 행위를 결정하는 데 가장 큰 영향을 미치는가? 개인의 어떤 특성이 학교에서 개인적 행위를 동기화하는가? 인간은 너무나 복잡한 존재이고 인간행동에 관한 통찰은 다양한 관점과 학문에 뿌리를 두고 있기 때문에 이러한 질문에 대한 반응은 여러 가지 방법으로 구성될 수 있다.

　　학교사회체제 속의 구성원인 학생, 교사, 행정가에 관한 통찰을 얻기 위한 하나의 강력한 방법은 그들의 욕구, 신념, 목표, 동기를 탐색하는 것이라고 믿고 있다.

조직구성원의 욕구

사람들이 학교에서 역할과 지위를 차지하고 있지만, 이들은 자신만의 독특한 욕구가 전혀 없는 단순한 행위자는 아니다. 사실상, 인간욕구와 동기는 개인이 조직 속에서 행동방법을 결정하는 데 핵심요소가 된다.

조직에서 일하는 개인은 직무수행과정에서 자신의 욕구를 충족하는 데 관심을 기울인다. 학부모들은 자녀의 욕구에 관심이 있고, 정치가는 유권자들의 욕구에 예민하며, 교사들은 학생의 욕구에 부합하려하고, 그리고 대부분의 교장은 교사들의 욕구에 민감하다. 개인적 욕구가 조직에서 중요하다는 것은 의심할 여지가 없다. 사람들은 그들의 행위를 형성하는 서로 다른 개인적 욕구가 있다. 가능한, 대다수 개인은 조직 속에서 그들의 역할을 개인화하려고 애쓰며, 조직에서 기대하는 역할과 그들 자신의 욕구가 일치되게 행위 하려고 노력한다. 동일한 역할을 수행하는 사람들이 서로 다르게 행위 하는 한 가지 이유는 개개인이 고유한 자신의 유형을 지니고 있기 때문이다. 교사들은 서로 다른 유형을 지니며, 학생과 행정가들도 마찬가지이다.

Edwin A. Locke(1991)은 욕구는 일상적인 대화에서 느슨하게 사용되고 있지만, 생물학적 상황에서 욕구는 조직의 생존과 복지를 위한 필수 불가분한 요소가 된다. 보다 형식적 의미에서 보면, **욕구**는 개인이 내적 균형을 유지하기 위해 어떤 행위과정을 추구하도록 하는 내적 불균형 상태이다(Steers and Porter, 1991). Christopher Hodgkinson(1991, p. 94)은 "욕구 이면의 생각은 사물의 상태에서 불일치 혹은 바람직하지 못한 불균형이다. 욕구는 긴장과 불균형을 함축하고 있으며 행동을 조정하는 역동성을 지니고 있다."라고 주장한다. 결국, 목표지향적인 행동의 궁극적 목적은 욕구충족이나 불균형을 감소시키는 것이다. 욕구의 개념은 살아있는 유기체가 행동하는 이유를 가장 기본적인 수준에서 설명해주고, 특정행동이 건강한지 아닌지를 판단하는 기준이 된다.

▉ Maslow의 욕구위계이론

인본주의 심리학자인 Arbraham Maslow(1970)는 매력적인 인간욕구이론을 개발하였다. 그의 욕구위계모형은 인간 동기에 관해 가장 광범위하게 논의된 영향력 있는 관점이 되었다. 모형은 체계적인 연구의 결과가 아니고 주로 임상심리학자로서 Maslow 자신의 경험으로부터 도출된 것이다[Campbell and Pritchard(1976), Steers and Porter(1983)]. 그의 이론은 **욕구위계(need hierarchy)**를 가정한다. 즉 기본적으로 선천적인 인간욕구형태는 위계적 질서에 따라 배열된다(Kanfer, 1990). 위계적 수준(**그림 2.1 참조**)에 따라 배열된 다섯 가지 기본적인 욕구범주가 Maslow(1970) 모형의 토대를 구성한다.

- 위계의 첫 번째 수준인 생리적 욕구는 배고픔이나 갈증 같은 기본적인 생물학적 기능으로 구성된다.
- 두 번째 수준인 안전욕구는 평화롭고 원만하게 운영되는 안정된 사회에 대한 바람으로부터 나온다.
- 세 번째 욕구인 소속, 사랑, 사회적 욕구는 현대사회에서 상당히 중요하다. Maslow는 사회적 부적응은 이러한 욕구의 좌절에서 생긴다고 주장한다. 예를 들면, 청소년의 반항은 집단에 소속되고자 하는 강한 욕구로 동기화된다고 믿는다.
- 네 번째 수준인 존경의 욕구는 타인으로부터 높은 존경을 받고 싶은 바람을 반영한다.

존경의 욕구는 성취, 능력, 지위, 인정 등에 의해 충족된다.

- 마지막으로, Maslow는 사람들은 자신에게 가장 적합한 일을 하지 않으면, 즉 다섯 번째 수준인 자아실현의 욕구가 충족되지 않으면 불만과 불안이 나타난다고 주장한다. **자아실현(self-actualization)**이란 개인이 원하는 것을 이루고, 인생목표를 충실히 달성하며, 인성의 잠재력을 실현하고자 하는 욕구라고 단순하고 명료하게 정의할 수 있다(Campbell and Pritchard, 1976). Maslow는 자아실현을 최종상태가 아니라 과정으로서 간주한다. 개인은 독특한 능력을 점점 더 많이 지니는 지속적인 과정에 있다(Cherrington, 1991).

Maslow의 욕구는 서로 관련되고 개인의 생존을 위한 긴박함이나 우세 정도에 따라 위계적으로 배치된다. 어떤 욕구가 우세하면 할수록 그 욕구는 인간의 의식 속에서 다른 욕구보다 우위를 점하고 만족되기를 요구한다. 이러한 관찰은 Maslow 이론의 기본적인 가정 즉 높은 수준의 욕구는 낮은 수준의 욕구가 충족되었을 때 활성화된다로 이르게 한다. Maslow는 빵이 없을 때는 빵만으로 살아가지만, 빵이 풍부해지면 더 높은 욕구가 나타난다고 주장한다. 욕구는 사람을 지배하고 욕구가 충족되면 새로운 욕구로 대체된다. 만족이 증가하면 중요도가 감소하고, 더 높은 수준의 욕구 중요도가 증가하는 연속적 과정은 욕구 위계의 가장 높은 수준에 도달할 때까지 반복된다. 그러므로, 개인적 행동은 특정시점에서 가장 중요한 욕구를 만족하게 하기 위한 시도로 동기화된다(Lawler, 1973).

낮은 수준의 욕구는 완전히 충족되지 않기 때문에 잇따른 높은 수준의 욕구의 출현을 제한한다. 더구나 개인이 일정 기간 동안 일정수준의 욕구를 충족할 수 없다면 이러한 욕구는 다시 강력한 동기요인이 된다. 완전하게 충족된 욕구는 효과적인 동기요인이 되지 못한다. 그러므로 만족의 개념은 결핍의 개념과 마찬가지로 중요하다. Maslow는 만족은 하나의 욕구지배로부터 사람을 해방하며, 높은 수준의 욕구를 출현하게 한다고 추론한다. 역으로, 만약 낮은 질서 욕구가 만족되지 않는다면, 그 욕구가 다시 나타나 행동을 지배하게 된다.

Maslow의 이론에 관한 일반적인 오류는 한 가지 욕구가 완전히 충족되야만 다음 단계의 욕구가 나타난다는 것이다. Maslow는 정상적인 개인은 항상 모든 기본적인 욕구

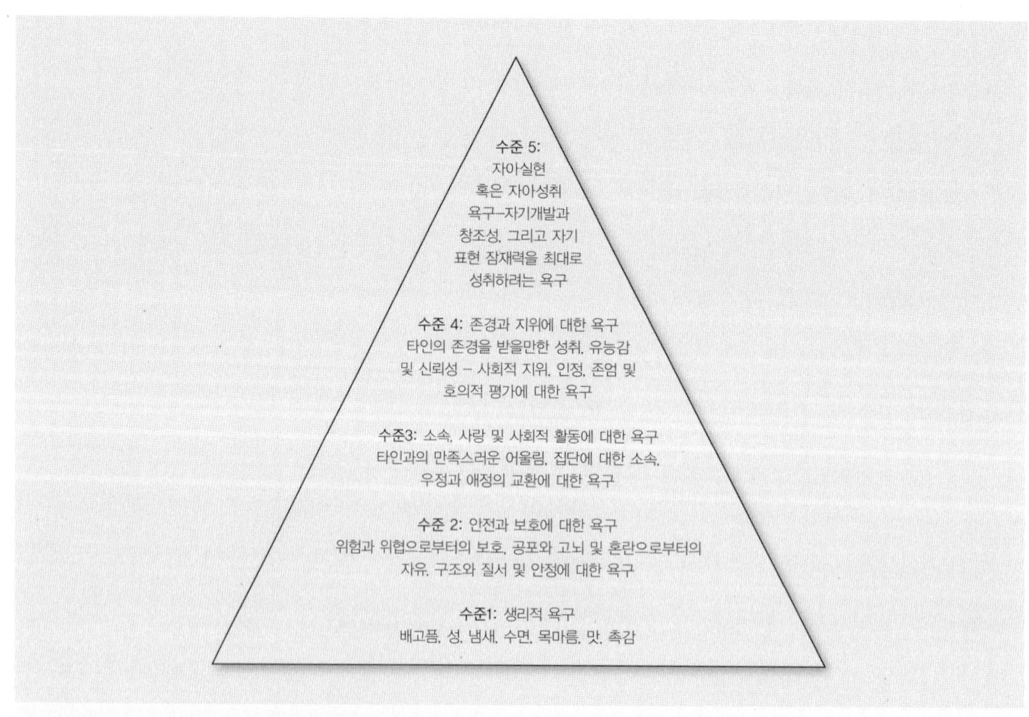

그림 2.1   Maslow의 욕구위계이론

에 대해 단지 부분적으로만 만족한다고 주장한다. 욕구 구조에 대한 보다 실제적인 기술은 욕구위계가 높아질수록 만족의 비율은 감소한다는 것이다. Maslow는 대다수의 사람에게 있어, 처음 세 가지 욕구수준은 규칙적으로 만족되며 더는 동기화되지 못한다. 그러나 존경과 자아실현의 욕구는 거의 만족이 이루어지지 못한다. 그래서 높은 수준의 욕구는 계속 동기화된다. 다시 말하면, 대부분의 행동은 위계의 두 가지 이상 수준에 의해 동기화되며 새로운 욕구상태는 뚜렷하게 나타나지도 않지만, 전혀 융통성 없는 방식으로 나타나지도 않는다(Pinder, 1984).

교육조직에서 Maslow의 이론을 적용해보았을 때 몇 가지 의견을 제시해 볼 수 있다. 우선, 교사들을 위해서는 심리적 욕구가 어느 정도 충족된다 할지라도, 어떤 학생들은 가장 기본적인 욕구마저 결핍되어 있으므로 그로 인해 강한 동기적 문제가 제기된다. 더 나아가, 두 번째 위계 수준인 안전의 욕구는 확실히 학교종사자들과 학생들에게 동기화 요인이 될 수 있다. 학교 내·외에서 폭력이 점차 많은 학생에게 널리 퍼져있다. 위협을 느끼면 공부하거나 가르치는 데 집중하기가 어려울 것이다. 계속된 고용에 대한 불확실성과 인종차별에 대한 행정적 행위는 학교 관리인으로부터 교육감에 이르기까지 모든 개인에게 영향을 미칠 수 있다. 더 나아가, Maslow는 많은 사람은 친숙하지 않은 것보다 친숙한 것에 모르는 것보다 아는 것에서 안정과 안전을 추구하려는 양상을 보인다고 이론화하고 있다. 학교에서 높은 안전 욕구를 가진 사람들은 변화에 저항하며 안전의 욕구를 충족하기 위해 직무의 안전성, 재해보상계획, 퇴직프로그램을 바랄 수 있다.

소속의 욕구는 개인들로 하여금 직장동료, 친구, 상급자, 하위자 간에 관계를 맺도록 한다. 교육자들의 경우, 우정의 교류, 비형식적 직무집단, 전문가 집단, 학교멤버십에 참여함으로써 이러한 욕구를 충족한다. 네 번째 위계 수준인 존경과 지위에 대한 욕구는 교육자로 하여금 타인으로부터 혹은 타인을 위하여 통제, 자발성, 존경, 그리고 전문가로서 능력을 추구하도록 한다. 마지막으로, 자아실현의 욕구는 교육자로 하여금 능력을 지닌 가장 훌륭한 사람이 되도록 동기화한다. 이런 욕구는 다른 욕구에 비해 덜 빈번하게 나타나는데, 그 이유는 대부분의 개인은 아직도 낮은 수준의 욕구에 관심을 갖고 있기 때문이다. 그럼에도, Maslow(1965)는 학교 같은 조직은 자아실현을 하려는 학생, 교사, 행정가가 가장 최선의 실행자가 되기 때문에 최고의 욕구만족 수준을 제공하는 것이 가능하다고 주장한다. Maslow의 욕구 위계이론은 세 가지 기본적인 가정에 근거를 두고 있다(Cherrington, 1991).

- 개인적 욕구는 보편적이며, 위계적으로 정렬되어 있다.
- 충족되지 않은 욕구는 개인으로 하여금 오로지 충족되지 않은 욕구에 집중하도록 이끈다.
- 높은 수준의 욕구를 느끼고 추구하기 전에 낮은 수준의 욕구가 대체로 충족돼야 한다.

Maslow의 이론이 널리 알려진 이유의 하나는 이 이론이 직관적인 호소를 하고 있기 때문이지만, 이 이론을 검증한 연구들은 혼합적인 결과를 내놓고 있다(Baron, 1998). 인간욕구가 다섯 가지 범주로 분류되었거나 이러한 범주가 어떤 특수한 위계 속에 구조화되었다는 뚜렷한 증거를 제시하지 못하고 있다.

사실상, 다수의 연구결과들은 욕구우세의 위계에 관한 기본적인 가정을 지지하지 않는다. 다른 연구에서도 이 이론에 대한 지지도가 그렇게 높게 나타나지 않았다 [Miner(1980), Steers and Porter(1983), Landy and Becker(1987) Cherrington(1991)]. 1980년 이후로 발표된 세 가지 연구 중에서 하나는 이 이론에 대해 강하게 이의를 제기하고 있으며 (Rauschenberger, Schmitt, and Hunter, 1980), 그리고 두 가지는 단지 최소한의 지지만을 보여준다[Betz(1984), Lefkowitz, Somers, and Weinberg(1984)].

교육현장에 관한, Frances M. Trusty와 Thomas J. Sergiovanni(1966)에 의한 초기 연구에서 교육전문가의 가장 큰 결함은 존경과 자아실현 욕구충족이라고 보고하고 있다. 보다 최근의 탐색에서, Mary Beth G. Anderson과 Edward F. Iwanicki(1984)의 연구에서도 Trusty와 Sergiovanni의 연구를 지지해 주고 있다. 그러나 그 후의 연구에서는 상대적으로 안전욕구의 결핍이 상당히 증가하였음을 밝히고 있다. Trusty와 Sergiovanni는 또한 행정가들을 교사와 비교해 보았을 때, 존경의 욕구결핍은 거의 없었지만, 자아실현의 욕구결핍은 더 많이 나타남을 밝히고 있다. 저자들은 교사의 자아존중감 결핍이 욕구결핍의 가장 주된 원인이라고 결론짓고 있다. 유사하게, Grace B. Chisolm과 그의 동료들(1980)에 의한 연구에서는 모든 다섯 가지 하위범주 즉 안전, 사회, 존경, 자율성, 자아실현에서 행정가들이 교사들보다 훨씬 적은 욕구결핍을 느끼고 있음을 보여준다.

요약하면, 인간욕구에 관한 설득력 있는 분석은 흥미롭게 여겨지지만 인간행동을 연구하고 설명하는 데 아직은 검증이 미흡하다는 관점에서 보아야 할 것이다. 이것은 이론이 잘못되었음을 의미하는 것이 아니고, 단지 지금까지 이론이 지지받지 못하고 있음을 의미하는 것이다.

☑ Herzberg의 동기-위생이론

Frederick Herzberg와 그의 동료들(Herzberg, Mausner, and Snyderman, 1959)은 기술자와 회계사를 대상으로 한 그들의 새로운 연구로부터 도출한 결과를 근거를 하여 동기와 직무만족에 관한 이론을 개발하였다. 그 연구결과는 개인의 자아실현의 욕구를 만족시키기 위한, Herzberg의 용어로는 심리적 성장을 향상하기 위한 잠재력 때문에 동기요인들이 긍정적 직무태도(동기유발)로 이끈다고 결론지었다.

반대로, 분리된 요인형태인 위생요인은 생리적, 안전, 그리고 사회적 욕구와 관련된다. Maslow는 심리적 인간의 일반적 인간욕구에 초점을 두는데 비해 Herzberg(1982)는 심리적 인간에게 있어 직무가 기본적 욕구에 어떤 영향을 미치는지에 관해 초점을 맞추고 있다.

동기-위생이론, 두 요인이론, 단순히 Herzberg 이론이라고 불리어왔던 이 이론은 행정가와 정책입안자들에게 폭넓게 받아들여졌다. Herzberg와 그의 동료들은 긍정적 사건들은 성취, 인정(성취에 대한), 일 자체(도전적인), 책임감, 진보(승진)와 관련되어 있다. 부정적 결과는 상급자나 동료와의 인간관계, 기술적인 감독, 회사의 정책과 행정, 작업조건, 급여, 사생활과 관련되어 있다. 그들은 직무행위에서 어떤 요인의 존재는 개인의 직무만족을 증가시키지만, 이와 동일한 요인의 부재가 반드시 직무 불만족을 초래하지는 않는다고 결론지었다. 이 이론은 몇 가지 기본적인 가정을 전제하고 있다.

- 직무만족과 불만족을 설명하는 두 가지 구분되는 요인의 형태가 있다.
- 동기유발은 만족을 초래하고, 위생요인은 불만족을 가져온다.
- 직무만족과 불만족은 반대되는 개념이 아니고, 오히려 구분되는 독특한 차원이다.

따라서 동기-위생이론은 **동기유발**(즉, 성취, 인정, 일 자체, 책임감, 진보)이라 불리는 어떤 욕구의 충족은 만족을 증가시키지만, 동기유발이 충족되지 못하면, 단지 최소한의 불만족한 결과만이 나타난다고 가정한다. 한편, **위생요인**(즉, 인간관계, 감독, 정책과 행정, 작업조건, 급여, 사생활)이 충족되지 못하면, 부정적 태도가 나타나고, 직무불만족이 초래된다. 위생요인의 충족은 단지 최소한의 직무만족을 이끈다.

예를 들면, 학교복사기로 시험문제를 복사하는 것으로 당신의 능력이 제한된다면 불만족을 느끼겠지만, 그런 서비스의 이용도가 높은 직무만족을 일으키지는 않을 것 같다. 직무만족은 자율성, 책임감, 일 자체의 도전으로부터 얻어지기 쉽다. 간단히 말하면, 동기유발은 직무만족을 일으키는 경향이 있고, 반면에 위생요인은 직무불만족을 일으키는 경향이 있다. 불만족을 초래하고 상대적으로 만족을 향상하는데 덜 중요한 요인으로 왜 '위생'이란 이름을 붙였는가? 그것은 의학적 은유이다. 비록 위생이 심각한 질병을 예방하는 데 매우 중요하지만, 위생만으로 치료할 수 없는 것과 마찬가지로 위생요인만으로 높은 수준의 만족을 가져올 수 없기 때문이다.

Miner(2002, 2004)는 다섯 가지 동기유발요인들이 개념적으로나 실증적으로 관련되어 짐을 관찰하였다. 이러한 요소들이 일 속에 내재되어질 때, 개인의 인간적 성장과 자아실현의 기본욕구가 충족되어질 것이다. 즉 긍정적인 느낌이 들고 업무수행 능력이 향상되어질 것이다. 적절하게 제공된 위생요인은 불만족을 제거하는 데 기여하고 어느 정도까지 업무수행 능력을 향상할 수 있다. 그러나 위생요인은 긍정적인 느낌이나 높은 업무수행 수준에는 이르게 할 수 없고 잠정적으로 가능하게 할 뿐이다.

Herzberg의 이론이 많은 논쟁을 불러일으키긴 하였지만, 직무 동기나 작업설계 분야에 상당한 영향을 미쳤다. Steers와 Porter(1991)는 Herzberg의 이론은 상당한 신뢰를 받을 만 하다고 주장한다. 작업조직 내에서 동기에 의한 역할 수행의 이해를 높이기 위하여 욕구에 대한 관심을 불러일으킴으로써, 1950년대 후반의 공백을 잘 채워주었다. 그의 접근방법은 체계적이고 그의 언어는 이해하기 쉽다. 그는 이론을 실증적 자료에 근거하여 이해하기 쉽게 단순화하였고, 행정가를 위해 구체적인 행동 권고를 제공하고 있다.

표 2.1 Herzberg의 동기-위생 이론

위생요인	동기요인
• 대인관계(상사와의) • 대인관계(동료와의) • 감독(기술적) • 정책과 행정 • 근무조건 • 사생활 • 직업안정과 보수 ↓ 불만족	• 성취 • 인정 • 일 그 자체 • 책임 • 승진 ↓ 만족

Pinder(1984)는 모형에 대해 더욱 강력한 옹호를 하고 있다. 그는 직무설계와 관련된 Herzberg의 생각은 상당히 타당성이 있고 실제적으로 유용성을 지닌다는 실질적인 증거가 존재함을 주장한다. 간단히 말해서, 행정가는 불만족을 일으키기 쉬운 직무의 양상을 제거하고 교직을 본질적으로 도전적이고 흥미로운 것으로 만들기 위해서는 두 가지 요인의 형태를 깨달아야 할 것이다. 위생과 동기유발 요인은 둘 다 중요하지만 서로 다른 이유를 지닌다(표 2.1 참조). 하나의 주의로서 이론이 함축하는 것처럼 두 가지 요인의 형태가 분리되지는 않는다. 예를 들면, 보수는 불만족 요인이 아니며, 어떤 사람에게는 동기유발이 된다(Miner, 2002). 불만족을 조장하는 일들은 흔히 만족을 증대시키는 것과 다르다는 것을 기억해야한다.

❸ McClelland의 성취동기이론

David C. McClelland(1961, 1965, 1985)의 **성취동기이론**(achievement motivation theory)은 흔히 욕구성취 혹은 n-성취이론이라고 불린다.[3] 힘든 일을 성취하고, 난관과 장애를 극복하는 것은 성취욕구로 인해서다. 개인은 어떠한 보상이 주어지지 않더라도 성취를 위하여 어떤 분야에서 탁월해지기 위해 노력하며, 높은 성취 욕구를 지닌다.

Maslow의 고정된 위계적이고 선천적인 욕구와 상반되게 McClelland의 틀에 의하면 동기는 학습되고, 행동에 영향을 주기 위한 잠재적 위계로 배열되며, 사람에 따라 달라진다. 사람들이 성장함에 따라 그를 둘러싸고 일어나는 어떤 일들이 긍정적이거나 부정적인 느낌에 연관되어 있다는 것을 배운다. 결국, 성취가치는 수월성과 경쟁하기 위한 기회가 긍정적 결과와 관련되어질 때 학습된다(Pinder, 1984).

개인을 위해서 성취는 동기위계의 가장 높은 단계로 나아가게 하고, 즐거움의 기대를 활성화하기 위해 단지 최소한의 성취역할을 수행한다. 그러므로, 성취를 추구할 가능성

---

3 Campbell, Dunnette, Lawler, 그리고 Weick(1970)에 따르면, McClelland는 H. A. Murray에 의해 개발된 긴 목록으로부터 동기의 하위요소들을 찾아 상세히 설명하려고 하였다. 그 결과 성취욕구, 권력에 대한 욕구, 관계에 대한 욕구 등과 같은 세 가지 동기가 가장 많은 주목을 받았다. 이 세 가지 욕구 중 성취동기가 가장 많은 주목을 받고 그것은 기대성취동기이론으로 발전하였다. 본 장의 목표를 위하여, 우리는 이론의 가치 영역에 논의를 제한한다.

은 증가하게 된다. 이러한 상황에서 약한 동기는 성취를 위한 방법을 제시하고 행동에 영향을 주는 독특한 부가적인 역할로 간주된다(Miner, 1980). McClelland(1961, 1985)는 성취동기가 높은 개인은 세 가지 주된 특성을 지닌다고 가정한다.

- 첫째, 성취동기가 높은 사람은 과업을 수행하거나 문제를 해결하는 데 있어 개인적 책임감에 대한 강한 바람을 지니고 있다. 결과적으로, 그들은 다른 사람들과 같이 일하기보다 혼자서 일하려는 경향이 있다. 다른 사람들과 더불어 직무를 처리해야할 경우에는 우정보다도 능력에 근거하여 동료를 선택하려 한다. 높은 성취 욕구를 지닌 사람들은 개인적 책임감과 결과에 대한 개인적 인정을 받을 수 있는 상황을 더 선호한다 (Miner, 1980). 예를 들면, 높은 성취동기를 지닌 사람들은 낮은 성취동기를 지닌 사람들과 비교해 볼 때 업무수행에 대한 보상체제에 더 많이 유인된다.
- 둘째, 높은 성취 욕구를 지닌 사람은 적절히 어려운 목표와 중간 정도의 위험수준을 설정하려는 경향이 있다. 과업이 지나치게 어려우면, 만족의 지속성과 가망성이 낮아진다. 쉬운 과업은 누구나 할 수 있으므로 과업수행에 따른 만족을 거의 느끼지 못하게 한다. 높은 성취 욕구를 지닌 사람은 지나치게 과도하지는 않으나 다소 도전하기에 벅찬 느낌이 드는 상황을 선택하고 위험을 계산하는 경향이 있다(Miner, 1980, 2002).
- 셋째, 높은 성취 욕구를 지닌 사람들은 업무수행 피드백에 관한 강한 바람을 가지고 있다. 이러한 개인들은 그들이 한 일의 성공이나 실패에 관계없이 그들이 얼마나 일을 잘 처리하였는지 알고 싶어하며 결과에 대한 정보를 받고 싶어한다(Cherrington, 1991). 성공했는지 실패했는지에 관해 말할 수 없을 때는 성취만족의 기회를 거의 갖지 못한다.

성취욕구가 높은 사람들은 과업성취에 몰입하는 특성을 지닌다(Cherrington, 1991). 결과적으로, 성취에 대한 욕구는 일념으로 몰두하는 학생, 교사, 행정가들이 흔히 성공하기 때문에 학교에서 중요한 동기가 된다. McClelland는 자신의 연구결과를 통하여 성취동기는 어린 시절에 명백하게 학습되며 부모의 양육방법과 다른 요인에 의해 주로 영향을 받는다고 결론지었다. 자신의 행위가 성공에 영향을 준다는 것을 아는 아이와 훌륭한 과업수행을 인식하는 방법을 배운 아이들은 탁월해지려는 바람을 가지고 성장하기가 쉬울 것이다(Schunk, 2000).

그러나 다른 이론가들은 높은 성취동기는 성공과 실패에 대한 최근의 경험, 과업의 어려움과 가치 있는 보상 같은 즉시적인 상황 요인에 의해 형성된다고 본다. 따라서 어떤 교사는 학생들이 수업에 잘 따라오기 때문에 대수학 수업에 높은 동기를 가지지만, 기하학 수업에는 학생들이 흥미를 느끼지 못하고 고심하기 때문에 낮은 동기를 가질 수 있다(Stipek, 1993).

교사와 학생이 지닌 현재의 성취 욕구를 이용하는 것도 한 가지 일이지만, 성취 욕구가 없는 교사와 학생들에게 성취 욕구를 개발하도록 하는 것도 아주 다른 도전이 된다. McClelland(1965)는 성취 욕구를 개발하는 데 초점을 맞춘 훈련 프로그램으로 성인들에게 이전에 존재하지 않았던 진취적인 행동을 하게 만들었다는 어떤 증거를 제시하고 있다. 따라서 동기변화를 위한 한 가지 일반적인 전략은 교육과 훈련이 된다(Katzell and Thompson, 1990). 성취동기를 불어넣기 위한 시도는 다음과 같은 특징을 지닌다.

- 개인이 성공할 수 있는 상황
- 합리적이고 성취 가능한 목표설정에 관한 강조
- 업무수행에 관한 개인적 책임감 수락
- 업무수행에 관한 명확한 피드백 제공

성취동기는 미래의 성공에 대한 호의적인 결과를 지닌 훈련을 통해 학교나 다른 환경에서 강화되어질 수 있다. 성취 욕구는 성취 그 자체에 만족하는 것이 아니고, 욕구를 줄이기보다 달성할 때 성장하게 되는 것 같다(Wood and Wood, 1999). 한 가지 경고를 하면, McClelland의 대다수 연구결과들은 소년과 성인남자에 관련되어 있어서, 그의 이론은 남성에게만 한정된다. 사실상, 그의 이론을 여성들에게 일반화하려는 시도는 별로 성공을 거두지 못하였다(Pinder, 1984).

4 Deci & Ryan의 자율이론

자율이나 자기결정 욕구는 무엇을 어떻게 할지에 대해 선택을 하려는 바람이다. 달리 말하면, 외부압력이나 보상에 의해 우리의 행위를 결정하기보다 독립적으로 행동하려는 바람이다[Deci and Ryan(1985), Deci, Vallerand, Pelletier, and Ryan(1991), Ryan and Deci(2000)]. 사람들은 자신의 행동에 대해 책임을 지고자 한다. 사실상, Porter(1961)는 독립적인 사고와 행위에 대한 욕구 즉 자율성은 기본적인 욕구라고 주장하였다. 사람들은 다른 사람들에 의해 강요되는 규칙, 규정, 질서, 최종기한 같은 외부적인 힘이 그들의 자율욕구와 상충되기 때문에 그에 대해서 저항하고 투쟁한다. 때때로 사람들은 도움을 받게 되면 도움을 준 사람의 통제를 받기 때문에 도움마저 거절한다[deCharms(1976, 1983)].

Richard deCharms(1976, 1983)는 자기 스스로 결정하는 사람과 타인의 결정에 따르는 사람간의 차이를 파악하기 위해 전자를 창조인(origins), 후자를 의존인(pawns)라고 비유하였다. 창조인은 자기 자신을 행동하려는 의도의 원천 혹은 근원으로 인식한다. 의존인은 자기 자신을 타인에 의해 통제되는 게임 속에 있는 것으로 보거나, 자신의 행위를 결정하는 데 무기력하다고 생각한다. 사람들이 의존인이 될 때 놀이가 일이 되고, 여가는 의무가 되며, 내재적인 동기는 외재적인 동기로 변한다(Lepper and Greene, 1978).

예를 들면, 잘 계획된 학교현장중심경영(SBM: Site-Based Management) 프로그램을 강조하는 교육감의 요구에 의해 교사들을 의사결정에 참여시키려고 결정을 한 학교장은 자신의 동기가 약해지는 경험을 했을 수도 있다. 당신을 통제하려는 위계적인 시도에 의해 창조인이 되고자 하는 기회가 무산된다. 자기결정의식이 상실되었기 때문에 위로부터의 명령에 의한 학교현장중심경영에 별로 호감을 갖지 못한다. 사실상, 학교장에 의한 하향식 시도에도 위와 비슷한 느낌을 갖기가 쉬울 것이다(Woolfolk, 1998, 2004).

DeCharms의 연구에 의하면, 학생들은 내재적인 동기에 의해 거의 통제되지 않으며 자신의 행위를 통제하는 데 너무 무기력하다고 결론지었다. 학생들은 창조인이라기 보다 의존인이다. 교사와 행정가들도 창조인으로서 보다 의존인으로서 자신을 보면서 학생과 똑같다고 여기거나 아마도 더 강한 무력감을 느낄 것이다. 그들은 수동적이 되고 자신의 일에 대해 거의 책임감을 느끼지 못할 것이다. 개인적 자율성은 현실적인 목표 설정, 개인적으로 계획된 목표, 행위에 대한 개인적 책임감 수락, 자존감 계발 등에 의해 개발되어질 수 있다(Woolfolk, 1998, 2004). 어떤 연구의 결과는 개인들은 의존인보다 창조인을 더 좋아하며, 높은 자존감을 갖고, 자신을 더 유능하다고 느끼며, 높은 성취를 지닌다고 밝히고 있다[deCharms(1976), Ryan and Grolnick(1986)]. 자율과 자기만족에 대한 욕구는 사람들이 스스로 선택하도록 격려하거나, 스스로 행동계획을 세우고, 선택결과에 대해 책임을 지도록 함으로써 향상되어질 수 있다. 사람들이 성장, 개발, 성숙되어감에 따라 자율욕구는 더욱더 중요해질 것이다.

성취, 자율, 사회관계, 자존감, 자아실현욕구는 교사와 행정가를 동기화시키는 중요한 욕구이고 조직역할에 대한 지각과 지적 이해에 영향을 미친다. 신념 또한 동기를 설명하는 중요한 요소이다.

조직구성원의 신념

개인은 그들의 신념에 따라 행동한다. **신념(Belief)**은 세계에 관한 일반적 이해 또는 일반화를 말하며, 개인이 진실이라고 여기는 것이다. 신념은 전형적으로 지능 또는 원인 같은 것들의 존재에 대한 단언이며, 흔히 현재의 상태와 대비되는 이상적 이미지와 관련되고, 학교 규칙과 규정의 공정성 같은 당위적인 것에 대한 평가와 결부된다. 그리고 신념은 흔히 기억되어진 일화나 사건들. 예를 들면, 학교 규칙과 규정의 불공정성이 학교의 불행한 일화에 비롯되어짐과 연계된다(Nespor, 1987).

신념은 개인을 행동하도록 동기화시키는데 중추적 역할을 한다. 인과관계, 공정성, 지능, 행동의 결과들, 자신의 운명을 통제하기 위한 능력에 관한 개인적 신념은 행동에 영향을 미치는 몇 가지 중추적 신념들이 된다. 이제 신념에 닻을 내린 동기의 설명을 하고자 한다.

⬛1 Weiner의 귀인이론

사람들은 자신과 다른 사람들에게 일어난 일을 보고서, 그런 일이 왜 일어났는지 원인을 추론하고 귀인 시킨다. 예를 들면 학생들이 왜 기말시험에서 실패했을까? 노력의 부족 때문인가? 내가 문제를 이해하지 못할 만큼 영리하지 못해서인가? 라는 질문을 한다. 이러한 질문과 관찰에 근거하여, Bernard Weiner(1972, 1985, 1986, 1992, 1994a, 1994b)는 동기모형을 만들기 위하여 귀인에 관한 생각을 사용하였다.

본질적으로, **귀인이론(attribution theory)**은 개인들의 과거행위, 특히 성취노력과 기대에 관한 인과적 설명을 다룬다. 귀인이론가들은 개인은 자연적으로 사건이 일어난 원인, 특히 결과가 중요하거나 기대하지 않은 것 일 경우에 왜 그 일이 일어났는지를 이해하려 한다고 주장한다(Stipek, 1993). 사람들은 성공과 실패를 능력, 운, 노력, 분위기, 흥미, 불공정한 절차 같은 요인들의 탓으로 돌린다. 사람들이 인과적 귀인을 생각할 때, 그들은 본질적으로 무슨 일이 일어났고 왜 일어났는지에 관한 신념을 찾거나 만들게 된다. 일단 그들이 설명을 만들게 되면, 자신과 그들의 환경을 더 잘 관리하기 위해 자주 그것을 이용할 수 있다.

1) 인과관계 차원

Weiner(1985, 1986, 1992, 1994a, 1994b, 2000)는 개인들이 성공과 실패의 탓으로 돌리는 원인의 대부분은 소재, 안정성, 책임감의 세 가지 **인과관계 차원(dimension of causality)**으로 특성화할 수 있다고 주장한다.

- 소재(내적 대 외적)는 원인의 소재지를 규정한다. 능력과 노력이 소재 차원에 관한 가장 일반적인 내적요인이다. 과업의 곤란이나 행운은 결과의 일반적인 외적 결정요소가 된다.
- 안정성(안정 대 불안정)은 원인이 시간이 지남에 따라 일정한가 변화하는가를 나타낸다. 능력은 과업에 대한 개인의 태도는 비교적 고정되어있다고 생각하기 때문에 안정적이다. 반면에 노력은 상황에 따라 사람들의 노력이 달라지기 때문에 불안정하다.

- 책임감(통제가능 대 통제불가능)은 개인적 책임 즉 개인이 원인을 통제할 수 있는가의 여부를 말한다. 노력은 개인이 얼마나 열심히 노력할지에 대해 책임질 수 있기 때문에 통제할 수 있다. 반면에, 능력과 행운은 일반적으로 개인적 통제를 벗어난다고 믿는다 [Weiner(1986, 2000), Kanfer(1990), Graham(1991)].

이 세 가지 차원의 각각은 성공과 실패에 대한 정서적 반작용을 유발하는 경향이 있기 때문에 동기에 대한 중요한 함의를 지닌다. 예를 들면, 내적-외적 소재는 자기존중감과 밀접하게 관련된 것으로 여겨진다. 만약 성공과 실패가 내적요인에 귀인한다면, 성공은 전형적으로 자기존중감을 증가시키는 반면에 실패는 자기존중감을 감소시킨다.

안정성 차원은 미래기대와 관련된 정서와 연관되어 있다. 가령, 실패에 대한 안정적 원인들은 무력감, 무관심, 단념을 가져온다. 책임감 차원은 죄의식, 수치심, 연민, 분노 등을 포함한 일련의 사회적 정서와 관련되어있다. 개인적 실패의 원인이 노력의 부족이나 행동에 대한 무책임성 같은 통제권 내에 있는 요소들에 의한 것이라면 죄의식을 느낄 것이고, 성공한다면 자부심을 느낄 것이다. 당혹감이나 분노는 개인의 실패가 능력이나 과업의 곤란성 같은 통제할 수 없는 요인에 의해 일어나기 쉽지만, 반면에 성공한다면 행운이나 감사하는 느낌이 들것이다. 또한 자신의 운명을 통제하고 있다는 느낌은 더 어려운 과업을 선택하고, 더 열심히 일하고, 더 지속적으로 일하는 데 관련된다 [Schunk(2000), Weiner(1994a, 2000)].

세 가지 귀인차원에 대한 정서적 반작용을 덧붙임으로써, 결과들이 개인적 책임감과 선택 내에서 내적이고 불안정한 원인을 가지는 것으로 인식되어질 수 있다(Kanfer, 1990). 예를 들면, 신임교사들이 그들의 실패를 준비가 부족한 학급 프로젝트에 학생들을 참여시킨 데에 있다고 인식한다면, 낮은 자기 존중감으로 고통받고 빈약한 과업수업에 대한 죄의식을 느낄 것이다. 그러나 내적이고 불안정하며 통제 가능한 것으로 원인을 인식하는 것은, 말하자면 그 원인을 변화시킬 수 있는 힘이 자신에게 있다고 인식하는 것은 신임교사들이 미래의 성공에 대해서 낙관적인 생각을 하도록 해줄 것이다.

그러나 학급 프로젝트에 학생들을 참여시키는데 거듭하여 실패한 경험이 많은 교사들은 그 실패의 원인을 능력부족, 즉 내적, 안정적, 통제 불가능한 원인으로 돌릴 수 있다. 이들 교사들은 반복되는 실패, 무력감, 낮은 자기존중감, 그리고 수치심을 느낄 것

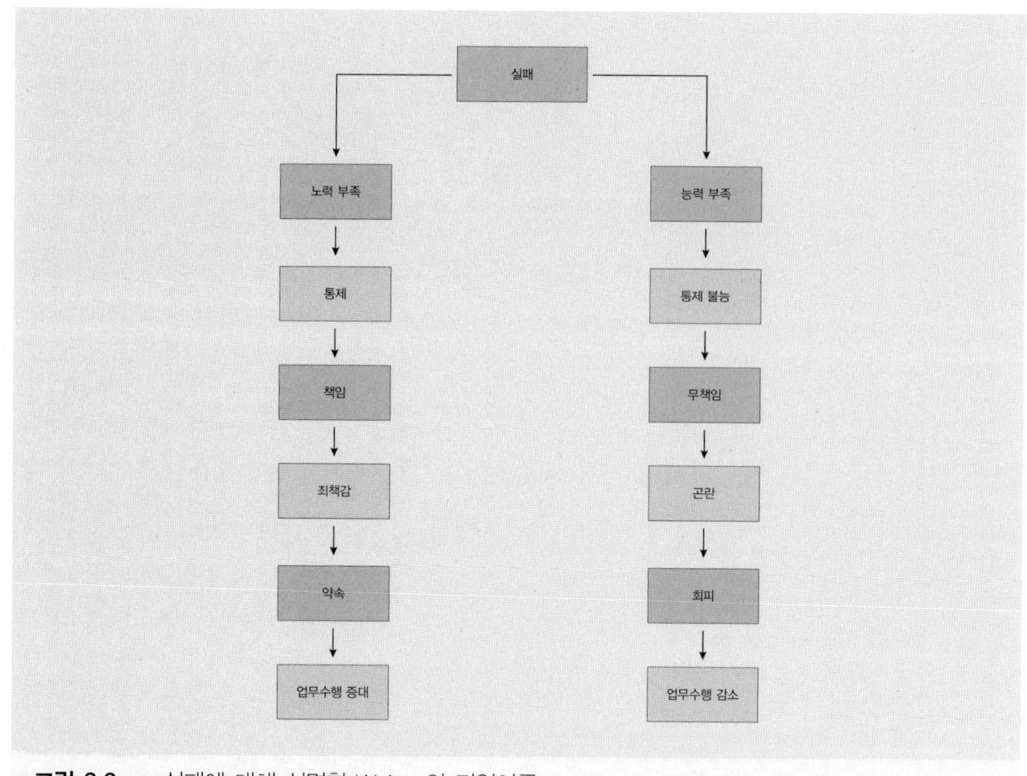

그림 2.2　실패에 대해 설명한 Weiner의 귀인이론

이다. 이들 교사들은 학급 업무수행에서 낮은 동기를 가지고 있다. 그림 2.2는 두 가지 실패의 귀인 경로를 스케치한 것이다.

① 실패가 노력의 부족에 귀인할 때, 통제할 수 있고 개인은 책임감이나 죄의식을 느낄 수 있으며 업무수행을 향상하기 위한 행동에 참여하게 될 것이다. 그러나 ② 실패가 능력의 부족에 귀인한다면, 통제할 수 없다고 여기고 개인은 실패에 대해 책임감을 느끼지 않고 당혹해 하며 업무수행이 떨어지면 과업을 피하려 할 것이다.

어떤 이는 귀인이론을 일반적인 상식에 불과하다고 비판한다(Graham, 1991). 예를 들면, 장애인에 대해서는 연민을 느끼지만 일하지 않는 게으른 자에게는 분노를 느끼고, 높은 능력을 가지고 있을 때는 계속하여 성공하리라 기대한다. 어떤 이는 이러한 인과관계 귀인은 과학적 지식이 아니고 사회적 세계에 관한 공유된 사고방식의 일부라고 반박한다. 그러나 귀인이론가들은 이론의 중요한 목표는 우리가 알고 있는 것을 상식이 되도록 체계화하여 그것을 폭넓은 사회적 현상을 설명하는 개념 틀 속에 배치하는 것이라고 주장한다. 여러 연구에서는 귀인기제와 미래 과업수행에 대한 기대효과에 대해서 일관되게 지지를 보여주고 있다[Miner(1980, 2002), Weiner(1986, 1994a, 1994b, 2000), Kanfer, 1990)].

귀인이론의 중심적 요소는 다음과 같은 일련의 질문으로 요약될 수 있다.

- 인과적 질문: 결과의 원인은 무엇인가? 노력? 능력? 행운? 곤란? 도움? 선입관?
- 소재 질문: 원인이 내적인가, 외적인가? 예를 들면, 개인의 내적인 원인(**능력, 노력**)인가 또는 외적인 원인(**행운과 과업곤란**)인가?
- 안정성 질문: 원인이 안정적인가 불안정한가? 원인이 곤란 같은 고정된 것인가 노력 같은 불안정한 것인가?
- 통제가능성 질문: 원인을 통제할 수 있나? 나의 노력으로 통제할 수 있나? 나의 능력? 과업의 곤란도? 도움? 평가? 선입관?

	내적		외적	
	안정적	가변적	안정적	가변적
통제 가능	전형적 노력	준비	관찰자 편견	팀의 협조
통제 불가능	능력	분위기	과업 곤란	운

차원 분류	빈약한 업무수행 이유
내부적-안정적-통제불가능	낮은 능력
내부적-안정적-통제가능	전형적 노력 부족
내부적-가변적-통제불가능	관찰 시점의 나쁜 분위기
내부적-가변적-통제가능	과업에 대한 미준비
외부적-안정적-통제불가능	너무 어려운 과업
외부적-안정적-통제가능	관찰자 편견
외부적-가변적-통제불가능	불운
외부적-안정적-통제가능	팀원의 무협조

출처: Hoy & Miskel, op, cit., p. 149

그림 2.3   빈약한 업무수행에 대한 가능한 원인과 귀인

학생, 교사, 행정가들은 결과의 원인을 알고 있고 이들 원인들이 내적(소재)이고, 변화시키기 쉽고(불안정성), 그리고 통제(통제할 수 있는)하에 있을 때 높은 동기를 지닌다. 귀인이론의 사용은 빈약한 직무수행에 대해 많은 설명을 해준다. 예를 들면, 그림 2.3에서는 소재, 안정성, 통제가능성의 여러 가지 결합에 근거한 빈약한 업무수행에 대한 여덟 가지 귀인을 설명하고 있다.

2) 능력에 대한 신념

동기와 행동에 영향을 미치는 가장 강력한 귀인요인들 중의 하나는 능력에 관한 신념이다. 만약 우리가 이러한 신념을 조사한다면, 왜 사람들이 부적절하고 동기를 유발하지 못하는 목표를 세우고, 어떤 교사들이 왜 포기하며, 왜 학생들이 때때로 자멸적인 전략을 채택하는지를 이해할 수 있다.

성인들은 두 가지 일반적인 능력의 관점 즉 안정적 관점과 점증적 관점을 지니고 있다(Dweck, 1999, 2000). **안정적 능력관(stable view, 때로는 실재적 관점이라 불림)**은 능력은 안정적이고 통제할 수 없는 특성이고, 변화될 수 없는 개인의 특성이라고 생각한다(Dweck and Bempechat, 1983). 따라서 어떤 사람은 다른 사람들보다 더 많은 능력을 가지고 있고 능력수준은 고정된 것이라고 생각한다. 다른 한편으로, **점증적 능력관(incremental view of ability)**은 능력은 불안정하고 통제할 수 있는 즉 확장된 지식과 기술의 저장소라고 생각한다. 따라서 점증적 관점을 지닌 사람들은 열심히 일하고, 인내하며, 공부함으로써 지식이 증가하고 능력이 향상될 수 있다고 본다.

어린이들은 거의 절대적으로 점증적 능력관을 가지고 있다(Nicholls and Miller, 1984). 예를 들면, 초등학교 저학년에서 대다수 학생들은 노력은 지능과 동일하다고 믿고 있다. 영리한 사람들은 열심히 노력하며 열심히 노력하는 것이 사람을 더 영리하게 만든다고 생각한다. 그래서 만약 당신이 잘하지 못한다면, 열심히 노력하지 않았기 때문에 영리하지 못한 것이 된다(Stipek, 1993, 2002). 그러나 12살 정도가 되면 학생들은 노력과 능력을 구분하기 시작한다. 학생들은 어떤 사람은 열심히 노력하지 않고도 성취하며, 이러한 사람들이 영리한 사람이라는 것을 깨닫게 된다. 이러한 시점에서, 능력에 관한 신념이 동기에 영향을 미치기 시작한다(Anderman and Maehr, 1994).

안정적 지능관을 지닌 사람들은 업무수행 목표를 정해 두는 경향이 있다. 그들이 좋게 보일 수 있고 자기존중감을 방어할 수 있는 상황을 찾는다. 그들은 열심히 노력하거나 실패하는 것이 낮은 능력을 나타내는 것이라 보기 때문에 많이 노력하지 않고서도 잘할 수 있고 실패의 위험 없이도 잘할 수 있는 일을 계속하려 한다. 더 나아가, 열심히 노력하거나 실패하는 것은 자신의 능력과 자신감에 치명적이 된다. 그래서 개인은 실패하기보다 오히려 노력하지 않으려 한다.

사실상, 만약 당신이 노력하지 않는다면, 어느 누구도 당신을 우둔한 사람이라고 비난하지 않을 것이다. 당신이 실패하였다면, 그 이유는 명백하다 즉 준비가 제대로 안되었거나 열심히 노력하지 않았기 때문이다. 그래서 노력하지 않거나 준비하지 않는 것이 실패나 우둔하게 보이는 것에 대한 자기 방어를 위한 전략이 된다. 학생들이 C학점이나 간신히 낙제를 면한 점수에도 만족해하는 것을 본적이 있다. 때때로 간신히 통과하는 점수가 나쁘게 보이지 않게 하는 방어 전략일 수 있다. A학점을 받기 위해 노력한 학생이 C학점을 받게 되면 자신이 부적격하다는 느낌을 받을 수 있다. 그래서 간신히 통과하는 학점을 받는 것이 안전한데 열심히 노력하고도 모욕감을 받을지도 모를 위험을 감수하려 하지 않는 것이다. 그런 전략은 자신의 자기존중감을 보호해 줄 수는 있지만, 학습을 향상하지는 않는다.

반면에, 점증적 지능관을 가진 사람들은 진보는 자신의 능력이 향상되는 것을 의미하기 때문에 그들은 학습목표를 설정하고 그들이 배우고 진보할 수 있는 상황을 찾는다. 어린이던 성인이던 이런 지능관을 가진 사람들은 실패는 절망적이 아니며, 단지 진보하기 위해 더 많은 일을 해야 한다는 사실을 의미할 뿐이다. 능력은 실패에 의해 위협받지 않는다. 사실상, 흔히 실패는 더 열심히 일하기 위한 도전으로 받아들여진다(Woolfolk, 1998, 2004). 점증적 능력관을 지닌 사람들은 도전적이지만 현실적인 목표를 설정하며 앞에서 본 바와 같이 이런 목표는 효과적인 동기유발이 된다.

요약하면, 능력에 관한 자신의 신념이 학생, 교사, 행정가의 동기와 업무수행에서 중요한 역할을 한다. 그들의 능력을 향상할 수 있다고 믿는 사람들은 적절하게 어렵고 도전적인 학습목표를 설정하기 쉽고 한편으로 과업달성에 관심이 많다. 반대로, 안정적이고 고정된 능력관을 지닌 사람들은 다른 사람들의 시선을 의식하기 때문에 매우 쉽거나 매우 어려운 수행목표를 설정하기 쉽다. 그들은 뛰어나게 보이고 싶어 하고 이미지를 위협하는 상황을 피하고 싶어 한다. 사실상 그들은 흔히 노력을 많이 하거나 능력이 낮은 것을 동일하게 보는 경향이 있다.

2 공평성 이론

사회의 대다수 사람들처럼 학생, 교사, 행정가는 기본적인 공정성 문제에 관심이 있다. 우리는 맡은 직무에서 겨우 최소한의 업무수행만을 하는 교사를 알고 있다. 그들은 종종 지각하고, 시험문제 출제를 하지 않고, 결코 무엇을 자발적으로 하는 일이 없고, 퇴근시간이 되자마자 퇴근하며, 할 수 있는 모임을 회피하며, 다른 사람에게 자신의 일을 떠넘긴다. 학교에서 긴 시간 일하고, 방과 후 학생들을 돕는데 초과근무를 하며, 매 시간 수업준비를 열심히 하고, 특별 과외활동을 돕고 있는 젊은 신임교사들이 꾀병을 부리는 동료교사가 자신들에 비해 반밖에 불과한 일을 하면서도 두 배의 봉급을 받는 것을 보았을 때 느낄 억울함을 상상해보라.

직장에서 이런 기본적인 물공성성을 일부 이론기 들[Grccnborg(1993a), Tyler(1994), Folger(2005)]은 불공평이라고 부른다. 이 개념은 인지된 공정성 즉 개인의 신념이 공정하게 취급받고 있는지 아닌지에 초점을 둔 **공평성 이론(equity theory)**이라 불리는 동기에 관한 또 다른 관점을 제공해준다. 자원을 배분하기 위해 사용된 인지된 절차의 공정성을 절차적 정의[Greenberg(1997, 2000), Greenberg and Colquitt(2005)]라고 부르며 이것이 공평성 이론의 핵심개념이다. 사람들은 그들이 불공정하게 취급받고 있는지를 어떻게 결정하는가? 공평성 이론은 이런 결정을 위한 핵심기재는 사회적 비교, 즉 자신의 어려운 상태를 다른 사람의 상태와 비교해 보는 것이다.

기술적인 용어로 표현하면, 자신의 투입(기여한 모든 것)에 대한 산출(받은 모든 것)을 타인의 투입·산출 비율과 비교하는 것이다(Kulik and Ambrose, 1992). 사람들은 그런 비교를 위해 아무나 선택하는 것이 아니고, 여러 면에서 비슷한 사람을 선택한다. 위의 예에서, 젊은 교사들을 원로교사와 비교한다. 여기서 두 가지 점을 지적하는 것이 의미가 있다. 젊은 교사와 원로교사는 동일한 역할을 수행하지만, 원로교사가 훨씬 더 연장자이다. 불공정성 비교가 경험과 연령이 비슷한 교사들을 대상으로 이루어졌더라면 보다 더 설득력이 있어 보일 것이다. 위의 예에서, 원로교사는 더 많은 경험을 가지고 있기 때문에 그 차이를 합리화 할 수도 있다. 공평성 이론은 만약 투입·산출 비율이 자신이 비교하는 사람과 대체로 동일하다면 공정하게 대우받고 있다고 보지만, 그러나 만약 그 비율이 거의 동등하지 않으면 자신이 공정하게 대우받고 있지 못하다고 여기고 불평등의식이 생기게 된다. 불공평성은 사람을 짜증나게 하고 그것을 제거하게 만든다. 불공평성이 초래하는 잠재적 결과의 하나는 동기를 감소시키는 것이다. Baron(1998)은 불공평성은 작업동기를 방해하므로 사람들은 세 가지 방법으로 불공평성을 감소시키려 한다고 말한다.

- 산출을 증가시키려 애쓴다. 승급이나 다른 보상과 같은 이익 증대를 추구한다.
- 직장을 떠나려고 한다. 직장을 그만두고 다른 직업을 찾는다.
- 투입을 줄인다. 과업수행에 대한 노력을 줄인다.

후자의 전술은 공로에 비해 더 적은 보상을 받고 있다고 생각하고 있는 사람들이 흔히 택하는 방법이다. 그들은 흔히 공정하게 취급받고 있다고 여기는 사람들에 비해 상대적으로 더 적은 노력을 한다(Harder, 1992). 업무수행 감소가 동기저하의 유일한 증거는 아니다.

예를 들면, 어떤 근로자는 절도를 포함한 초과이익을 산출하는 비밀스런 행동을 함으로써 사태의 균형을 깨뜨리려 한다[Greenberg and Scott(1995), Greenberg(1993b)].

공평성 이론에 대해 세 가지 사항이 더 지적되어야 한다. 첫째, 공정성에 관한 개인의 판단은 주관적이며 보는 사람에 따라 다르다. 사람들은 서로 비교하여 공평성에 관한 판단을 내린다. 둘째, 사람들은 받을만한 것에 비해 더 많이 받는 것보다 더 적게 받는 것에 훨씬 더 민감하다(Greenberg, 1993a). 받을만한 것에 비해 더 적게 받는 것보다 더 많이 받는 것을 합리화하기가 쉽다. 셋째, 공평성과 정의는 많은 개인들에게 있어 중요한 동기적 힘이 된다.

요약하면, 학생, 교사, 또는 행정가들은 그들이 불공정하게 취급되어짐을 알았을 때 업무수행 동기는 급격하게 감소하며, 속임수를 쓰거나 다른 수상한 행동을 함으로써 '점수를 균등하게' 하려는 계획을 세울 수도 있다. 따라서 이러한 점에서 학교와 다른 작업조직에서 공정성이 운영절차의 기준이 되어야 한다는 중요한 실제적이고 윤리적인 이유가 된다(Baron, 1998). 사실상, Greenberg(2000)는 공정한 절차와 실행이 조직의 업무수행에 대한 수용을 증대시킨다고 결론지었다.

조직의 정의에 관한 구성은 공평성 이론과 절차적 정의에 관한 연구문헌에서 나타났다[Miner(2004), Greenberg and Colquitt(2004)]. **조직적 정의(Organizational justice)**는 조직에서 구성원들의 공정성에 관한 인식이며, 분배되는 방법의 공정성에 관한 분배적 정의와 분배절차의 공정성에 관한 절차의 정의를 포함한다. 학교장은 어떻게 하면 공정하고 정의로운 학교풍토를 만들 수 있는가? 이 질문에 대한 답변으로, 우리는 행정적 행동을 안내하기 위하여 문헌으로부터 열 가지 원리를 선정하여 제시하였다[Levanthal, Karuza and Fry(1980), Greenberg and Lind(2000), Hoy and Tarter(2004)].

요약하면, 학교현장에서 조직적 정의감은 공평하고, 예민하고, 존중하고, 일관되고, 사리추구의 자유가 주어지고, 정직하고, 윤리적인 행정적 행동에 달려있다. 부가적으로, 발언권, 평등주의, 대의제가 교사에게 권한을 부여하는 데 결정적 요소가 된다. 교사들은 그들에게 영향을 미치는 결정에 참여하기를 원하고**(발언권)**, 그들은 자신들의 이익에 앞서 학교의 이해관계에 대해 자유롭게 제안할 수 있어야 하며**(평등주의)**, 결정과정에서 그들의 견해가 확실하게 제시되었다고 느껴야 한다**(대의제)**.

마지막으로, 교장은 새롭고 정확한 정보를 얻었을 때 피드백을 하여 부족한 결정을 다시 바꾸거나 수정하기 위한 양식과 자신감을 가져야만 한다. 이러한 조직의 정의에 관한 열 가지 원리가 표2.2에 요약되어있다.

❸ Vroom의 기대이론

무엇이 사람들을 일하도록 동기화시켜주느냐에 대한 가장 신뢰할 수 있고 타당한 설명의 하나는 기대이론이다. 비록 기대모형이 오랜 심리학적 역사를 지니고 있지만, 이 접근방법이 작업환경을 위해 대중화되고 구체적으로 수정되어진 것은 1960년대 Victor Vroom(1964)과 다른 학자들[Graen(1963), Galbraith and Cummings(1967), Porter and Lawler(1968)]에 의해서다. 사실상, Vroom(1964)이 기대이론에 대한 명료한 진술을 함으로써 이에 대한 연구가 폭발적으로 증가하게 되는 기폭제가 되었다. 그의 모형은 가장

표 2.2 조직의 정의 원리

공평성원리	보상은 헌신에 비례하여 주어져야 한다.
지각원리	개인적 공정성 지각이 정의를 규정한다.
발언원리	의사결정 참여는 공정성을 향상시킨다.
대인관계 정의원리	품위 있고 존경스런 대우는 공정성을 향상시킨다.
일관원리	일관된 공정한 행동은 정의감을 증진시킨다.
평등주의원리	이기심은 전체의 선에 종속되어야 한다.
수정원리	잘못된 결정은 즉시 수정되어야 한다.
정확성원리	의사결정은 정확한 정보에 근거해야 한다.
대의제원리	의사결정은 여러 사람들의 관심을 대변해야 한다.
윤리적원리	일반적인 도덕과 윤리적 기준에 따라야 한다.

출처: Hoy & Tarter, 2004. p. 153

높은 수준의 이익을 창출하는 직무, 과업, 노력수준 간의 선택을 예측하도록 하기 위해 개발되었다(Kanfer, 1990).

1960대 후반부터 1980년대 초반까지, 문헌에서 기대이론의 유행은 조직 내의 동기에 관한 연구에서 기대이론이 구심점이 되고 있음을 분명하게 나타낸 것이다. 비록 기대이론에 대한 출판물이 줄어들긴 했지만, 아직도 기대이론이 계속해서 사용되고 있다[Miller and Grush(1988), Vroom(2005)]. 기대이론은 조직구성원들의 복잡한 관점을 보여준다. 기대이론의 기본적인 가정, 개념, 일반화는 쉽게 확인되고 설명된다.

기대이론(Expectancy theory)은 두 가지 기본적인 전제에 의존한다.

첫째, 사람들은 생각하고, 추리하고, 미래의 결과를 예측하는 능력을 사용하여 조직 내에서 자신의 행동을 결정한다. 동기는 의식적이고 인지적인 과정이다. 사람들은 자신들의 행동이 가져올 결과나 개인적인 보상에 관한 기대된 가치를 주관적으로 평가하고서 어떻게 행동할지를 선택한다.

둘째, 개인적인 가치와 태도는 행동에 영향을 미치기 위하여 역할기대와 학교문화 같은 환경적 요소들과 상호작용한다. 이 두 번째 가정은 기대이론에서만 볼 수 있는 독특한 것은 아니며, 사실상, 이 가정은 사회체제이론부터 나온 일반화로서 제1장에서 제시된 것이다.

이러한 가정을 토대로 형성된 기대이론은 세 가지 기본적인 개념 즉 기대, 수단, 유의성을 지닌다.

기대(Expectancy)는 개인이 열심히 일하면 업무수행이 개선될 수 있을 것이라고 믿는 정도이다. 기대에 관한 질문은 '만약 내가 열심히 일하면 성공할 수 있을까?' 같은 것이다. 예를 들면, 만약 교사들이 그들 자신의 노력 증가로 학생들의 성취를 향상시켜 줄 수 있다는 높은 가능성을 지닌다면 교사들의 기대수준이 높은 것이다. 만약 학생들이 과학 프로젝트를 계획하고 이행할 수 있다고 강하게 믿는다면, 학생들은 높은 기대수준을 가지고 있는 것이다.

수단(instrumentality)은 훌륭한 업무수행이 이루어지게 되면 그에 따른 보상을 받을 것이라는 인지된 가능성이다. 수단은 사람들이 업무수행과 보상 간에 강력한 연관이 있다고 인지될 때 높다. 수단에 관한 질문은, 만약 내가 성공한다면, 나는 무엇을 보상받을 것인가? 같은 것이다. 만약 교사가 교실에서 학생의 높은 성취가 자신의 교수능력에 관한 공적인 인정이라고 여긴다면, 수단이 높은 것이다. 비슷하게, 만약 학생들이 과학 프로젝트를 성공적으로 계획하고 이행하는 것이 과학에 관한 지식을 증가시킬 것이라고 지각한다면, 그들의 수단은 높다.

유의성(Valence)은 인지된 가치 또는 보상의 매력이다. 유의성의 개념은 가치의 개념과 비슷하다. 사람들이 자신의 복지를 위해 유익하거나 자신의 권리를 위해 중요하다고 생각하거나 믿고 있는 것을 말한다. 유의성은 특정 보상에 대한 개인선호의 강도이다. 유의성 문제는 나의 노력에 대한 보상에 관하여 내가 어떻게 느끼는가? 이다. 예를 들면, 능력, 자율, 인정, 성취, 창의성과 같은 느낌은 교육자들에게 가치 있는 작업결과로서 받아들여지며 높은 수준의 만족감을 부여해 준다.

일반적으로, 어떤 방식으로 행동하려는 동기는 개인이 다음과 같은 사실을 믿을 때 가장 크다.

- 사람은 자신이 소망하는 수준까지 업무수행을 할 수 있는 능력을 지닌다(**높은 기대**).
- 행동은 기대한 결과와 보상으로 이끌어줄 것이다(**높은 수단**).
- 이러한 결과들이 긍정적인 개인적 가치를 가진다(**높은 유의성**).

행동에 대한 선택에 직면하였을 때, 사람은 다음과 같은 세 가지 질문과정을 거친다.

- 기대질문: 내가 열심히 노력하면 그 과업을 잘 처리할 수 있을까?
- 수단질문: 내가 원하는 수준까지 일을 한다면, 어떤 결과가 주어질까?
- 유의성질문: 나는 이 결과를 얼마나 좋아하는가?

개인은 바라는 결과를 가져오는데 가장 좋은 기회가 될 것으로 여겨지는 방식으로 행동하기로 결정한다(Nadler and Lawler, 1977). 다시 말하면, 사람들은 대안을 생각해보고, 비용과 이익을 저울질한 다음 최대로 유용성을 지닌 행동경로를 선택한다(Landy and Becker, 1987).

기대이론은 그림 2.4에 요약되어있다. 동기의 강도는 기대, 수단, 유의성의 상호작용 함수이다. 상호작용 과정에서 세 가지 요소들 중의 어느 것이 0에 가깝다면 동기가 강하지 않음을 시사한다.

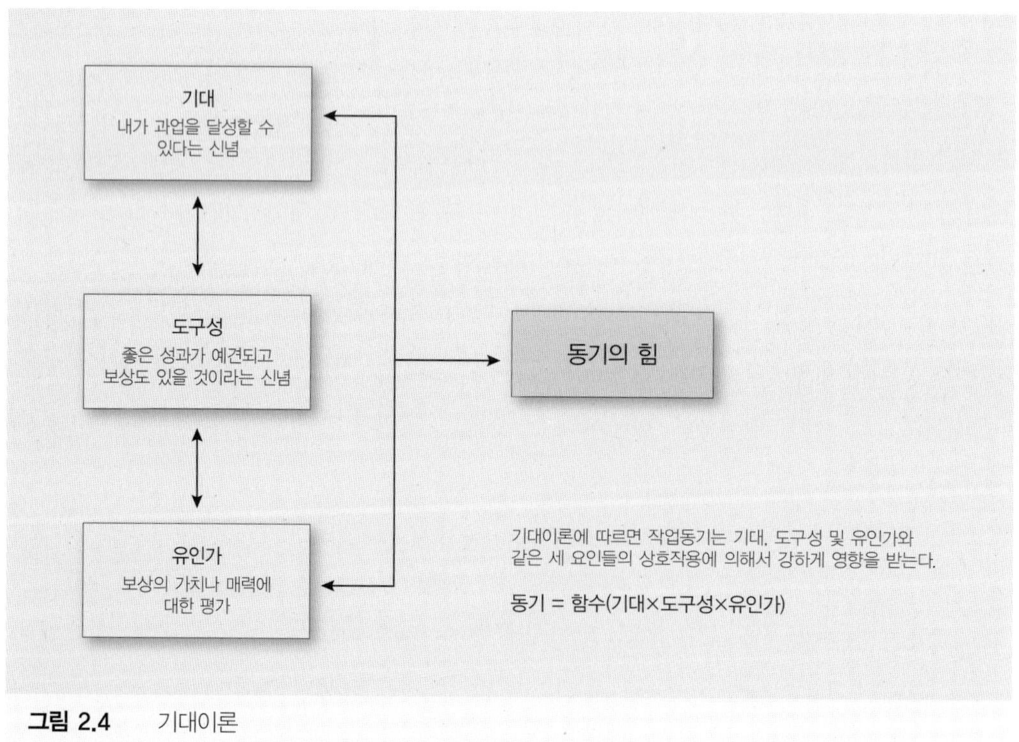

그림 2.4 기대이론

예를 들면, 비록 내가 열심히 노력하여도 업무수행을 향상할 수 있는 가능성이 거의 없다고 믿는다면, 내가 원하는 결과와 보상의 양에 관계없이 나의 동기는 낮을 것이다. 비슷하게, 비록 내가 열심히 노력하여 나의 목표를 성취할 수 있을지라도 나의 업무수행이 보상을 받지 못하거나 그 보상이 별로 의미가 없다면, 나의 동기 강도는 낮을 것이다. 구체적인 사례를 들어보자. 교사들을 새로운 교육 과정에 헌신하도록 동기화시키기 위해서는, 우선 조금만 더 초과노력을 기울이면 그 프로그램이 시행될 수 있다는 것을 확신시켜야 한다. 더 나아가, 새로운 프로그램의 결과가 주목받고 있고 인정받을 것이라는 점을 믿도록 해야 한다. 마지막으로, 학생들이 표준화된 테스트에서 유의미한 더 좋은 성적을 올릴 수 있을 것이라는 것과 같은 그 보상이 가치 있는 것이어야 한다.

몇몇 저자[Heneman and Schwab(1972), Mitchell(1974), Campbell and Pritchard(1976)]는 기대동기이론에 관한 문헌을 체계적으로 검토한바 있는데, 이들의 결론은 모두 유사하다. 기대모형에서 동기의 힘은 다양한 환경 내에서 직무만족, 노력, 업무수행과 긍정적으로 관련되어 있다는 것이다. 비록 동기의 힘과 노력 및 업무수행에 관한 독립된 평가 사이의 관계가 통계적으로 의미 있게 일관된 근거를 제시히지만, 그 관계는 원래 기대했던 만큼 강력하지는 않았다. 다시 말하면, 기대 동기는 노력과 업무수행에서 중요한 요소이지만, 환경의 다른 요소들 또한 중요한 기여요인이 된다. 사실상, 기대이론에 대한 강한 지지는 과업노력이나 직무수행보다 직업선택의 예측에서 두드러지게 나타났다(Kanfer, 1990). 최근의 연구결과들도 또한 계속해서 이를 확인해주고 있다[Tubbs, Boehne, and Dahl(1993), Van Erde and Thierry(1996).

교육조직에서 행해진 기대이론의 근거에 관한 연구에서도 유사한 결과가 나타났다. Richard T. Mowday(1978)는 높은 기대동기를 가진 학교장은 낮은 기대동기를 가진 학교장보다 학구결정에 더 적극적인 영향을 미치려고 시도한다는 것을 알았다. 학교구조와 교사동기 사이에 관계를 조사한 연구에서, H. Scott Herrick(1973)은 기대동기와 집권화 및 계층화 사이에는 강한 부적 상관관계가 있음을 밝혔다. 따라서 고도로 집권화되고 계층화된 학교에서는 교사들의 기대동기가 낮게 나타났다.

중등학교 교사 연구에서, Cecil Miskel, JoAnn DeFrain, and Kay Wilcox(1980)는 동기부여를 직무만족과 인지된 직무수행에 관련시켰다. 동기부여는 두 집단 모두에서 직무만족 및 인지된 직무수행과 유의미한 관계를 지녔다. 유사하게, Miskel과 그의 동료들 David McDonald와 Susan Bloom(1983)은 교사의 기대동기는 교사의 직무만족, 학교에 대한 학생태도, 그리고 인지된 학교 효과성에 일관되게 관련되어짐을 밝혔다. Robert Kottkamp와 John A. Mulhern(1987)은 기대가 학교풍토의 개방성과 인본주의적인 학생통제 이념 양쪽에 긍정적으로 관련되어짐을 밝혀냈다. Linda L. Graham(1980)의 연구에 의하면, 기대이론은 대학생들의 각종 활동에의 참여와 만족, 성취를 예측하였다.

요약하면, 기대이론은 기업조직 뿐만 아니라 학교조직을 대상으로 한 무수한 연구논문을 양산하게 하였다. 그 연구결과들은 일반적으로 기대이론을 지지하는 것이었다. Pinder(1984, 1998)는 기대이론이 작업행동의 원인을 설명해주는 타당한 모형이라는 낙관적인 근거를 지니고 있다고 결론지었다. 다음과 같은 결론은 문헌을 통해 검증된 내용들이다.

- 기대이론은 직무만족을 탁월하게 예측해주는 이론이다.
- 기대이론은 직무수행을 예측해주지만, 직무만족만큼 더 잘 예측하지는 못한다.
- 기대이론은 사람들이 열심히 일하면 바람직한 결과를 얻을 수 있다고 생각할 때 열심히 일한다는 것을 입증하고 있다.

４ 자기효능감 이론

자기인식과 자기조절에 관한 모든 양상 가운데서 개인적 효능감은 아마도 일상생활에서 가장 영향력 있는 것일 것이다. **자기효능감(Self-efficacy)**은 어떤 수준의 업무수행을 달성하기 위해 요구되어진 행위의 과정을 조직하고 실행하기 위한 자신의 능력에 관한 개인적 판단이다(Bandura, 1986, 1991, 1997, 2005). 달리 말하면, 자아효능감이란 하나의 과업을 수행하기 위한 자신의 인식된 능력에 관한 개인의 전반적인 판단이다. 예를 들면, 수학교사가 12학년 학생에게 미적분학을 성공적으로 가르칠 수 있다는 믿음을 갖는 것이 효능감 판단이다. 유사하게, 높은 자기효능감을 지닌 교장은 학생성취에 관해 긍정적인 영향을 미칠 수 있다고 믿으며, 학교에서 교과학습에 관한 강조를 증대시킬 수 있다고 믿는다. 주목해야할 점은, 인과관계 귀인의 초점이 과거에 주어지는데 비해, 자기효능감의 인식은 어떤 수준의 업무수행을 달성할 수 있을 것이라는 미래기대에 주어진다는 것이다.

자기효능감에 대한 믿음은 개인 스스로 자신을 위한 목표를 설정하고, 그 목표를 달성하기 위해 얼마나 많은 노력을 들여야 하는지, 난관에 봉착했을 때 어느 정도 인내해야 하는지, 그리고 실패에 대한 회복력을 결정함으로써 동기부여에 기여한다[Wood and Bandura(1989), Bandura(1993, 2000)]. 사람들이 그들의 능력에 대한 믿음이 더 강할수록, 그들의 노력을 더 많이 기울이고 더 오래 인내하게 된다. 사람들은 그들의 능력을 초과하는 과업이나 상황을 피하는 경향이 있으며, 그들 스스로의 능력으로 다룰 수 있다고 판단한 활동을 찾는다. 높은 자기효능감의 결과 즉 과업에 대한 적극성과 지속성, 과업과 상황의 선택, 문제해결전략에 대한 집중, 두려움과 걱정의 감소, 긍정적인 정서적 경험 등은 성취결과에 영향을 미친다(Stipek, 1993). 따라서 같은 기술을 가지고 있지만 개인적 효능감이 다른 사람들은 변화하는 상황에서 기술을 사용하고, 실합하고, 배열히는 방식의 차이로 인해 서로 다른 수준의 과업수행을 할 수 있다(Gist and Mitchell, 1992).

1) 자기효능감의 발전

자기효능감 기대는 과업수행에 대한 피드백, 이전의 경험, 사회적 영향을 포함하는 다양한 원천에 의해 발전한다. 그러나 자기효능감은 네 가지 주된 경험원천 즉 숙련경험, 모델링, 언어적 설득, 생리적 각성으로부터 발전되는 것으로 가정되어 왔다.

숙련경험(Mastery experience)은 자기효능감의 가장 중요한 단일 원천이다. 과업을 이행하는 데 있어서 겪게 되는 성공과 실패(**즉 실제적 경험**)는 자기효능감에 강력한 영향을 미친다. 반복되는 성공은 효능감 인지를 증가시키고 계속되는 실패는 자기의구심을 낳고 자기효능감을 감소시키며, 특히 과업의 초기단계에서 실패하여 노력이 부족하였거나 반대하는 외부영향력에 반응하지 못한 경우에는 더욱 그렇다. 효능감은 점진적인 성취를 통해 과업수행에 필요한 기술, 대처능력, 위기직면에 대한 경험을 쌓아감으로써 촉진된다.

모델링과 대리적 경험(Modeling and vicarious experience)은 두 가지 과정을 통해 자기효능감 인지에 영향을 미친다. 첫째, 지식을 통해 영향을 미친다. 전문가가 어떤 과업을 처리하는 것을 지켜보는 것은 다른 상황에서 유사한 과업을 다루는데 효과적인 전략을 갖도록 해준다. 둘째, 사람들은 사회적 비교를 사용하여 자신의 능력을 부분적으로 판단한다. 자신과 비슷한 사람이 성공적으로 과업을 수행하는 것을 보거나 그려 보는 것은 자기효능감에 관한 자신의 신념을 증가시킬 수 있다. 모델링한 어떤 행동을 하는 사람들을 관찰함으로써 개인은 다른 사람들이 할 수 있다면 최소한 자신의 과업수행도 어느 정도 개선할 수 있다고 확신하게 된다. 모델링 경험은 사람들이 과업에 대한 제한된 경험을 지닌 상황에서 가장 큰 영향력을 발휘한다.

언어적 설득(Verbal persuasion)은 다른 사람들에게 그들이 성취하고자 것을 달성할 수 있는 능력을 지니고 있다고 믿도록 말할 때에 널리 사용된다. 사회적 설득만으로는 자기효능감을 계속적으로 증진시키는데 한계가 있지만. 그러나 칭찬이 현실적 범주 내에서 강화된다면 성공적인 과업수행에 기여할 수 있다. 언어적 설득이 자기효능감을 끌어올리고 사람들이 성공하기 위해 열심히 노력하는 정도에 따라 언어적 설득은 기술의 발전을 촉진시킬 수 있다[Bandura(1986), Gist(1987), Wood and Bandura(1989)].

사람들은 또한 자신의 능력을 판단하기 위해 생리적이고 감정적인 상태로부터 나온 정보에 부분적으로 의존한다. 사람들은 흥분, 열정 같은 긍정적 각성과 공포, 피로, 스트레스, 불안 같은 부정적 요소에 근거하여 기대된 과업수행에 관한 판단을 내린다. 일반적 신체조건, 인성적 요인(A형), 기분 등은 모두 각성을 유발할 수 있다(Gist, 1987). 따라서 자기효능감에 대한 믿음을 바꾸기 위한 또 다른 방법은 스트레스를 줄이고 신체적 건강을 증진시키는 것이다(Wood and Bandura, 1989).

Gist와 Mitchell(1992)은 네 가지 경험유형과 자기효능감 간의 관계는 과업상황과 인과적 귀인의 분석에 의해 조정된다고 제안하였다. 경험의 근거에 있어서, 여러 가지 상황적 요인들이 고려되어야 할 것이다. 과업요구조건, 인적자원, 학교조직의 관점에서 본 상황분석은 무엇이 과업수행을 성공적으로 할 것인가 관해 추론을 한다.

예를 들면, 12학년생에게 미적분학을 가르치기 위한 준비에서, 교사는 학생들의 수학적 능력과 동기적 수준 −교과서, 외부 가정교사, 컴퓨터지원 같은 교수자원의 유용성- 학생들의 성취에 대한 환경적인 강조 등을 결정해야 할 것이다. 유사한 상황의 과거 경험으로부터 얻어진 인과관계 귀인의 분석이 효능성 판단에 영향을 미칠 것으로 여겨진다. 무엇이 이전의 성공을 가져 왔는가? 12학년생에게 미적분학을 가르친 예에서 볼 때, 지난해에 가졌던 교사들의 실제적인 경험, 새로운 모델링 경험, 교장과 동료교사들에 의한 설득, 자신의 생리적 상태 등은 소재, 안정성, 통제가능성 등의 차원을 통해 여과되어질 것이다. Gist와 Mitchell은 상황과 귀인에 대한 이러한 분석과정이 자기효능감을 규정하는 개괄적 수준의 판단을 내리게 할 것이라고 믿고 있다.

일반조직 및 관리 문헌에서 자기효능감에 관한 실증적 연구들은 일관된 결과를 보여주고 있다. 자기효능감은 생산성, 어려운 과업에 대한 대처능력, 진로선택, 학습과 성취, 새로운 기술에 대한 적응능력 같은 작업관련 수행능력과 관련되어 있다(Gist and Mitchell, 1992). 교육환경에서도 비슷한 결과가 분명하게 나타난다. 학교에서 자기효능감 연구는 두 가지 영역이나 접근방법의 하나에 초점을 맞추고 있다.

첫 번째 연구 집단은 학생과 교사의 자기효능감이 다양한 동기 및 성취 척도에 미치는 효과를 검증하기 위한 것이다. 일반적 연구결과는 자기효능감이 학생성취(Armor et al., 1976), 학점(Pintrich and Garcia, 1991), 학생들의 동기(Midgley, Feldlaufer, and Eccles, 1909), 교사들의 혁신수용[Berman et al.(1977), Smylie(1988)], 교육장의 교사능력평정(Trentham, Silvern, and Brogdon, 1985), 교사의 교실관리 전략(Ashton and Webb, 1986)에 긍정적으로 관련되어짐을 보여주고 있다. 더 나아가, 실험연구들도 자기효능감을 변화시키는 것이 인지전략을 더 잘 사용하고 수학, 읽기, 쓰기 과업에서 더 높은 학업성취수준을 가져올 수 있다는 것을 일관되게 밝히고 있다(Schunk, 1991).

요약하면, 자기효능감은 수많은 행동과 과업수행 결과에 영향을 미치는 중요한 동기적 요인이다. 자기효능감은 다양한 경험을 통해 학습되며 역동적이다. 자기효능감은 새로운 정보와 경험이 획득되고 시간이 지남에 따라 변할 수 있다. 자기효능감과 과업수행이 어느 정도까지 높아질 수 있는지, 자기효능감의 전반적인 탄력성은 어느 정도인지와 같은 문제가 아직도 해결되지 않은 상태로 남아있다(Gist and Mitchell, 1992).

다음 네 가지 결론이 타당한 것으로 인정되고 있다.

- 자신의 능력에 대해서 강한 신념을 가진 사람은 더욱 성공적이고 지속적으로 노력한다.

- 사람들은 자신의 능력을 벗어나는 과업이나 상황을 회피하려는 경향이 있다.
- 사람들은 자신들이 다룰 수 있다고 판단되는 활동을 찾는다.
- 사람들은 숙련경험, 모델링, 설득, 생리적 각성을 통해 자기효능감을 발전시킨다.

2) 교사의 자기효능감

지난 20년간, 교사효능감의 구성개념은 J.B. Rotter(1966)의 통제소재이론과 Albert Bandura(1977, 1986, 1997)의 사회적 인지이론을 통하여 발전되었다. 그러나 교사효능감의 의미는 학자들과 연구자들 간에 상당한 논쟁과 혼란을 야기시켰다[Ashton et al.(1982), Gibson and Dembo(1984), Guskey(1987), Guskey and Passaro(1994), Pajares(1996, 1997), Tschannen-Moran, Woolfolk Hoy, and Hoy(1998)].

Rotter(1966)의 이론적 관점을 사용하여, Rand Corporation에서 읽기 수업의 효과성을 연구한 연구자들은 교사효능감을 교사들이 자신들의 행동 강화를 통제할 수 있다고 믿는 정도로서 보았다. 학생들의 성취와 동기(내적 소재)에 영향을 미칠 수 있다고 믿는 교사들은 외적 힘을 극복할 수 없다고 생각하는 교사들보다 더 효과적이었다. 두 번째, 이론과 연구의 보다 최근의 유용한 개념적 요소는 Bandura(1977)의 연구로부터 전개되었다.

그는 교사효능감을 자기효능감의 한 유형, 즉 사람들이 자신의 과업수행을 잘하기 위해 자신의 능력에 관한 신념을 구성하는 인지적 과정의 결과로 정의하였다. 이러한 자기효능감에 대한 신념은 사람들이 얼마나 많은 노력을 기울여야 하는지, 난관에 봉착하여 얼마나 오랫동안 참아야 하는지, 실패를 다루는 탄력성이 어떠해야 하는지, 요구되어진 상황에 대처하는 데 따른 스트레스가 어느 정도인지에 영향을 미친다(Bandura, 1977). 이론적 관점으로부터 나온 두 가지 별개의 존재이지만, 상호 얽혀있는 개념적 요소가 교사효능감의 본질에 관해 혼란을 야기한다. 그러나 인지된 자기효능감은 통제의 소재보다 훨씬 더 강력한 예측 인자이다[Bandura(1997), Tschannen-Moran, Woolfolk Hoy, and Hoy(1998)].

3) 인지된 수업효능감 모형

교사효능감을 둘러싼 개념적 혼란에 대응하기 위하여 실제적인 일련의 연구를 수행한, Megan Tschannen-Moran, Anita Woolfolk Hoy, 그리고 Wayne K. Hoy(1988)는 통합된 교사효능감 모형을 개발하였다. **교사효능감**(Teacher efficacy)은 특정한 상황에서 구체적인 교수과업을 성공적으로 수행하기 위하여 요구되는 행동과정을 조직하고 실행하기 위한 자신의 능력에 관한 교사의 신념이다.

사회적 인지이론과 일치되게(Bandura, 1986, 1997), 효능감 신념에 관한 주된 영향을 미친 것은 귀인론적 분석과 효능감에 관한 네 가지 정보원 즉 숙련경험, 대리경험(**모델링**), 언어적 설득, 생리적 각성에 관한 해석이다. 이러한 네 가지 모든 정보원은 정보의 해석과 인지적 처리를 하는 데 있어서 중요하다.

교사효능감은 상황 특정적이며 교사들이 모든 수업상황에서 똑같이 효능적이라고 느끼진 않는다. 교사들은 어떤 학생들을 위하여 특정상황에서 특별한 과목을 가르칠 때 효능감을 느끼지만, 다른 상황에서는 효능감을 별로 느끼지 않을 수도 있다. 심지어 학급에 따라서도, 교사의 효능감 수준은 변할 수 있다(Ross, Cousins, and Gadalla(1996), Raudenbush, Rowen, and Cheong(1992)]. 따라서 교사효능감을 판단하는 데 있어서, 과업의 요구조건에 관련된 자신의 장점과 단점에 관한 평가뿐만 아니라 수업과제와 상황도 고려해야 한다.

수업과제와 상황을 분석하는 데 있어서, 수업을 어렵게 만들거나 제한하는 요인들의 상대적 중요성은 학습을 촉진하는 데 유용한 자원의 평가에 비해 낮게 여겨진다. 교수능력에 대한 자기인식을 평가하는 데 있어서, 교사는 기술, 지식, 전략, 인성적 특성 같은 개인적 능력을 특정한 교수 상황에서의 개인적 단점이나 부담과 비교 평가하여 판단한다. 이들 두 가지 구성요소의 상호작용이 교수 과업을 위한 자기효능감에 관한 판단을 내리게 한다. 모형이 그림 2.5에 요약되어 있다.

교사효능감을 강력하게 만드는 것 중의 하나는 주기적 특성이다. 그림 2.5에서 제시되어 있는 바와 같이, 업무의 숙달은 새로운 숙련경험을 만들고, 그 경험은 미래의 효능감에 대한 신념을 형성할 새로운 정보(**피드백**)를 제공한다. 효능감이 클수록 노력과 지속성도 커지며, 그것은 더 나은 수행으로 이어지고, 결국 더 큰 효능감을 얻게 한다. 그

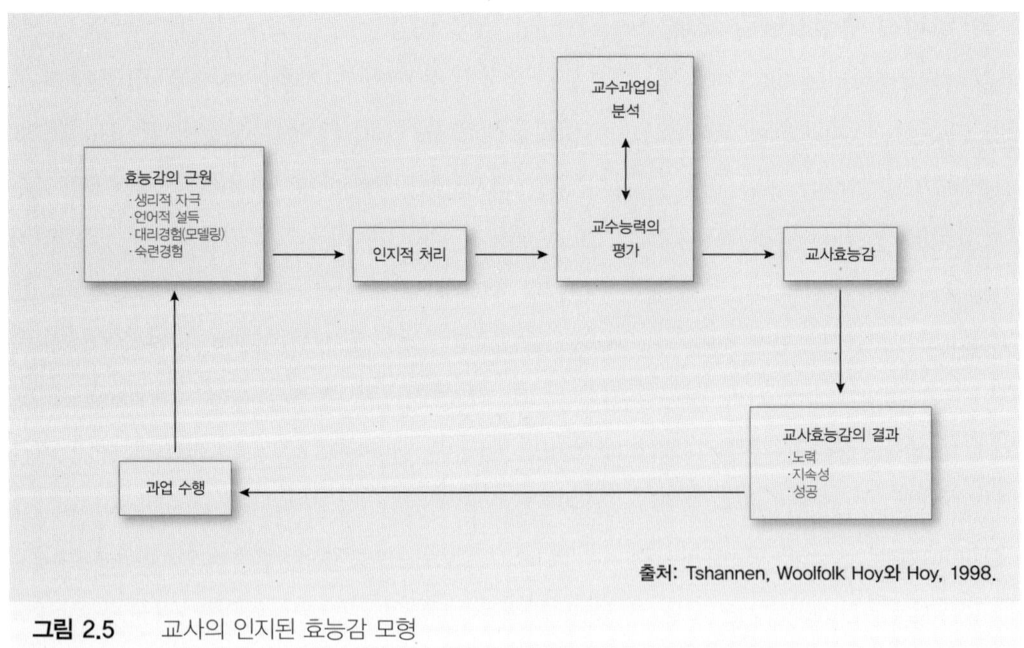

그림 2.5　　교사의 인지된 효능감 모형

반대의 설명 또한 진실하다. 낮은 효능감은 노력을 적게 하고 쉽게 포기하며, 그로 인해 빈약한 교수성과를 초래하며, 결국 효능감을 감소시키게 된다. 따라서 과업수행자의 효능감에 영향을 받은 노력과 지속성 수준에 의해 성취된 교수활동은 미래 효능감에 대한 신념의 원천이 된다. 시간이 지날수록 이러한 과정은 비교적 영속적인 효능감의 신념으로 자리 잡게 된다.

교사효능감 모형을 위해서 이론적이고 실제적인 시사점이 주어진다. 교수능력에 대한 자기인식(내적인 **자원과 제한의 평가를 포함하는**)과 특정한 교수상황(**교사에 대한 외적인 자원과 제한의 평가를 포함하는**)에서의 과업 요구조건에 관한 신념이 교사효능성과 효능성 신념으로부터 유래된 결과에 공헌한다. 일단 안정되면, 교수과업과 개인적 교수능력의 평가에 관한 신념은 '강력한 증거'가 교사들을 재평가하도록 강요하지 않는 한 변하지 않고 그대로 남아 있을 것이다(Bandura, 1997). 따라서 교사들이 교직에 입문하는 초기에 강력한 효능감 신념을 발전시키도록 도와주는 것이 지속적인 도움을 주는 것이 될 것이다.

지난 20년 동안, 연구자들은 교사효능감과 학생 성취를 촉진하는 교사행동 간에는 강력한 연관이 있다는 것을 일관되게 입증해왔다[Allinder(1994), Ashton and Webb(1986), Gibson and Dembo(1984), Hoy and Woolfolk(1990), Hoy and Woolfolk(1993), Tschannen Moran,

Woolfolk Hoy, and Hoy(1998), Woolfolk and Hoy(1990), Woolfolk, Rosoff, and Hoy, 1990)]. 수업의 성공과 노력 그리고 지속성은 교사가 특정한 상황에서 성공적인 학습을 이끌 수 있게 수업을 조직하고 집행할 수 있는 능력을 지니고 있다고 믿는 정도에 달려 있다. 따라서 교사들이 갖는 효능감에 관련된 두 가지 주된 질문은 다음과 같다.

- 교수과업 질문: 주어진 교수과업이 얼마나 어려우며 내가 그것을 해낼 수 있나?
- 교수능력 질문: 주어진 과업과 상황을 감안할 때, 나는 필요한 기술과 지식을 가지고 있나?

이 두 가지 질문에 긍정적인 대답을 할 수 있다면 강력한 교사효능감을 가지고 있는 것이다. 요약하면, 인과관계, 능력, 공정성, 결과, 그리고 자기효능감에 관한 신념은 동기의 결정적인 요소들이다. 그러나 행동에 영향을 미치는 또 다른 힘은 목표이다.

조직구성원의 목표

목표(goal)는 사람들이 달성하고자 애쓰는 미래 상태이다. 당신이 중요한 시험을 대비하고 있다고 생각해보자. 당신은 많은 분량의 책을 읽고, 완전하게 요점을 기억하고, 많은 문제들을 풀어보고, 여러 번 실전 시험을 치러볼 때까지는 공부하는 것을 중단해서는 안 된다고 스스로 자문해 보았는가? 만약 당신이 진지한 학생이라면, 중요한 일을 대비하여 일련의 유사한 목표들을 설정해 둘 것이다. 대다수의 사람들은 목표는 '어디에 있는가?'와 '어디에 있길 원하는가?' 간의 모순을 제거하는 데 도움이 되기 때문에 그들 자신을 위해 확고한 목표를 정한다. 목표를 정하는 것은 나를 위한 작업이다. 내가 이 책을 성공적으로 저술할 수 있는 한 가지 이유는 자신을 위해 실제적인 저술목표를 설정해 두었기 때문이다. 예를 들면, 나는 최소한 하루에 한 페이지의 글을 적는 다이다. 나는 그것을 고수하였고 그 결과로서 당신은 이 책을 읽고 있는 것이다.

목표는 개인이 성취하고자 하는 목적이나 결과이다. 목표는 개인을 위한 수용할 수 있는 과업수행수준이나 행위의 방향을 정하는 것이다. 개인적인 동기 면에서, 목표는 흔히 문맥상으로 정보로부터 구성되지만, 항상 사람의 내면에 자리 잡는다(Ford, 1992). 예를 들면, 교사들은 다른 교사에 의해 공유되거나 학교에 의해 개발되어진 목표를 일반적으로 적용하게 된다. Locke와 Latham(1990)은 목표의 두 가지 주된 차원인 목표의 내용과 강도를 제시하고 있다.

목표내용(Goal content)은 찾고자 하는 목적이나 결과이며 구체적인 것부터 추상적인 것까지 다양하다. 명확하고 구체적인 목표내용의 예는 다음의 두 달 간에는 10파운드의 손실을 보겠다거나, 다음 시험에서 A학점을 받겠다거나, 새로운 교육 과정을 이행하겠다거나, 개선된 수업기술을 사용하겠다는 것 등이다. 보다 추상적인 내용의 예에는 높은 성취나 더 나은 자기존중감을 포함할 수 있다. 목표내용은 구체적일 뿐만 아니라 시간에 따른 전망(단기 또는 장기), 곤란성(쉽거나 어려움), 그리고 수량(적거나 많음)에 의해서도 개인에 따라 다양하다.

목표강도(Goal intenity)는 목표를 정하기 위한 노력, 목표에 부여한 중요성, 목표에 대한 헌신을 의미한다. 헌신은 개인이 목표를 중요하게 여기는 정도이고, 목표에 도달하기 위한 결정이며, 좌절과 장애에 처해서도 목표를 지키는 것이다. 헌신을 높이는 요인은 목표성취가 가능하고 중요하거나 적절하다고 사람들이 확신하는 것이다(Latham and Locke, 1991). 중요한 목표는 수용되기가 쉬우며, 지나친 개입을 배제하고, 지속적인 행동을 족진시키기 때문에 헌신은 목표추구에 영향을 미치고 조정을 돕는다(Miner, 1980, 2002). 목표를 위한 헌신이 없다면 아무런 일도 이룰 수 없다는 것은 자명하다[Locke, Latham, and Erez(1988), Latham, Winters, and Locke(1994)].

■1 목표설정 이론

목표의 역사적 기원은 20세기 초에 태동한 동기의 중요한 양상으로서 여겨지지만, Edwin A. Locke와 그의 동료 Gary P. Latham[Locke(1968), Locke and Latham(1984, 2005), Latham(2000)]은 목표의 기원을 현대의 목표설정 이론의 발전으로 인해 일반적으로 인식되게 되었다고 한다. 실제적으로, 목표설정이론은 어떤 이론으로서 시작된 것이 아니고, 어떤 흥미 있는 연구가 어떤 설명을 위한 탐색을 시도하다 목표설정이론의 유의성을 발견하게 된 경우의 하나이다(Baron, 1998). 연구결과는 단순하고, 명확하고, 인상적이었다. 이론적 설명을 구하기 위해 우연히 발견한 연구에 관한 세부적인 사항을 조사해보자.

Latham과 Baldes(1975)는 가까운 제재소로 통나무를 운반하는 벌목공 집단을 연구하였다. 연구가 시작되기 전에는, 벌목공 집단은 거대한 원목 트럭에 적재량의 60% 정도의 원목만을 적재하였는데, 거대한 트럭의 주행거리는 갤런 당 마일이 아니고, 마일 당 갤런으로 기름소모가 엄청나기 때문에 기름낭비가 너무 심하였다. 이 상황을 개선하기 Latham과 Baldes는 근로자들과 이 문제에 대해 논의를 하였다. 서로 의논하여, 특정한 목표를 세웠는데 제재소로 통나무를 운반하기 전에 94%의 적재량을 채우기로 한 것이다.

무슨 일이 생겼을까? 과업수행수준이 극적으로 개선되었고, 개선된 수준이 지속되었다. 사실상, 7년 후 후속연구가 수행되었는데, 벌목집단은 목표로 받아들인 적재량을 그대로 유지하고 있었고, 이제는 일상적인 작업의 부분이 되어 있었다(Baron, 1998).

목표는 왜 과업수행을 증가시킬까? Latham과 Baldes(1990)은 성공적인 목표수행은 네 가지 조건과 부합되어야 한다고 가정하고 있다.

- 첫째, 목표는 구체적이어야 한다.
- 둘째, 목표는 도전적이어야 한다.
- 셋째, 목표는 달성할 수 있어야 한다.
- 마지막으로, 사람들이 목표를 위해 헌신해야 한다.

여러 연구결과들[Mento, Locke, and Klein(1992), Wright et al.(1994), Latham(2000), Locke and Latham(2002)]은 이 네 가지 조건이 부합될 때, 목표 설정은 동기와 과업수행을 증가시키는데 효과적인 방법이 됨을 입증하였다.

목표설정이 효과적인 이유를 무엇으로 설명할 수 있나? 이론의 기본적 가정은 어떤 목표를 성취하기 위한 의도가 행동을 위한 주된 동기화의 힘이 된다는 것이다. 목표는 개인의 정신적 육체적 행동 방향을 정해준다. Locke와 Latham(1990)은 행동에 관한 목표의 긍정적인 효과를 설명하기 위하여 네 가지 목표기제를 사용하고 있다.

첫째, 목표는 즉각적으로 과업에 착수하려는 의도를 증가시키고, 개인적인 초점 형성에 도움이 되는 선택을 하는 데 영향을 미친다. 둘째, 목표는 사람들이 목표에 관련된 활동을 하고 반면에 다른 활동을 무시하도록 하여 활동에 투여된 노력을 증가시킨다. 셋째, 목표가 명확하게 설정되면 유혹에 덜 흔들리기 때문에 지속성이 증가한다. 어떤 사람이 한 가지 목표를 결정하게 되면, 이 세 가지 기제는 비교적 자동적으로 이루어 진다. 마지막으로, 목표는 특정한 과업전략의 개발 즉 과업수행의 방법을 장려함으로 써 동기와 과업수행을 증가시킨다. 과업전략은 목표를 성취하기 위하여 개인이 개발한 의식적이고 신중한 계획이다. 그래서 주의, 노력, 지속은 목표설정의 꽤 자동적인 결과 인데 반하여, 과업전략을 개발하는 것은 의식적이고, 신중하며, 창조적인 결과가 된다.

피드백은 목표설정이 효과적인 동기화의 힘이 되는데 또한 중요하다. 동기화를 위해 서, 개인은 '어디에 있나'와 '바람직한 상태' 간의 불일치에 대한 정확한 인식이 필요하 다. 피드백은 사람들로 하여금 자신의 진보를 평가하는 데 도움을 준다. 만약 평가가 미흡하다면, 그들은 노력을 더하거나 다른 전략을 시도할 것이다. 피드백은 개인의 자기 만족, 분석적 사고, 과업수행 향상 등에 대한 성취를 밝혀주게 된다(Bandura, 1993).

Locke의 생각에 대한 지원은 일련의 잘 통제된 연구실의 실험에서 이루어졌다. 이 연구의 대다수는 대학생을 대상으로 단기간에 비교적 단순한 과업을 수행하도록 한 것 이다. 이론은 원래 격리되고 인위적인 상황으로부터 증거를 입수하였기 때문에, 이론의 제안자들은 다음과 같은 질문에 응답하도록 시도하였다. 어떤 실행이 구체적이고 어려 운 목표가 실험실의 결과가 나타나지 않거나 목표 수용이 쉽게 받아들여지지 않는 자 연적인 조직적 상황에서도 피고용인의 과업수행을 증가시킬 수 있을 만큼 그렇게 믿을 수 없을 정도로 단순화될 수 있나? 그렇다, 이 분야의 연구로부터 목표설정이론은 학교 같은 조직에서 피고용인의 행동을 향상하는데 타당하다는 증거가 제시되고 있다[Latham and Yukl(1975), Locke and Latham(1990), Pinder(1998)].

특히, 목표이론으로부터 세 가지 일반화는 실제적인 연구 지원을 계속하도록 해 준다 (Locke and Latham, 1990). 첫째, 어려운 목표가 받아들여진다면, 쉬운 목표보다 과업수행 의 수준을 더 높여준다. 목표곤란의 효과에 관한 설명은 어려운 목표가 쉬운 목표보다 노력과 지속성을 높여주므로 어려운 목표를 수락한다고 간주한다. 유사하게, 쉬운 목표 에서보다 어려운 목표에서 과업수행에 따른 높은 자기만족이 형성된다.

둘째, 구체적인 목표는 '최선을 다하라' 같은 애매한 목표나 전혀 목표를 세우지 않는

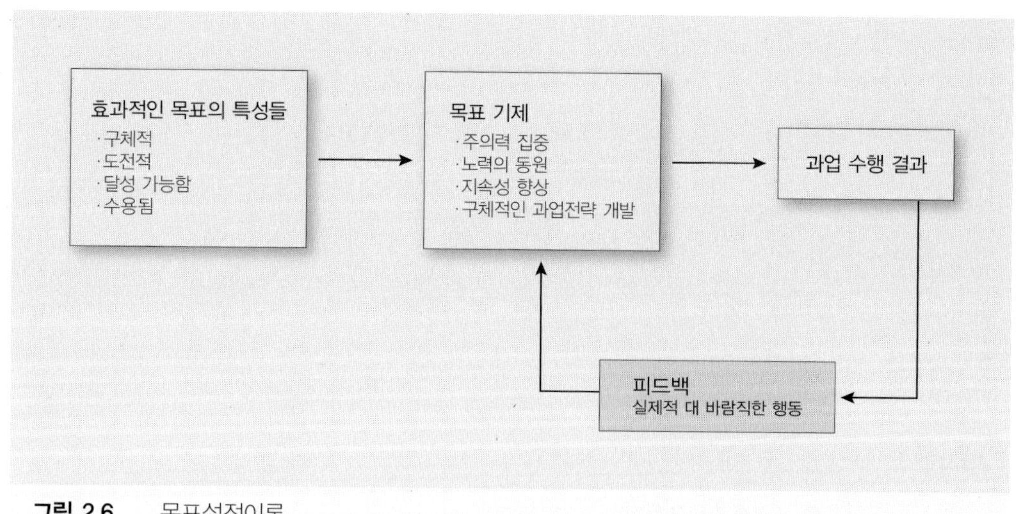

그림 2.6　목표설정이론

것보다 높은 과업수행 수준을 유지하게 한다. 일반적인 목표는 본래 애매하고 사람들이 자신의 과업수행을 평가하는 데 있어 변명의 여지를 남겨둔다. 그들은 '최선을 다한다'는 기준에 부합되었다고 여기게 만든다. 그러나 목표설정이론의 입장에서 구체적이고 어려운 목표는 사람들이 효과적인 과업수행을 하기 위해 무엇을 구성해야할지를 명확하게 해주며, 사람들이 더는 훌륭한 과업수행을 포괄적인 과업수행 수준으로 해석하지 않게 해준다(Latham and Locke, 1991). 초등학교 학생들을 위한 수업지원에 관한 최근의 연구(Audia et al., 1996)는 질적 목표보다 오히려 양적 목표의 유의성을 강조한다. 질적 목표(**어떤 하자 없이 상품을 만든다**)가 아닌 양적 목표(**특정한 시간에 5개의 생산품을 만든다**)는 생산을 증가하기 위한 과업전략을 사용하도록 참여자들의 의도를 높여준다. 다시 한번 더 구체적인 목표가 일반적인 목표보다 더 효과적임을 알 수 있다.

　셋째, 논쟁의 여지가 있는 일반화는 목표, 헌신, 수행의 원천을 다룬다. 목표는 세 가지 방법으로 정할 수 있다. 개인이 스스로 선택할 수 있고, 함께 정할 수 있고, 다른 사람이 정해줄 수 있다. 상반되는 연구결과로 인해, Locke와 Latham(1990)은 헌신과 수행에 관한 목표를 설정하는 데 있어서 연구 참여자들의 효과를 검증하기 위한 정교한 연구프로젝트 형태 설계에 도움을 주었다. 연구 결과에 따르면, 부여된 목표에 관한 동기적 결과는 함께 목표를 설정할 때 강력해질 수 있으며, 목표에 대한 높은 헌신과 뒤이은 과업수행을 유발하게 된다고 한다. 마찬가지로, 스스로 정한 목표는 목표설정의 다른 방법들보다 목표헌신이나 과업수행 증대를 가져오는데 더 효과적인지 일관된 결과를 나타내지는 않는다. 효과적 동기의 핵심은 목표가 그 근원에 상관없이 사람들에 의해 받아들여지느냐 그렇지 않느냐에 달려있는 것 같다. 사람들은 대개 목표가 실제적이고, 상당히 어렵고, 유의미하다면 더 쉽게 수락하고 받아들이게 된다(Erez and Zidon, 1984).

　요약하면, 목표설정이론은 구체적이고 도전적이지만 도달할 수 있는 목표는 흔히 동기를 증가시킬 수 있는데, 그 이유는 목표를 달성하기 위한 구체적인 과업전략의 개발과 마찬가지로 목표에 대한 초점, 노력, 지속을 증대시켜 주기 때문이다. 목표성취를 향한 진보에 관한 피드백은 주의, 노력, 지속을 강화시켜주거나, 또는 보다 효과적인 목표달성을 위해 전략을 다듬고 변경하기 위한 정보를 제공한다(**그림 2.6 참조**). 목표설정이론의 효과성에 대한 증거는 압도적이다[Locke and Latham(1990), Baron(1998), Pinder(1998), Latham(2000), Locke and Latham(2002, 2005), Fried and Slowik(2004)]. 그림 2.7은 이 장에서 논의된 동기이론의 대략적인 통합을 제공한다.

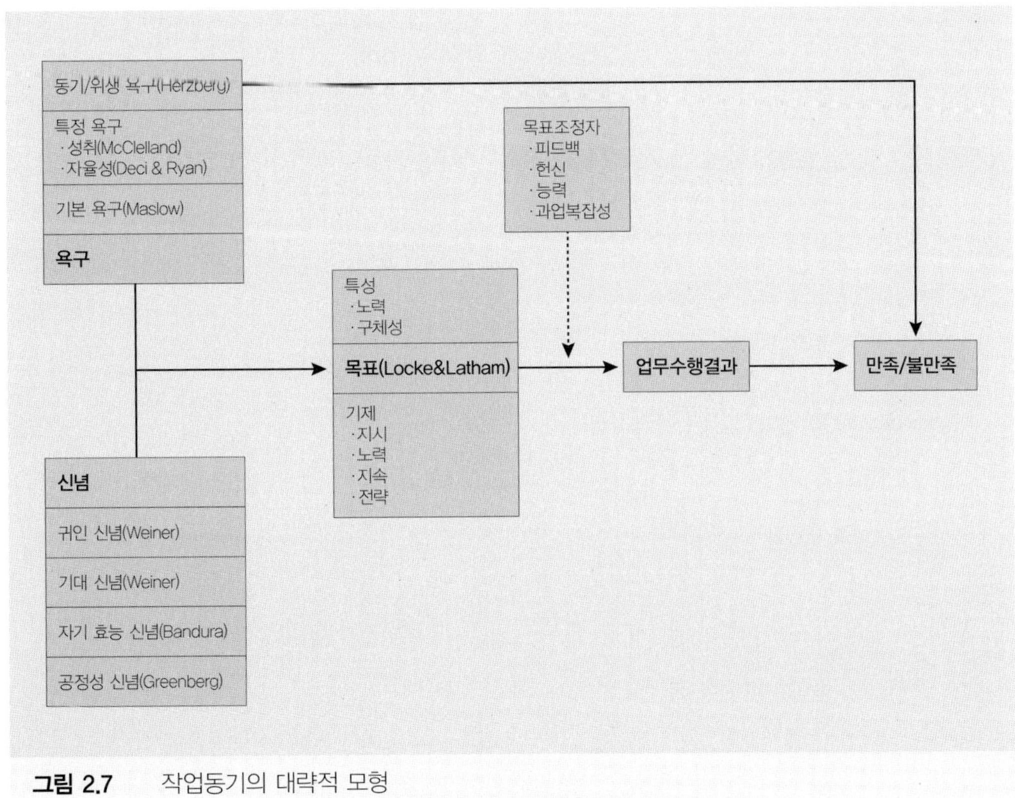

그림 2.7　작업동기의 대략적 모형

☑ 내재적 동기와 외재적 동기

욕구, 신념, 목표가 얼마나 중요한 동기의 양상인지를 살펴보았다. **동기**(Motivation)는
일반적으로 행동을 자극하고, 지시하며, 유지하는 내적상태로서 정의된다. 동기를 연구
한 심리학자들은 다섯 가지 기본적인 양상 즉 선택, 착수, 강도, 지속성 및 반작용에 초
점을 맞추었다(Graham and Weiner, 1996).

지금부터 동기이론을 조사하는 데 있어서 두 가지 중요한 구분을 내재적과 외재적으
로 나누고자 한다. 동기화되었다고 느끼는 것, 즉 과업에 열정적으로 매달리는 느낌이
어떠한지를 이미 알고 있다. 또한 비록 과업이 모두 흥미를 일으키는 것은 아니지만 열
심히 일하는 느낌이 어떠한지를 알고 있다. 무엇이 우리의 행동을 활성화시키고 지시하
는가? 몇 가지 설명에서는 동기는 개인적이고 내재적이며 욕구, 흥미, 호기심, 즐거움에
의존한다고 주장한다.

반면에 다른 설명에서는 인센티브, 보상, 압력, 벌 등과 같은 외재적이고 환경적인 요
인에 관련된다고 한다. 우리는 **작업동기**(work motivation), 즉 개인의 내·외적 상태에서
발생하며, 작업과 관련된 행동을 착수하게 하고, 행동의 형태, 방향, 강도, 지속을 유지
하게 하는 일련의 활성화된 힘에 관심을 갖고 있다(Pinder, 1984, p. 8). 행정가를 위한 도
전은 교사들이 교수·학습활동에 활기차게 종사하면서, 새로운 생각과 접근방법에 열려
있고 학생들에게 헌신하며, 교직경력의 생애에 걸쳐 변화하도록 교사들을 동기화시키는
데 있다.

흥미와 호기심 같은 요인으로부터 나온 동기를 **내재적 동기**(intrinsic motivation)라 부
른다(Woolfolk, 1998, 2004). 내재적 동기는 우리가 개인적 흥미를 추구할 때 능력을 발
휘하는 것처럼 도전을 추구하고 수락하려는 자연스런 경향이다[Deci and Ryan(1985),
Reeve(1996), Deci, Koestner, and Ryan(1999), Deci and Ryan(2002), Reeve, Deci, and Ryan(2004)].
벌과 보상은 활동 그 자체가 보상이기 때문에 필요 없다고 본다. 간단히 말하면, 내
재적 동기는 우리가 어떤 것을 하지 않아도 될 때 무엇을 하도록 자극을 주는 것이다
(Raffini, 1996). 반대로, **외재적 동기**(Extrinsic motivation)는 보상과 벌에 근거를 두고 있다.
좋은 학점을 받기 위해서, 공적을 높이기 위해서, 승진을 위해서, 불평을 피하기 위해
서 행동한다. 활동 그 자체에 흥미가 없고, 그 활동이 우리에게 무엇을 가져다 줄 것인

표 2.3 욕구, 신념, 목표의 동기화 방법 요약

욕구이론	다음과 같을 때, 사람들이 열심히 일한다. • 생리적, 안정 및 소속욕구와 같은 하급 차원의 욕구가 충족된다. • 존경과 자아실현욕구와 같은 상급 차원의 욕구는 도전감을 준다.
동기-위생이론	다음과 같이 주장한다. • 충족되지 않은 하급 수준의 욕구는 직무에 대한 불만족을 갖게 한다. • 충족된 상급수준의 욕구는 직무만족을 준다.
목표설정이론	다음과 같을 때, 사람들이 열심히 일한다. • 사람들은 현실적이고, 구체적이며 도전적인 목표를 가지고 있다. • 사람들은 목표에 전념한다. • 사람들은 목표를 향해 전진하는 과정에 대한 피드백을 받고 있다.
귀인이론	사람들이 성공의 원인이 다음과 같은 것에 있다고 믿을 때, 열심히 일한다. • 내적 능력과 노력에 기인한다. • 고정되어 있지 않음. 예컨대, 노력은 상황에 따라 바뀔수 있다. • 통제 가능함. 원인은 적절한 전략을 사용하여 열심히 일함으로써 통제될 수 있다.
공평성이론	사람들은 자신들이 공정하게 대우받고 있다고 생각할 때, 열심히 일한다. • 바람직하다고 생각되는 보상을 받고 있다. • 보상이 공정하게 배분되고 있다. • 존경과 예의로 대우받아 왔다.
기대이론	사람들은 다음과 같을 때, 열심히 일한다. • 어분의 노력으로 과업 수행을 개선할 수 있다고 믿는다. • 훌륭한 과업 수행은 주목을 받고, 보상을 받는다. • 주어지는 보상은 가치가 있다.
자기효능감이론	사람들은 다음과 같을 때, 열심히 일한다. • 성공할 수 있는 능력을 가지고 있다고 믿는다. • 과업이 과히 어렵지 않다고 믿는다. • 비슷한 과업을 성공적으로 완성한 경험이 있다. • 훌륭한 성공모형을 가지고 있다.

출처: Hoy & Miskel, op, cit., p. 166

가에 흥미가 있다. 외재적 동기는 보상과 벌에 의하여 동기와 행동을 설명하기 때문에 동기에 관한 행동적 관점이다. 외재적 동기는 우리를 인센티브의 유무에 따라 행동하도록 자극한다.

내재적 동기와 외재적 동기간의 주된 차이점은 개인이 행동하게 하는 이유이다. 행동의 통제소재가 내부적(내재적)이냐 외부적(외재적)이냐? 이다. 만약 자신의 선호도에 근거하여 자유롭게 행동을 선택하도록 한다면, 원인은 내부적이고 동기는 내재적이 된다. 많은 행동들이 동기의 두 가지 유형을 따르므로 내재적이나 외재적이라는 이분법만으로 나누는 것은 너무 단순화 한 것이다.

예를 들어, 좋은 학점을 받기 위해 공부한 외재적인 동기에서 시작한 행동이 공부에 대한 호기심을 유발하면 내재적인 동기로 진전될 수 있다. 더 나아가, 일부 사람들은 어떤 활동이 교육감자격을 얻는 것 같은 가치 있는 목표를 성취하는 데 중요하기 때문에 부분적으로 그 일이 힘들지만 열심히 노력하는 것을 선택할 수 있다. 후자의 경우에, 개인은 외적원인을 내면화하게 되고, 동기는 내적인 것과 외적인 것의 '사이'에 있으며, 개인은 자유롭게 외적 원인에 반응하는 것을 선택하게 된다. 두 가지 종류의 동기가 섞여 있는 경우에도**(이분법은 하나의 연속선이 된다)**, 내재적인 것과 외재적인 것의 구분은 학교에서의 동기도식에 관한 근거를 이해하는 데 유용하며 도움이 된다. 표 2.3은 욕구, 신념, 목표가 어떻게 행동을 동기화하는지를 요약해 놓았다.

결 론

개인은 모든 사회체제에서 핵심요소이나. 학생, 교사, 행정기는 개인적인 욕구, 신념, 목표를 가지고 학교에 들어와서 그들 자신의 개인적 성향과 그들의 역할에 대한 지적 이해를 발전시킨다. 조직구조가 학교 내에서 행동을 형성하는 데 도움을 주듯이 개인의 욕구, 신념, 목표 또한 행동형성에 영향을 준다. Maslow는 생리적 욕구에서 자아실현 욕구까지 행동을 동기화하는 기본적인 욕구의 위계를 제시하고 있으며, Herzberg는 직무만족과 불만족을 야기하는 욕구를 구분하였다. 성취욕구와 자율욕구는 개인에게 내재되어 있는 두 가지 서로 다른 강력한 동기적인 힘이다.

신념 또한 중요한 동기적 힘이다. 행정가, 교사, 그리고 학생은 성공의 원인이 능력과 노력에 주로 기인하는 것이고, 성취의 원인이 자신의 통제 하에 있으며, 초과 노력이 과업수행을 향상할 것이고, 훌륭한 과업수행은 예견되고 보상을 받게 될 것이며, 그 보상은 가치 있는 것으로 여겨지고, 그들 상위자에 의해 자신들이 공정하게 다루어지고 존경을 받는다고 믿으면 더 열심히 일할 것이다. 더 나아가, 효과적인 과업수행은 자기효능감, 즉 개인은 바람직한 과업수행 수준을 획득하기 위해 요구되는 행위과정을 조직하고 실행하기 위한 능력을 지닌다는 신념과 밀접하게 관련된다.

개인적 목표와 목표설정은 개인을 동기화하는 데 핵심요소가 되며, 특히 개인에 의해 받아들여진 목표는 구체적이고 도전적이며, 성취가능한 것이 된다. 이 목표는 주의를 향상하고 초점을 모으게 하며 노력을 증가시키고, 비록 일이 힘들다 해도 지속성을 증가시키도록 하며, 성공을 위한 특정한 전략개발을 하도록 격려한다. 활동 그 자체로부터 나온 관심과 도전에 따른 동기는 내재적 동기이며, 반면에 외재적 동기는 보상과 벌에 근거한다. 양쪽 다 동기화할 수 있지만, 내재적 동기가 전형적으로 외재적 동기보다 더 효과적이다.

참고문헌

Bandura, A. Self-Efficacy: *The Exercise of Control*. New York: Freeman, 1997.
A tour de force relating social cognitive theory to self-efficacy and self-regulation, which summarizes and integrates hundreds of studies.

Greenberg, J., and Colquitt, J. A. *Handbook of Organizatinal Justice*. Mahwah, NJ: Erlbaum, 2005.
Comprehensive analysis of the history and formulation of the construct of organizational justice as well as a summary of extant research.

Hoy, W. K., and Tater, C. J. "Organizational Justice on Schools: No Justice without Trust." *Internatinal Journal of Educational Management* 18 (2004), pp. 250-59
An application of the principles of organizational justice to the adminisrtation and leadership of schools.

Locke, E. A., and Latham, G. P. "Building a Practically Oriented Theory of Goal Setting and Task Motivation: A 35-Year Odyssey." *American Psychologist* 57(2002), pp. 705-17.
A comprehensive review and analysis of goal-setting theory by the originators of the theory.

Maslow, A. H. *Motivation and Personality* (2nd ed.). New York: Harper & Row, 1970.
Maslow's classic work on motivation from a humanistic perspective.

Miner, J. B. *Organizatinal Behavior 1: Essential Theories of Motivation and Leadership*. Armonk, NY: Sharpe, 2005.
A comprehensive analysis of theories of motivations with ratings of the importance, validity, and usefulness of each conceptual perspective.

Schunke, D. *Learning Theories: An Educational Perspective*. Upper Saddle River: Pearson, 2004.
A careful application of social cognitive theory and motivation theory th schools, especially Chapters 3and 8.

Weiner, B. (2000). "Interpersonal and Intrapersonal Theories of Motivation from an Attributional Perspective." *Educational Psychology Review* 12 (2000), pp. 1-14.
A contemporaty review of motivational theory from an attribution perspective.

제 3 장

학교의 효과성 및 책무성

제1장에서, 우리는 투입, 전환, 그리고 산출 요소들을 활용하여 학교조직의 열린 사회체제 모형을 제시하였다. 그림 1.5와 같은 처음으로 제시된 안내모형은 이 장에서 광범위하게 사용되며 그림 3.1과 같이 재작성되었다.

열린 사회체제 관점에서 일반화했을 때, 학교의 산출은 환경적 요인에 의해 형성되고 제약되어진 다섯 가지 내부전환 요소들의 상호작용 기능이다. 모든 조건이 동일하다면, 전환요소들 간에 조화가 클수록, 체제는 더 효과적이 된다는 일치가정(congruence hypothesis)에 따른 일반화를 이끌어 낼 수 있다. 분명히, 조직효과성은 열린 사회체제이론의 핵심이고 총괄적인 개념이며 학교 지도자들에게 이에 대한 실제적 검증의 어려움을 계속해서 부과하고 있다.

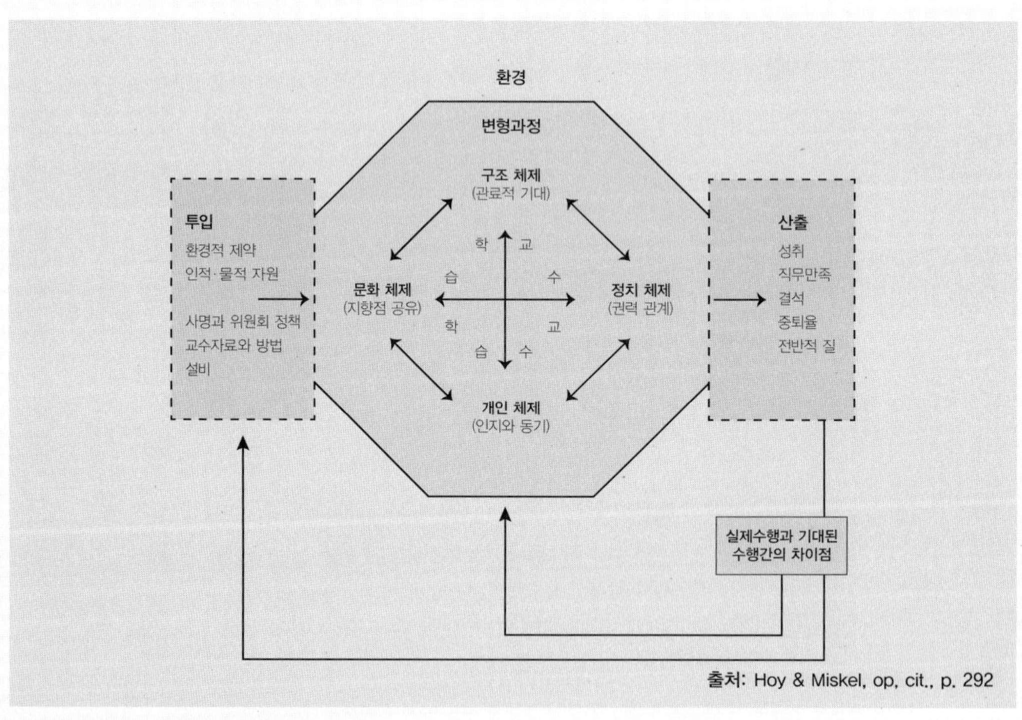

그림 3.1　　학교의 사회체제 모형

학교 효과성에 대한 도전

Kim Cameron(2005)은 "조직효과성은 주로 이론지향 구조라기보다 문제지향 구조이다(p. 313)."라며 학교행정가들이 오랫동안 인식해온 어떤 상황이라고 진술하고 있다. **학교 효과성(school Effectiveness)**의 문제는 실제에 대한 지속적이고 기본적인 도전을 나타낸다. 예를 들어, 비슷한 학생들로 구성되어 있더라도 상이한 학교들은 상이한 성취 수준을 나타낸다는 것을 교육자들과 일반인들은 인정하고 있다.

예를 들면, 정확하고 완전한 다양한 정보에 근거하여, 학부모들은 Lynn Cheney 초등학교가 기본학습능력, 높은 학업성취 기대와 기준을 강조하는 반면에, John Dewey 초등학교는 높은 동기화와 실천적인 교수방법을 적용하는 것을 알기 때문에 해당 지역에 거주하기로 결정한다. 상이한 인식 및 선택과 함께, 유권자들은 교육자들에게 그들 학교의 효과성에 대해 의문을 제기한다. 행정가들은 자신들의 학교는 효과적이며 그들 개인적으로도 효과적으로 과업수행을 하고 있다는 것을 보여주는 다양한 정보를 제공함으로써 이러한 도전에 반응하고 있다. 학교 관계자들은 자신들의 성취 및 혁신적인 활동들을 나타낸다고 생각하는 결과들을 일반 대중에게 제시한다. 학교의 질과 생산성을 설명하기 위하여, 이들은 학예회, 음악회, 과학전시회, 그리고 체육행사 등에 학부모들을 초대한다.

두 번째 중요한 도전은 조직효과성 구성에 관한 정의가 불변하는 것이 아니라는 것이다. 유권자들의 선호도가 변하면, 새로운 방식으로 학교효과성을 정의하기 위한 제한 및 기대가 따른다.

예를 들면, 1970년대에는 사회적 및 정서적 성장 그리고 모든 학생들을 위한 평등이 강조되었지만, 1980년대 초에 발표된 개혁보고서에 의해, 일반대중은 효율성, 학업성취도 및 직업기술에 관한 강조를 요구하게 되었다[Cuban(1990), Wimpelberg, Teddlie, and Stringfield(1989)]. 1990년대에서 새로운 세기까지, 책무성을 확보하기 위한 방법들에 대한 신랄한 비평이 이루어지면서 계속해서 학업성취도에 초점이 모아졌다. 따라서 선호도, 실제, 그리고 이론이 변함에 따라서 오늘은 효과적이라 판단되는 성과도 내일은 비효과적인 것으로 생각 될 수 있다(Cameron, 1984, 2005). 학교행정가들에 있어, 효과적인 학교를 만들고자 하는 목적은 효과적인 것(be effective)이라기보다 오히려 계속적으로 효과적인 것이 되는 것(become effective)이다(Zammuto, 1982).

학교효과성을 해결하려고 애쓰는 행정가들을 위한 세 번째 복잡한 요인은 학부모, 행정가, 교사, 교육위원회 위원, 사업가, 정책결정자, 언론매체, 그리고 납세자 같은 다양한 이해관계자들이 선호하는 효과성 기준이 서로 달라 빈번하게 갈등을 일으킨다는 것이다. 예를 들어, 행정가와 교육위원회 위원들은 활용 가능한 시설 및 이러한 시설의 활용, 예산, 그리고 인사 관행 등과 같은 효과성의 투입자원 및 구조적 지표를 좋아한다. 이러한 요인들은 행정적 통제 하에 있는 요인들이기 때문에 중요하다.

반대로, 교사들은 전환과정을 강조하며, 효과성은 수업방법의 질 및 적절성, 긍정적인 교실풍토, 그리고 학생들과의 관계 측면에서 고려되어야 한다고 주장한다. 그러나 학생들, 납세자들, 그리고 정치인들은 결과 및 효율성 측정을 선호하는 경향이 있다. 그들은 학업성취 및 학생 1인당 비용의 측면에서 학교를 평가한다. 따라서 효과성에 관한 실제적인 정의를 내리고자 하는 우리의 고찰은 Cameron의 비관적인 지적 즉, "최선 또는 충분한 합의에 따르면, 일련의 효과성 척도들은 획득하기가 거의 불가능하다."로 끝내고자 한다(p. 312).

요약하면, 학교행정가들은 세 가지 기본적인 도전에 직면한다.

- 자신들의 체제가 효과적이라는 것을 어떻게 증명할 것인가.
- 정의가 변함에 따라 계속해서 효과성을 어떻게 증명할 것인가.
- 효과성에 관한 상이한 정의를 지닌 다양한 이해관계자들을 어떻게 만족시킬 것인가.

학교가 상당한 수준의 성취를 거두었다는 것을 증명하기 위한 학교행정가들의 광범위한 노력에도 불구하고, 학교 효과성 및 책무성에 대한 관심은 1980년대에 상당히 높아졌다. A Nation at Risk(National Commission on Excellence in Education, 1983)는 미국인, 특히 기업가와 정책 결정자들의 의식 속에 학교의 성취도 문제를 명확하게 해주었다. 일반대중은 세계경제가 극도의 경쟁적, 상호의존적, 지식중심적으로 변하고 있고, 미국의 학업성취도 수준은 국제적으로 경쟁력을 잃고 있다. 예를 들면, 인구 고령화 및 다문화 시민의 출현 같은 미국 사회의 인구 구성이 근본적으로 변화하고 있다는 것을 명확하게 인식하게 되었다.

Jacob E. Adams와 Michael W. Kirst(1999)는 National Commission on Excellence in Education은 학교 및 일반대중을 위해 수월성의 정의를 확대했다고 주장한다. 국가의 위기를 완화하기 위해서는 모든 학습자에 대한 높은 기대와 목표를 설정하고 학생들이 이를 달성하도록 도와주며, 일반대중은 학교의 변화를 위해 적절한 지원 및 안정성을 제공할 필요가 있다. 즉, 위원회는 보다 높은 효과성 수준, 특히 학생성취 측면에서, 그리고 '이러한 개혁을 달성하기 위해 필요한 리더십을 제공할 책임을 교육자와 선출직 공무원에게' 지게 함으로써 보다 강한 책무성을 요구하고 있다(p. 32).

사회적 체제와 학교 효과성

학교가 효과적이냐 또는 비효과적이냐 하는 포괄적인 질문은 크게 도움이 되지 않는다. 효과성은 한 가지만을 의미하는 것이 아니기 때문이다. 예를 들어, 효과성 척도는 개방체제 순환의 각 단계 즉 투입(**인적 및 재정적 자원**), 전환(**내부과정 및 구조**), 그리고 산출(**성취결과**)로부터 도출할 수 있다. 한번쯤은, 실제로 모든 투입, 전환, 또는 산출 변인들은 조직 효과성 척도로 사용되었을 것이다. 결과적으로, 사회체제모형은 학교 효과성에 대한 우리의 이해를 증진시켜주고, 학교 효과성을 향상하기 위해 필요한 행위를 평가하는 이론적 지침으로서 기여할 수 있다. 이러한 관점은 개방체제 주기의 각 단계를 효과성 척도의 범주로 고려함으로써 설명된다.

▌1 투입 기준

학교에 대한 투입(**그림 3.1 참조**)은 조직 효과성에 영향을 미치는 환경적 구성요소를 포함한다. 투입은 재정적인 것일 수도 있고 비재정적인 것일 수도 있다. 일반적으로 재정적 자원은 과세대상 재산, 현금, 또는 현금으로 구매 가능한 물건 등을 의미한다(Cohen, Raudenbush, and Ball, 2003). 교직원 및 행정가의 공식적 자격요건, 책, 도서관, 수업기술, 학교시설 등이 그 대표적인 예이다.

비재정적인 투입은 주 및 지역의 교육정책 및 기준, 정치구조, 조직 구성, 학부모의 지원, 그리고 학생의 능력 등과 같은 요소들이다. 투입기준은 수행된 작업의 양이나 질을 나타내지는 않지만, 체제의 전환과정 및 성취결과를 제한하거나 수용력을 정한다. 즉, 투입기준은 학교의 초기 수용력 및 효과적인 성취를 이끌어 낼 가능성에 상당한 영향을 미친다. 최근까지, 학교 인증제는 투입척도에 과도하게 의존해 왔다. 즉, 좋은 학교는 대학원 이상의 학위를 가진 중견 교사들의 높은 비율, 풍부한 업무보조직원, 낮은 학생 대 교사 비율, 장서량이 많은 큰 도서관, 그리고 각종 시설이 구비된 현대화된 아름다운 학교건물을 가지고 있었다.

② 성취 결과

전통적으로 조직효과성은 목표달성도와 관련해서 정의되어왔다. 조직목표는 조직이 획득하고자 애쓰는 바람직한 상태라고 간단히 정의내릴 수 있다. 목표는 방향과 동기를 제공하며, 참여자들의 불확실성을 줄여주고 조직평가에 필요한 기준을 제시해준다. Scott(2003)의 주장에 따르면, "목표는 조직의 동기 및 방향과 마찬가지로 조직 활동을 평가하는 데 활용된다(p. 353)." 목표와 상대적 성취는 조직 효과성의 기준을 정의하는 데 필수적이다.

현재의 교육 정치 환경에서, 목표는 학교가 산출한 성취결과의 양과 질을 판단하기 위한 기준에 반영된다. 성취결과는 학생, 교육자, 그리고 다른 구성원들을 위한 학교 서비스 및 산출물의 양과 각 산출물의 질로 구성된다. 사회체제관점에서, 중요한 산출물에는 학생들의 측면에서는 학업성취, 창의성, 자신감, 포부, 기대, 그리고 출석, 졸업, 중도탈락률 등이 되고, 교사의 측면에서는, 직무만족, 결근율, 그리고 이직률 등이 되며, 행정가의 측면에서는, 직무만족, 예산의 적절성, 그리고 학교에 대한 헌신 등이 되고 지역사회의 측면에서는, 학교 효과성의 지각이 포함된다. 목표 또는 성취결과의 관점에서는, 학교의 활동결과가 학교의 목표에 부합하거나 초과할 경우에 효과적이라고 본다.

그러나 목표 또는 결과 모형에서 흔히 간과되는 요인은 학교 같은 복잡한 조직은 다양하고 갈등을 일으키는 목표를 가지고 있다는 점이다(Hall, 2002). 표면적으로 볼 때, 학교에서 안전하고 질서 있는 환경을 유지하기 위해 교육자에게 기대되는 목표는 신뢰, 집단 충성심, 그리고 학생들 간의 배려 등과 같은 가치를 개발하고자 하는 목표와 양립하지 않는다. 이와 유사하게, 기준 및 고부담 성취도 검사(high-stakes achievement tests, 사회적 영향이 큰 검사로 각종 자격시험 등)에 관한 강조는 지속적으로 관심을 불러일으키고 있는 교육자의 직무만족이나 직무성과 유지와 충돌을 일으킨다.

공리주의, 인본주의, 그리고 조직 효과성의 이론적 근거는 조직효과성의 구성요소로서 직무 만족의 중요성을 지원한다(Spector, 1997). 초기의 인간관계론 주창자들도 행복한 근로자가 긍정적으로 행동하고 생산적이라는 관점을 가지고 있다. 1960년대와 1970년대에, 모든 인간은 공평하게 다루어지고 존경받을만한 가치를 지닌다는 주장과 함께 직업생활의 질에 대한 일반적인 관심이 증가하였다(U.S Department of Health, Education and Welfare, 1973). 적어도 부분적으로, 직무만족은 적절한 대우를 받고 있다는 것에 대한 척도이며 학교조직이 적절하게 기능하고 있는가를 반영할 수 있다. 학교는 학생의 학업성취만이 아니고 훨씬 더 많은 기여를 하므로 그런 협의의 결과에 초점을 맞추게 되면 긍정적인 학교 성취를 포함하는 광범위한 성취들을 설명하지 못하게 된다.

그럼에도, 많은 학부모들과 시민들, 정책 결정자들, 그리고 학자들은 점점 더 학교의 이상적인 성취결과를 협소하게 정의한다. 그들은 학교 효과성을 표준화 검사로 측정되는 학업성취 수준과 동일하게 보고 있다. 이러한 중요한 교육 지지자 층은 시험점수가 어떤 본질적인 가치를 지니고 있는 것으로 본다. 성적이 높은 학교를 효과적인 것으로 생각한다. 또한, 가치부가적인 결과로서 성취도의 향상은 학교 효과성의 정의에 부가된다(Heck, 2000). 가치부가적인 추론을 통해, Peter Mortimore(1988)는 효과적인 학교는 초기 특성에서 기대했던 것보다 학생들이 성취도 검사에서 더 높은 점수를 얻는 학교라고 주장한다. 결과적으로, 학교 효과성에 대한 최근의 정의는 학업성취의 수준과 변화를 포함하고 있다. 즉, 효과적인 학교로 판단되기 위해서는, 높은 성취도 검사 점수를 입증해야만 하고 모든 학생들이 실질적인 점수 획득을 보여야 한다.

이러한 인기의 증거로서, 정책결정자는 자신들의 정책안에 가치부가적인 기준을 포함하고 있다. 예를 들어, 최근 제정된 No Child Left Behind Act of 2001(P. L. 107-110)을 통해 재정 지원을 받는 학교는 학생들이 '매년 적절한 진보 또는 AYP'를 보이고 있다는 것을 제시해야만 한다. 즉, 한 학년 동안 학업성취에서 구체적인 향상을 이끌어내야 한다. 또한, 정책 결정자들은 학교의 성취결과를 예측하고 비교하기 위하여 외견상으로 투입-산출 접근방법에 의존해 왔었다.

투입-산출 연구

투입-산출 연구(Input-output research), 또는 생산-함수(production-function) 연구는 교육 자원 혹은 투입이 어떻게 교육 산출로 바뀌는가를 고찰한다(Rice, 2002). 생산함수연구는 학교의 성취결과는 학생 1인당 경비, 교사 특성, 교사 대 학생 비율, 그리고 학생 및 가정의 특성 같은 투입요인과 직접적으로 관련되며, 반면에 산출은 성취도 검사에 의한 점수가 된다고 한다(Monk and Plecki, 1999). 즉, 생산함수 연구의 목적은 그 결과가 어떻게 나타났는지를 설명하기보다 시험 점수와 같은 결과를 예측하는 것이다. 결과적으로, 생산함수연구는 체제의 내적 전환과정을 무시하고 산출을 예측할 때 단지 투입요인만을 사용한다.

생산함수연구는 James S. Coleman과 그의 동료들(1966)이 이러한 접근방법을 반영한 Equality of Educational Opportunity 라는 상당히 영향력 있는 연구를 수행한 1960년대 중반에 널리 보급되었다. Coleman 보고서라고 널리 알려진 이 보고서는 현재까지 미국의 공교육 분야에서 이루어진 연구들 중 가장 큰 규모의 연구이다. 가장 놀라웠던 발견은 가정배경변인이 통제되었을 때, 학교 투입 또는 역량지표들은 시험성적과 별로 관계가 없다는 것이었다. 학교도서관, 교사의 교육정도 및 경험, 비용수준, 실험실, 체육관, 그리고 다른 전통적인 자원들이 학생성취도 차이와 거의 상관이 없는 것으로 나타났다(Cohen, Rauden-bush, and Ball, 2003).

이와 반대로, 학생이 학교에 입학하기 전의 가정배경이 학교의 역량 특성들보다 더 중요한 것으로 나타났다. Brian Rowan, Richard Correnti, 그리고 Robert J.

Miller(2002)의 최근의 연구에 따르면, 이러한 결론은 조정할 필요가 있다. 이들은 학생이 유치원에 입학할 때, 그들의 성취수준은 가족의 수, 가정구조, 그리고 사회경제적 지위와 같은 가정환경요인들과 어느 정도 상관관계가 있다는 것을 발견하였다. 이러한 가정요인들은 명백히 취학 전 학습기회의 차이를 가져온다. 그러나 초등학교에 입학하면, 가정배경의 효과는 명백하게 완화되고 성취도 향상은 주로 학교 및 학급에서 수업차이의 영향에 의해 설명되어질 수 있다. 즉, 가정배경의 차이는 매년 성취가 이루어진다기보다 초등학교 초기의 학생성취도와 강한 상관관계를 가지고 있다. 그럼에도, 가정학습은 상당히 중요하다.

Coleman 보고서 이래로, 다수의 부가적인 생산함수 연구들이 이루어졌었다. 이러한 접근방법의 주창자 중의 한 사람인 Eric A. Hanushek(1981, 1989, 1997)은 교육에서 이루어진 생산함수 연구에서 학교경비변인과 학생성취변인은 체계적인 관련이 없다는 놀랄 만큼 일치된 결과를 보인다고 결론 내리고 있다. 또한, 학교자원과 학생성취 변인 간에 강력한 또는 일치된 관계가 전혀 없기 때문에 학교는 비효율적인 조직이다.

최근에, Hanushek(2003)은 "학급규모가 축소되고, 교사들의 자격요건이 향상되고, 경비가 증가하였다. 불행하게도, 이러한 학교에 투자된 자원의 증가가 학생성취결과에서 어떠한 두드러진 변화를 가져왔다는 증거를 거의 찾아볼 수가 없다(p. 67)."라고 상당히 확고하게 주장하고 있다. Hanushek은 생산함수 연구에서 일반적으로 현재의 학교에 대한 추가적 재정지원이 학생의 학습을 향상할 것이라는 생각을 지원하는 어떠한 증거도 발견할 수 없다고 주장한다.

David H. Monk와 Margaret L. Plecki(1999) 같은 학자들은 생산함수 연구는 결과를 예측하고, 기술하고, 그리고 설명하는 이론적 토대가 부족하다고 비판한다. Alan B. Krueger(2003)와 Larry V. Hedges, Richard Laine, 그리고 Rob Greenwald(1994) 같은 학자들은 이러한 접근방법의 방식, 연구결과, 그리고 함축에 대해 강하게 논박한다. Hanushek의 자료를 재분석한 후, Hedges와 그의 동료들(1994)은 학생성취결과에 관한 학교투입의 영향은 Hanushek가 주장한 것보다 상당히 일관되고 긍정적이라는 것을 발견하였다. 후속연구를 통해, Greenwald, Hedges, 그리고 Laine(1996)은 세 가지 형태의 투입 즉 비용(**학생당 비용, 교사봉급**), 교사배경특성 또는 질적 척도(**능력, 교육, 경험**), 그리고 규모(**학급, 학교, 학구**)가 학생 성취에 미치는 효과를 평가하였다.

이들은 전반적으로, 학교투입은 체계적으로 학업성취에 관련되고 그 관계의 정도는 상당히 중요하게 여겨진다고 결론 내렸다. 특히, 높은 성취는 학생당 높은 비용, 소규모 학급 및 학교, 그리고 교사들의 질과 관련된다. J. D. Finn과 Charles M. Achilles(1999)는 학급규모에 관한 결론에 대한 실질적인 증거를 제공한다. Tennesee 주의 Project STAT(Student·Teacher Achievement Ratio 연구)에서 학생들, 특히 소수계 및 도심 빈민지역의 어린이들은 유치원에서 초등학교 3학년까지 일반적인 학급과 비교해 볼 때 소규모 학급에서 더 높은 성취를 보였다는 결과를 제시하고 있다. Hanushek(2003)은 실질적인 성취도 향상은 미미하며, 제한되고 결점이 있는 실험결과를 가지고 매년 엄청난 수십억 달러가 투자되는 정책의 변화를 이끌어 내는 것은 적절하지 않다고 대응하였다.

Hanushek(2003) 같은 생산함수 연구의 주창자들조차도 학교 및 교사들 간의 차이가 학업성취도에서 중요하고 상이한 변화를 가져온다는 것을 인정하고 있다. 학교는 학생들에게 동일한 영향을 미치는 것은 아니다. 학교는 성취결과에 영향을 주기 위한 노력의 효과성 면에서 차이를 가지고 있다. Steven T. Bossert(1988)는 투입-산출 연구는 전형적으로 학생들이 유용한 학교자원을 실제적으로 어떻게 사용하는지 또는 학교가 학생들에게 수업서비스를 어떻게 제공하는지를 고려하지 않는다고 주장한다. Bossert 와 비슷한 관점에서, 가정, 학교, 그리고 내부체제 요인들이 학교의 성취결과에 어떤 영향을 주는지 설명하기 위해 고안된 새로운 연구경향(투입-전환-산출연구, 다음 장에서 논의된다)이 나타났다.

3 전환기준

전환기준은 투입을 산출로 전환하는 내부과정 및 구조의 양, 질, 그리고 지속성이다(그림 3.1 참조). 전환기준의 예는 교육 과정의 구조 및 내용, 대인관계 풍토의 건강성, 학생 및 교사의 동기수준, 교사 및 행정가의 리더십, 수업의 질과 양, 그리고 시험실시 회수, 수업평가, 수업기술의 활용, 직원평가 같은 질적 통제 절차이다.

전환 구성요소들의 동시성의 중요함은 투입과 산출에 관련된 전환 구조와 과정 간의 조화는 성취를 향상시킨다는 일치가정에서 찾아볼 수 있다. 즉, 학교 효과성을 최대화하기 위해서, 교수·학습의 내부요인, 관료적 기대, 집단문화, 정치적 기대, 그리고 개인적 욕구는 바람직한 성취목표를 달성하기 위해 조화롭게 운영되어야 한다. 내부요인들 간의 일치는 환경으로부터 필요한 자원을 확보하고(Yuchtman and Seashore, 1967), 전환요소의 역량을 강화하며, 궁극적으로, 생존을 위한 체제의 능력을 향상시킨다. 이러한 추론은 논리적으로 모든 조직에서처럼, 학교의 내부 구조 및 과정의 질, 그리고 성취결과와 관련된다.

따라서 교육 행정가들은 갈등이 내부 활동 및 궁극적으로 목표달성을 지원하기 위해 필요한 자원획득에 대한 체제의 능력을 방해하기 때문에 조화유지의 중요성을 강조한다. 그러나 생산함수 연구에서 Hanushek이 제시한 결론을 수락한다면, 더 많은 교사, 보다 좋은 시설, 새로운 교육 과정 및 직원개발을 위한 추가적인 자원을 확보하는 것은 극히 어려워진다. 이러한 현상에 대응하고, 특히 저소득층, 주로 소수계 인종의 학교에서 학업성취를 원하므로, 연구자들은 1970년대 중반 투입-전환-산출 연구를 개발하였다[Cuban(1984), Rey-nolds and Teddlie(2000)].

1) 투입-전환-산출 연구

체제관점에서, 투입-전환-산출 연구는 투입요인뿐만 아니라 학급실제(수업방법, 학급조직, 학습기회, 학습시간), 학교풍토 또는 문화, 조직운영, 그리고 직무만족, 졸업율, 표준화 검사에 의한 학생성취도를 포함하는 다양한 산출들과의 정치적 관계 같은 전환과정과도 관련된다.

이러한 일반적 접근방법은 과정생산연구, 체제연구, 학교효과연구, 그리고 조직연구 등과 같은 다양한 이름으로 불리고 있지만, 가장 일반적으로 사용되는 명칭은 효과적인 학교 연구(effective-schools research)이다. 이러한 연구의 대다수는 어느 한 시점의 학생성취에 초점을 둔 횡적 절차를 사용한다. 개선노력과 학생성취를 평가하는 데 있어서, Heck(2005)는 횡적 방법은 지속적으로 학교 내에서 일어나는 변화에 민감하지 못하다고 경고하면서 학교에서 특정한 교사와 1년간 생활한 학생의 경험을 다룬 종적 연구를 사용할 것을 권유한다.

직무만족(Job Satisfaction) 직무만족과 관련된 투입 및 전환변인들은 집권화, 풍토와 문화, 직무자율성, 보수와 부가급부, 도전과 다양성, 그리고 피고용인의 나이, 성별, 교육, 동기, 능력, 그리고 행복해지려는 경향 등을 포함한다.

예를 들어, 학교의 특정한 구조 또는 관료적 양상이 직무만족에 관련되었을 때, 복잡한 모습이 나타난다. 권위의 위계와 집권화 같은 전문가들 사이의 지위 차이를 높이는 구조적 요인들은 낮은 직무수준을 가져온다. 그러나 직무를 명확하게 하고 학교정책의 평등한 적용을 가져오는 요인들은 높은 직무만족으로 이끈다[Eckman(2004), Miskel, Fevurly, and Stewart(1979)]. 그러나 역할갈등과 역할 모호함은 교육자의 직무만족에 관한 가장 강력하고 부정적인 예언지표이다(Thompson, McNamara, and Hoyle, 1997). 교육자의 업무와 관련하여, 다섯 가지 직무특성들 즉 자발성, 피드백, 기술의 다양성, 과업정체성, 그리고 과업의 중요성은 직무만족에 긍정적으로 관련된다(Hackman and Oldham, 1980). 또한 작업 동기는 직무만족과 일관된 상관관계를 가지고 있다[Miskel, DeFrain, and Wilcox(1980), Miskel, McDonald, and Bloom(1983)]. 비슷하게, 학교의 소식풍토가 보다 개방직이거나 참여적이면, 교사의 만족도는 높아진다(Miskel, Fevurly, and Stewart, 1979). 그러나 연령, 성별, 직무만족 같은 개인변인들 간에는 단지 제한된 관계만이 존재하는 것 같다(Thompson, McNamara, and Hoyle, 1997). 요약하면, 직무만족에 대한 관심은 연구의 지침이 되고 행정실제에 정보를 제공하는 데 유용하고 폭넓게 적용할 수 있는 연구결과들과 함께 높게 나타나고 있다

학업성취(Academic Achievement) 특히 학생의 성취를 산출결과로서 고려할 때, 효과적인 학교 연구에서는 표준화 검사 점수를 높이는데 요구되는 몇 가지 중요한 학교요인들을 확인하였다. Ronald Edmonds(1979)에 의해 유명해진, 효과적인 학교의 다섯 가지 요인 모형이 대부분의 교육자들에게 잘 알려져 있다. 이는 다음과 같다.

표 3.1 효과적인 학교 모형의 두 가지 요인군

Smith and Purkey	Scheerens and Bosker
• 수업 지도성	• 교육 지도성
• 계획되고 의도적인 교육 과정	• 교육 과정의 질·학습 기회
• 명확한 목표와 높은 기대	• 성취 지향적
• 과업 수행기간	• 효과적인 학습 시간
• 학업 성취도 향상에 관한 인정	• 피드백과 강화
• 질서정연한 환경	• 학급풍토
• 공동체감	• 학교 풍토
• 학부모들의 지원과 참여	• 학부모의 참여
• 학교단위 책임경영	• 독립적인 참여
• 직원 능력개발	• 평가의 잠재성
• 고용안정	• 합의와 일치
• 평등하고 협동적인 계획 수립	• 구조화된 수업
• 직접적인 지원	• 적응적인 수업

- 특히 수업문제에 있어서, 학교장의 강력한 리더십
- 학생성취에 대한 교사들의 높은 기대
- 기본학습능력 강조
- 정돈된 환경
- 빈번하고 체계적인 학생평가

다른 학자들도 연구로부터 이와 비슷한 목차를 제시하고 있다. 표 3.1에 제시된 바와 같이, Jaap Scheerens와 Roel Bosker(1997) 그리고 S. C. Purkey 및 Marshsll S. Smith(1983)는 Edmonds보다 더 많은 학교관련요인들을 제시하고 있다. 이들의 세 가지 목차는 예를 들어, 수업리더십, 높은 기대, 정돈된 환경, 교육 과정, 수업, 그리고 평가절차 등과 같은 전환요인들과 상당히 중복되어 있음을 보여준다. 이러한 연구로부터 공통적인 아이디어를 추출해보면 효과적인 학교는 질 높은 교육 과정에 관한 합의, 경험, 동기화, 지적이고 동료애적인 교사들, 분명한 목표 및 높은 성취기대, 교수·학습을 조장하는 건강한 학교풍토, 직원개발 프로그램, 성공에 대한 보상, 학부모들의 참여, 그리고 교장 및 교사의 강력한 수업리더십 등과 같은 특성을 나타내고 있다.

효과적인 학교 연구는 1980년대의 학교운영에 엄청난 영향을 미쳤다. Good and Brophy(1986) 그리고 Stedman(1987)은 다수의 학교개선 프로그램 예를 들어, 이러한 일련의 연구들에 토대를 둔 Milwaukee에 의한 RISE 프로젝트 및 New York시에 의한 학교개선 프로젝트 등을 개략적으로 설명하고 있다. 다른 프로그램들이 Atlanta, Chicago, Minneapolis, Pittsburgh, San Diego, St. Louis, Washington, D.C., 그리고 아주 많은 소규모 학구에서도 시도되었다(Cuban, 1984). 그럼에도, 노력의 결과에 대해서는 의견이 분분하다. Good와 Brophy에 의하면, RISE 프로젝트는 어느 정도 성취를 거두었다. 학생의 성취도 검사 점수는 특히 일부 학교 및 수학영역에서 상당히 향상되었다. Stedman은 다소 비관적인 입장을 취한다. 비록 몇몇 학교들이 수학점수에서 향상을 보이지만, 대다수 RISE 학교들은 읽기에서는 낮은 학업성취도를 보인다. 또한, 성공을 거두었던 학교들은 시험을 대비하여 수업이 이루어졌었다. 비슷한 맥락에서, Cuban(1983, 1984)은 효과적인 학교를 주장한 사람들에 의해 요구된 변화를 성급하게 실행한다면 중대한 문제점들과 예기치 못한 결과들이 생길 것이라고 경고한다.

1990년대에, Charles Teddlie와 David Reynolds(2000)는 효과적인 학교를 이해하고 설명하는 데 실제적인 개념적이고 경험적인 진전이 이루어졌다고 주장한다. 새롭게 등장한 이론적 모형들은 투입과 전환과정이 학교에서 어떻게 상호작용하는지, 이들과 결과와의 관계가 서로 다른 상황 또는 맥락에서 어떻게 바뀌는지에 관해 구체적으로 설명해준다. 또한, 상황에 대한 개념이 확대되었다. 도시의 저소득층 지역의 학교들만을 연구대상으로 하던 것에서 벗어나, 현재의 효과적인 학교연구는 농촌, 도시, 그리고 도시외곽에 위치한 다양한 사회적 계층을 지닌 지역사회의 학교들에 대해, 다양한 수준의 지원을 받는 공립 및 사립 초등학교, 중학교 및 고등학교들에 대해 전반적인 연구를 하고 있다. 현재의 효과적인 학교모형 및 연구는 모든 유형의 상황에서 모든 유형의 학생들에게 봉사하는 학교에 초점을 둘 뿐만 아니라 모든 상황에서 성취도 향상 및 학교개선을 강조하고 있다.

학교 효과성은 일련의 상호작용하는 변인들로서 개념화되기 시작하였다. Sheerens와 Bosker(1997)는 이러한 모형들을 고찰하였다. 예를 들어, 학교는 초기교육성취, 가족구조, 그리고 사회경제적 지위 같은 요인들이 상당히 다른 학생들을 가르친다고 알고 있다. 앞에서 제시한 바와 같이, Mortimore(1998)는 효과성 모형 및 연구들은 학생들의 발전과 성취도 향상에 대한 개별 학교들의 효과를 비교할 때 이러한 초기의 차이를 충분히 설명해야 한다고 주장하고 있다. 가치부가형 모형을 검증하는 연구에서, Ronald H. Heck(2000, 2005)는 질 높은 교육환경(**학교장 리더십, 높은 기대, 학생의 진보에 관한 빈번한 모니터링 및 풍토**)을 지닌 학교들은 기대한 성취도 향상 이상의 결과를 보였다는 것을 밝혔다. 학교 전환과정(tranformational processes) 조사에서, Rowan과 그의 동료들(2002)은 전체 수업 환경에서 활기 있는 수업과 다루어지는 내용 둘 다 성취도 향상 간에 어느 정도 긍정적인 관계가 있음을 발견하였다. 보다 최근에, Miller와 Rowan(2006)은 교사 협동, 동료 협력, 그리고 의사결정 참여를 향상하는 관리구조는 특히 초등 또는 중등 수준에서의 학생 성취에 대한 강력한 결정요인은 아니라고 결론지었다.

전환과정 또한 어떻게 학습을 향상할 수 있는지를 설명하기 위해 정교해졌다. 예를 들어, 학교의 수업 또는 교수 질은 학생성취에 대한 교사의 기대 그리고 지식(**예를 들어, 교과, 교육 과정, 교육방법**)과 기술(**예를 들어, 발표, 학급경영, 평가**)이 교실에서 얼마나 잘 활용되는가와 같은 요인들에 의존한다. David K. Cohen, Steven W. Raudenbush, 그리고 Deborah L. Ball은 수업의 핵심요소는 학습내용에 관한 교사와 학생들의 상호작용과 이들 간에 이루어지는 상호의존성이라고 주장한다. 호혜적인 관계를 가정하면서, 교사의 효과성은 부분적으로 학생들의 아이디어와 창의성을 어떻게 활용하는가에 달려 있으며, 학생의 효과성은 부분적으로 교사가 제공하는 과제 및 피드백을 어떻게 사용하는가에 달려있다고 예견한다.

Wayne Hoy와 그의 동료들은 또한 학업성취를 설명해 주는 학교의 전환적 특성 분석에 초점을 둔다. 즉, 높은 학생 성취를 설명하는 학교의 내부적 특성은-사회경제적 지위를 벗어난-무엇인가? 그들의 연구는 차이를 가져오는 세 가지 학교특성 즉, 학부모를 신뢰하는 교직원 문화(Goddard, Tschannen-Moran, and Hoy, 2001), 학업을 강조하는 풍토(Godd- ard, Sweetland, and Hoy, 2000), 그리고 집단효능감의 문화(Goddard, Hoy, and LoGerfo, 2003)를 제시한다. 이러한 연구들은 사회경제적 지위(**투입요인**)를 통제하고 그리고 문화와 풍토(**전환요인**)를 학생성취(**산출 성취요인**)에 연결시키려고 노력한다는 것에 주목한다. 비록 매우 중요하지만, 학교 효과성에 관한 학교장의 강력하고 긍정적인 리더십의 효과를 Edmonds(1979)같은 초기 연구자들은 직접적으로 표현하지 않았다.

2) 행정가와 교사의 영향

학교장이 학교 효과성의 핵심적 부분이라는 주장을 자주 듣게 된다. 그러나 학교 행정가와 학생 성취 간의 연결은 효과적인 학교 프로그램의 일부 주창자들이 주장한 것처럼 분명하지 않다. 예를 들어, Good과 Brophy(1986)는 효과적인 학교에 관한 거의 모든 연구들은 학교장 리더십의 중요성을 지지하지만, 학업성취 향상을 위한 리더십으로 특징지을 수 있는 행동 및 실제에 관한 일치된 견해는 거의 없다고 결론짓고 있다. 보다 강력한 주장으로서, Bossert(1988)는 효과적인 학교 연구들은 학교구조의 효과성을 위해 필요한 강력한 학교장의 리더십을 역설하면서 관료주의 이상을 부활시키려 노력한다고 주장한다. 그러나 연구는 어떤 과정들이 구조화되어야 하고 성공을 거두기 위해서는 어떤 구조가 만들어져야 하는지에 관해서는 아무런 언급도 없다. Bossert는 전형적으로 효과적인 학교를 관리하는 학교장과 관련된 네 가지 특성들 즉, 목표 및 생산 강조, 권력 및 강력한 의사결정, 효과적인 관리, 강력한 인간관계 기술을 확인하였다.

Bossert의 견해에 동의한 다른 학자들은 그의 결론에 몇 가지 특성을 부가하였다. Philip Hallinger와 Heck(1996, 1998), Heck(2000)는 학교장의 리더십은 학생성취에 측정 가능한 영향을 미치지만, 그 영향은 간접적이고 학교장이 학생의 학습에 직접적으로 관련된 학교의 내부구조, 과정, 그리고 비전을 조작할 때 영향을 줄 수 있다는 것을 발견하였다. 문헌에 관한 광범위한 조사와 분석을 통해, Kenneth Leithwood, Karen Seashore Louis, Stephen Anderson, 그리고 Kyla Wahlstrom(2004)은 학교장의 리더십은 학교에서 학생들의 학습에 기여함으로써 교실수업을 촉진시킨다고 결론지었다. Bossert, Heck, 그리고 Hallinger의 초기연구와 유사하게, 그들은 교육적 리더십이 학생의 학습 향상에서 차이를 만드는 세 가지 측면을 간접적으로 언급하고 있다.

- 분명하고, 분담되며, 이해될 수 있는 행동과 목표과정을 숙고하여 방향을 정하라. 목표 설정을 촉진하기 위한 리더십 실행은 분명한 비전, 높은 성취기대, 학교의 성취 모니터링, 그리고 성취에 대한 피드백 제공을 포함한다.
- 교육자와 다른 사람들에게 필요한 지원 및 훈련을 제공하여 사람들을 개발하라. 리더십 행위는 지적 자극을 제공하고, 개별화된 지원을 하고, 그리고 가장 최선의 실제 및 신념 모형을 제공하는 전환이 이루어지도록 돕는다.
- 광범위한 조건 및 인센티브로 교수·학습활동을 지원하는 학교조직이 운영될 수 있게 학교조직을 재구성하라. 리더십은 학교문화 강화 및 협동적 과정 구축을 포함한 조직 변화를 이루기 위해 행사된다.

앞에서 내린 결론은 상당한 주의를 갖고서 해석되고 적용되어져야 할 것이다. Leithwood와 Ben Levin(2005)이 지적한 것처럼, 리더십은 학생의 학습에 크고, 별개의 영향을 미치지 않고, 연구결과도 적으므로, 의미 있는 영향은 교육연구자들 및 프로그램 평가자에게 지속적인 도전의 여지를 남긴다. 또한, 학교장의 영향은 다른 학교요인들에 의해 조정되기 때문에 학교 효과성에 대해 그들이 끼치는 공헌의 중요성은 줄어들지 않는다.

학교장과는 반대로, 교사들은 다양한 교실 행동과 활동을 통해 학생의 학습에 직접적으로 영향을 미친다. William L. Sanders(1998)는 "학생들의 …… 학업 성취에 영향을 주는 한 가지 가장 중요한 요인은 개개 담임교사의 효과성 차이이다(p. 27)."라고 주장하였다. Jennifer King Rice(2003)는 Sander의 주장에 동의한다. 그의 최근 문헌조사에 근거하여, Rice는 "사실, 교사의 질이 문제이며, 그것은 학생 성취에 영향을 미치는 학교와 관련된 가장 중요한 요인이다(p. v)."라고 선언하고 있다.

예를 들어, 경험적 지지가 Heck(2000)에 의해 제공되었다. Heck는 기대했던 학생 성취보다 더 높은 학교들은 학업을 강조하는 교실환경을 만드는데 있어서, 학생의 학습에 강한 기대를 지니는데 있어 높은 평가를 받은 교사들로 구성되어 있음을 발견하였다. Steven G. Rivkin, Hanushek, 그리고 John F. Kain(2005)은 최근에 교사들은 독서 및 수학성취에 강력한 영향을 미친다는 것을 발견하였다. 이러한 관찰과 연구결과들은 학생성취에서 실질적인 목표를 달성하기 위한 학구, 주 또는 지방에서 가장 직접적 방법은 교사인력을 개선시킬 수 있는 정치 및 실제가 적용되도록 하는 데 있다고 본다.

　앞에서 언급한 조직 효과성에 대한 많은 개념적 및 연구 접근방법들을 재검토해보면, 교육학자, 실무자, 그리고 정책결정자들은 학교 효과성을 증진시키기 위한 방법을 설계하는 데 사용할 수 있는 일련의 지식을 가지고 있는 것은 분명한 것 같다. 우리는 학급 간의 차이를 줄이고 긍정적인 수업 환경을 만드는 수업조정을 통해서 학교개선을 위한 유망한 방법을 이끌어 낼 수 있다는 Rowan, Correnti, 그리고 Miller(2002)의 견해에 동의한다. 1990년대에, 정책결정자와 교육자들은 앞에서 제기된 생각들을 반영하는 정책 및 실제를 개발하기 시작했다. 정책 방안에는 학교 효과성에 대한 복합적인 책무성 접근방법과 교육개혁에 대한 체계적이고 전체적인 학교모형이 포함된다. 상대적으로 최근에 제시된 개념으로서, 교육 책무성은 조직 효과성에 관한 목표 및 자원 모형에서 발견되는 상대적으로 추상적인 개념이라기보다 학교의 성공 및 개선을 위한 보다 응용적이고 체계적인 접근방법을 구체화하고 있다.

책무성과 교육개혁

　1980년대에 이루어진 개혁의 물결은 성취결과에 크게 영향을 미치지 못했다는 것을 인정하면서, Smith와 O'Day(1991)는 단편적이고, 복잡하며, 다양한 층의 정책체제 양상이 성공적인 학교 개발 및 유지를 방해하고 있다고 비판하였다. 제약요인을 완화하고 학교 효과성을 증진시키기 위해, 교육개혁을 위한 일관된 체제 접근방법을 요구하였다. 파급을 불러일으킨 논문인 「체계적 학교 개혁(Systemic School Reform)」에서, 이들은 일련의 중요한 환경, 투입, 전환, 그리고 성취 결과 변인들을 활용하여 학교 책무성과 학교 개선 체제 확립을 위한 매우 타당한 논의를 제시하였다.

　이 모형의 중요한 구성요소들은 목표를 지원하는 통일된 버전과 양질의 평가도구와 관련된 기준 및 교육 과정 체제로 구성된 수업안내 계획 등이 포함된다. 주 정부의 강력한 리더십과 지방 자치단체의 융통성을 위한 재구조화된 통치 구조를 통해, 책무성 체제는 학교 수준의 교육 과정 및 수업자료, 전문성 개발 현직연수, 주 차원의 기준 및 평가를 담은 직전 교사 교육 등의 조정을 통해 증대된다. 어떤 주창자들에 의하면, 책무성 체제는 또한 Charter school과 Voucher에 의해서도 강화되어질 수 있다. 본질적으로, 책무성에 대한 관점은 세 가지 잠재적 원리에 근거한다.

- 학교는 높은 성취기준 달성에 책임을 져야 한다.
- 학교는 교육개선을 이끌어낼 수 있는 역량을 키우도록 지원을 제공받아야 한다.
- 학교는 성취결과의 양과 질, 특히 학생의 성취를 증가시켜야만 한다.

Smith와 O'Day에 의해 제안된 것과 같은 아이디어를 토대로 하여, 정책결정자들과 교육자들은 교육책무성 및 개혁에 대한 체계적 또는 기준 중심적 접근방법을 개발하고 폭넓게 적용해왔다.

1 책무성(accountability)

전통적으로 미국에서, 책무성(accountability)은 지역 교육위원회를 통한 지역사회와 학부모 통제에 근거를 두어 왔었다(Carnoy and Loeb, 2002). 실제적으로 50개 주 모두는 학교와 학구를 위한 기준 중심적 책무성 체제를 개발하였으며, 책무성이 범주는 극적으로 지역 교육위원회에서 주 수준의 기관으로 바뀌어졌다.

Elmore(2002a)는 책무성에 대한 이런 확산적 경향은 학교는 학생의 학습에 공헌하고 있으며 내부적 전환과정을 개선하기 위해 어떠한 노력을 하고 있는지를 증명해야 한다는 기본적인 사회적 신념에서 비롯된다고 믿는다. 교육책무성의 추진세력 및 그 배경이론은 아주 명확하지만, 그 실제는 매우 기술적이고 법률적이며 정치적이다. 결과적으로, 많은 상이한 책무성 유형이 나타났다.

예를 들어, Adams와 Kirst(1999)는 여섯 가지 책무성 모형 즉 관료적, 법적, 전문적, 정치적, 도덕적, 그리고 관찰적 모형을 기술하고 있다. 그러나 현재의 목적상, 우리는 Elmore(2002a)가 교육책무성의 지배적 형태라고 명명한, 학생, 학교, 학구에 학업성취에 대한 책임을 지게 하는 체제를 중심으로 제시하고자 한다.

1990년대 주로 주 수준에서 전개된, 책무성 체제는 학교에 의해 수집되고 보고되어진 자료와 성취 결과에 초점을 둔다(Fuhrman, 1999). 책무성 계획들은 일반적으로 세 가지 구성요소들을 포함한다.

- 학습한 교과 지식과 기술을 확인할 수 있는 기준
- 기준에 근거한 테스트
- 상이한 목표달성도를 인식하기 위한 결과

비록 세 갈래 책무성 체제는 상대적으로 기술하기 쉽지만, 많은 복잡하고 논쟁거리가 되는 일들은 실제적으로 교실수업 및 학생학습에 영향을 주기 위하여 기준중심 접근방법에 의해 완료되어야만 한다. 가령, 주 기관, 학구 관청, 학교들은 교육자들이 보다 많이 요청되는 수업을 일관되게 하도록 새로운 수업 틀, 교육 과정, 그리고 평가 및 요구를 만들어야 한다(Cohen, 1996). Jane G. Coggshall(2004)에 의하면, 과업은 새로운 지식과 기술을 획득하고, 향상하기 위해서, 어떤 경우에는, 학생 성취에서 진로 변경을 위한 기술적 능력을 만들어 내고, 학교 내에서나 밖에서 유용한 실제를 전달하며, 불확실한 기술적 환경에서 과업중심 실제를 조정하여 다양한 수준의 교육체제에 가능한 수많은 사람들을 포함시킨다.

미국 의회는 초당적인 지지를 받으며 No Child Left Behind Act of 2001(NCLB) 법안을 통과시켰다. George W. Bush 대통령은 상당히 과대선전을 띤 법안제정에 서명하였다. 연방교육프로그램에 관한 역사적 분석을 토대로, Lorraine M. McDonnell(2005)은 이전의 정책에 깊은 근거를 둔 혁신적인 조치라고 결론지었다. 그럼에도, 그 법률은 주 수준의 정책결정자들과 K-12 교육자들 간에 상당한 논쟁을 불러 일으켰을 뿐만 아니라, 분명히 책무성 운동에 상당한 자극을 부여하였다.

예를 들어, NCLB의 토대는 세 갈래 책무성 체제이고 그것은 독서·언어 예술, 수학, 그리고 과학의 기준을 개발하고 이행하며, 기준에 따라서 매년 평가를 실시하고 학생에 대한 학교선택 및 부가적인 서비스 옵션의 제공에도 계속해서 성취도가 낮을 때는 제재를 가하도록 요구하고 있다. 그 법률은 또한 모든 하위집단 학생들에게도 똑같은 교육성과를 강조하고, 적절한 연간 진보(AVY) 요구조건을 통해 학생성취를 향상하기 위한 시각표를 강요하며, 테스트 점수로서 독서 및 수학 실력을 판단한다(Sunderman, Kim, and Orfield, 2005). 책무성 체제에서 나타나는 기준, 평가, 그리고 제재 및 복잡한 영향을 보다 완전하게 이해하기 위하여, 개개 구성요인들을 개별적으로 살펴보고자 한다.

❷ 기준(standards)

구체적인 목표 진술 형태로서, 기준은 기대되는 것을 상술한다. 성취기준은 학생들이 알아야 하고 할 수 있어야 하는 것을 자세하게 제시하고, 학생의 성취를 측정하는 데 사용된다. 즉, 기준은 학교에서 가르쳐야 하는 지식, 기술, 그리고 다른 학습내용들을 기술하고 학생들이 달성해야만 하는 능력 수준을 정의한다. 주창자들은 기준이 학교에 일련의 공통된 목표를 제공하고, 학생, 교사, 그리고 교장에게 교육내용 선정, 교수·학습활동 전략, 그리고 목표가 달성되었는지를 측정하는 데 일관되고 알기 쉬운 안내를 해준다고 주장한다. 기준이 정의되고 사용되어질 때, 기준은 상당히 인기를 얻게 된다. 2006년에 Iowa 주를 제외한 모든 주들은 핵심 교과목, 특히 영어/언어 영역과 수학과의 내용기준을 개발하였다(Swanson and Skinner, 2006).

특정한 주를 위한 내용기준을 만들기 위하여, 개발자들은 교과의 모든 가능한 요인들을 열거하고 전체를 대표하는 가장 중요하다고 여겨지는 부분집합을 정한다. 주는 전형적으로 다양한 학문적 제휴에 의해 만들어진 체계에서 기준을 형성하고 적용한다. 기준을 개발하는 첫 번째이고 가장 영향력 있는 전문조직은 National Council of Teacher of Mathematics(NCTM) 이었다. NCTM은 1989년에 처음으로 기준을 출판하였고, 2000년에는 개정판인 Principles and Standards for School Mathematics를 출간하였다. 이와 비슷하게, National Research Council의 후원 하에, 몇몇 학회에서 과학 교육을 위한 기준을 개발하였다. Heather C. Hill(2001)은 주가 기준을 갖게 되면, 주는 지역 상황에 이러한 기준을 적용하도록 학구에 강요하고, 차례로 학교 및 학급 수준에 적용하도록 자극한다고 지적하고 있다.

기준의 설정은 어려움이 따른다(Hanushek and Raymond, 2002). Terry Moe(2003)는 기준의 설정은 상대적으로 잘 정의된 수학 및 과학 같은 과목에서 조차 거의 객관적인 과정이 이루어지지 못한다고 주장한다. 독서와 사회과 같은 분야에서는, 무슨 내용이 중요하고, 그것이 무엇을 의미하며, 그것을 어떻게 가르칠지에 관한 갈등이 끊임없이 발생한다. 예를 들어, 음성학의 주창자들과 전체 언어 수업을 해야 한다는 사람들 간에 소위 독서전쟁이라는 사소한 충돌이 흔히 발생한다.

주 수준에서 기준을 개발하는 것도 쉬운 일은 아니지만, 학구 및 학교 수준에서 기준을 해석하고 실행하는 것은 더욱 문제가 된다. 학구 수준의 기준을 개발하는 연구에서, Rodney T. Ogawa와 그의 동료들(2003)은 지역교육자들은 수업활동의 지침이 되는 명백한 수업철학 또는 비전을 가지고 있지 않다는 것을 발견하였다. 결과적으로, 이들은 지역적으로 일련의 기준을 만들기 위하여 다양한 기준 및 준거지향 평가에 의존하였다. 전반적인 결과는 부정적이었다. 새로운 기준은 주나 연방기준보다 질이 떨어졌고, 교육 과정과 수업전략이 제한적이었으며, 전문성 개발 및 수업장학활동에 대한 지침을 거의 제공하지 못하였다.

유사한 발견으로서, Hill(2001)은 주 수준에서 지역 수준으로 기준의 의도를 의사소통하는 것이 특히 문제가 된다는 것을 관찰하였다. Hill은 주 기준은 전형적으로 도전적인 교육내용, 혁신적 수업기법, 그리고 고차원의 학습을 통해 학교를 개선하고자 하는 개혁가에 의해 마련된다고 설명한다. 개혁론자들의 의도를 잘 알지 못하기 때문에, 대다수 지역교육 과정위원회와 담임교사들은 개혁가들이 비전통적인 실제를 기술하고자 의도한 바를 전통적으로 정의된 용어를 사용하여 해석한다. 따라서 지역기준은 체계적인 개혁보다 오히려 지역의 이해관계에 적합하도록 작성된다. 개발, 실행, 그리고 조정의 어려운 문제에도, 책무성을 위해 기준 및 평가를 활용하는 경향은 그대로 남아있다.

❸ 평가(assessments)

책무성 체제의 일환으로서, 50개 주 모두는 평가 프로그램을 운영하고 있으며 많은 부가적인 정보를 수집하고 있다(예를 들어, **중도탈락율과 학생태도**). 2006년에, 47개 주는 초, 중, 고등학교 수준에서 영어와 수학에 대한 주 기준의 평가를 조정한 프로그램을 운영하였다(Quality Counts 2006). 미국에서는 No Child Left Behind Act의 요구조건에 부합하기 위하여 평가의 내용 및 회수가 확대되고 있으며, 학생들은 3학년에서 8학년까지는 매년, 고등학교는 1회 이상 3개 교과에 대한 시험을 치르도록 요구받고 있다.

전통적으로, 교육자들은 주로 학업 트랙에 학생들을 분류하고, 학습문제를 진단하며, 그리고 학교의 성공에 관한 일반적인 판단을 하기 위해 시험을 사용해 왔다(Carnoy and Loeb, 2002). 이러한 목적으로 시험을 활용할 때, 책무성과 시험 간에 관계는 아주 이완적이 된다. 그러나 새로운 책무성 체제에서, 시험의 주된 목적은 학력신장의 경향을 모니터링하고 새로운 기준, 교육 과정, 직원개발 프로그램 등과 같은 개재가 학생 성취에 긍정적으로 영향을 미치는지를 발견하는 데 있다(Barton, 2001). 책무성 체제는 학생의 학습결과는 시험의 내용이라고 규정함으로써 기준과 평가 간의 연결 또는 배열을 상당히 공고하게 해 준다.

기준에 부합되는지 여부를 결정하고 학교개선 방안을 평가하기 위해서 책무성 체제에서 시험을 사용하는 것은 상당한 혼란을 불러일으킨다. 시험 프로그램의 절차와 적절성에 관한 갈등이 야기되고 있다. 이해관계자들이 다음과 같은 의문에 반응하기 시작함에 따라 상당한 논란이 벌어지고 있다.

- 누가 시험을 봐야 하는가(예를 들면, 모든 학생, 무선표집, 특수학생)?
- 어떤 내용을 평가해야 하는가?
- 어떤 유형의 평가를 사용해야 하는가(예를 들면, 규범 또는 준거지향, 포트폴리오)?
- 얼마나 자주 시험을 치를 것인가?
- 평가는 타당한가?
- 기준을 충족시켰다는 것을 나타내는 수준 또는 합격점수는?

시험에 어느 정도의 중요성을 부여할 것인가에 관한 관심이 증가하고 있다. Paul E. Barton(2001)은 기준지향개혁은 단순한 평가 운동에 그칠 위험에 처해 있다고 주장한다. 유사하게, Elmore(2002b)는 '근거 없는 간섭'이라 지칭되면서, 지나치게 시험을 강조하는 No Child Left Behind law를 신랄하게 비판한다.

또한, Audrey L. Amrein-Beardsley와 David C. Berliner(2002, 2003)는 고 부담 시험 정책은 실제로 도움이 되지 못하다고 결론지었다. 이들은 이러한 시험 프로그램은 학업성취를 크게 향상하지 못하며, 약간의 성적 향상은 시험에 대비한 수업, 시험 문제와 비슷한 문항을 통한 연습, 시험과정에 학생 배제하기, 그리고 학생의 중도 탈락률을 증가시키기 등에 의해 이루어진 것이라 주장한다. 다른 연구자들은 이러한 연구결과와 추론에 대해 강하게 반박한다.

예를 들어, Raymond와 Hanushek(2003)는 자료 분석에 많은 잘못이 있다고 하면서, Amrein-Beardsley와 Berliner의 연구를 무시한다. 유사하게, Jay P. Greene, Marcus A. Winters, 그리고 Greg Forester(2003)는 책무성 체제는 신뢰할 수 있는 결과를 제공하며, 수업을 왜곡하거나 시험절차를 조작하지도 않으며, 학교에 대한 보상 또는 제재를 위한 근거를 제공해주는 고 부담 시험으로 설계되어질 수 있다고 주장한다.

４ 기준 및 평가의 효과(Effects of Standards and Assessment)

Helen F. Ladd와 Arnaldo Zelli(2002)는 North Carolina의 책무성 프로그램에 대해 학교장 간에 상당한 지지가 있음을 발견하였다. 학교장의 60%가 프로그램에 대해 전반적으로 긍정적인 견해를 갖고 있으며, 80%는 학교 수준 성취기준이 바람직하다는 데 동의하였고, 그리고 70% 이상이 기준과 시험을 조정하고 학교 성취에 대한 부가가치 측정을 하는 것이 바람직하다고 생각하였다. 반대로, 학교장들은 주 시험을 학생의 교육 과정 숙달을 파악하는 데 좋은 측정이라고 보지는 않았으며 평가 점수가 낮은 학교의 학교장을 전보시키는 제재도 좋지 않게 여겼다. 학교장들은 또한 책무성 프로그램은 실제적으로 그들의 행동을 변화시켰다고 보고했다. 예를 들어, 학교장들은 시험점수 획득 기술에 관한 수업 장려하기, 수학 및 독서에 추가적인 기금 배분하기, 교사들과 함께 초과시간 할애하기 등을 통해 시험기간에 대비한 추가적인 강조를 하였다.

책무성 옹호자들은 교육 과정의 요소들을 조정하는 것은 학교의 산출 양과 질을 향상하기 위해 필요한 일관성 및 방향을 제공한다고 주장한다. Martin Carnoy와 Susanna Loeb(2002)는 이러한 가정에 대해 지지를 보낸다. 이들은 보다 강력한 책무성 체제를 가진 주들이 National Assessment of Educational Progress 시험의 수학 부문에서 학생 성취점수가 높게 나타났다는 것을 발견하였다. 이러한 초기의 연구에 대한 지지는 책무성 체제를 수행하기 위해 노력한 주를 추적한 보다 최근의 두 가지 연구에 의해 제공되어 진다. Quality Counts 2006과 Hanushek 및 Raymond(2005)는 기준지향 교육은 학생성취와 긍정적인 관계를 보인다고 보고하였다. Quality Counts

2006 보고서에서는 수학에 대한 결과가 특히 고무적이었다고 결론지었다. 독서 점수는 전반적으로 평이하게 나타났는데, 이는 4학년의 흑인, 히스패닉, 그리고 저소득층 학생들이 국가 평균의 거의 3배로 증가하였기 때문이다.

기준지향 개혁의 초기 제창자의 한 사람인, Smith(2006)는 이러한 결과를 실질적이고 유망한 것으로 인식한다. 그는 또한 기준지향 개혁은 장기적인 정책경향을 나타내고 주와 지역 정책에서 더 큰 일관성을 유지하게 한다고 믿는다. 그럼에도, 다수의 학자들, 예를 들어, Smith(2006), Ronald A. Wolk(2006), Linda Darling-Hammond(2004), 그리고 Hanushek 및 Raymond(2005)는 제한된 교육 과정, 시험에 대한 강박감, 융통성 없는 시간사용, 두루 적용되도록 만든 교육을 제공하기 위한 실제의 표준화, 지루한 반복 연습과 실습이 이루어지는 낮은 수준의 인지기술 수업, 시험에 일부 학생들을 제외시킴, 중도 탈락률 증가 등의 기준지향 개혁 노력의 의도하지 않은 부정적인 결과들을 기술하고 있다. 이러한 단점에 대해 언급하면서, Smith(2006)는 이러한 것을 교육활동의 목표를 확대하고, 재정의 균등성과 적절성을 건의하며, 지속적인 개선을 창출하고, 공립학교의 실제, 선택, 관리, 그리고 기술에 대한 실험을 지지하는 기준운동의 제2의 물결이라고 부른다. 사실, 기준지향 변화의 효과에 관한 이러한 초기 연구결과를 승인, 배척, 또는 수정하고, 접근방법에 대해 언급된 많은 비판에 대처하기 위해서는 계속해서 실질적인 작업이 이루어져야 한다.

보상, 제재, 그리고 간섭(Rewards, Sanctions, and Interventions)

대다수 책무성 체제의 세 번째 요인은 성취결과에 관련된 결과의 계획이다. 이러한 구성요소의 토대가 되는 가정은 성공적인 학교에 따른 보상은 교육자와 학생들의 훌륭한 성취를 강화시키고 동기를 조장하게 되지만, 반대로 기대에 부응하지 못한 것에 대한 처벌은 행동의 변화를 초래하고 결과적으로 낮은 성취를 개선하게 될 것이라 생각한다.

일반적으로 보상과 제재는 학교조직에 적용되고 있지만, 어떤 것은 개인에게 직접 부과되는 것도 있다. 소속된 학교가 특정수준 이상의 성취를 거두거나 주어진 목표치 이상의 성취도 향상이 이루어진다면 교육자와 학생들은 금전적 보상(예를 들어, 현금, 장학금)

과 상징적 보상(예를 들어, 깃발, 특별한 칭찬)이 주어질 수 있다. 개인은 또한 제재를 받을 수도 있다. 예를 들어, 교사와 행정가들은 전출되거나 파면될 수 있다. 학생들은 상급 학년으로의 진급 또는 고등학교 졸업을 위해서는 시험을 통과해야만 한다(Quality Counts 2006). 많은 교육자들이 긍정적 인센티브 사용을 선호한다(Ladd and Zelli, 2002). 그러나 주들은 학생들을 유급시키고, 졸업장을 부여하지 않거나, 교사와 행정가를 전출시키는 것과 같은 처벌을 내리는 것이 매우 곤란하다는 것을 알게 된다(Finn, 2003).

책무성 체제가 일반적으로 학생들을 동기화하기 위해 계획된 것은 아니기 때문에 교육자들에 대한 인센티브와 처벌을 학생성취에 연결시키는 것은 공정성의 문제를 제기한다. 학업성취는 교사와 학생의 공동노력에 의해 도출되기 때문에, 교사의 성공은 학교에서의 학생 노력과 시험에 달려 있다. 학생들이 필요한 에너지를 발휘하지 않는 경우 교사가 처벌을 받을 수 있기 때문에 학생의 결과를 무시하는 것은 교사들에게 불공평하다. 그러나 학생들이 시험을 잘 보게 하는 인센티브는 거의 존재하지 않는다. 이러한 문제를 인식한 대다수 주의 정책결정자들은 학구 또는 주 수준의 성취기준에 도달하지 못한 학생들의 진급 또는 고등학교 졸업을 못하게 하는 법률을 제정하였다.

대안의 수가 상대적으로 제한되어 있는 개인에 반하여, 주들은 학생성취에 대해 학교가 책임을 지도록 하기 위하여 일련의 유인책들을 사용하고 있다(Goertz and Duffy, 2001). 책무성 모형에 대한 조사 후, Ronald C. Brady(2003)는 온화, 중간, 또는 강한으로 특성 지워진 20개의 서로 다른 제재와 개입의 유형을 분류하였다.

온화한 제재 및 개입의 경우, 현재의 교사와 행정가들은 자신들이 소속한 학교의 낮은 성취를 인정하고 현재의 학교구조 내에서 새로운 프로그램을 이행하도록 요구된다. 온화한 개입 방안은 성취가 낮은 학교들을 확인하고, 다른 학교 또는 학구와의 비교 및 순위를 기록한 보고서를 출판하며, 직원들을 위한 전문성 신장의 권한위임 등을 포함한다. 온화한 제재 방안은 책무성 체제의 일반적인 양상이다. 예를 들어, 모든 주들은 학교에 학생 성취 및 다른 정보를 자세하게 기록한 보고서를 발간하도록 요구하며, 적어도 29개 주들은 학교를 등급화하거나 성취도가 낮은 학교를 공개하고 있다[Doherty and Skinner(2003), Goertz and Duffy(2001), Quality Counts(2006)].

중간적인 개입은 지분을 높이고 흔히 상당한 물질적 및 비물질적 비용과 관련된다. 이러한 프로그램은 통상적으로 동일한 교육자에 의해 수행되지만, 직원들은 기본적인 학교구조 및 과정에서 상당한 변화를 요구한다(Brady, 2003). 전형적으로 기존의 학교직원들이 자발적으로 참여하여 변화를 시도한다. 사회체제 모형에서 볼 때(**그림 3.1 참조**), 변화는 학교의 관리 및 조직, 풍토, 동기, 의사결정, 인사배치, 수업실제, 그리고 리더십을 향상하는 데 초점을 둔다. 예를 들어, 중간적 개입은 흔히 의사결정의 분권화 및 학교장, 교사, 학부모의 참여 증가 허용, 교사들이 학생들과 오랜 시간을 보내고 여러 교과를 가르치도록 하기 위해 학교 내에서 직원 배치를 비부서화로 변경, 또는 교사들이 2개 혹은 그 이상의 학년들을 가르쳐 동일한 학생들이 2년 이상 연속된 수업을 받도록 하는 방법들이 포함된다. 요약하면, 교육자들은 학생성취를 격려하기 위해 사전에 마련된 전체 학교개혁 모형을 포함한 광범위한 중간적 개입방안을 도출할 수 있다(**아래 참조**).

　강한 제재 및 개입은 실제로 고 부담 조치로서, 상당수의 인사이동 및 학교의 전환구조와 과정에서 광범위한 변화를 가져온다. Brady(2003)는 강한 개입은 논쟁이 되고 있고 준비가 어려우며, 그리고 상당한 정치적 비용이 수반되기 때문에 잘 시도되지 않는다고 지적한다. 강한 개입은 학교 재구성, 학교 및 학구의 인수 또는 폐쇄, 학교선택 옵션 제공, 그리고 기금 보류 등을 포함한다. 비록 강한 제재에 관한 연구가 한정되어 있지만, Betty Malen, Robert Croninger, Donna Muncey, 그리고 Donna Redmond-Jones(2002)는 대도시 학구의 재구성 방안은 예견된 결과를 이끌어 내지 못했다고 결론지었다. 이들은 재배치된 교사와 행정가들이 이전의 교사 및 행정가들보다 능력도 떨어지고 헌신도 부족하다는 것을 발견하였다. 재구성된 직원들은 친숙한 일상적인 과정을 복구하지 못하였으며 학교를 혼란에 빠뜨렸다. 재구성된 학교들은 재설계되지 않았으며, 그리고 학생들의 성취점수 향상도 미미하였다. Malen과 그 동기들의 연구결과는 강한 제재가 너무 미흡하게 적용되어진 이유를 설명해 주고 있다.

　주로 행동주의적 관점에 의하면, 개인 및 학교를 위한 일단의 긍정적 및 부정적 결과들은 기준지향 책무성 체제 속에 섞여 있다. 기준과 평가가 결합하여, 보상, 제재, 그리고 개입은 특히 성취결과에 관련하여 학생, 교사, 그리고 행정가들의 행동 및 태도에 영향을 미친다.

학교 효과성 및 책무성 향상

거의 모든 책무성 체제는 학교의 조직, 수업, 그리고 행정에서 다양하고 동시적이며 체계적인 변화를 요구하고 있다. 그림 3.1에서 설명한 바와 같이, 사회체제의 차원은 학교변화를 위한 지렛대 포인트 역할을 한다. 예를 들어 전문성 개발을 통한 개별 교육자들의 지식 및 동기 향상, 전문적 관료제를 위한 학교구조 변화, 참여적 의사결정 및 양방향 의사소통을 지닌 문화 및 풍토 조정, 새롭고 다양한 수업방법 및 교육 과정을 지닌 기술적 핵심의 업그레이드를 포함한다.

그러나 교육자들은 학교의 전환과정에 체계적이고 지속적인 개선을 이끌어 내거나 제한된 성취결과에 의해서 자신들의 성공을 측정하기 위한 어떠한 준비를 하거나 노력을 기울이지 않고 있다(Elmore, 2002a). 대부분의 교육자들은 이러한 전환과정을 이끌어 내고 주 평가에 관한 성공 측정을 어려운 과업으로 여기고 있지만, 변화와 결과를 성취하는 것은 위험한 지역에 살고 있는 불안정하고, 가난에 시달리는 가정의 자녀들이 다니는 학교들의 경우에 특히 문제가 된다.

너무 풍요로운 학구와 마찬가지로 이런 학구들은, 단순히 필요한 변화를 이끌어낼 수 있는 능력을 지니지 못할 수도 있다(Goertz, 2005). 학교가 변화를 위한 자신들의 능력을 증가하는 데 도움을 주고 이러한 도전에 부응하도록 하기 위하여, 다양한 방법들이 시도되었다. 이들 중 특히 가망이 있는 두 가지 방법은 전문성 신장과 학교전체 개혁이다.

① 전문성 신장(Professional Development)

기준지향 개혁을 통해 성공적인 학생성취 향상을 위해, 초기의 개혁가들은 교육자들이 다양한 전문성 신장 기회를 가져야 한다는 것을 인식하였다(Fuhrman, 1994). 예를 들어, 교사와 행정가들은 책무성의 요구조건들에 관한 이해를 얻고, 자신들의 교육내용과 교육방법에 관한 지식을 심화하며, 새로운 수업방법을 사용하는 방법을 알아야 할 것이다. 이러한 목표를 성취하기 위하여, 사전에 마련된 정보를 전달하는 틀에 박힌 일회의 현직연수 워크숍은 적절하지 않다.

효과적인 전문성 신장 프로그램의 주된 특성들에 관한 상당한 합의가 이루어졌다. National Staff Development Council(2001)은 실제를 안내하기 위하여 열두 가지의 상황, 과정, 그리고 내용 기준을 수립하였다. 기준들은 실제 및 연구에 기반을 두고, 협동적, 장기적이며, 수업개선을 목적으로 하고, 기준 및 평가와 연계한 전문성 신장 프로그램을 요구한다. Elmore(2002a)의 개념과 비슷하게, 이러한 전문성 신장 유형은 교사와 행정가들이 자신들의 실제와 성취를 향상하기 위한 지식 및 기술 또는 능력을 증가시키는 일련의 계속적인 활동이다. 기본적 전제는 학생의 학습은 교육자들의 기술과 지식의 향상을 통해 증진될 수 있다는 것이다.

연구와 최선의 실제로부터 도출된 바에 의해, Laura M. Desimone과 그 동료들(2002)은 전문성 신장 프로그램의 여섯 가지 핵심 특징들을 확인하였다. 세 가지 구조 요인들은 개혁 유형, 지속 기간, 그리고 집단의 참여이며, 세 가지 실질적 양상은 적극적인 학습, 일관성, 그리고 내용 중심이다. 이들은 두 가지 중요한 결과를 발견하였다. 첫째, 전문성 신장은 한 학교, 부서, 또는 한 학년으로 교사그룹 또는 집단이 한 단위로서 참여할 때 교사들의 교실 내 활동을 변화시키는데 있어 더 효과적이다. 둘째, 변화는 학생들의 학습 활동 재검토 및 수업에 관한 피드백 제공 같은 적극적인 학습기회를 통해 진전된다. William A. Firestone과 그의 동료들(2005)은 학구에서 핵심부서인사는 수업에 관한 전문성 신장의 영향을 결정하는 데 강력한 역할을 수행한다는 것을 발견하고서 이러한 결론에 덧붙였다. 학구 지도자들의 비전, 강조, 그리고 인적자원의 활용은 전문성 신장 프로그램의 일관성 및 핵심내용에 영향을 미치고 이어서 교사들이 심도 있는 교과지식을 개발하고 자신들의 수업실제에 영향을 끼치도록 하는 데 도움이 된다.

전반적으로, 잘 계획되고 잘 실행된 전문성 신장 프로그램들은 학교개혁에 상당한 가능성을 제시한다. 그러나 집중적이고, 장기적인 노력을 위한 자원을 확보하는 것과 학생들의 배우고자 기대하는 것을 교사들이 아는 것을 연결시키는 것은 어려운 과업이다. Fuhrman, Elmore, 그리고 Massell(1993)은 많은 정책결정자와 시민들은 전문성 신장을 학교를 개선하기 위한 강력한 방법으로 보기보다 교사와 행정가들을 위한 값비싼 부가급부로 본다고 설명한다.

또한, 그들의 효과성도 흔히 의문시된다. Hanushek(2005b)는 약간은 성공적이지만, 대다수의 전문성 신장 프로그램은 기대에 못 미치는 결과를 초래한다고 믿는다. 그럼에도, 새로운 책무성 모형은 교육자들에게 새로운 지식, 기술, 그리고 신념을 개발하도록 요구하며, 전문성 신장의 체계적인 프로그램을 통해 교실수업을 업그레이드 시키고 학생의 학습을 향상하기 위한 가장 직접적인 방법이 된다고 주장한다. 부가적으로, 전체 학교 개혁 모형의 개발자들은 전문성 신장의 중요성을 인식하고 일반적으로 이를 자신들의 모형에 반영하였다.

❷ 종합적 학교 개혁(Comprehensive School Reform)

이러한 방법들은 일반적으로 그들 나름의 적용과 사용을 위한 목표 및 기준안과 함께 통합된 독자적인 개혁 패키지를 종합적인 학교개혁에 제공하는 데 목적이 있다. 포괄적인 일련의 주제와 관련된 강조를 옹호하고, 실질적인 개선을 약속하기 때문에, 전체 학교개혁 모형은 상당한 인기를 얻고 있다. 미국 내의 수천 개 학교들이 100개 이상의 서로 다른 종합적인 학교개혁 모형을 실행하고 있으며, 그 수가 예상치 못한 비율로 증가하고 있다(Datnow er al., 2003). 다양한 의견 중에서, 폭넓게 수용되고 있는 모형은 Accelerated Schools, Coalition of Essential Schools, Core Knowledge, Direct Instruction, School Development Program, Success for All 등이 있다. 또한, '틀을 깨는' 학교 디자인을 위해 설립된 기업체가 주도하는 사설 비영리 법인인 New American Schools의 노력으로 Audrey Cohen College, CoNECT, Expeditionary Learning Outward Bound, Modern Red School House, 그리고 Roots & Wings와 같은 7개의 모형이 만들어졌다.

National Clearinghouse on Comprhensive School Reform과 Murphy와 Datnow(2003)의 아이디어를 토대로 하여, 이들 방법들은 일관되게 일련의 다섯 가지 행동 방식을 요구하고 있다.

- 체계적 방법으로 교수활동 및 수업, 전문성 신장, 학교조직 및 행정, 그리고 문화 같은 다양한 학교양상 변화
- 모든 학생들이 요구된 교과목을 학습하고 성취기순에 노날 할 수 있도록 하는 것
- 학업성취에 명백한 초점을 둔 통합된 변화계획 제공
- 교육자와 학부모들에 의한 장기적이고 협동적인 노력 촉진
- 학교의 모든 측면들(**투입, 전환, 그리고 산출**) 간의 연계 강화

이러한 아이디어들을 고려할 때, 종합적인 학교개혁 모형은 다양한 기업가들에 의해 개발되었고, 각 모형은 이들이 강조하는 기본적 행동들에서 실질적인 차이를 보이고 있다는 것을 인식할 필요가 있다. 예를 들어, Success for All과 Accelerated School은 수업에 대한 다소 처방적인 접근방법을 취한다. 또한, 일선 학교 수준에서 실행을 위해서는 다양한 상황에 맞게 조정이 요구된다. 따라서 실제로 동일한 모형을 학교에 적용하는 방법상에 차이를 기대할 수 있다.

프로그램 개발자와 실행자들은 자신들의 모형이 체계적인 개혁을 증진시킨다고 주장한다. 그러나 Smith와 O'Day(1991)의 공식화에 따르면, 종합적인 학교개혁 방안들은 일관성을 증가시키고 부서화를 감소시키며, 주 책무성 체제의 기준과 평가에 연계하고,

학업성취 향상에 초점을 두는 경우에만 체계적이다. 분명히, 모든 모형들이 Smith와 O'Day가 제시한 기준을 충족시키는 것은 아니다.

종합적인 학교개혁에 관해 언급할 때 중요한 문제는 다양한 모형들이 실제로 학교 효과성을 증진시켰는지, 만약 그렇다면, 가장 큰 증진을 이룬 모형은 어떤 것인지 이다. 상대적으로 최근에 급속하게 확대되어진 현상으로서, 다수의 질 높은 연구들이 이러한 문제에 언급하고 있지만 아주 제한되어 있고 그 결과가 분명하지 않다. Geoffery D. Borman과 그의 동료들(2002)에 의한 초기 연구는 시초의 긍정적인 지지를 제공한다. 이들은 종합적인 학교개혁 프로그램은 학생 성취에 관한 통계적으로 중요하고 유의미한 영향을 주고 있다고 결론을 내린다. 또한, 그 영향은 전통적인 Title I 같은 다른 개입 프로그램의 영향보다 분명히 더 크다. 흥미롭게도, 효과성 수준의 차이는 전문성 신장, 학생들의 학습에 대한 측정 가능한 목표, 학교의 모형 채택 여부에 대한 교직원의 투표, 그리고 혁신적인 교육 과정 교재 및 수업실제 등과 같은 높은 성취를 이끌 것이라고 제안자들에 의해 권유된 측면들에 의해서 설명되지 못하고 있다. 개입에 관한 개발자들의 기술적인 지원 및 프로그램의 비용만이 어느 정도 긍정적인 영향을 보이고 있으며, 적극적인 학부모 및 지역사회의 참여는 성취결과에 부정적인 관계를 보이고 있다. 학생 성취에 관한 모형의 영향은 다양하게 나타난다. Direct Instruction, School Development Program, 그리고 Success for All 등의 방안들이 가장 효과적이라는 증거가 제시되고 있다. 끝으로, 가장 큰 영향은 프로그램이 실행된지 6년 이상이 지나야 나타나며, 최대의 보상을 얻기 위해서는 장기적인 헌신이 요구된다.

두 가지 보다 최근의 연구들은 학생 성취에 관한 영향에서 낮은 지지를 보여준다. 종합적인 학교개혁 모형을 채택하고 있는 24개 학교와 24개의 통제학교에 대한 비교연구 결과에서 두 집단은 6년 이상 실질적인 성취도 향상을 보였지만, 두 집단 간의 차이는 뚜렷하지 않았다(Good, Burross, and McCaslin, 2005). 유사하게, 종합적인 학교 개혁 모형을 광범위하게 사용한 22개 학교에 대한 평가에서 비교적 성공적인 학교로 인정할 수 있는 학교는 단지 2개에 불과하였다. 두 가지 프로그램은 Direct Instruction과 Success for All 이다. 반대로, 프로그램들 중의 어떤 것도 학생성취에 부정적인 영향을 미친다는 뚜렷한 증거는 없다(American Institutes for Research, 2005).

종합적인 학교개혁 패키지는 아직도 인기를 얻고 있지만, Mark Berends, Susan

Bodilly, 그리고 Sheila Nataray Kirby(2002)는 너무 많은 사람들이 포함되고 너무 많은 측면들이 연계되어져야 하기 때문에 전체 학교를 변화시키는 것은 복잡하고 어려운 과업이라고 경고하고 있다. New American Schools 설계에 관한 연구에서, 이들은 초등학교에서, 교사들이 학생의 학습에 대해 높은 기대를 갖고 변화를 지지할 때, 소규모 학교에서 강력한 교장에 의해 운영되고, 외부 컨설턴트들이 분명하게 소통하고 유용한 도움을 제공하며, 안정적인 재정적 및 학구 차원의 리더십 지원이 가능할 때 대개 성공적인 실행이 된다는 것을 발견하였다.

종합적인 학교개혁 모형의 선정과 실행은 개혁론자들과 교육자들이 학교조직에 관해 서로 다른 가정을 하기 때문에 더 복잡해질 수 있다. Larry Cuban(1998)은 개혁론자들은 학교는 보다 합리적이며 요구조건 및 목표의 개입에 의한 행동과 타이트하게 결합된 조직으로 본다고 가정한다. 이와 반대로, 교육자들은 학교는 덜 합리적이고 조직 내의 개인들의 특성에 의해 형성된 행동과 타이트하게 결합된다고 생각한다. 이러한 상이한 가정으로 인해 개혁론자들과 교육자들은 잠재적인 개입 방안들을 평가하기 위해 상이한 기준을 선택한다고 Cuban은 주장한다. 체계적 또는 종합적인 학교 개혁 모형의 창시자들은 프로그램의 목표달성 효과성, 충실성(실행되는 **프로그램의 초기세획 빈영**), 그리고 **인기(얼마나 많은 학교들이 이 모형을 채택하고 있는가)** 등 세 가지 기준에 가치를 둔다.

이와 반대로, 교사들은 적응성 또는 충실성의 반대, 장기성을 소중하게 여긴다. 이러한 다섯 가지 기준을 사용하여 학교 효과성 운동을 조사하면서, Cuban은 적응성 및 장기성이 효과성 및 충실성보다 더 중요하다고 결론지었다. 학교가 효과적인 학교 혁신을 바꾸어 놓았다. 학교가 혁신을 변화시킬 수 없다면, 학교는 혁신하는 것을 그만둘 수도 있다. 종합적인 학교 개혁 프로그램을 실행하고 있는 13개 학교들에 대한 연구에서, Amanda Datnow(2005)는 3년 후, 단지 5개의 학교들만이 높은 강화수준으로 조정이 이루어졌음을 발견하였다. 체계적인 개혁 운동의 인기와 함께, 개혁가와 교육자의 조직에 대한 가정 및 선호하는 기준 간에 또 다른 갈등이 있음을 목격하게 된다.

결 론

조직 효과성은 이제 교육이론과 실제에서 핵심적인 역할을 맡고 있으며, 이들 개념에 대한 철저한 이해는 필수적이다. 사회체제관점에서 볼 때, 효과성은 하나가 아니라 환경으로부터의 투입 또는 자원, 학교조직의 전환 구성요소 간의 조화 및 질, 그리고 다른 자원 및 인센티브와 교환할 수 있는 실행 가능한 기준의 상대적인 달성도 등을 나타내는 척도로 구성된다. 이러한 복잡한 관점은 학교효과성을 성취결과의 측면에서 보는 것으로, 상당히 중요하긴 하지만, 충분하지는 않다. 이러한 결론은 조직 행동을 이해하기 위하여 체제 접근방법을 사용하는 사람들에게는 전혀 놀랄만한 일은 아니다. 결과는 단지 체제의 한 부분이다.

체제의 전환과정과 마찬가지로 투입은 학교의 질과 효과성 양쪽을 결정하는 데 동등한 파트너가 된다. 전형적으로 학교에 대한 책무성 체제는 학습을 위한 교과목 지식 및 기술을 확인하기 위한 기준을 포함하며, 시험은 기준이 학교개선방안에 부합되는지를 결정하고, 평가하기 위해, 그리고 현재의 목표달성 수준을 인식하고 미래의 노력을 동기화하기 위해 일련의 결과를 기준과 연계시켜준다. 이들과 교육 과정의 다른 요소들을 연계시킴으로써, 학교는 결과의 질과 양을 향상하는데 필요한 일관성과 방향을 제시할 수 있다. 그러나 교육실제에 관한 기준지향 책무성의 장기적 효과를 계획할 때 주의를 기울여야 할 것이다. 교육자와 학교들은 책무성 측정을 그들의 운영 속에 구체화하면서 환경으로부터의 제도적 및 과업 요구 간에 균형을 유지하는 여러 가지 방법을 발견할 것이다.

이러한 책무성 프로그램에 의해 제시된 요구를 충족하기 위해, 교육자들은 그들 학교의 성취결과를 향상하기 위한 방법을 모색하고 있다. 일부 학교들은 일회성의 전통적인 현직연수 워크숍을 폐지하고 강력한 장기적인 전문성 신장 프로그램을 실시하고 있다. 다른 학교들은 다양한 학교 구성요소들을 변화시키고, 모든 학생들의 학습을 가능하게 하며, 학업성취에 초점을 두고, 협동을 강화하며, 학교의 투입, 전환, 산출 간의 연결 관계를 강화하는 야심 찬 종합적인 학교개혁 모형을 채택하여 실행하고 있다. 비록 실행이 어렵지만, 이러한 접근방법은 학생의 학업성취를 향상할 가능성이 크다는 초기의 증거들이 제시되고 있다.

개방체제 관점 또한 의사결정, 의사소통, 동기화, 그리고 지도력 같은 행정과정의 최적화에 관해 큰 가치를 부여한다. 이러한 아이디어들은 체제적 및 전체 학교개혁 같은 현재의 학교개선 모형들과 일치하고 있다. 학교 지도자늘은 의사결성, 의사소통, 그리고 리더십과 같은 일련의 중요한 과정을 사용하여 학교의 질과 효과성을 증진시킬 수 있다. 이들은 학교의 질을 개발하는 데 도움이 된다면 교육자들이 효과적으로 채택해야만 하는 행정적 과정이다.

참고문헌

Adams, J. E., and Kirst, M. W. "New Demands and Concepts for Educational Accountability: Striving for Results in an Era of Excellence." In J. Murphy and K. S. Louis (Eds.), *Handbook of Research on Educational Administration* (2nd ed., pp. 463-89). San Francisco: Jossey-Bass, 1999.
Provides an insightful conceptualization of accountability systems.

Cameron, K. "Organizational Effectiveness: Its Demise and Re-emergence through Positive Organizational Schoarship." In K. G. Smith and M. A. Hitt (Eds.), *Great Minds in Management: The Process of Theory Development* (pp. 394-429). New York: Oxford University Press, 2005.
Traces the emergence, waning, and reemergence of the organization Effectiveness concept in the scholarly literarure.

Elmore, R. F. *Bridging the Gap between Standards and Achievement*. Washington, DC: Albert Shanker Institute, 2002.
Describes and analyzes the roles of professional development programs in standards-based reform mofels.

Malen, B., Croninger, R., Muncey, D., and Redmond-Jones, D. "Reconstituting Schools: Testing the Theory of Action." *Educational Evaluation and Policy Analysis*, 24(2), 2002, pp. 113-32.
Represents an exemplary study of school effevtiveness.

Mortimore, P. *The Road to Improvement: Reflections on School Effectiveness*. Liss: Swets and Zeitlinger, 1998.
Contains extensive information about school Effectiveness.

Murphy, J., and Datnow, A., (Eds.). *Leadership Lessons from Comprehensive School Reforms*. Thousand Oaks, CA: Corwin, 2003.
Discusses a number of models in considerable detail.

Purkey, S. C., and Smith, M. S., "Effective Schools: A Review." *Elementary School Journal*, 83 (1983), pp. 427-52.
Review of the literature that remains a "must read" for students interested in school Effectiveness.

Scheerens, J., and Bosker, R. *The Foundations of Educational Effectiveness*. Oxford: Permagon, 1997.

Contains extensive information about school Effectiveness.

Smith, M. S., and O'Day, J. A. "Systemic School Reform." In S. H. Fuhrman and B. Malen (Eds.), *The Politics of Curriculum and Testing* (pp. 233-67). London: Falmer, 1991.

Remains a fundamental source for understanding the roots of systemic reform.

Teddlie, C., and Reynolds, D. (Eds.). *The International handbook on School Effectiveness Research*. New York: Falmer, 2000.

Presents a comprehensive, in-depth, and comparative review of the school Effectiveness literature.

조직문화와 조직풍토

조직 속의 행동은 공식적 기대와 개인의 욕구 및 동기의 단순한 함수는 아니다. 이러한 요소들 사이의 관계는 역동적이다. 조직에 참여하는 구성원들은 다양하고 독특한 가치, 욕구, 목표, 그리고 신념을 가지고 조직에 참여한다. 이러한 개인적 특성들이 조직생활의 합리적 측면들을 조정한다. 더 나아가, 단순한 개인들의 집합체를 하나의 독특한 작업장의 "인성"으로 전환시키는 집단적 동일성이 나타난다.

이러한 작업장의 고유한 느낌은 '조직성격', '환경', '분위기', '이념', '풍토', '문화', '비상체제', 그리고 '비형식적 조직'을 포함한 다양한 이름으로 분석되고 연구되어져 왔다. 우리의 내적 작업환경의 분석은 두 가지 관련된 개념 즉 조직문화와 조직풍토에 초점을 맞출 것이다. 이러한 생각의 각각은 조직에 대한 자연적, 자발적, 인간적 측면을 제시해 주고, 조직 전체는 부분의 합 이상임을 시사해 주며, 조직 행동을 안내하는 공유된 의미와 성문화되지 않은 규칙을 밝히려고 시도한다.[4]

---

4 비공식적 조직은 사회적 구조와 작업집단 문화의 관점에서 조직의 특징을 서술하는 또 다른 개념이다.

조직문화

작업집단의 문화에 대한 관심은 새로운 것이 아니다. 우리가 살펴본바와 같이, 1930년대와 1940년대, Elton Mayo(1945)와 Chester Barnard(1938)는 비형식적 조직의 본질과 기능을 기술하면서 작업집단의 규범, 감정, 가치, 작업장에서 나타나는 상호작용의 중요성을 강조하였다. Philip Selznick(1957)은 조직을 단순한 합리적 조직으로서 보다 제도적 조직으로 봄으로써 조직생활에 관한 분석을 확대하였다. Selznick(1957, p. 14)에 따르면, "제도는 기술적 요구조건 이외의 가치가 부여되어있다." 이러한 가치의 부여는 조직에 독특한 정체성(ditinctive identity)을 형성하게 하고, 조직적 특성을 규정한다. Selznick(1957)은 다음과 같이 설명하고 있다.

개인이 기술자로서보다 한 인간으로서 조직이나 어떤 일을 하는 방식에 소속될 때, 그 결과는 자신을 위한 장치에 의해 알려진다. 헌신적인 사람의 견지에서 보면, 조직은 소모되는 도구에서 가치 있는 개인적 만족의 원천으로 바뀌게 된다. 제도화가 잘 이루어진 조직에서는, 독특한 견해, 습관, 그리고 다른 헌신들이 통합되고, 다양한 색깔의 조직생활 양상을 띠며, 형식적 조정과 명령에서 벗어나 사회적 통합을 이루게 된다(p. 14).

사실상, 독특한 능력과 조직특성을 지닌 제도로서 본 Selznick의 조직 공식화는 문화와 같은 현대적 조직분석을 위한 근거를 제공한다(Peters and Waterman, 1982).

조직문화는 조직에 관한 느낌, 감각, 분위기, 특성, 또는 이미지를 파악하려는 시도이다. 조직문화는 비공식조직, 규범, 가치, 이념, 그리고 신생체제 등과 같은 종전의 많은 생각들을 포함한다. '조직문화(organizational culture)'라는 용어의 유행은 1980년대에 나타난 성공적인 기업들에 관한 다수의 인기 있는 저서들 때문이다[Peters and Waterman(1982), Deal and Kennedy(1982), Ouchi(1981)]. 이들 모든 분석들의 기본적인 주제는 효과적인 조직은 강력하고 독특한 기업문화를 가지고 있으며, 조직문화를 형성하는 것이 경영리더십의 기본기능이라는 것이다.

■ 문화의 기능 및 공통요소

비록 한 가지 최상의 문화가 없다 하더라도, 강력한 문화는 응집력, 충성심 및 헌신감을 향상시켜주고, 구성원들이 조직을 떠나려는 성향을 감소시켜준다(Mowday, Porter, and Steers, 1982). 더 나아가, Robbins(1991)는 조직문화가 수행하는 몇 가지 중요한 기능을 다음과 같이 요약하고 있다.

- 문화는 경계를 짓는 기능을 한다. 즉 문화는 조직을 구별해 준다.
- 문화는 조직에 정체감을 제공해 준다.
- 문화는 집단에 대한 헌신의 발전을 촉진시킨다.
- 문화는 사회체제의 안정성을 증진시킨다.
- 문화는 조직을 하나로 묶어주는 사회적 접착제이다. 즉 문화는 적절한 행동기준을 제공한다.

문화는 조직구성원들의 태도와 행동을 안내하고 형성해 준다. 그러나 강력한 문화는 순기능적이거나 역기능적일 수 있다는 것, 말하자면 문화는 효과성을 촉진할 수도 저해할 수도 있다는 것을 기억하는 것이 중요하다. 어떠한 조직문화에서나 핵심에는 일련의 공유된 가치가 있다. 기업에 관한 여러 연구들[O'Reilly, Chatman, and Caldwell(1991), Chatman and Jehn(1994)]에서는 다음의 일곱 가지 주된 요소가 대부분의 조직문화를 형성하고 있다고 주장한다.

- 혁신: 종업원들에게 창조적이고 위험을 감수하도록 기대하는 정도
- 안정성: 활동들이 변화보다 현상유지에 초점을 두는 정도
- 세부적인 것에 대한 주의: 정확함과 세밀함에 대한 관심의 정도
- 결과지향성: 조직관리가 결과를 강조하는 정도
- 인간지향성: 관리적 의사결정이 개인들에게 민감한 정도
- 팀 지향성: 협동과 팀워크를 강조하는 정도
- 공격성: 종업원들이 안일하게 지내기보다 경쟁적이 되도록 기대하는 정도

대부분의 조직문화는 지배적인 가치를 묘사하기 위해 이러한 요소들을 사용하여 도식화할 수 있다. 그러나 Schein(1999)은 세 가지 점에서 주의를 환기시키고 있다.

- 문화는 피상적인 것이 아니고 깊게 잠재해 있는 것이다. 따라서 만약 문화를 조종할 수 있다고 생각한다면, 실패할 가능성이 크다.
- 문화는 조직의 일상생활에 관한 신념과 가정에 의해 형성되기 때문에 폭넓은 것이다. 따라서 문화의 해석은 상당히 도전적인 과제이다.
- 문화는 의미를 부여하고 생활을 예측가능하게 해주기 때문에 안정적인 것이다. 따라서 문화를 변화시킨다는 것은 상당히 어려운 것이다.

② 조직문화의 정의 및 수준

문화는 개념적으로 복잡하고 혼란스러운 용어이다. 인류학에서도 문화에 대한 완전

한 정의는 존재하지 않는다. 대신에, 우리는 수많은 다양한 정의를 발견한다. 그러므로, 조직문화에 관한 다양한 정의가 있다는 것이 결코 놀랄만한 일은 아니다. 아래 정의를 살펴보자.

- William Ouchi(1981, p. 41)는 조직문화를 '조직이 지닌 근본적인 가치와 신념을 조직 구성원에게 전달해주는 상징, 의식, 신화'라고 정의를 내린다.
- Henry Mintzberg(1989, p. 98)는 문화를 조직이념 혹은 '한 조직을 다른 조직과 구별하여 주고, 조직구조의 골격에다 어떤 생명을 불어넣는 조직의 전통과 신념'이라고 하였다.
- Edgar Schein(1992, 1999)은 문화는 조직이 성공적으로 지속되어질 때 공유되고 받아들여지는 '보다 깊은 수준의 기본적 가정, 가치, 그리고 신념'을 위해 보존되어져야 할 것이라고 주장한다.

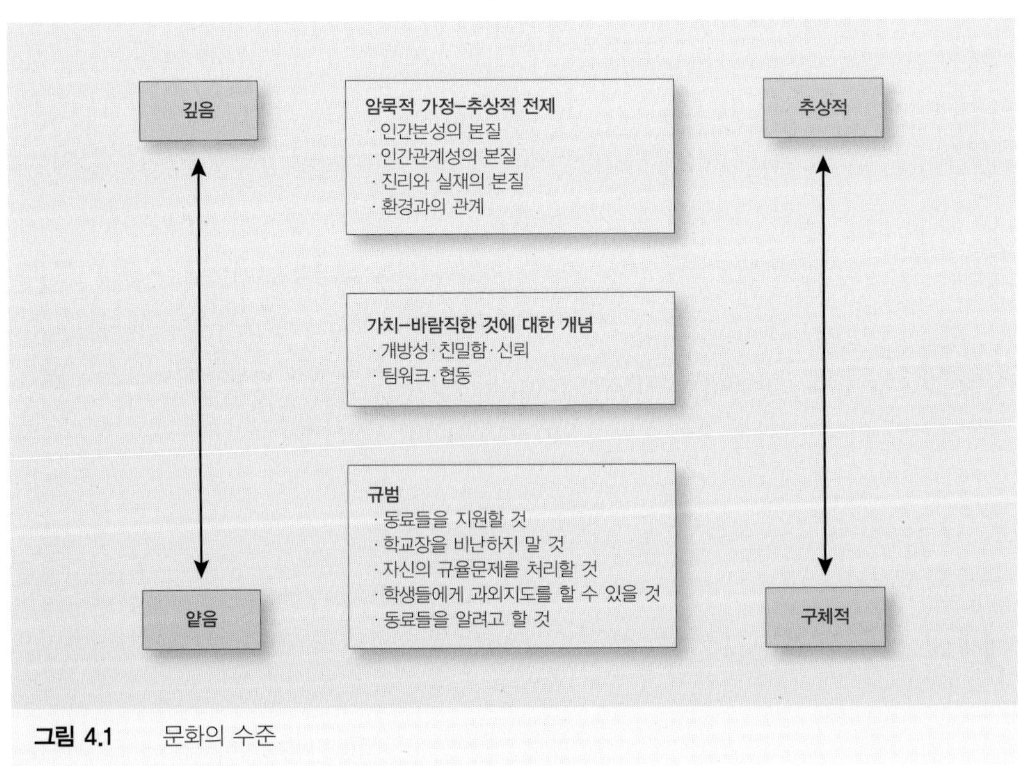

그림 4.1　　문화의 수준

조직문화의 일반적 정의는 조직을 하나로 통합시켜 주고 조직에 독특한 정체성을 부여해 주는 공유된 지향 체제이다. 그러나 공유되는 것 즉 규범, 가치, 철학, 관점, 신념, 기대, 태도, 신화, 혹은 의식에 관해 지속적으로 이견이 제기되고 있다. 다른 문제는 조직구성원의 공유된 지향의 강도를 결정하는 것이다. 조직은 기본적인 문화를 가지는가 또는 여러 가지 문화를 가지는가? 더구나, 조직문화가 의식적이고 명백한지 또는 무의식적이고 은밀한지의 정도에 관해서도 이견이 있다. 조직문화의 정의에 따른 제반문제들을 해결하기 위한 한 가지 방법은 문화를 서로 다른 수준에서 파악하는 것이다. 그림 4.1에서 설명하는 바와 같이, 문화는 규범, 공유된 가치, 그리고 기본적 가정 속에서 명백하게 나타나 있고, 이들 각각은 그 깊이와 추상성의 수준을 달리하고 있다.

❸ 공유된 규범으로서 문화

문화에 대한 꽤 구체적인 관점은, 어떤 이는 표면직인 것이라고 말하는 데, 행동규범이 문화의 기본적인 요소로서 사용되어질 때 나타난다(**그림 4.1 참조**).

규범(Norms)은 일반적으로 경험의 표면아래서 일어나는 성문화되지 않은 비형식적 기대이다. 규범은 직접적으로 행동에 영향을 미친다. 규범은 가치나 묵시적 가정보다 훨씬 더 가시적이다. 따라서 규범은 사람들이 조직생활의 문화적 양상을 이해하는 데 도움을 주기 위해 명백한 수단을 제공한다. 더 나아가, 만약 우리가 조직 행동을 변화시키는데 관심을 갖는다면, 그 문화의 규범을 알고 이해하는 것이 중요하다.

규범은 조직이 상징하는 것에 관한 가시적이고 설득력 있는 예를 제공하는 이야기와 의식을 통해 참여자들에게 전달된다. 때로는 사람들에 관한 이야기가 조직의 기본적 규범을 강화하기 위해 만들어진다. 학부모나 상급자들의 강한 압력에도 교사들의 지지를 받는 학교장은 학교문화에서 응집성과 충성심의 상징이 된다. 그 이야기는 신규교사에게 되풀이되어 전해진다. 교사들은 신속하게 '학교에서 있었던 일을 이야기하지 말라', '당신의 동료들을 지원하라', '당신의 교장을 지원하라.' 등의 규범을 배운다. 규범은 사람들의 옷 입는 방법과 이야기하는 방법, 참여자들이 권위, 갈등, 압력에 반응하는 방법, 자기의 흥미와 조직의 관심 사이에 균형을 유지하는 방법을 결정한다.

다음과 같은 것들이 규범 사례에 속한다.

- 배가 암초에 부딪히지 않게 하라.
- 학생이나 학부모 앞에서 다른 교사를 비난하지 마라.
- 모든 교사들은 넥타이를 매라.
- 훈육문제는 스스로 해결하라.
- 종이 치기 전에 학생들을 교실 밖으로 내보지 마라.
- 게시판을 자주 바꾸어라 등이다. 규범은 제재에 의해서 강화된다.
- 사람들이 조직규범에 순응하고 일치되는 행동을 하면 보상을 받고 격려되지만, 집단의 문화적 규범에 어긋나는 행동을 하면 배척받거나 처벌받는다.

요약하면, 작업집단의 규범은 조직문화의 중요한 한 단면을 결정한다.

1) 공유된 신념과 가치로서의 규범

추상성의 중간수준에서, 문화는 공유된 신념과 가치로서 정의된다. 가치는 바람직한 것인지에 대한 신념이다. 가치는 문화의 근본적인 가정을 반영하며, 분석의 다음 수준에 놓여있다. 가치는 흔히 구성원들이 조직에서 성공하기 위해서 해야 할 것으로 정의된다. 우리가 사람들에게 왜 그와 같은 방법으로 하고 있는지 설명해 달라고 요청한다면, 우리는 조직의 핵심적인 가치를 발견하기 위해 시작을 한 것이다. 공유된 가치는 조직의 기본적인 특성을 정의하며 조직에 정체성을 부여해준다. 만약 구성원들이 조직이 지지하는 것이 무엇인지를 알고 있다면, 어떤 기준을 지지해야할 것인지 알고 있다면, 이러한 기준을 지지하는 결정을 내리기가 더 쉬울 것이다. 그들은 또한 자신을 조직의 일부로서 느낄 것이고, 조직생활은 중요한 의미를 가질 것이다.

일본 기업의 성공에 관한 William Ouchi(1981)의 저서는 기업문화에 관한 최초의 현대적 분석 중의 하나이다. Ouchi는 일본과 미국에서 효과적인 기업의 성공은, 내적으

조직 특성	중핵가치
1. 장기적 고용 ────────────────────▶	조직적 헌신
2. 점진적인 승진비율 ──────────────▶	경력성향
3. 참여적 의사결정 ────────────────▶	협동과 팀워크
4. 집단 의사결정에 대한 개인적 책무성 ────▶	신뢰와 집단충성심
5. 전체적 성향 ──────────────────▶	평등주의

로 일관되고, 친밀함, 신뢰, 협동, 팀웍, 평등주의에 의해 특징지어지는 독특한 기업문화의 기능이라고 주장한다. 이러한 조직의 성공을 기술의 문제가 아니고 사람을 관리하는 문제로 보았다. 이러한 가치를 지닌 미국조직을 Z이론 문화라고 이름을 붙였다.

Z이론 조직은 이러한 독특한 문화(**표 4.1 참조**)를 촉진하는 몇 가지 속성을 지니고 있다. 장기고용기회는 종업원에게 안정감을 주고 조직에 대해 헌신하도록 하여 종업원들이 조직에 몰입하게 한다. 느린 승진과정은 종업원들로 하여금 서로 다른 기능을 수행하고 서로 다른 역할을 맡도록 힘으로써 폭넓은 경험과 다양한 직무경로를 거칠 수 있는 기회를 만들어준다. 이것은 기업 고유의 기술을 효과적으로 만들어주고 경력개발을 향상시켜 준다.

참여적이고 합의적인 의사결정은 협동과 팀워크, 그리고 공개적으로 의사소통되고 강화되는 가치를 필요로 한다. 집단 의사결정에 대한 개인적 책임감은 신뢰와 상호지원의 분위기를 만들어내는 것이다. 마지막으로, 전인적 인간(total person)에 대한 관심은 작업관계의 자연스런 부분이고, 그것은 비공식적인 경향이 있으며, 구성원의 작업역할뿐만 아니라 전체 인간을 강조한다. 이러한 전체적 시각은 형식적 위계에 의존하기보다 공동의 목표를 위해 협동적으로 일하는 강력한 평등주의 분위기 즉, 평등한 사회를 촉진시킨다. 그러므로 Z이론 조직은 친밀감, 신뢰, 협동, 그리고 평등주의의 기본가치를 촉진시키기 위해 구조화되고 운영된다. 이러한 문화의 핵심가치(core values)는 대부분의 조직 구성원에 의해 수락되고 공유되는 지배적인 가치이며, 이들 가치들은 실제적으로 조직 생활의 모든 측면에 영향을 미친다.

성공적인 기업에 관한 다른 연구들[Deal and Kennedy(1982), Peters and Waterman(1982)]은 효과성을 촉진시키는데 강력한 조직문화의 중요성을 강조하고 있다. Deal과 kennedy(1982)는 성공적인 조직은 다음과 같은 몇 가지 공통적인 문화특성을 공유한다고 주장한다.

- 광범위하게 공유된 조직철학
- 공식적 규범과 정책보다 개인들에 대한 관심을 더 중시
- 공통의 정체성을 확립하는 의례와 의식
- 비형식적 규율과 예외에 대한 충분한 이해
- 종업원들이 수행하는 것이 다른 사람들에게 중요하다는 신념

따라서 정보와 아이디어의 공유가 장려된다.

강력한 문화(strong cultures)속에서, 신념과 가치는 강하게 유지되고, 폭넓게 공유되며, 조직 행동을 이끌어간다. 일단의 특정가치들이 조직에서 수월성을 규정한다는 결론으로 비약하고 싶은 유혹을 느낄 수도 있겠지만, 그러나 그러한 시도는 정당화될 수 없는 것이다. 어제 수월성을 촉진했던 것이 반드시 오늘이나 내일의 수월성을 촉진하지는 않는다[Aupperle, Acar, and Booth(1986), Hitt and Ireland(1987)].

사실상, 강력한 문화는 조직의 문화가 새로운 제약조건에 적응하는 데 방해가 될 정도로 깊이 스며져 있을 수도 있기 때문에 급변의 시기에는 부담이 될 수 있다. Hanson(2003)은 문화와 효과성 간의 관계는 많은 면에서 구조와 효과성 간의 관계와 같다고 주장한다. 문화와 구조는 경직성, 갈등, 숨겨진 의제를 통해 체제를 침체시키거나 붕괴시킴으로써 조직성과를 훼손할 수 있다.

2) 암묵적 과정으로서의 문화

가장 깊은 수준에서, 문화는 암묵적 가정의 집단적 표명이다. 조직구성원들이 자신을 둘러싸고 있는 세계와 그 속에서의 자신의 위치에 대한 관점을 공유할 때 문화가 존재한다. 외적 적응과 내적 통합의 문제에 대처하는 것을 학습해 나갈 때 기본적 가정의

형태는 조직에 의해 고안되고, 발견되며, 발전된다. 이러한 형태는 타당하게 고려되도록 잘 작동하며 새로운 구성원에게 이러한 문제와 관련하여 인식하고, 생각하며, 느끼도록 가르쳐진다. 가정들은 반복적으로 작동하기 때문에, 당연한 것으로 여겨지는 지극히 기본적인 것이 되었고, 대항할 수도 없고 이의를 제기할 수도 없는 것이 되어버리는 경향이 있으며, 그로 인해 변화에 강하게 저항한다. 이러한 시각에서 볼 때, 조직문화를 이해하기 위한 핵심은 구성원들이 공유하는 암묵적 가정을 해석하고 그러한 가정들이 어떻게 문화적 형태나 패러다임 속에서 함께 결합되는지를 발견하는 데 있다.

암묵적 가정(Tacit assumptions)은 인간관계의 본질, 인간의 본성, 진리, 실재 및 환경에 관한 추상적 전제이다(Dyer, 1985). 예를 들면, 인간본성이 근본적으로 선한가? 악한가? 혹은 중간적인가? 궁극적으로 진리는 어떻게 결정되는가? 그것은 드러나는 것인가, 발견되는 것인가? 집단구성원 간의 관계는 어떻게 구성되어있는가? 위계적인가, 협동적인가, 개인주의적인가? 조직이 기본적 가정의 형태를 일관성 있게 발전시키고 명확히 표명할 때, 조직은 강력한 문화를 가지게 된다.

강하지만 대비되는 두 학교 문화를 살펴보자. 첫 번째 학교는 Schein(1985)에 의해 제시된 다음과 같은 가정에 근거하여 상력하고 독특한 문화를 기지고 있다.

- 진리는 궁극적으로 교사 자신으로부터 나온다.
- 교사들은 책임감 있고, 동기부여 되어 있으며, 스스로 통제할 수 있고, 학생들에게 최선의 이익이 되도록 의사결정을 한다.
- 진리는 종종 갈등을 일으키는 토론과 개방적 포럼을 통한 아이디어의 검증을 거쳐 결정된다.
- 교사들은 한 가족이다. 교사들은 서로 수용하고, 존중하며, 배려한다.

이와 같은 중핵적 가정들은 개인주의, 자율, 개방성, 전문주의, 지식의 권위와 같은 공유된 가치를 만들어낸다.

반대로, 두 번째 학교는 다음과 같은 가정에 따라 운영된다.

- 진리는 궁극적으로 경륜 있는 교사와 행정가들로부터 나온다.

- 대다수 교사들은 학교에 헌신하고 충성을 다 한다(그들은 **훌륭한 '사병들'이다**).
- 학교에서의 관계는 기본적으로 위계적이다.
- 교사들은 교실에서의 서로의 자율을 존중하고 명예롭게 생각한다.
- 교사들은 서로를 보살펴주는 한 가족이다.

이 학교에서 중핵적 가정은 자율과 영역에 대한 존중, 그리고 갈등회피 같은 가치를 만들어낸다.

사람들이 가치 있게 여기고 행동하는 이면에 내재하는 기본가정의 형태를 발견하는 어떠한 단순한 방법도 없다. Schein(1992, 1999)은 조직문화를 해석하기 위한 일련의 정교한 절차를 개발하였다. 그것은 인류학적 기법과 임상적 기법을 결합하고 있고, 그 조직에서 생활하고 그 조직문화를 구현하고 있는 연구자와 정보제공자 간의 일련의 대립과 공동탐구를 포함하는 접근방법이다. 공동탐구 노력은 항상 조직의 역사, 중요사건들, 조직구조, 신화, 전설, 이야기, 의식을 탐색하는 광범위한 자료수집활동을 포함한다. Schein(1992, 1999, 2004)은 암묵적 가정을 확인하기 위한 장치로서 설문지는 기껏해야, 집단구성원을 옹호하는 가치의 단지 일부만을 반영하기 때문에 사용을 꺼려하였다. 그러나 연구자들[O'Reilly, Chatman, and Caldwell(1991), Chatman and Jehn(1994), Cameron and Quinn(1999), Maslowski(2006)]은 공유된 문화의 가치를 평가하기 위하여 양적 도구 사용을 증가하고 있다.

❹ 학교문화의 성격

비록 조직문화가 교육을 분석하는 데 있어서 유행하는 구성개념이 되었다 할지라도, 학교문화에 관한 대다수 최근의 논의들은 실증적이라기보다 분석적이고 철학적이며, 수사적이다[Cusick(1987), Marion(2002)].

예를 들면, 효과적인 학교문화를 이상적으로 서술하기 위한 효과적인 학교연구들[Brookover et al.(1978), Rutter et al.(1979), Clark, Lotto, and Astuto(1984)]과 기업문화에 관한 연구

결과들[Ouchi(1981), Deal and Kennedy(1982), Peters and Waterman(1982)]을 사용하는 것은 그다지 어렵지 않다. 가령, Terrence Deal(1985)은 효과적인 학교는 다음과 같은 특징을 지닌 강력한 문화를 가지고 있다고 주장한다.

- 일을 수행하는 방법에 관한 공유된 가치와 합의
- 중핵가치를 구현하는 영웅으로서의 학교장
- 폭넓게 공유된 신념을 구현하는 독특한 의식
- 상황적인 영웅으로서의 교직원들
- 문화변용과 문화쇄신에 관한 의식
- 중핵가치를 고양하고 변형시키기 위한 의미 있는 의식들
- 혁신과 전통, 자율과 통제 간의 균형
- 문화적 의식에의 폭넓은 참여

학교를 효과적인 기관으로 변화시키는 중핵가치는 무엇인가? 학교는 학생들을 위한 것이다. 교수활동을 실험하라. 교수학습은 협동적인 과정이다. 학생들 가까이에 머물러라. 학문적 수월성을 추구하라. 높지만 현실적인 과업수행을 요구하라. 행동과 의사소통에서 개방적이 되라. 동료들을 신뢰하라. 전문가가 되라. 이러한 것은 중핵가치인가 아니면 공허한 슬로건인가? 만약 이러한 신념들이 강하게 공유되고 널리 형성된다면, 구호처럼 보이는 이러한 주제들이 강력한 학교문화를 규정할 수 있을 것이다. 불행하게도, 효과적인 학교의 제도적 문화를 직접적으로 조사한 체계적인 연구가 거의 없는 실정이다.

학교문화에 대한 인류학적, 사회학적 연구가 필요하다. 학교문화의 기본 가정과 공통된 가치들을 그려내기 위해서는 질적 연구에 대한 심층적 기술이 필요하다. 교육연구가들은 학교를 하나의 전체로 생각하고 그 실제, 신념, 다른 문화적 요소들이 사회생활에 어떤 의미를 주고 사회적 구조에 어떻게 관련되는지를 분석해야 한다. 문화를 이해하기 위해서, 사람들은 그들이 사는 세계에 의미를 부여하곤 하는 복잡한 상징 군(群)에 몰두해 봐야 한다.

William Firestone과 Bruce Wilson(1985)은 학교의 조직문화를 연구하기 위한 단초

를 제공하는 데 유용한 틀을 제공한다. 그들에 따르면, 학교문화의 분석은 그 내용, 문화의 표현, 주요한 의사소통 형태를 연구함으로써 이루어질 수 있다. 문화를 통해 표현되어진 상징들은 흔히 중요한 문화적 주제를 확인하는 데 도움이 된다. 세 가지 상징체제 즉, 이야기, 성상, 의식이 학교문화의 내용을 전달한다.

- 이야기(Stories)는 실제 사건에 근거하고 있는 설화지만, 흔히 진실과 허구가 결합되어 있다.
- 신화(Myths)는 사실에 의해 논증할 수 없지만 의심할 바 없는 신념을 전달하는 이야기이다.
- 전설(Legends)은 허구적인 설명으로 회자되고 다듬어진 이야기이다.

예를 들면, 학부모와 상급자로부터 위압적인 압력에도 교사들의 입장에 서있는 교장은 학교문화의 응집성과 충성심의 상징이 된다. 이 교장에 대한 이야기는 여러 차례 신규교사에게 회자되고, 해석되며, 아름답게 꾸며져 특별한 의미를 갖게 된다. 이야기는 흔히 조직을 집약한 조직의 영웅들에 관한 것이며, 조직의 중핵가치를 파악하는 통찰력을 제공한다. 성상과 의식도 또한 중요하다.

표 4.2 학교의식, 행사, 결과의 사례

유형	사례	가능한 결과
통과의례	교생실습 신입자에게 힘든 학습 점심시간의 임무 은퇴	새로운 역할로의 이행 촉진 사회화
강등의례	부정적 평가 공공연한 비난	권력 축소: 적절한 행위의 재확인
고양의례	집회에서 공인: 올해의 교사, 토론팀 챔피언 축구경기 우승	권력 증진: 적절한 보상 행위
통합의례	공휴일 파티 커피그룹 교사휴게실	집단을 결속시키는 공통 경험의 권장

- 성상(Icons)은 문화를 전달하기 위해 사용되는 물리적 가공물이다(**로고, 표어, 전승기념물**).
- 의식(Rituals)은 조직에서 무엇이 중요한지를 알려주는 일상적인 의례나 관례이다.

Janice Beyer와 Harrison Trice(1987)는 조직문화를 개발하고 지속시키기 위해 사용된 일상적 의식의 예로서 통과의례, 강등, 강화, 통합 등의 의식을 확인하고 있다. 표 4.2는 네 가지 의식에 대한 몇몇 학교의 사례와 그 결과가 제시되어 있다. 어떤 학교의 대부분의 학교문화는 인공물, 의식, 의례, 집회에 관련된 의식, 교직원 회합, 운동경기, 지역사회활동, 식당, 성적표, 상장과 트로피, 수업계획, 학교의 일반적 장식들로 구성될 수 있다.

비형식적 의사소통체제에 대한 조사 또한 학교의 문화적 분석에서 중요하다. 의사소통체제는 그 자체가 문화적 네트워크이다[Bantz(1993), Mohan(1993)]. Deal과 Kennedy(1982)가 관찰한 바와 같이, 이야기꾼, 스파이, 성직자, 음모를 꾸미는 사람, 소문을 퍼뜨리는 사람은 학교 내에서 조직의 기본적 가치를 전달하는 숨겨진 권력의 위계를 형성한다. 신화장소사(Mythmakers)도 조직신화를 만드는 비형식적 의사소통에 매우 효과적인 이야기꾼이다. 문화를 충분히 이해하는 데에는 신화의 확인뿐만 아니라 신화창조의 과정도 중요하다.

조직문화 연구는 흔히 은유를 사용하여 문화의 본질을 파악하려고 한다. 예를 들어, 학교문화를 기술하기 위하여 다음과 같은 은유를 사용하여 고찰하고 있다.

- 아카데미(The academy): 학교는 학습이 주가 되는 장소이고 교장은 숙련된 교사이자 학습자이다.
- 감옥(The prison): 학교는 통제와 규율이 필요한 학생들을 위한 보호기관이며 학교장은 감시자이다.
- 사교클럽(The club): 학교는 모든 사람들이 즐거운 시간을 보내는 사교클럽이며 학교 장은 그 클럽의 관리인이다.
- 공동체(The community): 학교는 사람들이 서로 배우고 지원하는 양육환경이며 학교장은 공동체의 지도자이다.

- 공장(The factory): 학교는 매우 잘 조율된 학생-기계를 만들어내는 생산라인이며 학교장 은 직장이다.

학교문화에 관한 연구

학교문화에 관한 문헌을 검토한 Firestone과 Louis(1999)에 의해 확인된 결론은 현대에는 학교문화에 관한 훌륭한 연구가 드물다는 것이다. 비록 기업문화에 대해 분석한 연구들이 많이 이루어지고 이러한 결과가 공립학교에 대한 추정에도 적용이 되어 왔지만 학교에서 이 결과를 직접적으로 검증한 교육적인 연구는 거의 이루어지지 않았다. 여러 가지 중요한 이론적이고 실제적인 문제들이 연구에서 언급되어져야 한다. Firestone과 Wilson(1985), 그리고 Deal(1985)에 의해 개발되어진 개념적 틀이 학교문화의 분석에 유용하다는 것을 제안하였다. 그러나 Bates(1987)는 그런 형식화는 조직문화를 관리적 문화와 동의어로 취급하고 있으며, 문화의 본질을 파악하는 데 너무 협소하다고 주장한다. 이러한 주장은 대부분의 학교들이 하나의 문화를 가지고 있는지 또는 다양한 하위문화를 가지고 있는지에 관한 보다 일반적인 문제를 야기한다. 학교들이 고유하고 통합된 문화를 가지고 있다고 기대하는 것은 사실이라기보다 희망사항이며, 쟁점은 궁극적으로 경험적이냐에 있다.

문화가 의도적으로 관리될 수 있는지 혹은 그렇게 되어야 하는지에 관한 문제는 뜨거운 논쟁거리가 될 것이다. 학교문화에 관한 대다수 초기 문헌은 학교변화와 개선을 지향하며, 문화를 이해하는 것은 학교를 보다 효과적으로 만드는데 필수조건이라고 생각하고 있다[Deal(1985), Metz(1986), Rossman, Corbett, and Firestone(1988), Deal and Peterson(1990)]. 문화변화의 성공과 그것이 조직효과성에 미치는 영향은 탐구할 가치가 있는 논제이다. 조직문화의 수준과 수가 문화변화의 과정에 영향을 준다고 주장하는 사람도 있다. 예를 들면, 규범의 변화는 공유된 가치나 암묵적 가정을 변화시키기가 보다 더 쉬울 것이다. 다른 사람들은 조직을 변화시키는 것은 어려우며 윤리적 딜레마를 내포하고 있다고 주장한다. 예를 들면, Schein(1985)은 조직문화의 대부분은 조직 구성원들이 불안에 대처하기 위하여 학습해 온 방법을 드러내는 것이라고 강력하게 주장한다. 따라서 문화를 변화시키기 위한 시도는 구성원에게 그들의 사회적 대응기제를 포기하라고 요청하는 것과 동등하다고 할 수 있다. Schein에게 있어서, 문화변화의 문제는 윤리적인 문제가 된다. 이와 유사한 맥락에서, Bates(1987)는 강력한 조직문화 지지자들은 관리자들을 위해서 문화적 분석을 수행한다고 주장한다. 관리자들을 위해 좋은 것이 반드시 근로자들을 위해 좋은 것이 아니라는 것이다(Hoy, 1990).

문화의 관점에서 학교분석은 학교에서 이루어지는 사회적 상호작용의 상징적 특성에 주의를 기울일 필요가 있다[Bolman and Deal(1997, 2003), Cunningham and Gresso(1993)]. 사실상, Lee Bolman과 Terrence Deal(2003)은 문화적 시각을 조직 고찰을 위한 '상징적 틀(symbolic frame)'이라고 한다. 상징적 틀은 조직과 행동의 특성에 관한 다음과 같은 비전통적 가정에 근거한다고 주장한다.

- 조직에서 발생하는 사건들에서 가장 중요한 것은 어떤 일이 발생했나가 아니고 그 사건이 무엇을 의미하나이다. 의미는 흔히 사실보다 더 중요하다.
- 그러나 사건은 사람들에 따라 다른 의미를 갖기 때문에 사건과 의미는 흔히 불명확하다. 개인들은 그들의 경험을 해석하는 데 있어 서로 다른 도식(schemas)을 사용한다. 의미는 파악하기 어렵고 때때로 공유되지 않는다.
- 사건은 전형적으로 모호하고 불확실하기 때문에, 무엇이 일어났는지, 그것이 왜 일어났는지, 그리고 다음에 무엇이 일어날 것인지를 알기 어렵고, 설명하기도 어렵다.
- 사건의 모호함과 불확실성이 크면 클수록, 조직분석에서 합리적 접근방법을 사용하는 것이 더 어려워진다. 합리성은 명백히 한계를 지닌다.
- 따라서 수많은 조직적 사건에 있어서, 그 중요성은 그 사건이 무엇을 만들어 냈느냐 하는 것보다 오히려 그 사건들이 무엇을 나타내고 있느냐에 의존한다. 세속적인 신화, 의식, 의례, 무용담은 사람들이 찾는 의미를 제공해준다.

조직문화에 관한 문헌으로부터 얻을 수 있는 하나의 결론은 분명하다. 그것은 학교조직에서 발생하는 많은 것들이 학교문화의 맥락에서 해석되어져야 한다는 것이다. 흔히 말해지거나 행해지는 것들이 상징적 의미만큼 중요하게 여겨지지는 않는다. Maslowski(2006)는 현존하는 학교문화 목록에 관한 중요한 비평을 제공해 준다.

우리는 네 종류의 학교문화를 탐구하는 것으로 문화 분석을 끝내려 한다. 각각의 문화는 학교에서 교사들이 공유한 신념을 기술한다. 효능감, 신뢰, 그리고 학문적 낙관주의의 강력한 문화를 지닌 학교는 높은 학생성취수준을 보이는 반면 보호감독적인 문화를 지닌 학교는 학생들의 사회 정서적 발달을 방해한다.

⑤ 효능감의 문화

교사와 행정가의 자격과 능력에 관한 공유된 신념은 학교문화의 중요한 부분이 된다. 집단적 교사 효능감(Collective teacher efficacy)은 전체로서의 교직원의 노력이 학생들에게 긍정적인 영향을 줄 것이라고, 한 학교 교사들이 공유하고 있는 인식이다. Bandura(1993, 1997)에 따르면, 조직적 시각에서 볼 때 집단적 효능감은 학교가 학생성취에 미치는 상이한 효과를 설명하는 데 도움이 되기 때문에 중요한 학교자산이 된다. 집단적 수준에서, 효능감의 문화는 학교에 고유한 정체성을 부여하고 그것의 사용으로 고갈되기보다 오히려 강화되는 일련의 신념 혹은 사회적 인식이다.

1) 집단적 효능감의 근원

개인과 마찬가지로 조직도 학습한다(Cohen and Sproull, 1996). 사실상, 조직은 개인의 학습과 유사한 과정을 거친다(Cook and Yanon, 1996). 학교들은 그들의 교육목적을 추구하기 위해 유목적적으로 움직인다. 예를 들면, 한 학교는 학생성적을 높이기 위해 운영되는가 하면, 반면에 다른 학교는 학부모의 참여 비율과 질을 높이기 위해 운영된다. 조직기능은 개개 구성원의 지식, 대리학습, 자기반성, 자기조절에 의존한다. 예를 들어, 이웃 학구에서 효과를 본 교육 과정 개혁을 시도함으로써 뒤떨어진 성적에 대응하는 학교는 조직구성원들의 대리학습에 의해 알려진 자기조절과정에 들어간 것이라 할 수 있다. 조직은 개인을 통해서 활동한다는 것을 인정하지 않을 수 없다 할지라도 이런 사례는 조직수준에서 대리학습과 자기조절의 중요성을 보여주는 것이다. 앞에서 본 바와 같이, 자기효능감 정보의 네 가지 주된 원천은 숙련경험, 대리경험, 사회적 설득, 정서적 자극이다. 이러한 근원들이 개인에게 중요한 것과 마찬가지로, 이것들은 또한 집단적 교수 효능감의 개발에도 토대가 된다.

숙련경험은 조직을 위해서도 중요하다. 교사들은 한 집단으로서 성공과 실패를 경험한다. 성공은 교직원의 집단적 효능감에 강한 신념을 형성해주며, 실패는 효능감을 훼손한다. 그러나 성공이 빈번하고 너무 쉽다면, 실패는 좌절을 낳을 수도 있다. 탄력적인 집단효능감은 지속적인 노력을 통해 난관을 극복할 수 있는 경험을 요구한다. 사실상, 조직은 경험에 의해 학습하며, 그를 통해 조직의 목표달성에 성공할 수 있을 것이다 [Huber(1996), Levitt and March(1996)].

집단적 경험만이 집단적 교사효능감에 관한 유일한 정보원은 아니다. 교사들은 다른 학교의 성공담뿐만 아니라 동료들의 성취에 관한 이야기를 듣는다. 유사하게, 효과적인 학교에 관한 연구들은 모범적인 학교들의 특징을 기술하고 있다. 대리경험(vicarious experiencd)과 모델링(modeling)이 교사 개개인의 효능감의 원천이 되듯이, 이것들은 또한 집단적인 교사효능감을 촉진시킨다. 조직은 다른 조직을 관찰함으로써 학습한다(Huber, 1996).

언어적 설득은 교사들 자신이 주구하는 것을 싱취힐 수 있는 능력을 지니고 있다는 교사들의 확신을 강화시켜주는 또 다른 수단이다. 교사들은 대화, 워크숍, 전문적 개발활동, 성취에 관한 피드백 등에 의해 변할 수 있다. 사실상, 교사집단의 응집력이 크면 클수록, 전체로서의 이 집단은 건전한 토론에 의해 설득될 수 있다. 그러나 언어적 설득 하나만으로 강력한 변화 동인(agent)이 되지 못하고, 성공의 모형과 긍정적이고 직접적인 경험이 동반될 때, 언어적 설득은 집단적인 효능감에 영향을 미칠 수 있다. 설득은 문제해결을 이끌어가는 초과노력과 지속성을 촉진할 수 있다.

조직은 정서적인 상태(affective states)를 지니고 있다. 개인들이 스트레스에 대응하는 것처럼 조직도 마찬가지이다. 효과적인 조직은 압력과 위기를 극복하고 계속해서 효과적으로 기능하게 한다. 사실상, 효과적인 조직은 파괴적인 세력에 어떻게 적응하고 대처할지를 배운다. 효과적이지 못한 조직은 그런 문제에 봉착했을 때 역기능적 방법으로 반응하고 이것은 자주 실패에 대한 기본성향을 강화시켜준다. 이러한 조직은 자극을 잘못 해석하여 때로는 과잉반응을 하고 또 어떤 때는 과소반응을 하거나 전혀 반응을 하지 않기도 한다. 조직의 정서적 상태는 조직이 도전을 해석하는 방법과 관련이 크다.

2) 집단적 효능감의 형성

비록 이들 네 가지 정보원이 집단효능감을 만들어내는데 중추적인 역할을 하지만, 중요한 것은 정보의 처리와 해석이다. 교사들은 교수활동을 할 때 무엇이 필요한지를 평가한다. 우리는 이러한 과정을 교수과업 분석이라고 부른다. 그런 분석은 개인과 학교 두 가지 수준에서 이루어진다. 학교 수준에서, 분석은 학교가 성공적이려면 무엇을 할 것인가 하는 해당 학교의 교수활동에 대한 도전들을 추론하게 한다. 고려사항에는 학교와 학생들의 가정이 처해 있는 부정적 상황에 대처하기 위한 학교의 능력에 관한 일반적인 낙관주의뿐만 아니라, 학생들의 능력과 동기, 이용 가능한 수업자료, 지역사회의 제약, 학교의 물리적 시설의 질 등이 포함된다. 교사들은 학교를 성공적으로 만드는데 필요한 수단, 극복해야할 장애나 한계, 이용 가능한 자원들을 분석한다. 그 외에 교사들은 자신들의 교수능력 평가와 관련하여 교수과업을 평가한다. 사실상, 교사들은 그들의 특정학교에서 교수과업에 비추어서 동료의 교수능력을 명백하게 판단한다. 학교 수준에서, 교수능력의 분석은 교사들의 수업기술, 방법, 훈련, 전문적 지식 등에 관하여 추론하게 한다. 교수능력에 대한 판단은 그 학교 모든 학생들의 능력에 대한 교사들의 신념을 포함할 수 있다. 과업과 능력의 분석은 동시에 일어나기 때문에, 이 두 영역의 집단적 교수 효능감을 구분하기는 어려운 일이다. 그 두 영역은 집단적 교수 효능감이 나타나면서 서로 상호작용한다.

요약하면, 집단적 교사 효능감에 관한 주된 영향은 숙련경험, 대리경험, 사회적 설득, 정서적 상태 등 네 가지 정보원에 대한 분석과 해석으로 생각된다. 이러한 과정에서, 조직은 교수과업과 교수능력이라는 두 가지 관련된 영역에 관심을 집중한다. 이 두 영역은 조직이 학생들을 성공적으로 가르칠 수 있는 능력을 가지고 있느냐는 관점에서 평가한다. 이 평가들의 상호작용은 한 학교 교사들의 집단적 교사 효능감을 형성하게 한다. 높은 집단적 교사효능감은 더 나은 성취를 이루어낼 도전적인 목표의 수용, 강력한 조직적 노력, 지속성을 가져올 것이다. 물론, 그 반대의 상황도 있다. 낮은 집단효능감은 적은 노력, 포기하는 성향, 낮은 수준의 성취를 가져올 것이다. 집단적인 교사 효능감의 과정과 구성요소는 개인적 교사 효능감과 유사하며, 그림 4.2에 설명되어있다. 그림 4.2에서 보는 바와 같이, 과업수행의 숙련은 조직에 피드백을 제공해주고, 나아가 학교의 집단적인 교사 효능감을 형성하게 해주는 새로운 정보가 된다. 그러나 교수과업과

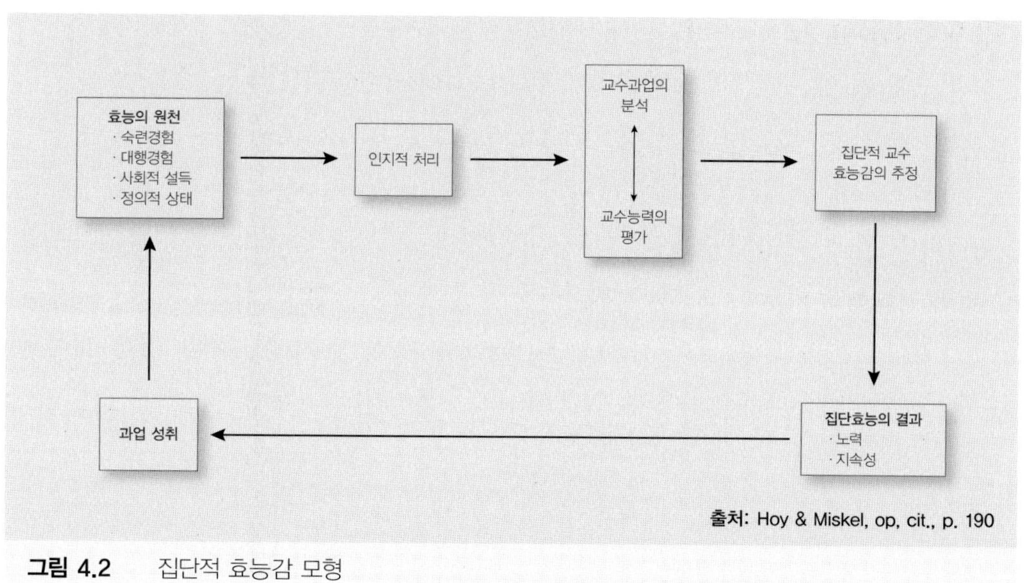

그림 4.2　　집단적 효능감 모형

교수능력에 관한 신념은 어떤 극적인 사건이 일어나지 않는 한 쉽게 변화되지 않는 데, 그 이유는 한번 설정된 학교의 효능감 문화는 변화를 시키려면 지속적인 노력이 요구되기 때문에 비교적 안정적인 성향을 지닌다. Goddard와 그의 동료들[Goddard, Hoy, and Woolfolk Hoy(2000), Goddard(2002a)]이 학교의 집단 효능감을 측정하기 위한 몇 가지 타당하고 신뢰할 수 있는 도구를 개발하였기 때문에 집단적 학교 효능감을 묘사하기가 비교적 쉬워졌다. 집단적 효능감 척도(CE Scale)에 관한 정보, 그 속성, 채점방식 등은 www.coe.ohio.state.edu/whoy에서 구할 수 있다.

집단적 효능감 : 연구결과

학생성취에 있어서 집단적 효능감의 중요성과 모형에 대한 연구지원은 제한되어있지만 계속해서 이루어지고 있다. 집단적 교사 효능감과 학생성취에 관한 효시적인 연구에서, Bandura(1993)는 두 가지의 중요한 연구결과를 밝혀냈다.

① 학생성취(학교 수준에서 수집된)는 집단적 효능감에 유의미하고 긍정적으로 관련된다.

② 집단적 효능감은 학생의 사회경제적 지위(학교 수준에서 수집된)보다 학생성취에 더 큰 영향을 미친다.

이러한 결과는 후속연구에 의해 지지되어왔다. Roger Goddard와 그의 동료들(Goddard, Hoy, and Woolfolk Hoy, 2000, 2004)의 연구결과도 이모형에 대해 강력한 지지를 하고 있으며, 높은 학생성취를 촉진하는 데 집단적 교사 효능감이 유의미함을 다시 한 번 확인시켜주었다. 후속연구에서, 집단 효능감은 심지어 사회경제적 지위에 대한 통제가 이루어진 경우에도 학생성취 향상에 긍정적인 힘을 지닌다는 것이 초등학교와 고등학교를 대상으로 한 연구결과에서도 일관성 있게 지지되었다[Goddard, Hoy, and Woolfolk Hoy(2000), Goddard, Sweetland, and Hoy(2000), Goddard(2001), Goddard(2002b), Hoy, Sweetland, and Smith(2002), Hoy, Smith, and Sweetland(2002a), Goddard, Hoy, and LoGerfo(2003), Goddard, LoGerfo, and Hoy(2004)].

요약하면, 강력한 효능감의 학교문화는 부분적으로 도전적인 목표수용, 강력한 조직적 노력, 그리고 더 나은 업무수행으로의 지속성을 이끌어 주기 때문에 높은 학생성취를 촉진하는 것 같다. Bandura(1997)는 학교가 교사들에게 공공책무성, 학생성취에 대한 공유된 책임, 작업환경에 대한 최소한의 통제력 같은 것들을 포함하는 일련의 독특한 도전들을 제공하기 때문에 높은 수준의 집단적 교사 효능감을 개발하는 과업이 어렵기는 하지만 가능한 일이라고 하였다.

🖢 신뢰의 문화

학교문화에 대한 또 다른 관점은 교사신뢰 즉 교사들의 집단적인 공유된 신념으로 서술되어질 수 있다. 신뢰는 어떤 면에서 공기와 같다. 필요한 것이지만 공기가 없어질 때까지는 아무도 공기에 대해 생각하지 않는다. 학교에서 신뢰는 협동을 촉진하기 때문에 중요하다(Tschannen-Moran, 2001). 신뢰는 개방성을 증진시키고(Hoffman, Sabo, Bliss, and Hoy, 1994). 신뢰는 집단 응집력을 향상하고(Zand, 1997), 그리고 학생성취를 높여준다[Goddard, Tschannen-Moran, and Hoy(2001), Hoy(2002), Bryk and Schneider(2002), Tschannen-Moran(2004), Cybulski, Hoy, and Sweetland(2005)]. 누구나 신뢰하고 신뢰받기를 원한다. 그러나 신뢰는 여러 가지를 의미한다.

신뢰관계는 상호의존성에 의해 형성된다. 한 사람의 이익은 다른 사람에게 의존하지 않고는 성취될 수 없다(Rousseau, Sitkin, Burt, and Camerer, 1998). 놀랄 것 없이, 높은 수준의 상호의존성 때문에 학교의 많은 사회적 관계 속에 신뢰의 필요성이 존재한다. 예를 들면, 교사들은 교장에게 의존하지만 교장 또한 교사들에게 의존하며, 교사와 학생 그리고 교사와 학부모에게도 이와 똑같은 말을 할 수 있다. 그러나 하나의 관계 속에서 상호의존성은 전형적으로 신뢰의 공통적인 특징인 취약성을 만들어낸다[Baier(1986), Bigley and Pearce(1998), Coleman(1990), Mayer, Davis, and Schoorman(1995), Mishra(1996)]. 개인들은 직관적으로 신뢰한다는 것이 무엇인지를 안다—그것은 다른 사람들이 당신에게 해를 끼치는 행동을 하지 않을 것이라는 믿음을 가짐으로써 스스로 다른 사람으로부터 취약하게 만든다는 것을 의미한다—그러나 신뢰는 여러 얼굴을 가진 복잡한 것이다.

취약성외에, 신뢰에는 다섯 가지의 공통된 측면이 있으며 그것은 자비심, 신뢰싱, 능력, 정직성, 개방성이다[Hoy and Tschannen-Moran(1999), Hoy and Tschannen-Moran(2003), Tschannen-Moran and Hoy(2000), Tschannen-Moran(2004)]. 학교에서의 교직원 신뢰에 관한 연구(Hoy and Tschannen-Moran, 2003)는 이러한 신뢰의 모든 측면이 다양하고 신뢰에 대한 일관된 생각을 형성한다고 밝혔다. 다시 말하면, 교직원들이 교장에 대해 높은 수준의 신뢰를 가질 때, 교직원들은 학교장이 교사와의 상호작용에 있어서 자비심, 신뢰성, 능력, 정직성, 개방성을 지닌다고 믿는다. 따라서 교직원 신뢰(faculty trust)는 다른 사람들이 자비심, 신뢰성, 능력, 정직성, 개방성을 지닌다는 믿음에 근거하여 다른 사람에게 기꺼이 취약해지려는 교사들의 의지이다.

신뢰는 관계성 속에서 구현되고 다른 사람과의 관계에 의해서 구체화된다. 교직원 신뢰의 네 가지 관계 항은 학교에서 조직신뢰문화를 서술하는 데 특히 흥미롭다. 교직원들이 학생, 교장, 학부모, 그리고 서로를 신뢰하는 정도는 일반적 학교신뢰를 기술하는 기초가 된다. 그러나 실제로 교사들은 학생을 신뢰하는 것과 학부모를 신뢰하는 것을 구별하지 않는다. 학생을 신뢰한다는 것은 학부모를 신뢰하는 것과 마찬가지이며, 그

반대도 마찬가지이다(Hoy and Tschannen-Moran, 2003). 따라서 신뢰의 문화는 교직원들이 학생과 학부모, 교장, 그리고 동료들을 신뢰하는 정도를 조사함으로써 파악될 수 있다.

이러한 신뢰의 세 가지 관계 항은 한 가지 관계 항이 다른 관계 항에 여파를 미치므로 서로 적절하고 긍정적으로 관련되지만, 그러나 교사들이 교장과 동료들을 높이 신뢰하지만 학생과 학부모를 신뢰하지 않거나 또는 동료교사는 신뢰하지만 교장은 신뢰하지 않는 것도 가능하다. 그럼에도, 교장, 동료교사, 학생과 학부모에 대한 교사신뢰조사표에 의해 학교에 대한 좋은 집합적 신뢰도를 얻는 것이 가능하다.

학교에서 **신뢰문화**(culture of trust)의 원형은 세 가지 관계 항에 대한 교직원의 신뢰가 높은 문화이다. 첫째, 교사들은 교장을 신뢰한다. 교직원들은 교장이 일관되게 교직원들의 이익을 위하여 일하며, 개방적이고, 정직하며, 유능하다고 믿는다. 더 나아가, 교직원들은 또한 그들의 동료교사들을 유능하고, 개방적이고, 정직하며, 서로의 상호작용에서 진실하다고 믿는다. 교사들은 서로 의지하는 것을 배워왔고, 어려운 상황에서도 그들의 동료교사들이 신뢰를 저버리지 않을 것이라고 믿는다. 마지막으로, 전체교사들이 학생과 학부모를 신뢰한다. 교사들은 학생들이 유능한 학습자라고 믿는다. 교사들은 학부모와 학생들이 말해주는 것을 믿는다. 교사들은 자신들이 일관되게 학부모와 학생들에게 의지할 수 있다고 믿는다. 그리고 교사들은 학부모와 학생들이 정직하고, 개방적이며, 진실하다고 믿는다. 요약하면, 학교에서 강력한 조직신뢰의 문화는 교직원들이 교장을 신뢰하고, 교사들이 서로 신뢰하며, 교직원들이 학생과 학부모를 신뢰하는, 모든 집단이 함께 일하는 문화이다.

학교에서의 교직원 신뢰는 교직원에 대한 일괄적인 T측정을 통해서 파악될 수 있다. 초등학교, 중·고등학교에 사용될 수 있는 26개 문항으로 된 이 도구는 신뢰의 세 가지 관계 항 즉 학교장, 동료교사, 학생과 학부모에 대한 교사신뢰를 측정한다. 이 도구의 세 가지 하위검사의 각각은 위에서 논의한 신뢰의 모든 측면에 대한 교직원 신뢰를 측정한다. 더 나아가, 각 측정도구는 높은 신뢰도와 높은 구성 및 예측타당도가 있음이 입증되었다(Hoy and Tschannen-Moran, 2003). 전체 T측정은 www.coe.ohio.state.edu/whoy에서 구할 수 있으며, Hoy와 Tschannen-Moran(2003)은 이 도구의 개발과 검증에 관한 기술적 해설집을 발간하였다.

교사신뢰 : 연구증거

신뢰는 학교를 포함한 많은 조직에서 관계성의 중요한 측면으로 여겨져 왔다. 40여 년 전, Rensis Likert(1967)는 신뢰가 조직생활의 상호작용—영향 과정에서 중요한 요소라는 것을 발견하였다. 보다 최근에 Thomas Sergiovanni(1992)는 신뢰는 학교장의 도덕적 리더십에 필수불가결한 것이라고 주장하였으며, Wayne Hoy와 그의 동료들 [Hoy, Tarte, and Kottkamp(1991), Hoy and Sabo(1998), Hoy, Smith, and Sweetland(2002b), Tarter and Hoy(2004)]은 초등과 중등 교장의 리더십 노력에서 신뢰의 중요성을 지지하는 연구를 발표하였다. 그와 유사한 다른 현대의 조직학자들[Bennis(1989), Ouchi(1981), Zand(1997)]은 신뢰는 다양한 조직상황에서 성공적인 리더십의 기본적인 특징이라고 비슷한 결론을 지었다. 참여자들이 그들의 지도자를 신뢰하는 정도가 참여자들의 지식과 헌신에 지도자가 얼마나 많이 접근할 수 있느냐 하는 정도를 결정한다(Zand, 1997). 지도자에게 주어진 도전은 명백하다. 그것은 하급자들의 충성심과 신뢰를 얻는 것이다. 만약 학교에서의 관계성이 개방적이고 건강하다면, 우리가 보아왔듯이, 교사들은 지도자뿐만 아니라 그들의 동료와 학생 그리고 학부모를 신뢰해야만 한다.

최근의 증거들[Hoy, Smith and Sweetland(2002a), Geist and Hoy(2003, 2004)]에 따르면, 교장에 대한 교직원의 신뢰를 증진시키는 요소는 동료교사들을 신뢰하게 되는 요소들과는 다르며, 학부모와 학생들을 신뢰하게 하는 요소들과도 다르다. 교장에 대한 교직원의 신뢰는 배려적이고, 지원적이며, 동료적인 행동에 의해 구축된다. 동료에 대한 교직원의 신뢰는 교장에 의해 형성되는 것이 아니라 동료들에게 전문적이고 지원적으로 행동하며 서로 간에 연대감과 친근감을 개발하는 교사들에 의해 만들어진다. 부모와 학생에 대한 교직원 신뢰는 학교의 학문지향성 기능에 의해 형성된다. 교직원이 학문적 수월성과 성취를 추구할 때, 이에 상응하여 학생과 학부모에 대한 교사신뢰를 강조하게 된다. 따라서 학부모와 학생에 대한 교직원 신뢰는 학교에서 학문적 강조를 위해 필요한 조건이며, 역으로, 학교에서 학문적 강조는 학부모와 학생에 대한 교직원 신뢰를 향상시킨다.

가장 유용한 연구결과의 하나는 학생과 학부모에 대한 교직원 신뢰와 학생성취 간의 강한 관련성이다. 여러 연구들은 심지어 학교의 사회경제적 지위에 대한 통제를 한 후에도 신뢰와 학생성취 간에 유의미한 관계가 있음을 밝혔다[Bryk and Schneider(2002),

Goddard, Tschannen-Moran, and Hoy(2001), Hoy(2002)]. 이러한 증거들은 교사, 학부모, 학생 간의 신뢰관계를 변화시키는 것이 쉬운 일은 아니지만, 학부모의 사회경제적 지위를 변화시키는 것보다 훨씬 더 다루기 쉬운 것이기 때문에 중요한 발견들이다.

⑦ 학문적 낙관주의 문화

학교문화를 개념화하기 위한 또 다른 방법은 교장과 교사들의 집합적 낙관주의에 대한 것이다. 이런 낙관주의는 효능감, 교직원 신뢰, 그리고 학교의 학문적 강조에 관한 기능이다. 이 세 가지 집합적 특성은 본질이나 기능에서 비슷할 뿐만 아니라 학생성취에 강력하고 긍정적인 영향을 미친다. 사실상, 세 가지 특성은 긍정적인 학교환경을 창조하기 위한 통합된 형태 속에서 함께 작용하며 학문적 낙관주의(academic optimism)라고 부른다[Hoy, Tarter, and Woolfolk Hoy(2006a, 2006b), McGuigan and Hoy, in press/Smith and Hoy(2006)].

많은 개념들이 낙관주의를 인지적 특성으로서 다룬다[Peterson(2000), Snyder et al.(2002)]. 그러나 현재의 학문적 낙관주의의 개념은 인지적, 정서적, 행동적 구성요소를 포함한다. 집합적 효능감은 어떤 집단의 신념이다. 그것은 인지적이다. 학부모와 교사들에 대한 교직원 신뢰는 학교의 정서적인 반응이고, 학문적 강조는 효능감과 신뢰의 행동적 조항이다.

학문적 낙관주의(Academic optimism)는 효능감과 신뢰가 학문적 강조에 결합된 무엇보다 중요한 주제로서 풍요로운 인간작용의 모습이 그려지는 학교에서의 힘과 능력에 관한 집합적 신념의 형태이다. 이런 신념을 고취시키는 학교문화 조성이 가능하다. 효능감은 교직원들이 학생의 학습에서 어떤 긍정적인 차이를 만들 수 있다는 신념을 제공한다. 교사들 스스로를 믿는다. 학생과 학부모에 대한 교직원 신뢰는 교사, 학부모, 그리고 학생들이 학습을 향상하기 위해 협력할 수 있다는 믿음을 반영한다. 교직원들은 학생들을 믿는다. 학문적 강조는 이러한 신념에 의해 자극받은 규정된 행동이며, 교직원들은 학생들의 학문적 성취에 초점을 둔다. 따라서 높은 학문적 낙관주의를 지닌 학교

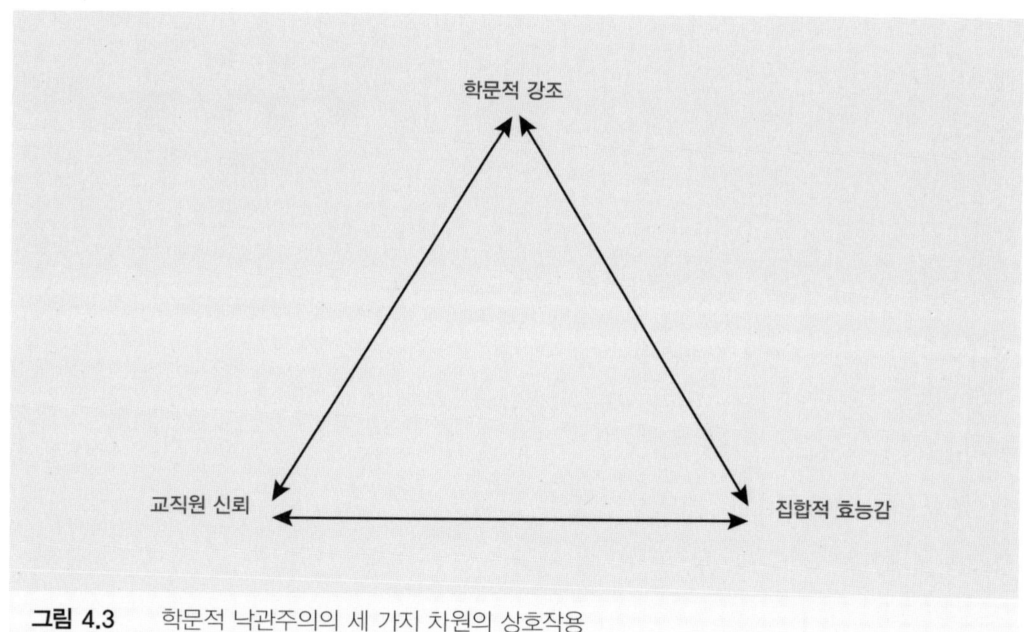

그림 4.3 학문적 낙관주의의 세 가지 차원의 상호작용

는 학생들이 차이를 보일 수 있고, 학생들이 학습할 수 있고, 학문적 과업수행이 성취될 수 있다고 교직원들이 믿는 문화를 지닌다(Hoy, Tarter, and Woolfolk Hoy, 2006b). 이런 집합적 낙관주의의 세 가지 양상은 서로 상호작용한다(그림 4.3 참조).

예를 들면, 학부모와 학생에 대한 교직원 신뢰는 집합적 효능감을 촉진시키지만, 연이어 집합적 효능감은 신뢰를 강화한다. 유사하게, 교직원들이 학부모와 학생들을 신뢰할 때 그들은 학부모들이 교직원들을 과소평가할 것이라는 우려를 떨쳐버리고 높은 학문적 수준을 지속할 수 있으며, 높은 학문적 수준에 관한 강조는 학부모와 학생에 대한 교직원신뢰를 강화시킬 수 있다고 믿는다. 마지막으로, 전체로서 교직원이 학생 성취에 긍정적인 영향을 미치는데 필요한 행동을 조직하고 실행할 수 있다고 믿을 때, 그들은 학문적 성취를 강조할 것이고, 학문적 성취는 연이어 강한 집합적 효능감을 강화시켜 줄 것이다. 요약하면, 학문적 낙관주의의 모든 차원은 서로 교류관계를 지니며 학교 현장에서 학문적 낙관주의 문화를 창조하는 데 영향을 미친다.

여러 가지 요소들이 학문적 낙관주의 문화의 효용성을 평가절하 시킨다. '낙관주의' 용어 자체는 학습 가능성을 제시하며, 비관적인 학교현장을 변화시킬 수 있다. 교직원들은 낙관주의를 학습할 수 있다. 학문적 낙관주의는 복합적인 특성들 모두가 낙관적

인식으로 나타날 수 있다는 확신으로부터 비롯되며 순응적인 면을 지닌다. 행정가와 교사들은 낙관주의에 대한 이유를 갖고 있으며-그들은 차이를 두는 것에 대해 허용적이다. 교직원이나 학생 누구도 절망감이나 냉소주의를 낳는 사회경제적 요소에 의해 돌이킬 수 없는 곤경에 빠지지 않도록 한다. 연구는 장려되고 있다. 학문적 낙관주의는 심지어 사회경제적 요소, 이전의 성공, 다른 인구학적 변인들에 의해 통제되지만 학교성취에 대해 강한 긍정적 영향을 미친다[Hoy, Tarter, and Woolfolk Hoy(2006a, 2006b), McGuigan and Hoy, in press/Smith and Hoy(2006)].

요약하면, 학문적 낙관주의 문화는 행정가와 교직원에게 학습된 비관주의와 무익함의 벽을 넘도록 해준다. 학문적 낙관주의는 교사가 능력이 있고, 학생은 의지가 있으며, 학부모는 지원적이고, 학문적 성공은 성취할 수 있다고 보는 집합적 신념과 규범을 지닌 문화를 창조한다. 당신 학교의 학문적 낙관주의를 측정하기 위하여 www.coe. ohio-state.edu/whoy를 참고하라.

🎱 통제의 문화

학교문화를 개념 짓는 또 다른 방법은 교사와 학교장이 학생통제에 관해 공유하고 있는 지배적인 신념에 의한 것이다. 학교를 사회체제로서 보고 최초로 체계적인 연구를 수행한 사람들 중의 하나인 Willard Waller(1932)는 학교문화의 구조적이고 규범적인 양상에 관련하여 학생통제에 관심을 기울였다. 사실상, 사회적 체제로서 학교에 초점을 둔 대다수 연구들은 반항적인 학생 하위문화, 출석 갈등, 학생문제 등을 기술해 왔다[Gordon(1957), Coleman(1961), Willower and Jones(1967)].

학생통제는 학교생활의 중심적 양상이다. 그것의 중요성을 부여함으로써, 이 개념은 학교유형을 구별하는 데 사용될 수 있다. Pennsylvania 주립대학의 Donald J. Willower, Terry I. Eidell, and Hoy(1967)에 의한 연구에서 이루어진 학생통제의 개념화는 이러한 관점에 대한 근거를 제공한다.[5] Penn 주립대학의 연구자들은 학생통제를 보호감독적인 학생통제에서부터 인본주의적인 학생통제에 이르는 하나의 연속 선상에 있는 것으로 가정한다. 두 양극단의 원형에 관한 설명은 다음과 같이 간략하게 요약할 수 있다.

보호감독적 문화(custodial culture)의 모형은 질서 유지를 최우선으로 하는 엄격하고 고도로 통제된 환경을 제공하는 전통적인 학교이다. 학생들은 용모, 행동, 부모의 사회적 지위에 있어서 정형화되어있다. 보호감독적 지향을 지닌 교사들은 학교를 학생과 교사 간에 엄격한 지위 위계가 형성된 독재적인 조직으로 인식한다. 권력과 의사소통은 일방적이고 하향적이며, 학생들은 교사들의 결정을 무조건 받아들여야 한다. 교사들은 학생들의 행동을 이해하려고 하지 않지만, 잘못된 행동을 하나의 개인적인 무례한 언동으로 간주한다. 교사들은 학생들을 처벌적인 제재를 통해 통제해야한 하는 무책임하고 훈육되지 않은 사람들로 인식한다. 비인격성, 냉소, 감시적인 불신이 보호감독적인 학교 분위기를 지배한다.

인본주의적 문화(humanistic culture)의 모형은 학교를 학생들이 협동적인 상호작용과 경험을 통해 학습하는 하나의 교육공동체로서 생각한다. 이 모형은 학습과 행동을 심리적, 사회학적 측면에서 고찰한다. 엄격한 교사통제 대신 자율이 장려된다. 인본주의적 지향은 학생과 교사 간에 양방향 의사소통을 지닌 민주적 분위기로 이끌어 주고, 자기결정을 증가시킨다. '인본주의적 지향'이라는 용어는 Erich Fromm(1948)에 의해 제안된 사회심리학적 의미에서 사용되며, 개인의 중요성과 학생들의 욕구를 충족시키는 분위기 조성을 강조한다.

학교의 학생통제 지향은 학생통제이념(Pupil Control Ideology, PCI) 도구를 사용하여 학교의 전문적 직원의 개인적 성향을 계산하여 측정될 수 있다[Willower, Eidell, and Hoy(1967), Hoy(2001)]. PCI의 복사본과 점수화 방법에 대해서는 www.coe.ohio.state.edu/whoy를 참고하라.

---

5 이 방대한 연구의 대부분은 The Pennsylvania 주립대학교, Pattee 도서관, 대학장서, PA 16802에 있는 학생통제 연구물 보관소에서 찾을 수 있다.

학생통제 : 연구결과

Appleberry와 Hoy(1969) 그리고 Hoy와 Clover(1986)는 학교의 인본주의적 학생통제지향성과 학교의 조직풍토의 개방성은 강력한 상관관계가 있음을 밝혔다. Hoy와 Appleberry(1970)는 학교풍토 측면에 따라서 가장 인본주의적인 학교와 가장 보호감독적인 학교를 비교하였다. 보호감독적 학생통제 지향성을 지닌 학교들은 인본주의적 학생통제 지향성을 지닌 학교들보다 교사 이직이 훨씬 더 많고, 낮은 사기를 보이며, 학교장에 의해 더 근접한 감독을 받고 있었다. 학교의 학생통제 지향성은 학교생활의 많은 중요한 측면들과 관련된다.

연구에서 도출된 다음과 같은 일반적인 학교특성의 모습을 살펴보자. 보호감독적 학교들은 인본주의적 학교들보다 학생들이 더 소외되어있다(Hoy, 1972). 반면에 인본주의적 학교들은 학생들이 보다 성숙한 자아상을 개발하도록 이끄는 건강한 사회적 풍토를 제공한다(Diebert and Hoy, 1977). 더 나아가, 인본주의적 학교풍토에 관한 학생들의 인식은 학교생활의 질에 대한 긍정적인 인식과 마찬가지로 학생들의 동기, 문제해결, 학습에 대한 진지함에 긍정적으로 관련된다(Lunenburg and Schmidt, 1989). 학교의 보호감독적 풍토가 크면 클수록, 학생들이 더 파괴적이고, 폭력사고가 더 증가하며, 정학도 더 많아진다(Finkelstein, 1998). 그리고 학교구조도 더욱 방해적인 것이 되는 경향이 있다(Hoy, 2001).

이러한 증거는 인본주의적 학교들이 덜 소외적이고, 더 만족스러우며, 더 생산적인 학생들을 기르기 때문에 공립학교들이 보호감독적인 것을 줄이고 인본주의적인 것을 늘일 필요가 있다는 것을 시사한다. 그러나 인본주의적 방향으로의 변화는 성취되기보다 설명하기가 더 쉬우며, 불가피하게 그런 변화는 천천히 이루어지며 흔히 성공하지 못한다. 그럼에도, 변화의 노력은 계속되어야 한다.

조직풍토

'조직문화'라는 용어가 현재 널리 사용되고 있지만, 조직풍토 개념을 사용한 연구가 훨씬 더 많이 이루어져 왔고, 최근까지 학교의 일반적인 느낌 또는 분위기를 파악하기 위하여 대다수 조직이론가들에 의해 이 개념이 사용되어져 왔다. 문화와 달리, 처음부터 조직풍토는 측정도구 개발과정과 결부되어져 있다[Pace and Stern(1958), Halpin and Croft(1963), Denison(1996), Hoy(1997)]. 풍토는 인류학이나 사회학보다 사회심리학과 산업심리학에 그 역사적 뿌리를 가지고 있다.

▣ 조직풍토의 정의

풍토는 처음에 영속적인 조직생활의 특성을 표현하기 위한 일반적인 개념으로 생각되었다. Renato Taguiri(1968, p. 23)는 "개인들의 특성이 모인 특수한 형상이 인성을 구성하듯이, 생태, 환경, 사회체제 및 문화의 지속적 특성들이 모인 특정한 형상화가 풍토를 구성한다."라고 지적하고 있다.

B. H. Gilmer(1966, p. 57)는 조직풍토를 "한 조직을 다른 조직과 구별지어주고 조직구성원들의 행동에 영향을 미치는 특성들"이라고 정의 내렸다. George Litwin과 Robert Stringer(1968, p. 1)는 풍토의 정의 속에 인식의 개념을 도입하였다. 조직풍토를 "환경 속에서 생활하고 일하는 사람들의 집합적 인식에 기초하고 그 구성원들의 행동에 영향을 미치는 일련의 측정 가능한 작업환경의 속성들"이라고 하였다.

수년 후에, 조직풍토의 기본적 속성에 관한 몇 가지 합의가 이루어졌다. Marshall Poole(1985)은 그 합의된 내용을 다음과 같이 요약하고 있다.

- 조직풍토는 큰 구성단위에 관심을 갖는다. 전체 조직이나 주된 하위단위의 특성을 나타낸다.
- 조직풍토는 조직을 평가하거나 조직에 대한 정서적 반응을 나타내기보다 한 단위의 조직을 설명한다.
- 조직풍토는 조직과 구성원에게 중요한 일상적인 조직실제에서 생겨난다.
- 조직풍토는 구성원의 행동과 태도에 영향을 미친다.

학교풍토는 학교의 일반적인 작업환경에 관한 교사들의 인식을 나타내는 광의의 개념이다. 공식적 조직, 비공식적 조직, 참여자들의 인성, 조직지도성이 학교풍토에 영향을 미친다. 간단히 말해서, 학교의 조직풍토(organizational climate)는 한 학교를 다른 학교와 구별 짓고 각 학교의 구성원들의 행동에 영향을 미치는 일련의 내적 특성들이다. 더 구체적으로 말해서, 학교풍토(school climate)는 참여자들에 의해 경험되고, 그들의 행동에 영향을 주며, 학교 내 행동에 대한 집합적 인식에 근거하고 있는 비교적 지속적인 학교환경의 특성이다. 일련의 내적 특성으로서 조직풍토를 정의하는 것은 어떤 면에서 인성에 대한 초창기 기술과 유사하다. 사실상, 학교풍토는 대개 학교의 인성으로 인식된다. 인성이 개인에 대한 것이라면 풍토는 조직에 대한 것이다.

학교분위기는 조직 행동에 주된 영향을 미치기 때문에, 그리고 행정가들은 학교의 '인성' 개발에 의미 있고 긍정적인 영향을 미치기 때문에, 학교풍토를 기술하고 분석하는 것은 중요한 일이다. 풍토는 여러 가지 관점에서 인식될 수 있다[Anderson(1982), Miskel and Ogawa(1988)]. 우리는 학교 풍토에 대한 세 가지 관점 즉 개방성, 건강, 시민권에 주목한다. 이 관점들은 학생과 행정실무자에게 학교의 작업환경을 분석하고, 이해하고, 도식화하고, 변화시키기 위한 일련의 가치 있는 개념적 자산과 측정도구를 제공해 줄 것이다.

② 조직개방성의 풍토

아마도 가장 잘 알려진 학교조직풍토의 개념화와 측정은 Andrew W. Halpin과 Don B. Croft(1962)에 의한 초등학교에 대한 선구자적 연구일 것이다. 그들은 학교마다 두드러지게 느낌이 다르다 할지라도, 사기의 개념은 어떤 적절한 설명을 제공하지 못하기 때문에 학교조직풍토의 영역을 도식화하기 시작했다. 일련의 요인분석연구에서 그들은 교사와 교사, 교사와 학교장의 상호작용에서 중요한 양상을 측정하기 위하여 기술적 설문지인 조직풍토기술설문지(OCDQ)를 개발하였다. 그들은 학교에서 어떤 행동이 얼마나 자

표 4.3 OCDQ-RE의 표본모형

지시: 다음은 당신의 학교에 관한 설명이다. 어떤 것이 당신의 학교를 잘 설명하고 있는지 그에 해당하는 적절한 응답에 동그라미를 쳐보시오.			
RO = 매우 드물게 발생한다.　　SO = 가끔 발생한다.　　O = 자주 발생한다.　　VFO = 매우 자주 발생한다.			
① 교사들은 열의와 정력, 그리고 즐거움을 가지고 일한다. ········· RO	SO	O	VFO
② 교사들의 가까운 친구들은 같은 학교 동료교사들이다. ········· RO	SO	O	VFO
③ 교사회의는 쓸모없다. ····························· RO	SO	O	VFO
④ 학교장은 교사들을 도와주기 위하여 굉장히 노력한다. ········· RO	SO	O	VFO
⑤ 학교장은 냉혹하게 다스린다. ······················· RO	SO	O	VFO
⑥ 교사들은 일과 끝나는 즉시 퇴근한다. ·················· RO	SO	O	VFO
⑦ 교사들은 동료교사들을 자신의 집으로 초대한다. ··········· RO	SO	O	VFO
⑧ 학교장은 건설적인 비판을 한다. ····················· RO	SO	O	VFO
완전한 도구와 점수화하는 자세한 방법은, Hoy와 Tatber(1997b)			

표 4.4 OCDQ-RE의 차원

지원적인 학교장 행동	교사들에 대한 기본적인 관심을 반영한다. 학교장은 교사들의 제안을 경청하고 개방적이다. 칭찬은 진솔하고 자주 주어지며, 비판은 건설적이다.
지시적인 학교장 행동	엄격하고 밀착된 감독을 요구한다. 학교장은 교사들에 대해서뿐만 아니라 아주 작은 학교 활동에 이르기까지 밀착되고 지속적인 통제를 한다.
제한적인 학교장 행동	교사들이 일을 수월하게 해주기보다는 오히려 방해한다. 학교장은 교사들에게 잡무, 회의, 판에 박힌 업무, 바쁜 일로 업무 부담을 준다.
동료적인 교사 행동	교사들 간의 개방적이고 전문적인 상호작용을 지원한다. 교사들은 열성적이고, 수용적이며, 동료교사들의 전문적 능력을 존중한다.
친밀한 교사 행동	교사들 간에 있는 강하고 결속력 있는 사회적 지원의 연계망을 반영한다. 교사들은 서로 잘 알고 서로 친밀한 친구이며, 정기적으로 교제한다.
일탈적 교사 행동	전문적 활동의 의미와 집중이 부족함을 말한다. 교사들은 단순히 시간을 때운다. 교사들은 그들의 동료교사에 대해서 부정적이고 비판적인 행동을 한다.

주 발생하는지를 나타내게 함으로써 동료교사와 학교장의 행동을 기술하도록 요청하였는데, 설문지의 내용은 '학교장은 교사들을 도와주기 위해 노력한다', '일상적 잡무들이 가르치는 일을 방해한다.'와 같은 것이다. 표 4.3은 OCDQ의 현대판 버전의 예를 제시하고 있다.

현대판 OCDQ에는 초등학교용, 중학교용, 고등학교용 세 가지가 있다. 예를 들면, OCDQ-RE는 여섯 개의 차원으로 초등학교의 풍토를 정의한다. 세 가지는 학교장과 교사 간의 상호작용에서 개방성을 기술하고 있고, 나머지 세 가지는 동료교사 간의 상호작용의 개방성을 기술하고 있다. 표 4.4는 OCDQ-RE에 의해 측정된 여섯 가지 차원을 정의하고 있다. 모든 풍토측정 도구들(**초등학교, 중학교, 고등학교**)은 학교에서 교사와 행정가들의 행동에서 개방성을 도식화하는 데 타당하고 신뢰할 수 있는 수단을 제공한다 [Hoy, Tarer, and Kottkamp(1991), Hoy and Tarter(1997a) Hoy and Tarter(1997b)].[6] OCDQ 도구, 점수화 방법, 해석 등에 관한 내용은 www.coe.ohio-state.edu/whoy에서 찾을 수 있다.

---

6 개방성 지표를 계산하는 자세한 논의는 Hoy, Tarter와 Kottkamp(1991)에서 볼 수 있다. 우리는 이 책에서 초등학교용 OCDQ 버전만을 설명하였지만, 다른 버전에 대한 충분한 설명은 다른 곳에서 구할 수 있다. 중등학교용 버전은 Kottkamp, Mulhern과 Hoy(1987), Hoy, Tarter와 Kottkamp(1991), Hoy와 Tarter(1997b)를 참조 바란다. 중학교용 버전은 Hoy, Hoffman, Sabo와 Bliss(1994), Hoy와 Tarter(1997a), Hoy와 Sabo(1998)를 참조 바란다.

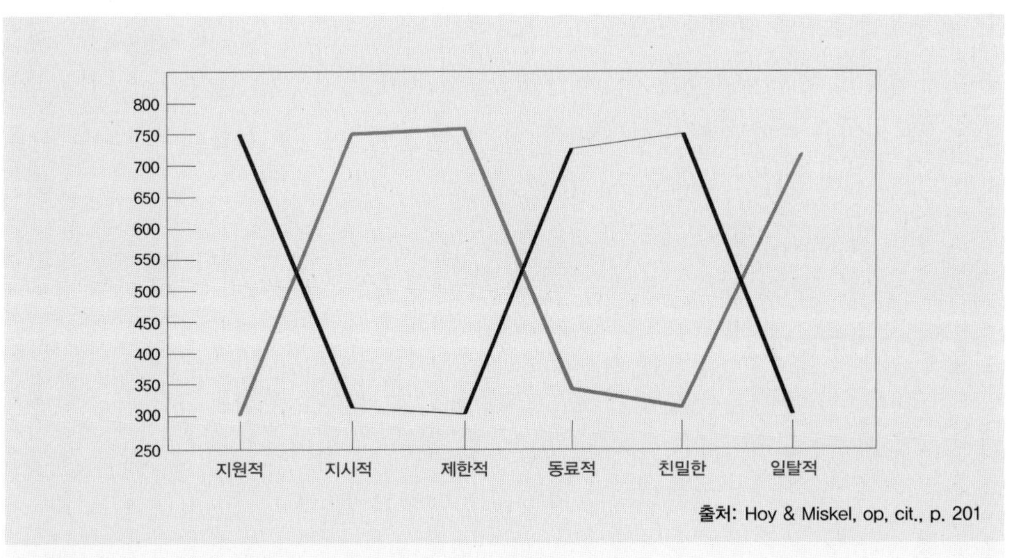

그림 4.4　개방적, 폐쇄적 초등학교의 풍토 프로파일

개방풍토(open climate)의 두드러진 특징은 교직원 사이 그리고 교직원과 학교장 사이에 존재하는 협동과 존경이다. 교장은 교사들의 제안을 경청하고, 그 제안에 개방적이며, 진심에서 우러난 칭찬을 자수하고, 교직원(**높은 지원성**)의 진문적 능력을 존중한다. 교장은 또한 일일이 감독하지 않고 교사들의 업무수행에 자유를 주며(**낮은 지시성**), 관료적인 사소한 일에 간섭하지 않고 촉진적인 리더십 행동을 발휘한다(**낮은 제한성**). 이와 유사하게, 교사의 행동은 교직원 간에 개방적이고 전문적인 상호작용(**높은 합의제 관계**)을 지원한다. 교사들은 서로 잘 알고 개인적으로 가까운 친구들이다(**높은 친밀성**), 교사들은 그들의 일에 협동하며 헌신적이다(**낮은 일탈성**). 요약하면, 교장과 교직원 양쪽의 행동은 개방적이고 믿을만하다.

폐쇄풍토(closed climate)는 사실상 개방풍토와 정반대이다. 교장과 교사들은 단순히 동작을 취하는 것처럼 보이며, 교장은 일상적인 사소한 일과 불필요한 잡무를 강조하고(**높은 제한성**), 교사들은 최소한의 반응만을 보이며 거의 헌신하지 않는다(**높은 일탈성**). 교장의 비효과적인 지도성은 통제적이고 엄격하게 보일 뿐만 아니라(**높은 지시성**) 비정하고, 무관심하며, 무반응적이다(**낮은 지원성**). 이런 잘못된 전술들은 좌절과 무관심뿐만 아니라 전반적인 의구심과 친구 혹은 전문가로서의 존경심 부족 등과 같은 것들이 수반될 수 있다(**낮은 친밀성과 비합의제 관계**). 폐쇄적 풍토는 비지원적이고, 융통성이 없으며, 방해하고, 통제적인 교장과 불화를 일으키고, 완고하며, 냉담하고, 헌신적이지 못한 교직원으로 이루어져 있다. 그림 4.4는 개방적 조직풍토와 폐쇄적 조직풍토를 지닌 상반된 학교 풍토 프로파일을 보여준다. 당신 학교의 개방성을 파악하는 데 적절한 OCDQ를 사용하라.

OCDQ : 연구결과

초, 중, 고등학교용 OCDQ 개정판은 비교적 최근에 개발된 것이다. 그럼에도, 일관성 있는 연구물들이 나타나기 시작했다. 예를 들면, OCDQ 원판의 개방성 지표는 새롭고 정교해진 개방성 측정을 위한 하위검증과 높은 상관관계를 지닌다. 더 나아가, 풍토의 개방성은 열려 있고 신뢰할 수 있는 교사와 교장의 행동과 긍정적인 관계를 지닌다[Hoy, Hoffman, Sabo, and Bliss(1994), Hoy and Sweetland(2001)]. 따라서 새로운 측정들은 초기 연구들을 반복하게 하고 정교하게 할 것이라고 기대한다.

이러한 초기연구들은 예측 가능한 방법을 통해 학교풍토의 개방성은 학교의 정서적 풍조와 관련됨을 입증하였다. 개방적 풍토를 지닌 학교들은 폐쇄적인 학교들보다 학교와 구성원에 대해 가지는 학생들의 소외감이 더 낮았다(Hartley and Hoy, 1972). 교장의 특성과 학교풍토 간의 관계를 조사한 연구들은 폐쇄적 학교들에 비하여, 개방적 학교들은 더욱 자신감이 있고, 쾌활하며, 사교적이고, 지모가 있는 강력한 교장들이 있었다(Andrews, 1964). 더 나아가, 개방적 학교의 교장 밑에서 일하는 교사들은 그들 자신의 일과 학교의 효과성에 대해 더 큰 신뢰를 나타냈다(Andrews, 1965). 그런 교장은 더 충성스럽고 만족해하는 교사들을 지니고 있었다(Kanner, 1974).

새로운 풍토측정도구를 사용한 보다 최근의 연구들[Tarter and Hoy(1988), Reiss(1994), Reiss and Hoy(1988)]은 개방적 학교풍토가 폐쇄적 풍토보다 높은 충성심과 신뢰성을 지니고 있으며, 교장과 교사들, 그리고 동료교사들 양쪽에서 신뢰성을 갖고 있음을 보여준다. 개방적 학교의 교장은 폐쇄적 풍토의 교장보다 학교에 대한 조직적 헌신 즉, 학교에 대한 일체감과 참여를 더 많이 생성한다(Tarter, Hoy, and Kottkamp, 1990). 나아가, 풍토의 개방성은 학교효과성(Hoy, Tarter, and Kottkamp, 1991)의 평가뿐만 아니라 의사결정과정(Barnes, 1994)에 있어서의 교사참여와도 긍정적인 관계가 있었으며, 중학교에 있어서는,

전반적인 효과성과 질뿐만 아니라 수학, 읽기, 쓰기에 있어서 학생의 성취와도 긍정적인 관계를 보여 주었다(Hoy and Sabo, 1998).

결론적으로, 초, 중, 고등학교용 OCDQ 세 가지 개정판은 교사-교사와 교사-교장의 관계성에 관한 일반적인 학교풍토의 도식화를 위한 유용한 도구이다. 각 도구의 하위척도는 학교풍토의 중요한 양상을 측정하는 데 타당하고 신뢰적이며, 연구, 평가, 현직연수, 자기분석에 사용할 수 있는 풍토 프로파일을 제공해 줄 수 있다. 부가적으로, 개방성 척도는 개방-폐쇄의 연속선을 따라 학교를 조사할 수 있는 수단이 된다. Halpin과 Croft는 개방성은 교육행정 영역에서 불확실하게 사용되어온 수많은 척도보다 더 좋은 학교효과성 척도가 된다고 주장하였다. 개방성은 효과적인 조직변화를 촉진시키는 데 중요한 조건이 되는 것 같다. 유사하게, 수업효과성을 개선하기를 원하는 교장이 먼저 개방적이고 신뢰적인 풍토를 개발한다면 더욱 성공할 가능성이 높을 것이다(Hoy and Forsyth, 1987). 학교효과성 구성에 관한 많은 논쟁이 있음에도, OCDQ 측정은 규정된 목적뿐만 아니라 진단적 목적을 위해서도 유용한 도구라는 점에서는 의심할 여지가 없다.

❸ 조직건강의 풍토

학교풍토 조사를 위한 또 다른 틀은 조직건강(organizational health)이다[Hoy and Feldman(1987), Hoy, Tarter, and Kottkamp(1991), Hoy and Sabo(1998)]. 한 조직에서 긍정적 건강에 관한 생각은 새로운 것이 아니며 건강한 조직의 역동성을 방해하는 조건들뿐만 아니라 조직의 성장과 발전을 촉진하는 조건들에 대해서도 관심을 갖게 해준다(Miles, 1969). 건강한 조직풍토를 가진 학교는 조직목표를 달성하기 위하여 자원과 노력을 동원하면서 환경에 성공적으로 대처하는 학교이다. 중등학교의 조직건강은 학교에서의 일곱 가지 특정한 상호작용 유형에 의하여 결정된다(Hoy and Feldman, 1987, 1999). 이들 핵심 구성요소들은 사회체제의 기본적 욕구를 충족하는 것이며 학교에서의 책임과 통제의 세 수준을 나타낸다.

제도적 수준(institutional level)은 조직과 환경을 연결한다. 학교가 지역사회로부터 합법성과 지원을 받는 것은 중요한 일이다. 행정가와 교사들은 학교 밖의 개인이나 집단으로부터 부당한 압력이나 간섭을 받지 않고 그들 각각의 기능을 조화로운 방법으로 수행하기 위한 지원이 필요하다. 이 수준은 학교의 통합성에 의하여 탐구된다. 제도적 통합성은 교육프로그램의 건전성을 유지하는 면에서 환경에 적응하고 대처하는 학교의 능력이다. 통합성을 지닌 학교는 불합리한 지역사회와 학부모의 요구로부터 보호된다.

관리적 수준(managerial level)은 조직의 내부 노력을 중재하고 통제한다. 행정과정은 교수활동과는 질적으로 다른 관리적 기능이다. 교장은 학교에서 최고의 행정관리이다. 교장은 교사의 충성심과 신뢰를 개발하고, 교사들이 노력하도록 동기부여하며, 업무를 조정하는 방법을 찾아내야 한다. 관리적 수준의 네 가지 핵심 양상들 즉 교장의 영향력, 배려, 구조주도, 자원지원 등을 결정해야 한다. 영향력이란 상급자의 결정에 영향을 미치는 교장의 능력이다. 배려는 개방적이고, 우호적이며, 지원적인 교장의 행동이며, 반면에 구조주도는 교장이 작업기대, 과업수행의 표준 및 절차를 분명하게 정의하는 학교장의 행동이다. 마지막으로, 자원지원은 학교장이 교사들이 필요로 하고 요구하는 모든 재료와 준비물을 그들에게 제공하는 정도이다.

학교에서, **기술적 기능**(technical function)은 교수-학습 과정이며, 교사들에게 직접적인 책임이 있다. 교육받은 학생은 학교의 산출물이며, 전체적인 기술적 하위체제는 효과적인 학습과 교수에 연관된 문제들을 다룬다. 사기와 학문적 강조는 기술적 수준의 두 가지 핵심 요소이다. 사기는 교직원들 사이에 충만한 열정, 자신감, 성취감이다. 다른 한편으로, 학문적 강조는 학생성취에 대한 학교의 압력이다. 조직건강의 일곱 가지 차원이 책임감의 수준에 따라 표 4.5에 요약되어있다.

특히, **건강한 조직**(healthy organiation)은 기술적, 관리적, 제도적 수준이 조화를 이루는 조직이다. 이러한 조직은 조직의 임무를 향해 에너지를 결집함으로써 파괴적인 외부세력에 성공적으로 대처하고 조직의 욕구를 충족한다.

건강한 학교(healthy school)는 지역사회와 학부모의 불합리한 압력으로부터 보호되는 학교이다. 교육위원회는 학교정책에 영향을 미치려는 이익집단의 모든 편협한 시도들에 대해 성공적으로 대처한다. 건강한 학교의 교장은 역동적인 리더십 즉 과업지향과 관계지향의 양면에 걸친 리더십을 발휘한다. 이런 행동은 교사들에게 지원적이면서 동시에 방향을 제시하고 높은 과업수행수준을 유지하게 한다. 더 나아가, 교장은 독자적으로 사고와 행동을 실행하기 위한 능력뿐만 아니라 상급자에게 영향을 행사하기도 한다.

　건강한 학교의 교사들은 교수·학습에 헌신한다. 교사들은 학생들을 위해 다소 높지만 성취 가능한 목표를 정하고, 높은 성취기준을 유지하며 학습 분위기는 질서 있고 진

표 4.5 OHI-S의 차원과 표본 문항

제도적 수준	
제도적 통합	지역사회와 학부모들의 편협하고 기득권적인 요구에 취약하지 않으며, 파괴적인 외부세력에 대하여 성공적으로 대처하는 학교를 설명한다.
	표본문항　• 교사들은 지역사회와 학부모들의 불합리한 요구로부터 보호된다. 　　　　　• 학교가 외부의 압력에 취약하다.
관리적 수준	
학교장의 영향력	상급자들의 행동에 영향을 미칠수 있는 학교장의 능력을 말한다. 영향력있는 학교장은 교사들의 이익을 위하여 교육장과 성공적으로 일한다.
	표본문항　• 학교장은 자신이 요구하는 것을 상급자로부터 얻어낸다. 　　　　　• 학교장은 상급자의 방해를 받는다.
배려	친근하고 지원적, 개방적, 동료적인 학교장의 행동을 설명한다.
	표본문항　• 학교장은 교식원늘의 개인적 복지를 추구한다. 　　　　　• 학교장은 친절하고 가까이 하기 쉽다.
구조주도	과업과 성취지향적인 학교장의 행동을 설명한다. 학교장은 교직원들에 대한 자신의 태도와 기대를 명확하게 보이며, 분명한 성취표준을 유지한다.
	표본문항　• 학교장은 교직원들로 하여금 그들에게 기대되는 것이 무엇인지를 알게 한다. 　　　　　• 학교장은 분명한 성취표준을 유지한다.
자원지원	교실 물품과 수업자료가 적절히 제공되고, 교과 외 자료들이 쉽게 입수되는 것을 말한다.
	표본문항　• 요구하면 교과 외 재료들을 구할 수 있다. 　　　　　• 교사들에게 수업을 위한 적절한 자료들이 공급한다.
기술적 수준	
사기	교사들 간에 보이는 신뢰감, 자신감, 열성, 친절함을 말한다. 교사들은 서로에게 좋은 감정을 가질뿐 아니라 직무로부터 성취감을 느낀다.
	표본문항　• 학교에 근무하는 교사끼리 서로 좋아한다. 　　　　　• 교사들의 사기가 높다.
학문강조	성취를 향한 학교의 압력을 말한다. 학생들에게는 높지만 성취 가능한 목표가 제공되고, 학습환경은 질서있고 진지하며, 교사들은 학생들의 성취능력을 신뢰한다. 또한 학생들은 열심히 공부하고 공부를 잘하는 학생들을 존중한다.
	표본문항　• 학교는 학문 성취 표준을 높게 설정한다. 　　　　　• 학생들은 좋은 성적을 받는 학생들을 존중한다.

지하다. 더 나아가, 학생들은 학문적 문제에 열성을 보이고, 높은 동기부여가 되어 있고, 학문적으로 성취하는 학생들을 존중해준다. 교실용품과 수업자료들은 쉽게 이용할 수 있다. 마지막으로, 건강한 학교 교사들은 서로 좋아하고, 신뢰하며, 직무에 열성적이고, 학교에 대해 자긍심을 지니고 있다.

건강하지 못한 학교(unhealthy school)는 파괴적인 세부적 힘에 취약하다. 교사들과 행정가들은 학부모와 지역사회 집단으로부터 불합리한 요구를 강하게 받는다. 학교는 대중의 변덕에 의해 시달린다. 교장은 리더십을 발휘하지 못한다. 교사들을 위해 어떠한 방향도 제시하지 못하고, 배려와 지원도 제한적이며, 상급자들에게는 실제로 아무런 영향력도 발휘하지 못한다. 교사의 사기는 낮다. 교사들은 서로 간에 혹은 일에 대하여 좋은 느낌을 갖고 있지 않다. 교사들은 냉담하고, 의심이 많으며, 방어적으로 행동한다. 마지막으로, 학문적 수월성에 대한 압력은 제한적이다. 모든 사람들은 단지 '시간을 허비' 하고 있다.

학교의 조직건강은 조직건강목록(OHI)을 사용하여 측정할 수 있다. 예를 들면, 중등학교용 OHI는 학교의 일반적인 건강과 마찬가지로 기본적 차원들의 각각을 측정하기 위하여 일곱 가지 하위척도로 구성된 44개 문항의 기술적 설문지이다. OCDQ와 마찬가지로, OHI는 학교의 전문직 직원을 대상으로 실시된다. 세 가지 타당하고 신뢰할 수 있는 OHI 현대판은 학교 급별에 맞게 잘 구성되어 있다. 세 학교에 대한 건강 프로파일이 그림 4.5에 제시되어 있다. A학교는 비교적 건강한 풍토를 지니고 있고, 건강의 모든 차원들이 실제적으로 평균이상이다. 반대로, C학교는 건강의 모든 양상이 평균 이하이며, B학교는 전형적인 학교로서 모든 차원이 평균 수준이다. 전체 OHI 도구, 점수화 및 해석방법은 온라인상에서 구할 수 있다.

OHI : 연구결과

OHI는 세 가지 버전 즉 초, 중, 고등학교용이 있으며, 학교풍토를 측정하는 데 유용한 도구이다. 이 도구는 학교조직건강의 핵심 차원을 측정한다. 더 나아가, 개념적 토대는 효과적인 학교의 많은 특성들과 일치한다. 게다가, Taiwan에 있는 고등학교 연구는 문화적 차이에 관계없이 OHI의 안정성을 입증해 주고 있다(Liao, 1994).

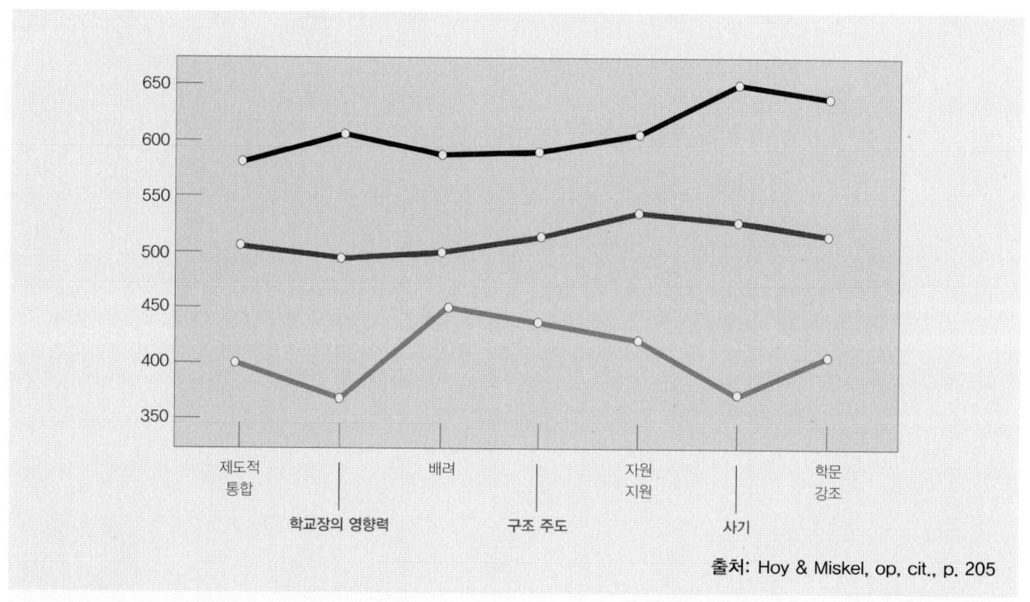

그림 4.5   세 학교의 건강 프로파일

OHI를 사용한 연구들 또한 고무적인 것이다. 예상할 수 있듯이, 조직역동성이 건강하면 할수록 교장, 농료교사, 조직자체에 대한 교직원의 신뢰도가 더 커진다[Tarter and Hoy(1988), Hoy, Tarter, and Wiskowskie(1992), Smith, Hoy, and Sweetland(2001)]. 학교의 개방성과 건강 간에 상관관계가 있음은 놀랄 일이 아니며, 건강한 학교는 높은 추진력, 높은 기풍, 낮은 일탈성을 가진다(Hoy and Tarter, 1990). 요약하면, 개방된 학교는 건강하고 건강한 학교는 개방적인 경향이 있다. 건강은 또한 학교에 대한 교사들의 조직적 헌신에 관련된다. 건강한 학교는 헌신적인 교사들을 더 많이 가지고 있다[Tarter, Hoy, and Bliss(1989), Tarter, Hoy, and Kottkamp(1990)].

연구결과는 조직건강이 학생 과업수행에 긍정적으로 관련되어짐을 보여준다. 일반적으로 학교풍토가 건강하면 할수록, 고등학교 학생들의 수학과 읽기 성취검사 점수는 더 높게 나타났다(Hoy and Tarter, 1990). 특히, 중학교 풍토에서 학문적 강조가 강할수록, 표준화된 수학, 읽기, 쓰기검사의 학생성취수준이 더 높았다[Hoy and Hannum(1997), Hoy, Hannum, and Tschannen-Moran(1998), Hoy and Sabo(1998), Goddard, Sweetland, and Hoy(2000)]. 초등학교 교사들에 관한 연구에서는 또한 건강한 학교풍토는 교사효능감 개발, 즉 학생들의 학습에 긍정적인 영향을 미칠 수 있다는 신념의 발전에 도움이 되는 것으로 밝혀졌다(Hoy and Woolfolk, 1993). 우리의 연구도 학교건강이 일련의 중요한 학교변수들과 관련이 있음을 계속해서 밝혀주고 있다. 예를 들면, 학교건강은 인본주의지향, 의사결정에 교사참여, 강력한 학교문화, 그리고 다양한 학교효과성 측정지표들과 긍정적으로 관련되어 있다. 마지막으로, 학교건강은 학생소외를 줄이고, 중도탈락을 감소시키고, 학생들의 높은 헌신감과 의미 있게 관련되어질 것으로 본다.

결론적으로, 적절한 OHI 도구는 학교의 건강을 신뢰롭게 결정하는 데 유용하다. 더 나아가, 학교생활에서 건전한 대인관계의 역동성은 그 자체가 하나의 중요한 목적일 뿐 아니라, 학교효과성, 학생성취, 조직 헌신감, 인본주의적 교사태도, 동료교사와 교장에 대한 교직원의 신뢰 등을 예측해보게 하는 요소이다. 건강한 학교는 서로를 신뢰하고, 교장을 믿으며, 높은 학문적 수준을 유지하고, 개방적이며, 성취수준이 높은 학생들을 가진 헌신적인 교사들로 구성된다. 그런 학교에서는 수업개선과 교사와 행정가들의 전문적 발전이 성취 가능한 목표가 된다.

▣ 시민성의 풍토

학교풍토를 조사하기 위한 또 다른 틀은 구성원들의 시민성 행동에 의한 것이다. 조직의 시민성은 맡은 역할의 공식적 책임 외에 자유롭게 다른 사람들이 과업을 성취하는 데 도움을 주기 위한 행위이다. 형식적으로 기술된 직무 외에 노력을 기울이도록 하는 데 있어 구성원들의 의지는 오랫동안 효과적인 조직과업수행을 위해 필수적인 것으로 인식되어져 왔다[Bateman and Organ(1983), Organ(1988), Organ and Ryan(1995)].

그러나 최근에 이 용어는 DiPaola와 그의 동료들[DiPaola and Tschannen-Moran(2001), DiPaola and Hoy(2005a, 2005b), DiPaola, Tarter, and Hoy(2005)]에 의해 적용되어왔으며, 시민행동은 학교에서 내적관련성이 높은 다섯 가지 양상 즉 이타심, 자의식, 스포츠맨십, 예의, 시민도덕이다.

시민성 풍토의 원형은 교사들이 서로 돕고 새로운 동료교사들이 자유롭게 그들 자신의 시간을 누리도록 하는 학교이다. 교사들은 기술된 직무외의 일을 의식적이고 일상적

이타심	새로운 동료를 돕고 자유롭게 타인을 위한 시간을 마련한다. 표본항목: 교사들은 자발적으로 신규교사를 돕는다.
자각	효율적으로 시간을 활용하고 최소한 기대이상으로 활동한다. 표본항목: 교사들은 시간에 맞추어 근무지와 회의장소에 도착한다.
스포츠맨십	건설적인 노력을 하고 불평하지 않는다. 표본항목: 교사들은 직무처리를 위해 초과근무를 한다.
예의	사전에 통보를 하고 상기시킨다. 표본항목: 교사들은 동료에게 스케줄 또는 일상 업무 변화에 대해 사전통보를 한다.
시민성	위원회에 자발적으로 참여하며 자신의 역할을 수행한다. 표본항목: 교사들은 자발적으로 새로운 위원회에서 봉사한다.

으로 처리한다. 교사들은 또한 교수·학습을 개선하기 위한 생산적인 노력에 힘쓸 때 불평하고 투덜대지 않게 된다. 그런 학교에서 교사들은 변화를 예견하고, 조언하며, 전문가로서 서로를 존경함으로써 교사 상호간에 예의를 지키게 된다. 실제적으로 모든 교사들은 위원회나 학교역할에 자발적으로 참여하고 봉사함으로써 학교에 대한 기여를 최대화하는 것이 자신의 의무라고 믿는다.

학교의 시민행동은 조직시민행동(Organizational Citizenship Behavior(OCB) 척도에 의해 측정할 수 있다. OCB는 신뢰성과 타당성에 관한 12문항의 리커트 척도(Likert scale)로 구성되어있다(DiPaola, Tarter, and Hoy 2005). 표 4.6에서 OCB측정에 의한 몇 가지 시민성의 양상 예를 확인할 수 있다. 모든 교사들의 점수가 학교의 시민성 정도를 결정하기 위하여 집계되었다. OCB는 온라인상에서 접할 수 있으며, www.coe.ohio-state.edu/whoy에서 구할 수 있다.

OCB : 연구결과

OCB는 학교풍토의 다른 중요한 양상을 측정하는 데 유용한 도구이다. 비록 학교에서 이 도구의 사용이 비교적 최근에 이루어졌지만, 연구결과는 고무적이다. 이 척도는 초, 중, 고등학교에 적용되며, 모든 세 학교 수준에서 타당하고 신뢰롭다(DiPaola, Tarter, and Hoy, 2005). 조직 시민성은 동료적 교장행동, 교사전문성, 학문적 압력, 학교 바람 같은 다른 조직특성들과 일관되고 긍정적으로 관련된다(DiPaola and Hoy, 2005a, 2005b). 더 나아가, 높은 시민성을 지닌 학교들은 비록 사회경제적 지위에 의해 통제되지만, 더 효과적이고(DiPaola, Tarter, and Hoy, 2005b), 높은 학생성취수준을 보인다(DiPaola and Hoy, 2005b). 효과적인 학교는 효율적이고, 융통성이 있으며, 적응적이고, 혁신적인데 [Mott(1972), Uline, Miller, and Tschannen-Moran(1998)], 그 이유는 좋은 학교 시민이 학교를 보다 효율적이고 효과적으로 만들기 위한 방법으로 간주되기 때문이다. 조직 시민성은 개방적이고 건강한 학교를 위한 긍정적 보완재이다. 풍토에 관한 세 가지 개념적 관점은 학교풍토에 대해 근소한 견해 차이를 보이지만, 모두다 학교풍토의 질을 측정할 수 있는 중요한 관점들이다.

학교문화와 조직풍토의 개선전략

　학교현장을 변화시키는 복잡한 문제에 대해서, 해답은 말할 것도 없고, 정보도 거의 갖고 있지 못하다. 그러나 두 가지는 분명하다. 한 가지는 학교문화 또는 풍토를 변화시키는 데는 어떠한 빠르고 쉬운 방법도 없다는 것이다. 다음으로 단기적인 유행을 쫓기보다는 장기적인 체계적인 노력이 변화를 일으키기 더 쉽다는 것이다.

　변화를 위한 세 가지 일반적인 전략이 제시되어 있다. Alan Brown(1965)은 성장중심적 접근방법뿐만 아니라 임상적 전략을 개발하였으며, Ralph Kilmann(1984)은 조직의 규범적 문화를 변화시키기 위한 절차를 성공적으로 수행하였다. 세 가지 전략은 선택적 대안이 아니고, 동시에 사용될 수 있으며, 효과적인 변화를 위해서는 세 가지 전략이 모두 필요하다. 임상적 전략은 학교 내 하위집단 간 관계의 본질에 초점을 두고 있고, 성장중심적 전략은 학교 내의 개인적 발전의 본질에 관심을 갖고 있으며 규범적 절차는 조직규범을 변화시키는데 사용된다. 이 변화전략의 각각은 행정실무자에게 잠정적인 가이드라인을 제공하고 있는데 그 주요내용을 간략하게 제시하고자 한다.

❶ 임상적 전략

집단 간과 대인 간 상호작용의 조종은 변화를 촉진할 수 있다. 변화를 위한 임상적 전략(clinical strategy)은 다음과 같은 단계를 따라 진행될 수 있다.

1) 조직에 대한 지식 얻기(Gaining knowledge of the organization)

이 접근방법은 학교 조직의 역동성에 관한 지식으로부터 시작된다. 물론 이 지식은 사려 깊은 관찰, 분석, 연구를 통해 얻어진다. 지각력이 있는 학교장은 경험을 통해 이러한 지식의 상당부분을 획득할 수 있지만, 전형적으로 체계적인 분석을 통해 가치 있는 지식을 더 많이 얻을 수 있다. 그런 연구를 위한 전주로서 학교장은 교직원들의 기본적인 규범과 가치를 포함한 조직생활의 두드러진 양상들을 이해해야만 한다. OCDQ, OHI, PCI, 그리고 OHB같은 측정에 의해 제공된 개념적 인식은 실제적으로 학교조직에 관한 학습에 도움이 될 수 있다.

2) 진단(Diagnosis)

두 번째 단계는 진단적인 것이다. 이 단계에서는 다양한 시각에서 오는 개념적 자산이 잠재적인 문제영역을 진단하기 위한 수준을 제공할 수 있다. 낮은 도덕성, 높은 일탈성, 보호감독주의, 왜곡된 의사소통, 일방적인 의사결정, 그리고 낮은 학문적 기대는 그러한 개념적 수준의 예이다. 이러한 개념들이 실무자의 마음에서 분명하게 정의되는 정도와 포괄적인 관점에서 상호조화 되는 정도가 진단의 효과성을 조정하게 된다.

3) 예측(Prognosis)

세 번째 단계에서, '임상가(clinician)'는 상황의 심각성을 판단하고 상황을 개선하기 위한 일련의 조작적 우선순위를 개발한다.

4) 처방(Precription)

적절한 행위과정은 흔히 숨겨진다. 학교분위기가 학생통제성향에서 너무 보호감독적이라고 생각해보자. 상황을 어떻게 교정할 수 있을 것인가? 우리는 다수의 '보호감독적' 교사들을 젊은 '인본주의적' 교사들로 대체할 수 있을지도 모른다. 그러나 연구에 의하면 신규교사의 학생통제이념은 교사들의 하위문화에 의해 사회화되어감에 따라 점점 더 보호감독적으로 된다는 것이 밝혀졌으며[Hoy(1967, 1968, 1969), Hoy and Woolfolk(1989)], 이러한 경우에 강력한 통제가 좋은 수업과 동등해지는 경향이 있다. 학생통제에 관한 기본적인 교사들의 규범을 변화시키지 않고 단지 몇몇 보호감독적인 교사들을 바꾸는 것은 아마도 거의 영향을 미치지 못할 것이다.

기본적인 교사규범을 변화시키기 위해서는 보다 정교한 전략이 요구된다(아래 참조). 이런 전략에서 첫 번째 단계는 PCI에 관한 교사와 행정가들의 무지를 없애는 것이다. 즉 학생통제이념에 관한 교육자들의 공유된 오해를 없애는 것이다. 교사들은 일반적으로 학생통제이념에서 그들 자신들보다 교장들이 훨씬 더 보호감독적이라고 생각하며, 반대로 교장들은 전형적으로 교사들이 그들 스스로 보고한 것보다 학생통제성향에서 더 보호감독적이라고 믿는다(Packard and Willower, 1972).

보다 인본주의적인 시각으로 전환되려면 이러한 평범한 오해들이 해소되어야 할 필요가 있다. 달리 말하면, 처방을 내리는 것이 처음에는 쉬워 보이지만, 경험을 통해서 다양한 학교문제들의 해결이 대개 지나치게 단순화 되어 있고, 흔히 적절하지 못하다는 것을 알게 된다. 행정가들이 학교풍토와 문화를 성공적으로 변화시키고자 한다면, 교직원들과 행정가의 기본적이고, 공유된 가정뿐만 아니라 교사 하위문화의 규범과 가치를 변화시켜야만 한다.

5) 평가(Evaluation)

임상적 전략에서 마지막 단계는 처방이 어느 정도 이행되고 있고 성공적인지를 평가하는 것이다. 사회체제에서 계획된 변화는 흔히 느리기 때문에, 계속적인 모니터링과 평가가 요구된다.

② 성장-중심 전략

성장 중심 전략은 단순히 학교 교직원의 개발에 관한 일련의 가정을 수용하고, 이 가정들을 행정적 의사결정을 위한 근거로서 사용하는 것이다. 이 가정들은 다음과 같다.

- **변화는 건강한 학교조직의 특성이다.** 학교장은 조직을 부단한 유동상태에 있는 조직풍토로서 보아야 할 것이다.
- **변화는 방향을 가진다.** 변화는 긍정적이거나 부정적인 것일 수 있고, 진보적인 것이거나, 퇴보적인 것일 수 있다.
- **변화는 진보적인 것이어야 한다.** 변화는 조직목표를 향해 조직의 운동을 제공할 것이다. 물론 모든 변화가 진보를 나타내는 것은 아니다. 그러나 학교장의 자세는 진보 지향적이어야 한다.
- **교사들은 변화의 개발과 이행을 위한 높은 잠재력을 가지고 있다.** 학교장은 교사들에게 학교운영에서 더 많은 자유와 책임을 제공할 준비가 되어있어야 한다.

일단 시행만 되면, 이러한 기본적 가정은 성장정책을 가능하게 할 것이며, 연이어 전문성 개발을 위한 기회를 증대시켜 줄 것이다. 이러한 관점에서, 행정가들은 전문적 성장의 통로에 있는 장애물을 제거해야 하지만 사람들을 인위적으로 조종하지는 않아야 할 것이다. 마지막으로, 이 접근방법은 교사들과 행정가들 간에 상호신뢰와 존중의 풍토를 촉진시키는데 도움을 줄 것이다.

임상적 접근방법과 성장 중심 접근방법은 서로 초점을 달리하고 있지만(**임상적 접근방법은 조직변화에, 성장 중심 접근방법은 개인변화에**), 이 가정들이 서로 갈등을 일으키는 것은 아니다. 통찰력이 있는 행정가라면 학교풍토를 변화시키기 위해 이 두 가지 전략을 모두 활용할 것이다.

③ 규범-변화 전략

조직구성원의 대부분은 그들의 작업집단에서 적용되고 있는 규범들을 열거할 수 있고, 생산성과 도덕성을 향상하기 위해 보다 효과적일 수 있는 새로운 규범을 제안할 수도 있다(Kilmann, Saxton, and Serpa, 1985). 실제적 규범을 드러나게 하는 데는 여러 가지 방법들이 사용될 수 있지만, 조직 참여자들은 정보가 자신들과 조직에 해롭게 사용되지 않을 것이라는 확신을 갖지 않는 한 규범을 구체화하는 데 주저할 것이다. 그러므로, 반응의 익명성과 비밀보장은 조직의 두드러진 규범을 확인하는 데 아주 중요하다.

Kilmann과 그의 동료들(1985)은 작업장에서 소규모 집단을 사용하여 성공적으로 규범을 이끌어내었다. 약간의 자극과 몇 가지의 실례만 제시하였는데도, 집단 구성원들은 많은 규범을 신속하게 열거하였다. 사실상, 이전에는 공식적으로 언급되거나 좀처럼 논의되지 않은 것을 분명하게 말할 수 있는 것을 즐거워했다.

널리 퍼져 있는 규범은 조직 주변의 '사물들이 존재하는 방식'을 나타낸다. 규범진술은 흔히 '여기에서는(around here)'으로 시작한다. 예를 들면, '여기에서는, 당신이 다시 반복하지 않는 한 실수를 인정하는 것이 옳나'와 같은 것이다. 조직의 핵심규범은 항상 통제, 지원, 혁신, 사회관계, 보상, 갈등, 그리고 수월성의 표준 등과 같은 중요한 영역에 관련된다. 학교의 규범을 확인하기 위하여, 교사들에게 '여기에서는'의 진술에 의하여 학교에 관한 자신의 견해를 적도록 요청할 수도 있다. 예를 들면, 다음의 진술을 완성시키라는 요청을 할 수도 있다.

- 전형적인 교직원회의의 끝에, 모든 사람들은   .
- 여기에서는, 보상의 실제적 근거가   이다.
- 여기에서는, 학생통제가   하다.
- 여기에서는, 의사결정이   통하여 이루어진다.
- 여기에서는, 위험감수가   하다.
- 여기에서는, 의견차이가   에 의해 조정된다.
- 여기에서는, 성취기준이   이다.
- 여기에서는, 우리는   에 의하여 문제를 처리한다.

Kilmann(1984)은 **규범변화전략(morm-changing strategy)**으로서 다음과 같은 다섯 단계의 절차를 추천하고 있다.

- **표면규범(Surface norms)**: 교사들은 보통 작업상황에서 자신들의 태도와 행동의 지침이 되는 규범을 확인한다.
- **새로운 방향의 명료화(Articulate new directions)**: 교사들은 학교가 어디로 가고 있는지에 대해 논의하고 진보를 위해 필요한 새로운 방향을 모색한다.
- **새로운 규범의 확립(Establish new norms)**: 교사들은 개선과 조직성공으로 이끈다고 믿는 일련의 새로운 규범을 찾는다.
- **문화격차의 확인(Identify culture gaps)**: 교사들은 실제적인 규범(1단계)과 바람직한 규범(3단계) 간의 불일치를 조사한다. 이 불일치가 문화적 격차이다. 격차가 크면 클수록 현존하는 규범이 역기능적이 될 가능성이 더 크다.
- **문화격차 좁히기(Close the culture gaps)**: 새로운 규범을 열거하는 행위는 흔히 많은 집단 구성원들이 새로운 규범과 바람직한 규범을 실제로 적용하게 되는 결과를 가져온다(Kilmann, 1984). 그러나 집단으로서 교사들이 바람직한 규범이 옛 규범을 대체하고, 그 변화가 조정되고 강화될 것이라는데 동의해야만 한다. 연이은 교사회합이 새로운 규범을 강화시키고, 옛 규범과 실제로의 복귀를 막기 위해서 이루어져야 한다.

John Miner(1988)는 이러한 과정은 특히 조직문화의 부정적 측면을 발견하고 변화시키는데 있어 유용하다고 지적하고 있다. 예를 들면, 1단계에서 표면화된 부정적 규범은 3단계에서 다음과 같이 보다 바람직한 규범으로 대체될 수 있다.

- **에서**: 배를 흔들지 말라. 자원하여 초과근무를 하지 말라. 정보를 공유하지 말라. 듣고 싶지 않은 것을 동료교사나 상급자에게 말하지 말라.
- **로**: 새로운 아이디어를 실험하라. 필요할 때 다른 사람에게 도움을 주어라. 동료들과 개방적으로 대화하라. 지속적으로 문제를 발견하라.

　　Miner(1988)는 문화변화를 위한 이러한 접근방법은 새로운 변화를 가져오는 것
보다 문화의 역기능적 측면을 발견하는 데 더 유용할지 모른다고 주장하였으며,
Schein(1985)은 이러한 과정은 기껏해야 단지 문화의 피상적인 측면들을 다루고 있을
뿐이라고 비판하였다. 그럼에도, Kilmann의 다섯 단계 과정은 교사집단이 그들 직장
의 본질에 관한 구체적인 정보를 획득하는 데 도움이 되고, 변화를 위한 계획을 수립하
는 데 유용한 장치가 된다고 여겨진다. 임상적인 접근과 성장 중심적 접근과 함께 이 접
근방법은 교사와 행정가에게 작업현장의 성격을 변화시키기 위한 구체적인 기법과 절
차를 제공해 주고 있다.

결   론

상호 관련되고 중복되는 두 가지 시각이 작업장의 특성을 분석하기 위하여 사용되어질 수 있다. 조직문화와 조직풍토는 둘 다 조직생활의 형식적, 개인적 측면을 벗어나는 개념이다. 각각의 개념은 행동에 영향을 미치는 공유된 의미와 성문화되지 않은 규칙을 찾아내기 위한 시도로 만들어졌으며, 조직의 자연적, 자발적, 인간적 측면을 다루고 있다.

조직문화는 구성단위를 묶어주고 집단에 독특한 정체성을 부여해주는 일단의 공유된 지향성이다. 문화는 공유된 가정, 공유된 신념과 가치, 공유된 규범에 의하여 조사되어질 수 있다. 학교문화의 네 가지 유형 즉 효능감의 문화, 신뢰의 문화, 낙관주의 문화, 그리고 통제의 문화는 학교문화의 효과성과 학생성취의 증대를 조사하는 데 유용한 방법이다.

조직풍토는 신념이나 가치보다는 행동에 대한 구성원의 공유된 시각을 나타낸다. 풍토는 한 학교를 다른 학교와 구별하고 학교 구성원에게 영향을 주는 일련의 내적행동 특성들이다. 학교풍토의 세 가지 개념화는 교사와 행정가의 행동에 관한 개방성, 건강, 시민성을 서술하는 것이다.

교사들 간의 상호작용은 개방-폐쇄 연속체를 따라 서술될 수 있고, 적절한 조직풍토기술설문지(OCDQ)에 의해 측정되어질 수 있다. 학교의 조직건강은 파괴적인 외부적인 힘에 대처하면서 동시에 조직임무를 향해 에너지를 결집하며 조직의 기본적 욕구를 충족하는 정도이다. 학교의 건강은 조직건강조사표(OHI)를 사용하여 도식화할 수 있으며 초, 중, 고등학교용으로 구분되고 신뢰할 수 있는 OHI 판이 있다. 마지막으로, 시민성의 풍토는 교사들이 그들 학교에서 '더 한층 노력하는(go the extra mile)' 정도를 나타내며, 시민행동은 조직시민성척도(OCB)를 사용하여 측정할 수 있다.

결국, 임상적, 성장 중심, 그리고 규범변화 접근방법은 참여자들이 학교현장의 본질을 변화시키기 위해 사용할 수 있는 세 가지 전략이다. 임상적 전략은 학교하위집단 간의 상호관계의 본질을 다루고 성장 중심 전략은 학교 내에서 개인적 발전의 속성을 강조하며, 그리고 집단절차는 조직규범을 변화시키기 위한 전략을 제공한다.

참고문헌

Cameron, K. S., and Quinn, R. E. *Diagnosing and Changing Orgazational Culture*. San Francisco, CA: Jossey-Bass, 2006.
A contemporary analysis of how to assess and manage culture.

Goddard, R. G., Hoy, W. K., Woolfolk Hoy, A. "Collective Efficacy: Theorerical Development, Empirical Evidence, and Future Directions." *Educational Researcher* 33 (2004), pp. 3-13.
A summary of the theoretical and empirical work on collective efficacy and directions for future research.

Hoy, W. K., Tarter, C. J., Kottkamp, R. B. *Open Schools/Healthy Schools: Measuring Organizational Climate*. Newbury Park, CA: Sage, 1991.
A thorough discussion of the concept of school climate, including the development of several school climate measures and research relating climate to school Effectiveness. The book is online at www.coe.ohio-state.edu/whoy.

Hoy, W. K., Sabo, D. *Quality Middle Schools*. Thousand Oaks, CA: Corwin, 1998.
An empirical and theoretical analysis of the relationships between school climate and school quality in middle schools.

Martin, J. *Organizational Culture: Mapping the Terrain*. Thousand Oaks, CA: Sage, 2002.
A critical analysis of organizational culture, including interpretive studies and postmodern analyses.

Peters, K. D., and Waterman, R. H. *In Search of Excellence*. New York: Harper Row, 1982.
An early and popular analysis of corporate culture, which underscored the importance of organizational culture in business corporations and stimulated a decade of research on organizational culture.

Schein, E. *Organizational Culture and Leadership*. San Francisco, CA: Jossey-Bass, 2004.
A thoughful and comprehensive analysis of organiational culture and leadership by one of the most distinguished students of corporate culture.

Tschannen-Moran, M. *Trust Matters: Leadership for Successful Schools.* San Francisco: Jossey-Bass, 2004.
A practival hands-on guide for establishing and maintaining trust within schools as well as an analysis of strategies to repair broken trust.

제 5 장

참여적 의사결정

　　권한부여의 구호는 충분하지 않다. 분명히 교사의 권한부여가 적절한 상황이 있지만, 어떤 때에는 단견이 된다. 교사참여는 의사결정의 질을 높일 수 있지만 효과적인 의사결정을 지연시킬 수도 있다. 중요한 문제는 "어떤 조건에서 구성원들이 의사결정에 참여할 것인가?" 이다.

　　달리 말하면, 언제 그리고 어떻게 교사들에게 권한부여를 해줄 것인가? 이다. 이러한 질문에 대한 답변으로 두 가지 참여적 의사결정 모형이 유용할 것이다. 하나는 종합적인 일련의 의사결정 규칙에 근거한 모형(Vroom & Yetton, 1973)이고, 다른 하나는 경험, 관련성, 그리고 하위자에 대한 신뢰의 세 가지 단순한 기준에 근거한 모형이다. 두 가지 모형은 의사결정의 수용을 증진시키고, 의사결정의 질을 향상하기 위해 교사에게 권한부여를 하도록 계획되어있다(Bridges, 1967, Hoy & Miskel, 2001, Hoy & Tarter, 1992, 1993a, 1993b).

VROOM의 참여적 의사결정 모형

Victor Vroom과 그의 동료들[Vroom and Yetton(1973), Vroom and Jago(1988)]은 현존하는 경험적 증거로부터 두 가지 규칙형태를 개발하는 참여적 의사결정 모형을 제시하였다. 분명히, 이는 가장 잘 알려진 조직참여 관리모형이다. 사실, 규범적 리더십 이론에 관한 연구결과를 검토한 후, Miner(1984, 1988, 2005)는 어떠한 리더십 이론도 타당성 또는 유용성에서 Vroom의 모형을 능가하지 못한다고 결론지었다.

최근의 버전에서, Vroom과 Jago(1988)는 다양한 상황에서 의사결정을 내릴 때 하위자 참여에 영향을 미칠 수 있는 일련의 문제점들을 확인하였다. 이러한 특성들은 일련의 의사결정 규칙 및 조직의 운영문제에 의해 규정된다.

1 의사결정의 질 및 수용의 증진

Vroom의 모형은 의사결정의 참여에 문제 및 상황의 특성을 함께 결합시킨다. 자신의

연구에 근거하여, 이들은 의사결정의 질을 증진시키기 위한 네 가지 규칙을 제시하고
있다.

① **질 규칙**: 오직 의사결정만을 위한 일방적인 접근방법을 사용하라.
  - 질에 대한 요구조건이 낮고 하위자들에게 중요하지 않은 문제이거나, 또는 질에 대한
    요구조건이 낮지만, 의사결정이 중요하고, 하위자들에 의해 신속하게 수락되어야 할
    경우.
② **지도자 정보 규칙**: 일방적인 의사결정을 하지 마라.
  - 의사결정의 질이 중요하고 충분한 정보가 부족하며 그리고 오직 전문가들만이 문제
    를 해결할 수 있을 경우.
③ **신뢰 규칙(목표 일치)**: 일방적인 의사결정을 하라.
  - 의사결정의 질이 중요하고 조직목표의 근거를 결정하는 데 하위자들을 신뢰할 수 없
    는 경우.
④ **문제구조 규칙**: 관련된 정보를 수집하는 데 하위자들의 지식을 포함하라.
  - 의사결정의 질이 중요하고, 문제가 구조화되어 있지 않으며, 그리고 정보 또는 전문가
    가 충분하지 않은 경우.

비록 의사결정의 질을 향상하는 것이 중요하지만, 의사결정을 채택하고 수용하기 위해
서는 하위자들이 받아들여야 할 것이 너무 많다. 네 가지 규칙이 의사결정의 수용을 증
진시킨다.

① **규칙 수용**: 하위자들을 포함하라.
  - 의사결정에 대한 하위자들의 수용은 효과적인 실행을 위해 중요하며 독단적인 의사
    결정을 그들이 수용할 것인지를 확신할 수 없다면.
② **하위자 갈등 규칙**: 하위자를 포함하라.
  - 하위자들 간에 갈등이 있고, 의사결정의 수용이 중요하며, 그리고 독단적인 의사결정
    이 수용되지 않을 것 같다면.
③ **하위자 위원회 규칙**: 집단 의사결정을 하라.

- 의사결정의 질이 중요하지 않지만, 이의 수용이 중요하고 문제시 된다. 집단의사결정이 위계적 구조가 아니고 위원회일 때 수용되기가 더 쉬울 것 같다면.

④ **하위자 정보 규칙**: 하위자들에게 도움을 요청하지 마라.
- 의사결정을 하는 데 이들이 비효율적인 정보 또는 전문적 지식을 가지고 있다면.

② 의사결정에 관한 제약

의사결정의 질을 향상하고 수용을 증진시키기 위한 이러한 규칙에 덧붙여서, 의사결정에 관한 두 가지 강력한 제약이 따른다.

① **시간제약(동기-시간)**: 시간은 흔히 중요하다.
- 시간은 자유롭지 않다. 의사결정에 사용된 시간의 양은 기회비용이 된다.
② **개발제약(동기-개발)**: 하위자들은 흔히 조직에 헌신하기 위한 지식 및 기술을 가지고 있지 않다.
- 의사결정은 실제를 통해 학습된 기술을 개발한다. 교사에게 주어지는 권한부여는 중요한 의사결정을 내리는 기술 및 기회를 그들에게 부여하는 것을 의미한다.

시간은 의사결정에 참여 범위를 제한하지만, 만약 시간이 허용한다면, 지도자는 교사들이 의사결정에 효과적으로 참여할 수 있도록 지식 및 기술을 개발할 수 있다.

③ 의사결정 유형

Vroom과 Yetton(1973)은 '개인적' 문제와 '집단적' 문제로 구별하였다. 개인적 문제는 잠정적으로 한 사람에게 영향을 주거나 오직 한 사람에게만 영향을 주는 것이다.

이 공식화에서는 집단문제 즉, 다른 사람들에게 영향을 주는 이슈에 관심을 기울였다. Vroom과 Yetton(1973)은 독단적으로부터 집단 참여적으로까지 연속 선상에 있는 다섯 가지 의사결정 유형을 제시하고 있다.

- **독단적**: 지도자는 현재의 정보를 사용하여 일방적으로 문제를 해결한다.
- **비공식적-독단적**: 지도자는 하위자들로부터 필요한 정보를 획득한 후 일방적으로 문제를 해결한다. 하위자들은 질문의 목적을 말할 수도 있고 그렇지 않을 수도 있지만, 이들은 문제를 규정하는 역할을 수행하거나 또는 문제해결을 위한 대안을 수립하고 평가하지는 않는다.
- **개별적-자문적**: 지도자는 하위자와 함께 문제를 공유하지만, 자신들의 아이디어를 개별적으로 얻으려하고, 그리고 하위자들의 영향이 반영되지 않을 수 있는 의사결정을 내린다.
- **집단-자문적**: 지도자는 집단구성원들과 문제를 공유하지만, 자신들의 아이디어를 받아들이며, 하위자들의 영향을 반영할 수도 있고 또는 그렇지 않을 수도 있는 의사결정을 내린다.
- **집단-합의**: 지도자는 집단으로서 하위자들과 함께 문제를 공유하고 합의를 도출하기 위하여 대안을 함께 수립하고 평가한다. 이는 지도자가 집단의 의사결정을 수용할 의지가 있는 집단의사결정이다.

이러한 의사결정 유형을 학교의 예를 들어 설명하면, 다음과 같다.

당신은 고등학교의 교장이다. 당신은 AIDS 예방의 새로운 수업 프로그램을 개발에 따른 폭넓은 교육 과정을 원한다. 사실, 당신은 교육감과 교육위원회로부터 AIDS 예방 프로그램을 수업에 적용하라는 지시를 받았다.

독단적 유형(autocratic style)을 사용하여, 당신은 간단하게 이용 가능한 지식을 토대로 계획을 수립할 수 있다. 한 단위 수업을 하는 보건교육 프로그램을 운영하도록 지시할 수 있다. 만약 당신이 행동하기 전에 더 많은 정보를 필요로 한다면, 지시를 내리기 전에 이런 계획을 실행하는 데 따른 어려움에 관해 보건교사로부터 정보를 얻을 수도 있다. **비공식적 독단적 유형**(informed autocratic style).

만약 당신이 더 많은 자문을 원한다면, 두 가지 자문적 전략을 채택할 수도 있다. **개별적-자문적 유형(individual-consultative style)**에서, 당신은 행동을 결정하기 전에 그들의 아이디어를 개별적으로 얻고자 한다면, 개별적 또는 두 가지 자문적 전략에서 핵심이 되는 것을 체크해야 한다. 대안적으로, 당신은 동일한 목적을 위해 보건교사 집단과 함께 대안을 도출할 수 있다. **집단-자문적 유형(group-consultative style)**.

끝으로, 만약 당신이 교사들의 참여를 최대화하고, 전체 교직원들과 함께 문제를 공유하며, 교사들의 견해를 도출하고, 대안을 수립하고 평가하고자 한다면, 교직원들이 민주적인 의사결정을 하도록 해야 한다. 학교장은 **집단-합의 유형(group-agreement style)**을 사용하여 집단 의사결정을 수용하고, 지지하며, 실행하는 집단의 조정자로서 행동한다.

▍4 의사결정 분지도

의사결정의 효과성은 질, 수용, 그리고 적시성에 달려있다(Vroom & Jago, 1988). 효과적인 의사결정에서 핵심은 시기적절하게 적절한 지도자 유형에 의사결정 규칙을 조화시키는데 있다. 여덟 가지 규칙과 두 가지 제약이 모형 속의 다섯 가지 의사결정 유형 중에서 한 가지를 필요로 하는 상황을 정하지만, 상황, 규칙, 그리고 제약을 조화시키는 것이 그렇게 간단한 문제가 아니다. 한번에 2개를 선택하는 여덟 가지 규칙과 두 가지 제약은 1,000가지 이상의 서로 다른 상황과 다양한 형태의 경로를 낳게 된다. 따라서 분석은 너무 엄청나고 감당하기 어려울 수 있다.

그러나 의사결정 분지도의 사용은 도움을 준다. **의사결정 분지도(decision tree)**는 일련의 의사결정 규칙에 따라 유발되는 가능한 의사결정을 추적한 도식적 구조이며, 이러한 경우에 의사결정 분지도는 Vroom 및 그의 동료들의 실증적 연구결과에 근거한 동시적인 일련의 등식에 의한 해결의 결과이다. 분지도는 의사결정에서 교사들을 포함하기 위한 경로를 단순화하며, 학교장과 교사들의 역할을 규정한다. 그림 5.1은 여덟 가지 규칙이 교사의 기술 및 지식개발이 요구되어질 때 상황에 따라 적절한 의사결정 유형을 어

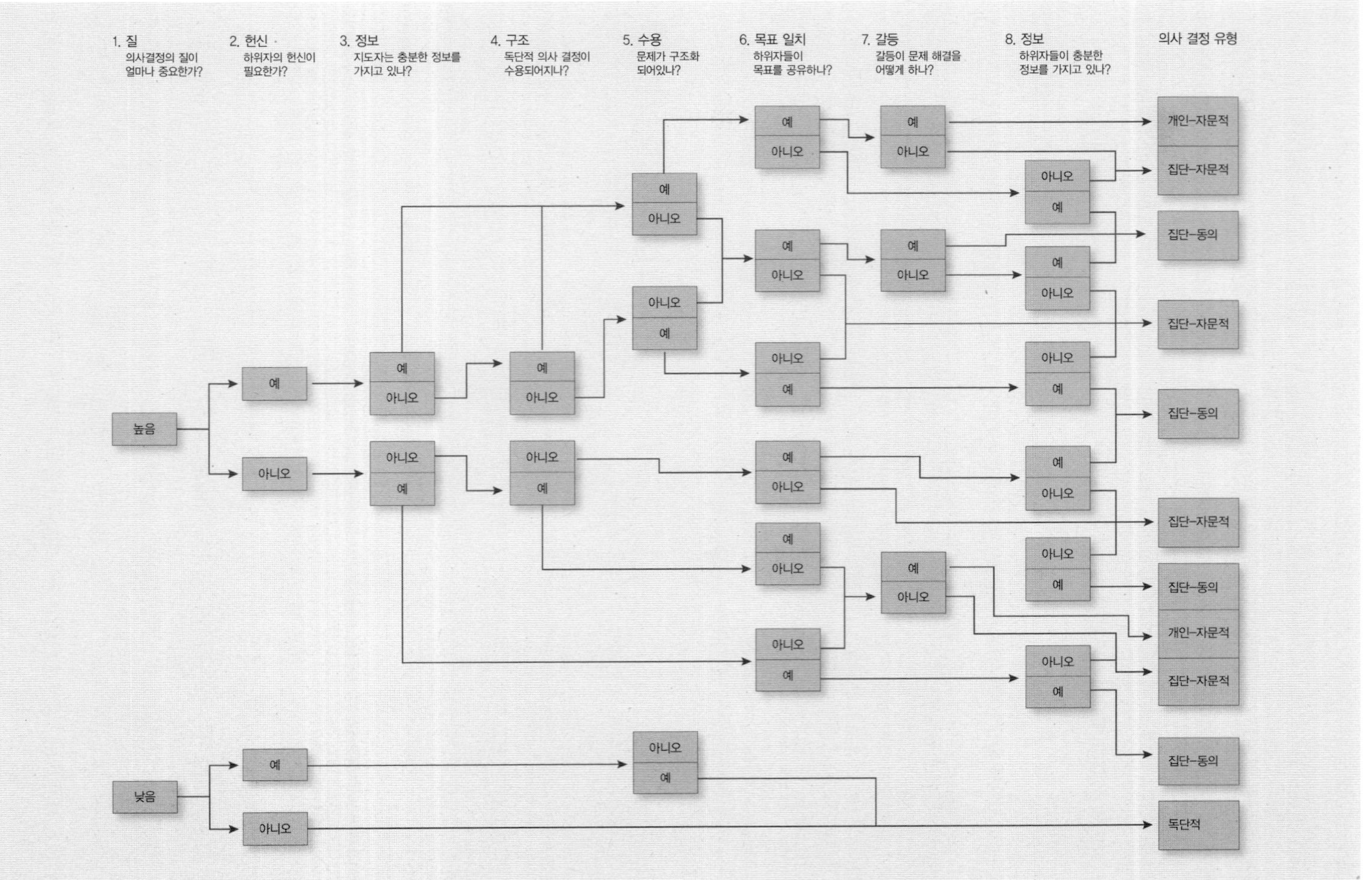

그림 5.1 교사개발을 위한 집단의사결정의 의사결정 분지도

떻게 구성하여 사용하는지를 설명해준다.

그림에서, 규칙은 몇 가지 질문으로 진술된다. 첫째, 두 갈래로 나누어지는 질에 대한 질문을 살펴본다. 높거나 또는 낮은 질의 의사결정을 반드시 해야 한다. 이러한 갈래의 각각은 다음 질문(하위자의 헌신이 얼마나 중요한가?)으로 넘어가며, 두 가지 새로운 갈래, 그리고 기타 등등을 정한다. 질문에 대한 답변과 의사결정 분지도의 다음 갈래들은 결국 적절한 의사결정 유형으로 이끌어 준다.

독단적 의사결정은 언제 적절한가? 그림 5.1의 모형에 따르면, 만약 질의 필요조건이 낮고 이슈가 교사들에게 중요하지 않으면, 독단적 의사결정이 바람직하다. 또는, 만약 의사결정의 질이 높지 않지만, 이슈가 교사들에게 중요하다면, 독단적 접근방법은 교사들이 독단적 의사결정을 수락하리라 여겨질 때만이 적절할 것이다. 의사결정유형과 문제 특성은 적절한 조화를 결정하기 위한 복잡한 등식[Vroom & Yetton(1973), Vroom & Jago(1988)]을 통해 결합되어져 있고, 그림 5.1과 5.2의 의사결정 분지도는 이러한 등식에 대한 해결책임을 기억해야 한다.

의사결정 분지도의 '연습'을 통해 모형 및 의사결정 경로에 스스로 익숙해지도록 한다. 예를 들이, 유형의 사용이 적절한 때는 교사들과 문제를 공유히고, 집단을 형성하지 않고 개별적으로 그들의 아이디어를 끌어내고, 교사들의 영향을 반영할 수도 있고 그렇지도 않을 수 있는 의사결정을 내릴 수 있는 경우이다. 개별적 자문적 의사결정 유형에서 출발하여, 모형을 통해 역으로 추적할 수 있다.

그림 5.1에서 첫 번째 개별적-자문적 유형에는 두 가지 경로가 있다.

첫째, 개별적-자문적 유형에서 역으로 경로를 추적하면, 갈등이 높고, 하위자들이 목표를 공유하지 않으며, 그리고 수용의 가능성이 높고, 정보가 충분하며, 높은 하위자의 헌신 및 높은 질의 필요조건을 지닌다.
둘째, 개별적-자문적 유형에서 다른 경로에서는 갈등이 높고, 교사들은 목표를 공유하지 않으며, 높은 수용의 가능성을 지니고, 구조화된 문제이며, 지도자의 정보가 충분하지 않고, 높은 하위자의 헌신 및 높은 질의 필요조건을 지닌다.

그림 5.1에서 개별적-자문적 유형을 이끄는 두 번째 다른 경로(조건의 형태)를 살펴보자.

셋째, 경로를 역 추적하면, 갈등이 높고, 하위자들이 목표를 공유하지 않으며, 문제
　　가 구조화되어 있고, 지도자의 정보가 충분하지 않으며, 낮은 하위자들의 헌신
　　및 높은 질의 필요조건을 지닌다.
넷째, 마지막 경로는 갈등이 높고, 하위자들이 목표를 공유하지 않으며, 그리고 지도
　　자의 정보가 충분하지 않고, 낮은 하위자의 헌신 및 높은 질의 필요조건을 지
　　닌 상황을 묘사하고 있다.

　요약하면, 개별적-자문적 유형은 높은 질의 의사결정이 요구되고, 하위자들이 목표
를 공유하지 않으며, 그리고 갈등이 높을 때 필요로 한다.

　모형이 복잡하면, 의사결정 또한 복잡해진다는 것은 의문의 여지가 없다. 이는 언뜻
보아서 그렇게 느껴지지 않을 수도 있지만, 모형은 실제로 그 과정을 단순화한다. 연구
에서는 Vroom과 그의 동료들에 의해 제시된 의문들이 리더십과 의사결정의 효과성에
영향을 미치는 중요한 요소임을 밝히고 있다. 그림 5.1에서 도식화된 모형에는, 다섯 가
지 의사결정 유형에 대한 30가지 이상의 적절한 경로들이 제시되고 있지만, 수많은 경
로들을 비교하기 위한 몇 가지 영역은 다음과 같은 의문들을 통한 여덟 가지 기준 모두
를 사용하여 정할 수 있다.

- 이 의사결정에서 기술적 질은 얼마나 중요한가?
- 의사결정에서 교사의 헌신은 얼마나 중요한가?
- 의사결정의 질을 위한 충분한 정보를 가지고 있나?
- 문제는 구조화되었는가?
- 독단적 의사결정이 수용되었는가?
- 교사들이 조직목표를 공유하는가?
- 교사들은 문제해결에 갈등을 일으키는가?
- 교사들은 높은 질의 의사결정을 하기 위한 충분한 정보를 가지고 있는가?

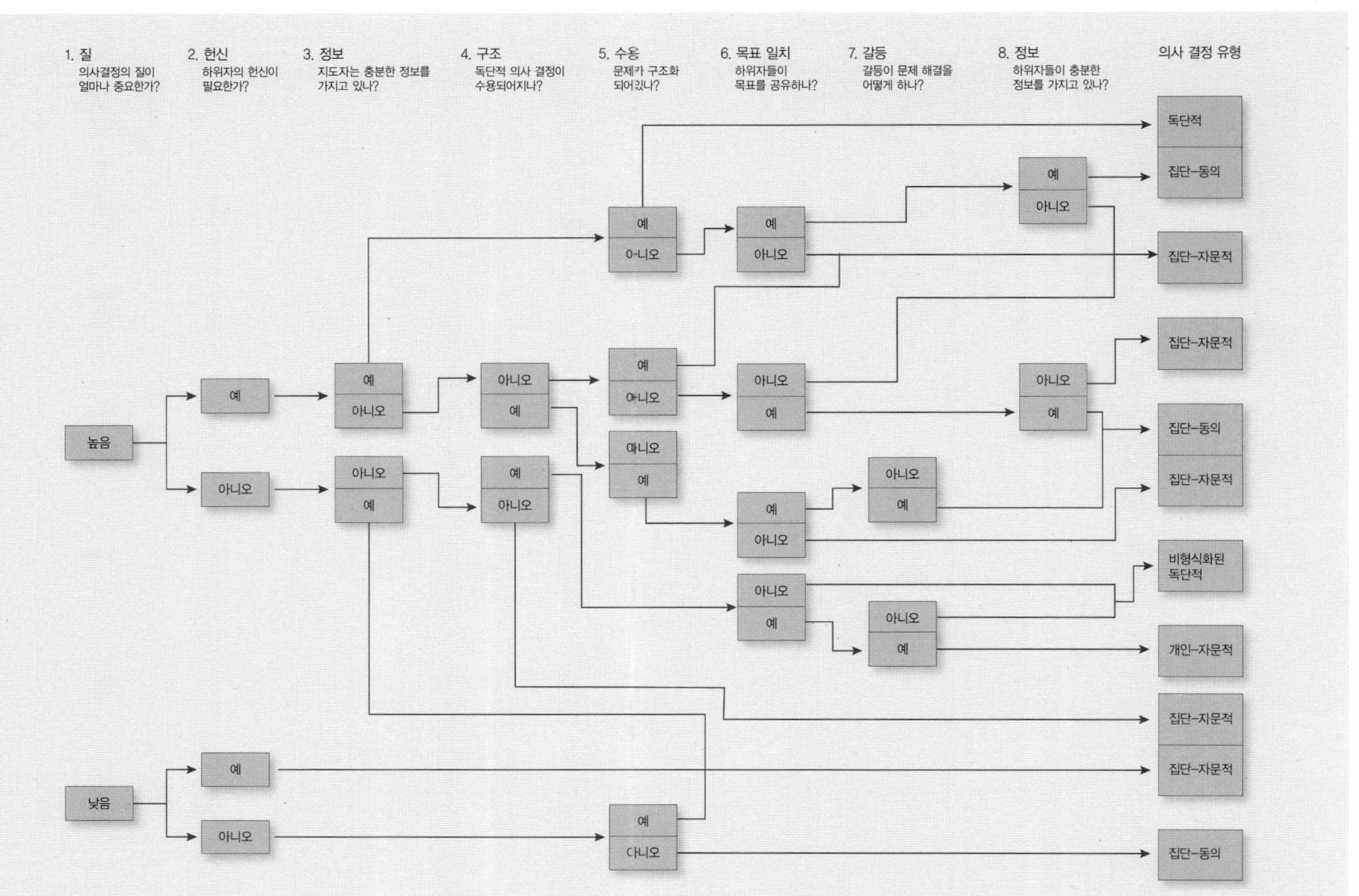

그림 5.2 시간제약 하의 집단의사결정을 위한 의사결정 분지도

교사개발의 제약 하에서 운영되는 그림 5.1의 의사결정 분지도를 상기한다. 주된 제약은 개발보다 오히려 시간임을 생각한다. 그림 5.2는 적절한 의사결정의 유형에 따른 경로를 묘사하고 있다. 의사결정의 질문은 동일하지만, 경로는 다르다. 그림 5.1과 5.2를 비교한다. 시간이 제약될 때, 독단적이고 일방적인 의사결정이 이루어지기 훨씬 더 쉽지만 하위자의 개발이 제약될 때, 집단합의도 더 쉽게 이루어질 수 있다. 달리 말하면, 시간이 방해를 할 때, 일방적인 접근방법이 필요하지만, 시간이 이슈나 목표가 아니고, 교사들이 의사결정에 헌신하도록 기술 및 지식을 개발하는 데 있다면, 협력은 더 쉬울 뿐만 아니라 더 필요하다. 궁극적으로 교사들은 그들 자신의 리더십 행위 및 책임감을 수락하기를 원하기 때문에 시간이 허용한다면 개발적 모형을 권장한다. 즉, 교사들에게 권한부여를 해주길 원한다.

몇 가지 경고

Vroom 모형은 의사결정에서 하위자들의 참여를 이끄는 강력한 도구이다. 각 질문에 대한 응답은 컴퓨터 없이도 사용가능한 모형을 만들도록 두 갈래로 나뉘어져 있다. 그러나 이런 단순화에도, 의사결정 분지도를 사용하지 않으면 너무 복잡해서, 대부분의 지도자들은 단순하게 그 절차를 무시한다. 거기에 문제가 있다. 모형은 유용하지만, 일상적인 사용을 위해서는 다소 복잡하다. 그러나 모형은 의사결정의 질과 수용의 중요한 필요조건을 고려할 것을 강조하며, 어떤 결정을 내리기 전에 언급되어져야 할 중요한 질문들을 제기한다. 지도자들이 필요로 하는 것은 컴퓨터 또는 색인카드에 저장하기보다 오히려 신속하게 사용할 수 있는 유용한 모형이다. 마음속에서 결론을 내리고, 지도자들이 실제 문제로 고심할 때 그들의 머릿속에 간직할 수 있는 모형인 참여적 의사결정의 단순화된 모형으로 돌아간다.

HOY-TARTER 모형

    의사결정에서 교사참여에 관한 연구는 일반적으로 의사결정 과정에서 교사들에게 권한부여의 가능성을 지지하였지만, 연구는 또한 참여가 반드시 이익이 되는 것은 아니라고 제시한다. 즉, 교사참여의 효과성은 문제 및 상황에 달려 있다고 한다. 비즈니스와 교육기관의 의사결정참여에 관한 이론과 연구의 사려 깊은 조사를 통해 다음과 같은 결론을 도출한다.[7]

- 정책형성과정에 참여기회는 교사의 사기 및 학교에 대한 열정에서 중요한 요인이 된다.
- 정책결정 참여와 교직에 대한 개별적 교사의 만족은 긍정적 관계에 있다.
- 교사들은 의사결정에서 그들을 참여시키는 학교장을 선호한다.
- 의사결정의 질이 떨어지거나 하위자들이 이를 수락하지 않으면 의사결정은 실패한다.

---

7 의사결정 참여의 바람직함을 지지하는 연구들로는, Sharma(1955), Guest(1960), Vroom(1960, 1976), Belasco and Allutto(1972), Alluto and Belasco(1973), Conwa(1976), Hoy, Newland, and Blazovsky(1977), Driscoll(1978), Mohrman, Cooke, and Mohrman(1978), Moon(1983) 등이 있다. 그리고, 의사결정 참여에 관한 종합적이고 다소 비판적인 연구로는, Locke and Schweiger(1979), 유사하게 교육에서 참여적 의사결정에 관한 연구로는, Conway(1984). 그러나 의사결정에 하위자 참여의 효과는 단순하지도 분명하지도 않다고 한 연구로는, Imber(1983), Conway(1984), Imber and Duke(1984), Vroom and Jago(1988), Conley, Bower, and Bacharach(1989), Bacharach, Bamberger, Conley, and Bauer(1990), Conley(1990) 등이 있다.

- 교사들은 모든 의사결정에 참여하기를 기대하거나 원하지 않는다. 사실 너무 많은 참여는 거의 참여하지 않는 것과 마찬가지로 해로울 수 있다.
- 의사결정에서 교사와 행정가의 역할 및 기능은 문제의 특성에 따라 다양해질 필요가 있다.

거듭 강조하지만 "교사들을 의사결정에 참여시켜야 할 것인가?"라는 질문은 적절하지 않으며 오히려 비판적인 질문은 상황을 더 복잡하게 만든다.

- 어떤 상황 하에서 교사들이 의사결정에 참여해야만 하는가?
- 어느 정도로 교사들이 참여해야 하는가?
- 어떻게 교사들이 참여해야 하는가?
- 의사결정과정에서 행정가의 역할은 무엇인가?

Vroom은 복잡해진 질문에 대한 한 가지 대답을 제시하였다. 단순화된 참여 모형으로 되돌아가자—교육 행정가들은 실제에 대한 지침으로서 참여모형을 쉽게 마스터하고, 기억하며, 그리고 빠르게 이용할 수 있다. Hoy-Tarter의 모형(1992, 1993a, 1993b, 2003, 2004)은 행정가들이 머리 속에 간직할 수 있고 상황이 적절할 때 쉽게 적용할 수 있는 사용자에게 친숙한 모형으로 발전되었다. 모형에 대한 검증에서, 두 가지 서로 다른 모형을 사용한 해결은 시간에 관계없이 90% 이상 서로 일치한다는 것을 발견하였다. 차이를 나타낸 경우는 거의 없었는데, 이는 실체의 차이라기보다 오히려 유형의 차이였다.

▉ Hoy-Tarter의 참여적 의사결정 모형

하위자들은 사안들에 대해 무관심하기 때문에 의심 없이 어떤 결정을 받아들인다. Barnard(1938, p. 167)가 설명한 바와 같이, '권위를 의심하지 않고 명령을 수용하는 각 개인들 내에' **무관심의 영역(zone of indifference)**이 존재한다. Simon은 보다 긍정적인 수용영역(zone of acceptance)이란 용어를 선호하나, 관련 문헌에서 이 용어들은 동일한 의미로 사용되고 있다. 하위자의 수용영역은 어떤 상황 하에서 하위자들을 의사결정에 참여할 것인가 또는 그렇지 않을 것인가를 결정하는 데 중요하다.

1) 수용영역 : 그 중요성과 결정

Barnard(1938), Simon(1947), 그리고 Chase(1951)의 연구를 토대로 하여, Edwin M. Bridges(1967)는 참여적 의사결정에 관한 두 가지 명제를 도출하였다.

① 하위자들이 수용영역 안에 있는 의사결정에 참여할 때, 참여는 덜 효과적일 것이다.
② 하위자들이 수용영역 밖에 있는 의사결정에 참여할 때, 참여는 더 효과적일 것이다.

행정가에게 있어서 문제는 어떤 의사결정은 영역 안에서 하고 어떤 의사결정은 영역 밖에서 할 것인가를 결정하는 것이다. Bridges는 이 의문에 대한 답변을 위해 두 가지 김증빙법을 제시하고 있다.

| | | 하위자들은 개인적인 관심을 가지고 있는가? | |
		예	아니오
하위자들은 전문성을 가지고 있는가?	예	수용 영역 외부 (아마 참여)	관련성 한계영역 (때때로 참여)
	아니오	전문성 한계영역 (때때로 참여)	수용 영역 내부 (확실히 배제)

그림 5.3　수용영역과 참여

- **관련성의 검증(The test of relevance)**: 하위자들은 의사결정의 결과에 대해 개인적인 이해관계가 있는가?
- **전문성의 검증(The test of expertise)**: 하위자들은 의사결정에 유용한 기여를 할 수 있는 전문성을 가지고 있는가?

이러한 질문에 대한 답변으로서 그림 5.3에 나타난 것처럼 네 가지 상황이 정해진다. 하위자들이 의사결정의 결과에서 전문성과 개인적 이해관계를 가지면, 의사결정은 분명히 수용영역 밖에 있다. 그러나 만약 하위자들이 전문성이나 개인적 이해관계를 가지고 있지 않다면, 의사결정은 수용영역 안에 있다. 그러나 서로 다른 의사결정 제약을 지닌 두 가지 한계조건(marginal conditions)이 있다. 하위자들이 전문성은 있으나 개인적 이해관계가 없을 때, 또는 개인적 이해관계는 있으나 특정한 전문성이 없을 때, 상황은 더 문제가 많아진다. Hoy와 Tarter(1995)는 지침을 위한 두 가지 부가적인 이론적 명제를 제시한다.

③ 하위자들이 제한적인 전문성을 가지고 의사결정에 참여하게 되면, 그들의 참여는 제한적인 효과를 거둘 것이다.
④ 하위자들이 제한적인 관심을 가지고 의사결정에 참여하면, 그들의 참여는 제한적인 효과를 거둘 것이다.

2) 신뢰와 상황

실제적 문제에서 성공적으로 모형을 적용하고자 한다면 한 가지 사항을 더 고려하는 것이 도움이 될 것이다. 하위자들에 대한 신뢰는 때때로 그들의 참여 정도를 조정해 줄 것이다.[8] 하위자들의 개인적 목표가 조직의 목표와 갈등을 일으킬 때, 그들에게 의사결정을 위임하는 것은 무분별한 행동이다. 그 이유는 학교의 전반적인 복지를 희생하면

---

8 이 모형의 초기 버전에서, 이 세 번째 검증을 헌신이라고 불렀는데 검증의 의미를 파악 하는 데 있어 더 적절한 용어는 '신뢰'라고 여겨진다.

서 개인적인 관심사를 근거로 결정을 내릴 수 있는 높은 위험성이 있기 때문이다.[9] 따라서 하위자의 신뢰는 중요하다. 그리고 신뢰를 측정하기 위하여, 마지막 검증방법을 제안한다.

- **신뢰검증(The test of trust)**: 하위자들은 조직의 임무에 헌신하는가? 그리고 하위자들이 조직의 이익을 위해 최선의 의사결정을 할 것이라고 신뢰할 수 있는가?

만약 의사결정이 수용영역 밖에 있고, 하위자들이 조직의 이익을 위해 최선의 의사결정을 할 것이라고 신뢰할 수 있다면, 참여는 보다 광범위하게 이루어질 것이다. 의사결정이 합의에 의해서 또는 다수결에 의해서 이루어질 것이냐가 유일한 이슈이기 때문에 이를 **민주적 상황(democratic situation)**이라 부른다. 그러나 만약 의사결정이 영역 밖에 있고 하위자들을 거의 신뢰하지 않는다면, **갈등적 상황(conflictual situation)**이 되고 참여는 제한된다. 참여를 제한하지 않는다면 전반적인 조직의 복지와 일치하지 않는 방향으로 나아가게 될 것이다.

그러나 만약 의사결정의 이슈가 하위자들과 관련되지 않고 전혀 전문성도 없다면, 이사결정은 분명히 수용영역 안에 있게 되고 참여는 피해야 할 것이다. 이는 **비협력적인 상황(noncollaborative situation)**이다. 사실, 하위자들이 전형적으로 관심을 갖지 않기 때문에 이런 상황에 참여는 분노를 불러일으킬 수 있다.

하위자들이 이슈에 개인적 이해관계가 있고 전문성이 전혀 없을 때, **이해관계자 상황(stakeholder situation)**이 되고 하위자들의 참여는 제한되거나 아주 가끔 이루어져야 할 것이다. 그렇지 않다면 갖가지 문제가 일어나게 된다. 만약 하위자들이 실질적으로 아무런 기여도 할 수 없다면, 결국 결정은 전문가(하위자가 아님)에 의해 이루어질 것이고, 불만과 적대감이 나타날 수 있다. 사실, 하위자들은 '이미 결정이 이루어진' 상태에서 공연히 헛수고만 한 것으로 받아들일 수 있다. Daniel L. Duke, Beverly K. Showers, 그리고 Michael Imber(1980)는 자신들의 연구에서 참여적 의사결정은 흔히 교사들에게 교사의 영향에 관한 환상을 창조하기 위한 형식화 또는 시도로서 받아

---

9 참여적 의사결정과 의사결정의 위임 간의 유용한 구분을 위해서는, Hoy and Sousa(1984)의 연구를 살펴보고, 학교 참여의 비판적 분석에 관해서는 Keith(1996)의 연구를 살펴보자.

들여지고 있다고 결론지었다. 다른 한편으로, 제한된 방법으로 가끔씩 교사들을 참여시키는 것이 도움이 될 수도 있다. 이러한 상황에서 참여를 시키려할 경우, 교묘하게 이루어져야만 한다. 하위자들과의 개방적인 의사소통, 하위자들의 교육, 의사결정에 대한 지지를 확보하는 것이 그 주요 목적이 된다.

끝으로, **전문적 상황(expert situation)**이 있다. 하위자들이 결과에 대해 개인적인 이해관계가 전혀 없지만 유용한 기여를 할 수 있는 지식을 가진 경우이다. 하위자들을 참여시켜야 할까? 아주 가끔씩! 이러한 의사결정에 하위자들을 무분별하게 참여시키는 것은 관계를 소원하게 만들 수도 있다. 행정가의 입장에서 볼 때, 이러한 상황에서 참여는 보다 높은 질의 의사결정에 도달할 수 있는 기회가 되겠지만, 하위자들은 "행정가들은 어떤 일을 하고 보수를 받고 있는 걸까?"라는 불평을 하기 쉬울 것이다.

이러한 다섯 가지 의사결정 상황과 적절한 반응들이 그림 5.4에 요약되어 있다.

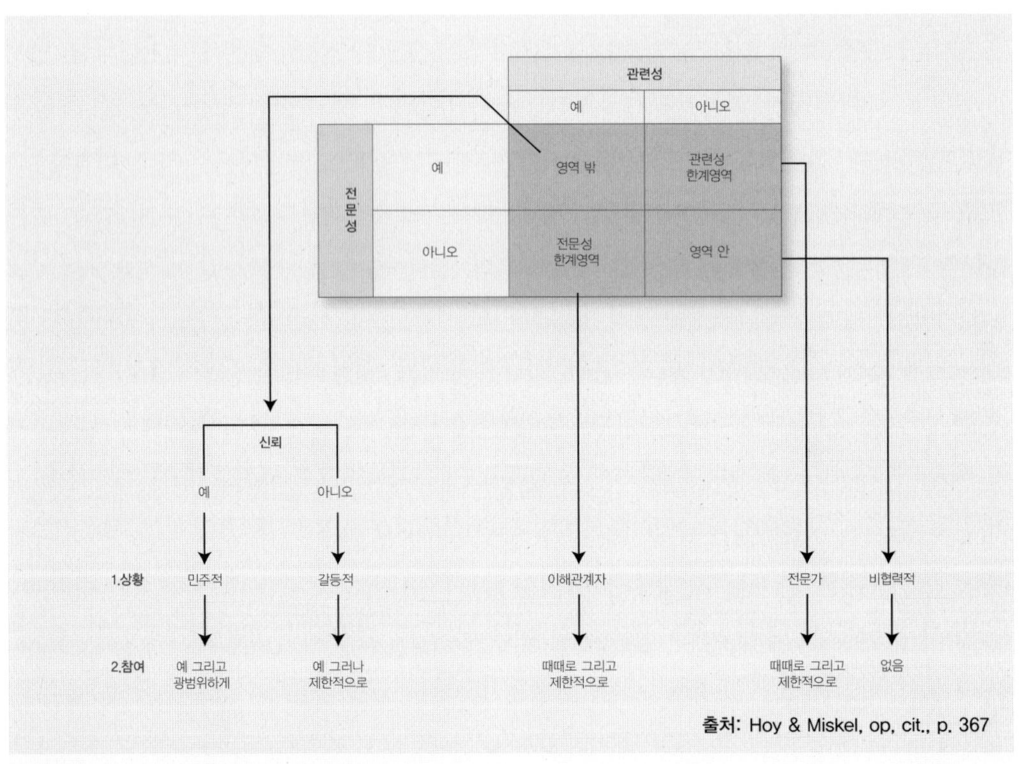

그림 5.4　의사결정 상황과 하위자 참여

3) 의사결정구조

행정가가 하위자들을 의사결정에 참여시키기로 결정하였다면, 다음 질문은 그 과정을 어떻게 진행할 것인가이다. Hoy와 Tarter(2003)는 **다섯 가지 의사결정 상황**을 제시하고 있다.

① **집단 합의(Group consensus):** 행정가들은 의사결정에 참여하며, 집단결정이 이루어진다. 모든 집단구성원들은 평등하게 의제를 제출하고 결정 안을 평가하며, 의사결정이 이루어지기 전에 전체 합의를 필요로 한다.

② **집단 다수결(Group majority):** 행정가들은 의사결정에 참여하며, 다수결의 원리에 따라 집단결정이 이루어진다.

③ **집단 조언(Group advisory):** 행정가는 전체 집단의 의견을 받아들이고, 집단 제안의 함의를 논의하며, 이 때 하위자들의 제의를 반영할 수도 있고 안할 수도 있다.

④ **개별적 조언(Individual advisory):** 행정가는 전문지식을 지닌 하위자에게 개별적으로 조언을 구한 후 의사결정을 내리며, 이 때 하위자들의 의견이 반영될 수도 있고 그렇지 않을 수도 있다.

⑤ **일방적 결정(Unilateral decision):** 행정가는 하위자의 조언을 구하거나 참여시키지 않고 의사결정을 내린다.

4) 지도자의 역할

지금까지 참여적 의사결정에서 하위자들에게 초점을 맞추었다. 이제 행정가에게 관심을 돌려 통합자, 의회 정치가, 교육자, 의뢰인, 그리고 지시자 등 **다섯 가지 리더십 역할(five leadership roles)**을 밝히고자 한다. **통합자(integrator)**는 의사결정의 합의를 위해 하위자들을 불러 모은다. 여기서 과업은 다양한 의견과 입장을 조화시키는 것이다. **의회 정치가(parliamentarian)**는 소수의 의견을 보호하기 위해 개방적 의사소통을 촉진시키며, 민주적 과정을 통한 집단의사결정의 참여를 이끌어 나간다. **교육자(educator)**는 의사결정의 이슈에 대한 기회와 제약에 대한 설명을 하고 논의를 함으로써 변화에 대한 저항을 줄인다. **의뢰인(solicitor)**은 하위자인 전문가로부터 조언을 구한다. 의사결정

역 할	기 능	목 표
통합자	다양한 관점을 통합함	합의를 얻어내기 위해
의회 의원	개방적인 논의 촉진	심사숙고한 집단의 의견을 지원하기 위해
교육자	사항을 설명하고 논의함	결정안이 수용되도록 하기 위해
의뢰인	조언을 구함	의사결정의 질을 높이기 위해
지시자	일방적인 의사결정을 함	효율성을 달성하기 위해

의 질은 행정가가 관련된 정보의 생성을 이끌어낼 때 향상된다. **지시자(director)**는 하위자들이 전문적 지식 또는 이해관계를 전혀 갖고 있지 않은 경우에 일방적인 의사결정을 내린다. 여기서 목표는 효율성이다. 각 역할의 기능 및 목표는 표 5.1에 요약되어있다.

5) 종합 : 참여적 의사결정 모형

행정가들은 모든 의사결정에 교사들을 참여시키라는 권고를 자주 받는다. 보다 적절한 입장은 다음 질문에 나타나 있다. 의사결정에 다른 사람들을 언제, 어떻게 참여할 것인가? 이 질문에 응답하는 모형을 제시하고자 한다.

Barnard(1938)와 Simon(1947)의 연구에서 도출한 모형의 핵심개념은 수용영역이다. 따라서 하위자들이 간단하게 수락하는 어떤 결정이 있다면, 하위자들이 참여할 필요가 없다. 행정가들은 다음의 두 가지 질문을 요청해 봄으로써 이러한 상황을 확인한다.

① **관련성 질문(Relevance question)**: 하위자는 결과에 개인적인 이해관계가 있나?
② **전문성 질문(Expertise Question)**: 하위자의 전문기술이 문제해결에 기여하는가?

만약 이러한 두 가지 질문에 대한 응답이 yes 라면, 즉 하위자들이 결과에 대한 개인적 이해관계를 가지고 전문성을 갖추고 있다면, 상황은 수용영역 밖이 된다. 하위자들이 참여를 원한다면, 그들의 참여는 의사결정의 질을 높일 것이다. 그러나 다음의 질문을 통해 조직에 대한 그들의 기여도를 평가해야 한다.

③ **신뢰 문제(trust question)**: 하위자들이 조직이익을 위해 최선의 의사결정을 내릴 것이라고 신뢰할 수 있는가?

하위자들이 헌신적이라면, 집단은 '최선'의 의사결정을 개발하고자 할 때 하위자들의 참여를 확대해야 할 것이다. 의사결정과정에서, 행정가의 역할은 통합자(**만약 합의가 필수적이라면**) 또는 의회정치가(**만약 집단 다수결로도 충분하다면**)로서 행동하는 것이다. 만약 하위자들이 헌신적(**갈등적 상황**)이 아니라면, 그들의 참여는 제한되어야 할 것이다. 이러한 상황에서 행정가는 교육자로서 행동하며, 집단은 다소의 저항에 대한 조언을 하고 확인하는 데 도움이 된다.

그러나 하위자들이 의사결정에 대해 개인적 이해관계만을 가진다면, 그들의 참여는 가끔씩 제한적으로 이루어질 것이다. 하위자들은 결과에 관심이 있지만, 의사결정에 관련된 지식은 거의 없다. 이러한 상황에 가끔씩 참여하는 이유는 저항을 적게 받고 참여자들을 교육시키기 위해서다. 여기서 참여가 자주 이루어진다면, 자신들이 원하는 것이 충족되지 않기 때문에 교사들은 속았다는 생각을 하게 되고 관계가 소원해진다. 초기부터, 집단은 지도자에게 조언을 하는 위치에 있다는 것을 모든 참여자들이 분명히 알아야 할 것이다. 행정가의 역할은 의사결정을 하고 교육하는 데 있다.

하위자들이 전문지식은 가지고 있으나 개인적 이해관계가 없다면(**전문적 상황**), 행정가들이 일반적으로 이런 종류의 의사결정에 참여하지 않는 전문적 지식을 지닌 중요한 개인을 끌어들임으로써 의사결정을 향상하려고 시도할 때도 또한 가끔씩 제한적으로 이루어져야 한다. 언뜻 보아, 전문가는 항상 의사결정에 자문을 할 것이라 생각되지만, 결과에 대해 작업자들이 전혀 개인적인 이해관계가 없다면, 이들의 열정은 곧 식어버릴 것이다. '이 일은 내 일이 아니야' 하고 불평을 할 수도 있다.

비협력적 상황에서 교사들은 의사결정에 기여하는 데 관심도 없고 전문지식도 없다. 아직도 모든 종류의 의사결정에 교사들을 참여시켜야 한다는 강력한 규범이 존재하고 학교장들은 흔히 교사들의 지식 또는 관심과 관계없이 이들을 의사결정에 참여시켜야 한다는데 구속을 느낀다. 이러한 의식적 행사는 역기능적이고 불합리한 것이다. 아무런 관심도 없고 도움도 되지 않는 사람들을 왜 의사결정에 참여시켜야 하는가? 이 모형은 이슈가 하위자들의 수용영역 내에 있을 때는 행정가들이 직접 일방적인 결정을 해야 한다는 것을 제시하고 있다. 전체 모형이 그림 5.5에 요약되어 있다.

이러한 참여적 의사결정 모형이 만병통치약은 아니다. 이는 섬세하고 사려 깊은 행정적 사고 및 행동을 대체할 수 있는 것도 아니다. 이는 단지 교사와 교장이 공동으로 의사결정에 언제, 어떻게 참여할지에 대한 어떤 지침을 제공해줄 뿐이다. 의사결정의 효과성은 의사결정의 질과 의사결정안의 실행을 위한 하위자들의 수용 및 헌신에 의해 결정된다.

② 의사결정을 위한 교사능력개발

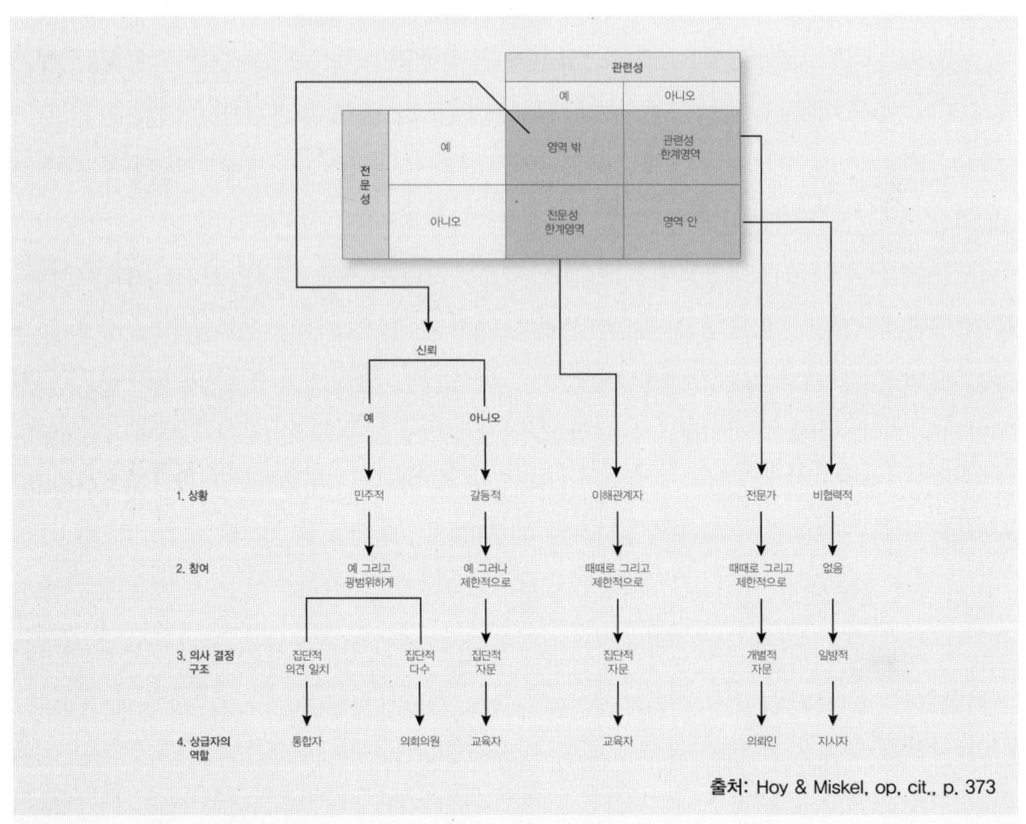

그림 5.5 참여적 의사결정의 규범적 모형

교사들 모두가 의사결정에 참여하기를 바라는 것은 아니다. 사실, 일부 교사들은 주된 의사결정을 행정가에게 아주 편안하게 모두 맡긴다. 반면에 다른 교사들은 모든 의사결정에 참여하기를 원한다. 대부분의 교사들은 이러한 극단의 사이에 자리 잡고 있다. 건강한 관점은 교사들이 기여할 수 있을 때 원하는 의사결정에 참여 하도록 하는 것이다.

대다수의 교직원들은 상당한 재능을 지니고 있다. 그리고 모든 행정가들을 위한 도전은 이러한 재능을 표출하도록 하는 방법을 찾는 것이다. 교사의 권한부여가 효과적으로 이루어지도록, 학교장은 참여역할뿐만 아니라 교육역할도 해야 한다. 우선, 학생과 학교의 복지가 개인적 의제보다 우선한다는 것을 교사들이 배우고 보여주어야 한다. 학교장 또한 교사들과 솔직한 대화, 개방, 일관성, 그리고 무효시합 놀이를 하면서 진실성을 보여주어야 한다.

다음으로, 교사들이 효과적으로 참여하기 위한 지식을 갖지 못할 때, 학교장은 그런 전문지식을 함양해야 한다. 그러나 교사들이 마음에 두지 않는-그들에게 부담이 되지 않는 몇 가지 의사결정들은 학교장 혼자서 결정해야 한다. 또한, 때로는 학교장이 어떤 의사결정을 하는 데 권한을 가지지 못하면 그들이 가지지 않는 것을 주는 체하지 않아야 할 것이다. 끝으로, 때때로 시간부족은 실제적으로 참여를 불가능하게 만든다. 원칙들이 결정되어야 한다.

여기 다음과 같은 참여적 의사결정을 위해 교사들이 준비해야할 몇 가지 지침이 있다.

- 문화개발은 학교목표의 핵심이다. 학생이 우선이다.
- 교사들을 믿어라. 솔직히 말하라.
- 신뢰의 문화를 개발하라. 학교장과 교사는 서로 신뢰할 필요가 있다.
- 교사의 전문지식이 부족하다면, 이러한 영역에서 지식을 개발한다.
- 중요하지 않은 의사결정으로 교사에게 부담을 주지 않는다.
- 당신이 갖지 않은 의사결정 권한은 줄 수 없다.
- 교사들의 준비가 마련될 때까지 참여적 의사결정에 교사들을 끌어들이지 않는다. 교사들은 점증적인 접근방법으로 오래된 전통을 깨뜨리고 새로운 의사결정방법을 배울 필요가 있다.

- 결국, 성공을 거두기 위해서는, 교사들은 유용한 지식을 갖고, 참여를 동기화 하고, 그리고 기꺼이 학교의 복리를 위해 자신의 개인적 의제를 유보해야만 한다.

❸ 집단적 의사결정의 유의점

집단 의사결정이 효과적인 과정임은 의문의 여지가 없지만, 집단 의사결정을 요구하는 상황일지라도 몇 가지 위험이 존재하고 있다. 시간은 항상 의사결정 참여에서 잠정적 제약요인이 되며, 그리고 집단 의사결정은 전형적으로 개인적 의사결정보다 더 많은 시간을 요구한다. 참여에는 논의, 토론, 그리고 흔히 갈등이 빚어진다. 사실, 의사결정 과정에 참여하는 행위자의 수가 증가하면, 그만큼 조정이 더 중요하고 어려워진다. 신속성과 효율성은 집단의사결정에 있어서는 기본적인 장점이 되지 못한다.

비록 의사결정에 참여는 상당한 집단갈등을 유발할 수 있지만, 집단문제해결이 성공할 경우, 특히 집단 '내'의 소규모 구성원 간에 강력한 응집력을 지니게 할 수 있다. 너무 강한 응집력은 갈등만큼 위험할 수도 있다. 갈등은 행위를 막아준다. 강한 응집력은 집단 내에 획일성을 증진시킨다. 획일성이 지닌 문제는 무비판적이 되어 모든 사람들이 똑같은 생각을 갖게 할 수 있다. Janis(1985)는 고도로 응집된 집단에서 이러한 일치-추구 경향(concurrence-seeking tendency)이 나타남을 강조하고 있다. 이 경향이 지배적일 때, 구성원들은 그들 조직의 절대성에 관한 공유된 환상과 일치하는 합리성을 개발하기 위해 그들의 집단적 인지자원을 이용한다. 즉, 구성원들은 **집단적 사고 증후군** **(groupthink syndrome)**을 보인다.

Janis(1985)는 집단적 사고를 조장하는 상황에 관한 종합적인 분석을 제시하고 있다. 집단적 사고가 나타날 수 있는 가장 유력한 상황중의 하나는 정책결정자가 '집단 내' 구성원이 아닌 동일한 조직 내의 다른 사람들과의 접촉에서 격리되어 있을 때이다. 공정한 리더십의 결핍 또한 의견일치 추구를 조장하며, 특히 지도자가 카리스마적이고 추종자들이 이를 즐겁게 따를 때이다. 지도자의 선호도가 그들의 사고흐름을 결정짓게 된다. 구성원들의 사회적 배경과 이념의 동질성과 마찬가지로 체계적 분석을 요구하는 규범의 결핍도 동일한 생각을 갖는데 영향을 미친다.

　유사하게, 상황적인 맥락에 의해서도 집단적 사고를 키운다. 지도자가 더 나은 해결책을 제시하리라는 희망이 별로 없는 상태에서 외부위협에 따른 높은 스트레스는 무비판적인 합의를 하도록 집단을 압박하게 된다. 더 나아가, 최근의 실패로 인한 일시적인 집단의 낮은 자신감, 과도한 어려움, 그리고 도덕적 딜레마 등이 집단적 사고를 촉진한다. 앞에서 제시된 이러한 모든 상황들은 집단적 사고 경향을 증대시키며, 과대평가, 폐쇄성, 그리고 만장일치를 위한 압력 등의 집단적 사고의 결과들을 낳게 된다. 이러한 행동은 조심성을 해치고 결국에 실패하기 쉬운 불완전한 의사결정을 유발한다. 그림 5.6은 집단적 사고 과정을 요약하여 제시하고 있다.

　솔직히 말해서, 현명한 사람들이 똑같은 생각을 할 때, 충분하지 못한 의사결정이 이루어지기 쉽다. 집단적 사고는 오랜 시간 동안 당대의 문제로 남아있다. Pigs만 침공, Vietnam 전쟁의 단계적 확대, NASA의 Challenger호의 비극, 그리고 Iraq 침공 등을 생각해보자. 현실적인 행동의 대안적 방법을 평가하기 위해 과도한 동기에 의해서 결집

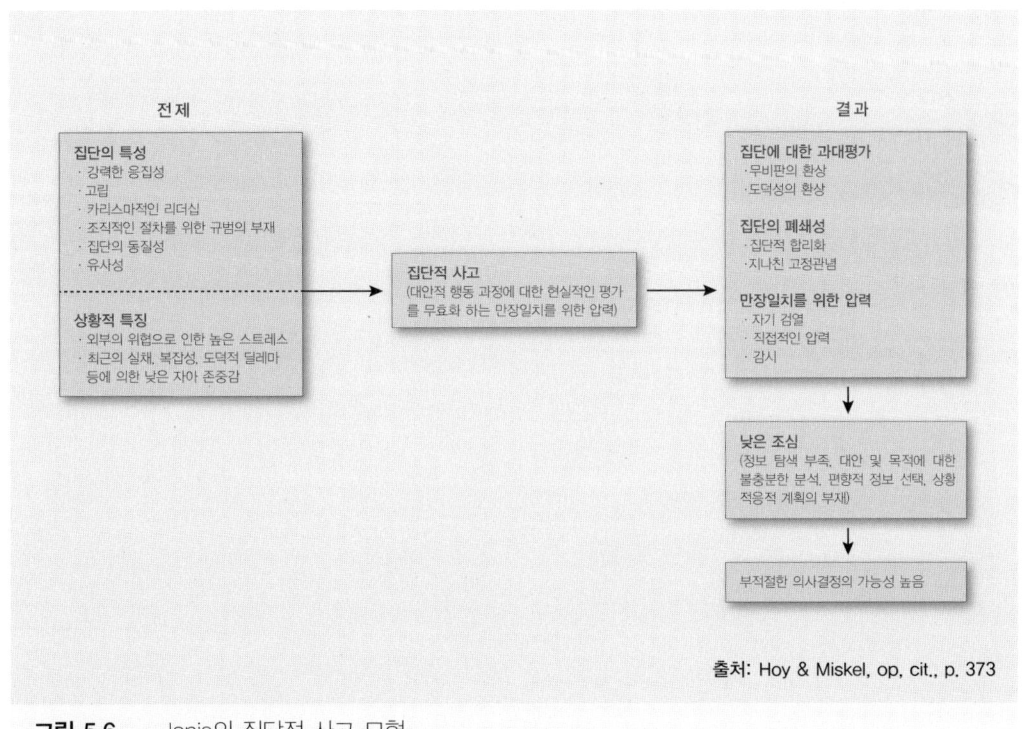

그림 5.6　　Janis의 집단적 사고 모형

된 집단들은 만장일치를 선택하라는 압력에 쉽게 따르게 된다.

예를 들어, 특정 직원이 일어나서 이야기를 할 때, 교직원과 학교장은 여기저기서 불평이 이루어지고 있다는 것을 알고 있기 때문에 그냥 일반적인 불평으로 받아들일 수 있다. 이런 교직원은 행정적 실수를 사전에 확인하고 방지하도록 해주기 때문에 학교를 위해 소중한 사람이다. 교직원들의 불평을 장려하는 것이 이상하게 여겨질지 모르지만, 이는 집단적 사고에 대한 교정수단이 된다. 시간이 촉박하고 이해관계가 클 때 의사결정에 보다 큰 영향을 미치는 반대의 목소리를 내는 것이 쉬운 일은 아니지만, 합의를 도출하기 위해 성급하게 결정을 내리는 것을 막음으로써 집단적 사고의 문제를 예방하는 것은 불완전한 의사결정을 피하기 위해 필요한 일이다.

결 론

교사의 권한부여에 관한 권고는 충분하지 않다. 분명히 교사의 권한부여가 적절할 때가 있지만, 어떤 때에는 그렇지 않다. 교사 참여가 의사결정의 질을 향상하는 상황이 되기도 하고 의사결정의 효과성을 방해하는 상황이 되기도 한다. 중요한 질문은 '하위자들이 어떤 상황 하에서 의사결정에 참여해야 하는가?' 달리 말하면, 교사들은 언제 그리고 어떻게 권한부여를 받아야 하는가? 참여적 의사결정의 두 가지 모형이 이 질문에 응답하는 데 유용하다. 하나는 종합적인 일련의 의사결정 규칙(Vroom & Yetton, 1973)에 근거하고 다른 하나는 간단한 세 가지 기준 형태(Hoy & Tarter, 1993a)에 근거한다. 두 가지 모형은 교사들에게 권한부여를 하고, 의사결정의 수용을 증진시키고 의사결정의 질을 향상하기 위해 계획되어있다.

Vroom의 참여적 의사결정 모형은 여덟 가지 질문에 토대를 두고서 어떤 문제를 확인하였으며—의사결정 분지도를 사용하지 않으면 분석이 너무 복잡해서, 대부분의 지도자들은 단순히 그 절차를 무시한다. 그러나 모형은 의사결정의 질 및 수용의 중요한 요구조건을 고려하고 있으며, 언급되어져야 할 중요한 이슈를 제기한다. 요약하면, 모형은 잠재적이지만 일상적인 사용을 위해서는 지나치게 복잡하다. 지도자들이 필요로 하는 것은 쉽게 기억하고 사용할 수 있는 유용한 모형이다.

Hoy-Tarter의 모형은 이러한 관점에 맞추어 언제, 어떻게, 그리고 어느 정도로 의사결정에 참여할지를 제시한 단순화된 참여적 의사결정 모형이다. 그 틀은 참여를 위한 지침으로서 관련성, 경험, 그리고 신뢰의 세 가지 직접적 검증을 사용한다. 행정가들은 상황에 의존하며 통합자, 의회 정치가, 교육자, 의뢰인, 지시자의 역할을 사용한다. 핵심은 교사들에게 권한부여를 하는 데 적절한 상황과 올바른 리더십 유형을 조화시키는 데 있다. 모든 집단 의사결정에서 한 가지 위험은 집단의 응집성과 절대성에 관한 공유된 환상인 집단적 사고이다.

참고문헌

Aditya, R. M., House, R. J., and Kerr, S. "The Theory and Practive of Leadership: Into the New Millennium." In Cooper and E. A. Locke (Eds.), *Industrial and Organizational Psychology: Linking Theory to Practice.* Oxford, UK: Blackwell, 2000.
An analysis of the practice of shared decision making with caveats and suggestions for practitioners.

Blanchard, K. H., Carlos, J. P., and Randolph, W. A. *Empowerment Takes More Than a Minute*, 2nd edition. San Francisco, CA: Berrett-Koehler Publishers, 2001.
A Contemporary analysis of empowerment by releasing the knowledge, experience, and motivation that employees already have within them.

Heller, F. A., Pusic, E., Strauss, G., and Bernhard, W. *Organizational Participation: Myth and Reality.* Oxford, UK: Oxford University Press, 1998.
A thoughtful analysis of the research and theory on participative decision making.

Hoy, W. K., and Tarter, C. J. (1993). "Crafting Strategies, Not Contrving Solutions: A Response to Downey and Knight's Observations on Shared Decision Making." *Canadian Administrator* 32(1993), pp. 1-6.
An exchange between two theorists and two practitioners on the practical utility of the Hoy-Tarter model.

Hoy, W. K. and Tarter, C. J. *Administrantors Solving the Problems of Practice: Decision-Making Cases, Concepts, and Consequence*, 2nd ed. Boston: Allyn & Bacon, 2004.
The explanation and application of a variety of decision-making models to actual problems in public schools.

Miner, J. B. *Organizational Behavior 1: Essential Theories of Motivation and Leadership.* Amonke, NY: M. E. Sharpe, 2005, especially chapter 12.
A critical analysis of the Vroom-Yetton-Jago model of shared decision making.

Vroom, V.H., and Yetton, P.W. *Leadership and Decision Making.* Pittsburgh: University of Pittsburgh Press, 1973.
The initial development of the Vroom and Yetton normative model of decision making.

Vroom, V.H., and Jago, A. G. *The New Leadership: Managing Participation in Organizations.* Englewood Cliffs, NJ: Prentice-Hall, 1988.
A refinement of Vroom's normative model and another look at the research using the Vroom model of shared decision making.

제6장

학교에서 의사소통 네트워크

　　의사소통은 복잡하고, 미묘하며, 아주 흔하고, 그리고 중요하다. 의사소통은 학교생활의 모든 면에 널리 퍼져있다. 교사들은 말하기, 글쓰기, 그리고 DVD, 컴퓨터, 이메일, 그리고 예술형식 같은 다른 미디어 등을 수업에 사용한다. 학생들도 이와 유사한 미디어를 통해 자신의 학습을 입증한다. 교육감과 학교장은 그들의 주된 시간을 의사소통에 할애한다. 예를 들어, Kyung Ae Chung와 Cecil Miskel(1989)은 학교행정가의 주된 활동은 다른 사람과 대화를 나누는 것이라고 결론지었다. Peter C. Gronn(1983)은 더 나아가, 행정가들은 학교자원을 조직하고 배분하는 데도 말을 통해서 통제를 강하게 하기도 하고 느슨하게 하기도 한다고 주장하고 있다. 사실, 학교에서 의사소통은 조직목표를 달성하고 긍정적인 관계를 유지하는 것 같은 다양한 목적을 지닌다(Te'eni, 2001). Charter school과 Voucher의 경쟁이 고조되면서, 정책결정자들은 학교에서 기본적인 변화를 주장하였고, 그리고 새로운 리더십 유형에 대한 요구가 심화되었으며, 행정가들에게 대인관계에 관련된 의사소통 기술의 중요성이 강조되었다(Payne, 2005). 결과적으로, 의사소통은 점점 더 학교에서 중요한 역할을 맡고 있으며 의사소통에 상당한 노력을 기울이고 있는데, 이는 효과적인 의사소통은 기본적인 과정일 뿐만 아니라, 매우 값비싸고, 엄청난 양의 학교 인사 및 기술적 자원을 소비하는 것임을 의미한다.

　　이러한 중요성은 의사소통이 학교의 교육적, 대인 관계적, 조직적, 그리고 행정적 과정 및 구조의 바탕이 되고 널리 퍼져있기 때문에 교육 행정가들은 명확하게 의사소통을 이해해야함을 시사한다. 그러나 다른 사람과의 의사소통은 어떤 정보를 공유하고 어떻게 정보를 다른 사람에게 전할 것인지에 관해 잠재적인 추측을 해야만 하기 때문에 위험이 따른다. 위험을 줄이기 위해서, 의사소통은 다른 사람들의 다양한 시각에 관심을 기울이도록 듣기, 이해하기, 그리고 상상하기 등의 미묘한 상상의 형태들을 필요로 한다(Rothstein, 2006). 따라서 의사소통 기술은 효과적인 행정가가 되기 위한 필수도구이다. 그러나 의사소통은 교육 행정가들이 직면하는 문제들에 대한 모든 해답을 제공한다고 결론을 짓기 전에, 네 가지 경고를 살펴보아야만 한다.

① 의사결정, 동기화, 그리고 리더십행사 같은 다른 행정적 과정과 분리하기가 어렵다.

② 학교의 모든 문제가 의사소통의 실패 때문은 아니다. 일반적으로 상호작용의 부족에서 기인하는 문제들은 학교생활의 다른 기본적인 구성요소들의 결함으로 인한 것일 수도 있다.

③ 의사소통은 문제를 드러내고 숨길 뿐만 아니라 없애주기도 한다(Katz and Kahn, 1978). 한편, 문제를 간과할 수도 있고, 공허한 미사여구 또는 진실 감추기로 현재의 문제를 대강 얼버무

리고 넘어감으로써 교사, 학생, 그리고 행정가 간의 가치갈등을 표면화할 수 있다.

④ 의사소통은 행동을 불러일으키는 과정이지만 훌륭한 행정가의 본질과는 거리가 멀다. 의사
   소통이 잘못된 아이디어와 잘못 안내된 교육프로그램을 대체해주지는 못한다.

비록 이러한 경고가 한정된 것이기는 하지만, 의사소통은 학교에 널리 보편화되어 있는 다양한 통합된 기능을 수행한다. 예를 들어, 최소한 의사소통은 모든 참여자들에게 필요로 하는 내용을 적절한 정서적 어조로 정확한 정보를 제공할 수 있다(Hall, 2002). 의사소통이 보편적인 문제이거나 또는 문제해결자라는 주장은 교육문제의 분석과 해결을 지나치게 단순화하며 제한하는 것이다. 이 장에서는 적절한 시각에서 중요한 기능들과 유의사항 양쪽을 유지하면서 다양한 개념적 접근방법들을 논의할 것이다.

의사소통의 정의 및 일반적 모형

아주 흔한 현상으로서, 의사소통은 다른 사람들과 자신들의 생각과 느낌에 관한 중요한 메시지를 교환하고 의미를 공유하기 위해 사람들이 사용하는 과정이다[Porter and Roberts(1976), Manning(1992)]. 달리 말하면, 의사소통은 두 사람 이상 간에 이해도를 높이기 위한 방법으로서 정보, 아이디어, 그리고 태도를 공유하는 것이다(Lewis, 1975). 대면적으로 또는 기술적 미디어를 사용하여, 개인들은 의사소통을 통해 서로 상호작용하고 영향을 준다(Craig, 1999). 인간 의사소통의 이러한 실제적인 모든 다른 개념들은 최소한 두 사람 간의 의미 있는 상호작용에 관련된 분명하거나 또는 내포된 생각을 함유하고 있다.

예를 들어, 교육자들은 외부와 단절된 상태에서 의사소통하지 않고 다른 교육자, 시민, 그리고 학생들과 의사소통 한다. 그리고 성공적인 교류는 양쪽 집단들이 정보에 관한 공유된 해석을 마련하지 않는다면 이루어질 수 없다. 요약하면, 의사소통은 의미를 표현하고, 수신자들이 비슷한 이해를 하며, 행동에 영향을 주기 위해 상징, 표시, 그리고 상황적 신호를 사용하여 메시지를 전달하는 합리적 과정이다.

일반적으로 의사소통 과정을 기술하고 설명하기 위한 시도로서 개념적 모형들은 비

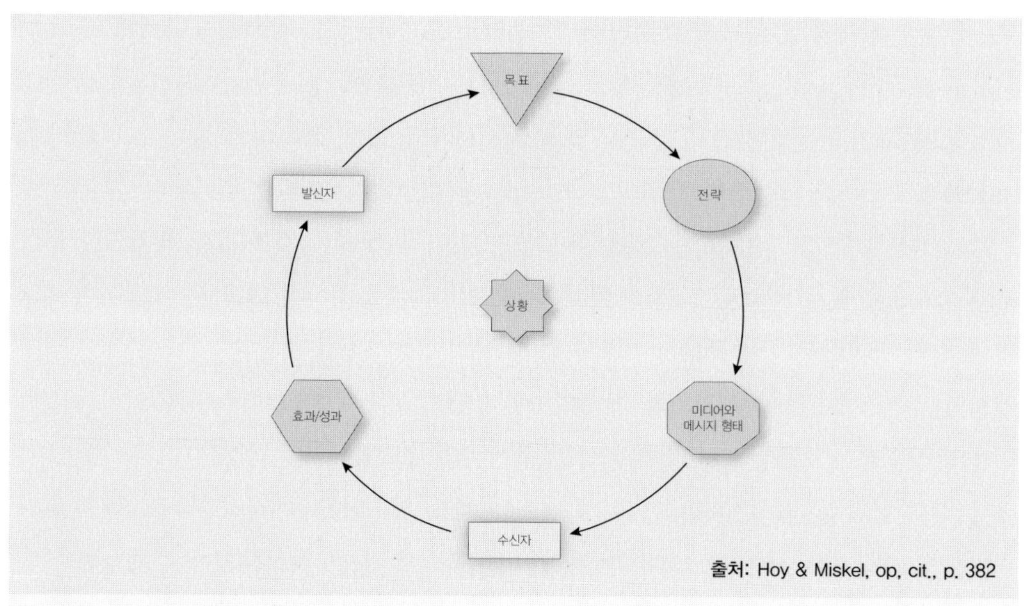

그림 6.1　　일반적 의사소통 과정 모형

숫한 개념을 채택한다. 비록 공식화의 형태는 약간씩 다르지만, 그림 6.1에 나타난 일반적 모형을 구성하기 위하여 Dov To'oni(2001)아 Kathleen J. Krone, Fredric M. Jablin, 그리고 Linda L. Putnam(1987)에 의해 요약된 개념과 아이디어를 주로 활용한다.

　　발신자들(Senders)은 흔히 정보원, 화자, 그리고 신호기로서 간주된다. 보다 상세하게 말하면, 이들은 다른 개인, 그룹, 조직들에 메시지를 나누어주는 개인, 그룹, 그리고 조직단위들(**예를 들어, 교육청, 교원노조, 학생협의회**)이다. **메시지들(Messages)**은 전형적으로 발신자들이 다른 사람들에게 의사소통하거나 또는 전달하고자 기대하는 아이디어 및 정보를 표현하는 언어적이거나 비언어적인 신호 또는 상징이다.

　　발신자들은 메시지를 상징적 형태로 전환하기 전에 명백하게 암암리에 자신들의 **목표(goals)** 및 **전략(strategies)**들을 수립한다. 일반적인 의사소통 목표는 특정한 방법에 따라 행동하도록 수신자들을 가르치고, 수신자들 간의 관계 및 상호작용을 관리하며, 그들의 행동과 태도에 영향을 미치는데 있다. 이러한 목표를 위해서, 수신자들은 다양한 의사소통 전략을 채택한다. 이러한 것은 메시지에 전후사정과 특수함을 담아서 제공하고, 적절한 정서적 분위기를 조성하며, 수신자로부터 이전의 메시지를 피드백 하여 메시지를 조정하고, 의사소통 과정을 조정함으로써 메시지를 통제하며, 수신자의 관점을 설명하고, 그리고 수신자들의 정보과정을 지시하거나 또는 조종하는 것을 포함한다(Te'eni, 2001).

메시지를 상징으로 전환하는 것은 적절한 미디어와 형태를 결정하는 것을 포함한다. **미디어(Media)** 또는 채널은 간단히 메시지를 운반하는 장치이다. 이들은 비언어적 신호 및 표시의 광파로부터 마주보고 대화하는 데서의 음파, 전화, 이메일, 그리고 화상회의에서의 전자신호, 쓰여진 편지와 메모에 이른다. 특정한 중간매체 선정을 위한 기준이 이들의 상호작용, 능력, 그리고 적응성을 구성한다. **형태(Form)**는 메시지의 형태와 유형에 관해 언급한다. 메시지 형태는 이의 규모는 어느 정도이고, 메시지가 어느 정도로 광범위하게 전해져야 하며, 아이디어들이 얼마나 잘 조직되고 형식화되어야 하는가를 포함한다(Te'eni, 2001). 전달은 지정된 미디어 또는 채널을 통해 메시지를 실제적으로 보내고 받는 것이다.

수신자(Receivers)는 메시지를 받아서 읽어볼 사람의 도착지를 표시한 것이다. 메시지를 읽고, 듣고, 본 사람들은 그들이 받은 메시지에 의미를 부여하고 해석함으로써 뜻을 구성한다. 여기서 유의해야 할 사항은 낱말과 비언어적 행위 및 상징은 고유한 의미를 지닌 것이 아니라는 것이다. 오히려 수신자들이 낱말이나 비언어적 기호들에 의미를 부여할 때 비로소 의미가 생긴다는 것이다. 고정관념, 부족한 메시지 구성, 과거 경험, 조심성, 그리고 선택적 관점 등, 예를 들어, 수신자가 언어적 및 비언어적 메시지에 대한 의미를 어떻게 구성하는지 등이 영향을 미친다. 결과적으로, 수신자가 발신자와 동일한 의미를 가질 수 있도록 발신자는 낱말과 다른 상징들을 사용할 필요가 있다(Catt, Miller, and Hindi, 2005).

의사소통 효과(Communication effects)는 메시지의 영향 또는 일반적 결과이다. 결과의 예로서는 새로운 지식, 상호이해, 다른 태도, 학교문화의 변화, 조정된 직무만족수준, 발신자와 수신자 간의 새롭거나 또는 향상된 관계, 그리고 서로 다른 행동의 다양성 등이 될 수 있다. 의사소통에 의한 이해와 관계는 **피드백(feedback)** 역할을 하여, 메시지의 효과에 관한 지식을 가진 최초 발신자에게 제공된다. 피드백 활용은 발신자에게 메시지 수정을 하게하고 상호이해를 증진시켜준다.

　　상황(context)은 모형에서 모든 다른 구성요소들에 영향을 미치기 때문에 핵심적 역할을 한다. 학교풍토의 개방성, 관료제의 수준, 그리고 교육자와 학생들 간의 관계 등은, 예를 들어, 의사소통 노력의 효율성과 효과성에 상당한 영향을 미칠 것이다. 이러한 다른 상황적 요인들이 긍정적이라면, 이들은 효과적인 의사소통을 촉진시킬 것이다(**예를 들어, 상호이해와 대인관계에 관련된 관계**). 반대로, 부정적 풍토들은, 높은 관료제, 낮은 신뢰, 의사소통 비용을 증가시키는 다른 부정적인 상황적 요인들은 학교에서 의사소통을 왜곡, 강요, 또는 심한 방해를 하게 된다.

　　학교상황에서 그림 6.1에 나타난 의사소통 모형의 적용을 설명하기 위해서, 주 교육청이 최근에 규정을 풀어서 매년의 평가 프로그램을 상당히 확대할 것이라고 가정해보자. 이에 따라 초등학교장인 당신은 새로운 규칙에 부합하도록 당신 학교에 변화를 불러올 실행을 기대하게 된다. 규정은 4학년에서 2, 3, 4, 그리고 5학년까지 시험을 확대하고 읽기와 수학에서 과학 및 사회과목을 새로운 시험에 포함하도록 되어있다. 학교장으로서 당신(**발신자**)은 학교의 교사들(**수신자**)에게 이러한 최근의 사안을 알려주고 의사소통해야 한다. 메시지 개발의 일부로서, 당신은 자신이 성취하고자 원하며 필요로 하는 바람직한 결과 또는 목표가 무엇인지를 고려할 필요가 있다. 당신의 목표는 규정에 관한 사실에 기반을 둔 정보를 제공하는 데 제한적일 수 있지만, 당신은 보다 포괄적인 목표를 가질 수 있다.

　　예를 들어, 당신은 새로운 시험 프로그램에 대한 교사들의 태도에 영향을 미치고, 보다 부담이 큰 지시를 다루기 위해 공유된 계획과정에 착수하며, 시험에 관련된 새로운 교육 과정을 개발하도록 교사들에게 동기부여를 하고자 원할 것이다. 이러한 목표의 달성은 형식화된 의사소통 전략의 대규모 정리를 요구할 것이다. 최소한으로, 새로운 규정에 관한 광범위한 상황적 정보를 전달하고, 학교에서 새롭게 해야만 하는 것에 그들이 어떻게 관련되는지를 설명하며, 해야 할 일에 대한 긍정적인 정서적 분위기를 조성하고, 책무성의 체제에서 시험의 중요성을 강조함으로써 교사의 관심을 끌어야할 필요가 있다. 정보의 특성과 교사들의 있을법한 새로운 요구조건에 대한 부정적 반응을 고려해서, 정보전달을 위한 미디어는 높은 수용력, 상호활동성, 그리고 적응성을 필요로 할 것이라는 것을 인식해야 한다. 달리 말하면, 교사들에 대한 당신의 메시지는 크고, 넓게 전해지며, 잘 조직되고, 형식적 및 비형식적 측면을 모두 지녀야 할 것이다.

이러한 메시지 형식을 전달하기 위해서는 한 가지 유형 이상의 메시지 사용이 필요하다. 우선적으로, 교직원회의 이전에 간단하게 교사들에게 배포된 논리적으로 구조화되고 상세화된 메모, 두 번 또는 그 이상의 형식적 교직원 회의와 비형식적 개인 또는 소규모 집회에서의 대면적 논의, 그리고 이메일을 통한 전자적인 방법 같은 다양한 유형의 미디어를 사용할 것을 결정한다. 교사들이 메시지를 이해하게 되면, 의사소통의 효과 또는 결과로서 교사들과 당신 사이에 새로운 이해와 관계가 형성되게 된다. 이들은 당신에게 피드백을 제공해준다. 당신과 교사들 양쪽은 이제 의사소통자가 되고 그 과정은 규정에 관한 상호작용적이고 교환적인(Adler and Rodman, 1991) 메시지가 교류하게 되며, 흔히 양쪽이 말하거나 또는 한 쪽이 말하고 다른 쪽은 듣고서 비언어적인 신호를 통해 피드백을 줌으로써 동시에 양방향 의사소통이 된다.

비록 발신자와 수신자 같은 참여자들을 지정하는 것은 주관적이지만 때때로 유용한 의사결정을 하는 데 도움이 된다. 그림 6.1의 상당히 단순화된 모형을 통해, 이러한 내용이 설명되고 있으며, 의사소통 과정은 상당히 복잡하고, 역동적이며, 시작과 끝이 필요 없음을 알 수 있다.

의사소통모형의 구성요소

Michele Tolela Myers와 Gail E. Myers(1982)는 사람들이 의미를 구성하고 상징의 교환을 통해 그들 주위에서 무슨 일이 일어나는지에 대한 예상을 하는 교환적 과정으로서 의사소통을 정의하고 있다. 의미를 구성할 때, 사람들은 자신들의 경험을 기술하기 위해 **상징들(예를 들어, 아이디어, 느낌, 의도, 그리고 다른 대상들을 나타내는 낱말 또는 대상)**을 사용하며 그리고 다른 사람들과 자신의 경험을 공유하기 위하여 일반적인 상징체계 또는 언어를 개발한다. 상징 또는 언어 학습과 경험에 관련된 상징 학습은 사람들의 상호작용과 사람들이 어떻게 상징을 사용하는가를 관찰함으로써 이루어진다.

이러한 상호작용과 관찰의 결과로서, 개인들은 주위의 사람들이 사용하는 것과 비슷한 의미를 형성하는 방법뿐만 아니라 사람들이 무엇을 하고 어떤 생각을 하는가에 대한 기대 또는 예측을 하는 방법을 개발한다. 매일 학교에서 개인들은 다양한 언어적 및 비언어적 미디어(즉, **강의, 충고, 설명, 방문, 논쟁, 협상, 토론, 복장, 시각적 표시**)를 사용하여 상징을 교환한다. 의미를 공유하기 위한 이러한 교환은 한 방향에서 양방향 의사소통의 연속선상에서 개념화될 수 있다.

① 한 방향 의사소통

그림 6.2에서 제시된 바와 같이, **한 방향 의사소통**(one-way communication)은 한 사람이 다른 사람에게 무언가를 이야기 할 때 이루어진다. 이러한 의사소통 유형은 일방적이다. 즉 화자에서 시작되어 청자에게서 끝이 난다(Schmuck and Runkel, 1985).

교실에서 이루어지는 교과수업 또는 교장실에서 행해지는 올바른 행실에 대한 훈계 등이 학교에서 보편적으로 일어나는 한 방향 의사소통의 적용 예이다. 학교나 회의 중의 대중연설 체제도 또 다른 예가 된다. 그림 6.2에 나타난 바와 같이 한 방향 의사소통은 다른 사람에게 정보를 주입하는 주사바늘로 비유된다(Broms and Gahmberg, 1983). 간호사처럼, 화자는 수신자에게 메시지를 주입하려고 애쓴다(Clampitt, 2001).

한 방향 의사소통의 장점은 두 가지가 있다(Clampitt, 2001).

첫째, 이는 메시지 발신자의 기술을 강조하고 행정가와 교사들에게는 자신들의 아이디어를 꼼꼼히 생각해 보고 정확하게 표현하도록 장려하며 그들의 수업, 설명, 그리고 기술을 구체화하도록 한다. 둘째, 한 방향 전략은 전형적으로 의사소통 행위와 행동 간의 강력한 연결 관계를 암시한다. 한 방향 의사소통을 사용하는 교사와 행정가들은 쓸데없는 잡담, 개인적 문제의 논의, 불필요한 정보공유 등을 못하게 한다. 달리 말하면, 효율성과 목표달성에 관한 강력한 강조를 한다.

학교 내에서 이해를 공유해야할 필요성 때문에, 한 방향 의사소통이 부적절한 경우도 많이 있다. 예를 들어, Philip G. Clampitt(2001)는 한 방향 의사소통의 기본적인 결

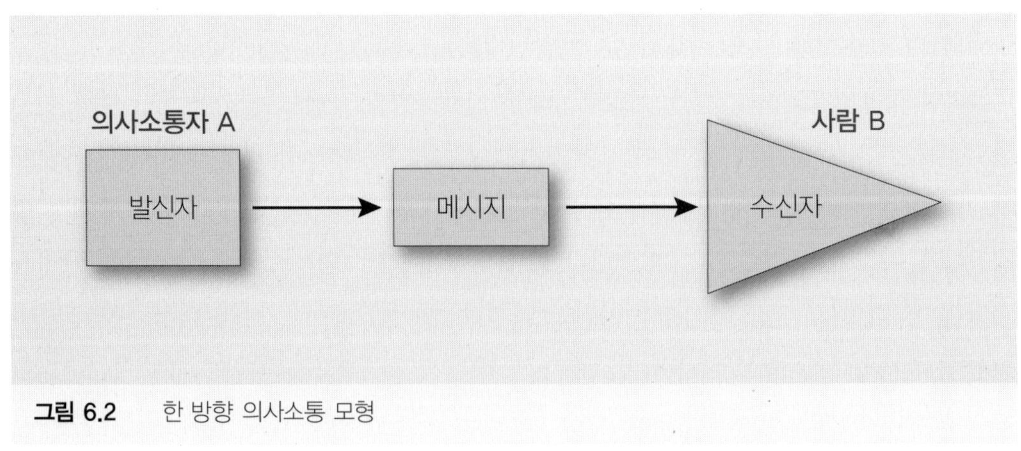

그림 6.2   한 방향 의사소통 모형

함은 효과적인 표현은 효과적인 의사소통과 동일하다는 확신에 있다고 주장한다. 비록 메시지 발신자가 효과적으로 자신의 생각을 표현했더라도, 그것을 의도한 대로 이해했을 것이라고는 반드시 보장할 수는 없다. Clampitt는 두 가지 잘못된 가정이 한 방향 의사소통을 계속해서 신뢰하도록 하고 있다고 주장한다.

첫째, 수신자를 수동적인 정보처리자로 본다. 그러나 사람은 수동적인 정보처리 기계가 아니라, 적극 자신의 의미로 메시지를 재구성하고 만들어 낸다. 둘째, 낱말을 의미를 담는 용기로 본다. 그러나 언어는 이러한 가정과 반대로 작용한다. 예를 들어, 의미는 낱말이 어떻게 사용되고, 진술이 어떤 맥락에서 만들어지며, 어떤 사람들과 관계가 있는지에 달려있다. 낱말은 의미를 이끌어내지 못하는 것처럼 의미를 담고 있지도 않다. 따라서 학교 내에서 이해수준을 높이고자 한다면 목표성취, 변화, 그리고 사회적 목적을 위한 추가적인 또는 다른 형태의 의사소통이 요구된다.

❷ 양 방향 의사소통

양 방향 의사소통(two-way communication)은 상호간의, 상호작용적인 과정을 의미한다. 과정에 참여하는 모든 사람들은 메시지를 보내고 받는다. 한 방향 의사소통과는 반대로, 양 방향 의사소통은 계속적인 교환과 교류를 필요로 한다. 그림 6.3에서 보듯이, 이는 각 참여자들이 메시지를 보내고 그리고 각 메시지는 다음 사람에게 영향을 미친다. 이런 상호작용적 교환은 수신된 정보 또는 아이디어와 의도된 정보 간에 주된 차이가 나타날 수 있는 가능성을 줄임으로써 의사소통 과정을 개선할 수 있다. 양 방향 의사소통은 여러 가지 형태로 이루어진다.

예를 들어, Nicholas C. Burbules(1993)는 대화, 질의, 토론, 그리고 수업 등 네 가지 개인적 대화 형태를 제시하고 있다. 약간의 조정이 이루어진다면, 이러한 대화 형태는 학교조직에서 양 방향 의사소통의 방법으로 간주할 수 있다.

대화(conversation)는 일반적으로 협동적이고 허용적인 분위기 및 상호이해 지향적이라는 두 가지 특징을 가지고 있다. 이러한 형태는 개인이 서로의 관점 및 경험을 이해하

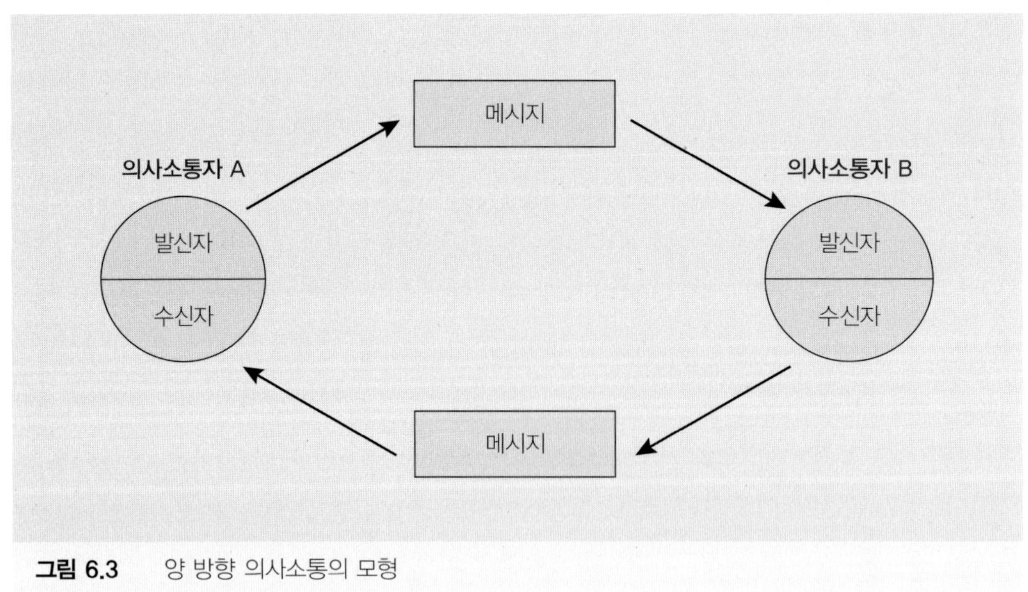

그림 6.3　　양 방향 의사소통의 모형

는 데 관심이 있을 때 사용된다. Stephen Miller(2006)는 대화는 전형적으로 비목적적이라고 한다. 두 명의 학생이 자신들의 여름방학을 어떻게 보냈는지 그 결과로서 무엇을 배웠는지를 이야기하는 것이 그 예가 된다.

질의(inquiry)는 두 사람 이상이 질문에 대답하고, 의견 불일치를 해결하거나, 또는 모든 사람이 동의할 수 있는 절충안을 만들어내도록 조정하는 데 관련 있다. 일반적으로 이러한 속성의 대화는 문제에 대한 일련의 관점과 접근방법을 이끌어내는 구조 속에서 대안을 조사하고 가능한 해답을 모색한다. 새로운 프로젝트 중심 교육 과정을 교실에 적용할 때 어떤 학생들은 높은 성취를 보이고 어떤 학생들은 그렇지 않은지를 탐색하는 일단의 과학교사들이 그 예가 된다.

토론(Debate)은 예리한 질문, 회의적인 태도를 보이며, 그리고 참여자들 사이에 합의를 이끌어내기 위한 요구를 필요로 하지 않는다. 토론의 잠재적인 장점은 참여자들이 그들의 대안적인 아이디어와 의견들이 가장 강력한 도전을 받을 가능성이 있음을 알고 있다는 것이다. 그 목적은 대안적 관점을 분명하게 하고 강화시키는데 있다. 사립학교 지원을 위한 지불보증 제공의 상대적인 장점에 대해 보수적인 교육위원회 위원들과 진보적인 교육위원회 위원들 간에 벌어지는 논쟁이 그 예가 되며, 보충적으로 창조주의에 대한 Darwin의 진화이론, 공립학교에서의 기도 등이 논쟁거리가 된다.

수업(Instruction)은 양 방향 의사소통으로서, 교사가 학생들에게 어떤 대답이나 또는 이해를 이끌기 위한 의도적인 과정을 의미한다. 명확한 결론에 도달하기 위한 논의를 진전시키기 위해 일반적으로 중요한 질문과 다른 진술을 사용한다. 이러한 양 방향 의사소통의 전형은 소크라테스식 문답법(socratic method) 이다. 대화로서 대표적인 수업의 예는 상호작용적 수업이다. 상호작용적 수업에서, 교사와 학생들은 참여자들이 차례로 교사의 역할을 맡는 고도로 상호작용적인 과정에 참여한다(Palincsar, 1986).

❸ 피드백

모든 형태의 의사소통 환경에서, 우리가 말하는 것이 애매모호하고 잘못 해석될 수 있는 가능성이 상당히 있다. 예를 들어, "당장 그곳으로 갈게."와 "나중에 전화해줘. 그때 이야기해 보자." 등은 시간에 대한 기준이 애매하다. '당장' 또는 '나중에'는 어느 정도의 시간인가 하는 것은 개인과 문화에 따라 상당한 차이기 있다. 그러나 피드백을 통해(**그림 6.1 참조**), 명확하지 않은 진술조차 구체적인 효과적인 의사소통의 한 부분이 될 수 있다(Alessandra and Hunsaker, 1993).

피드백은 메시지를 수신한 사람으로부터의 반응이다. 이는 수신자를 위해 메시지의 의미와 영향에 관한 지식을 제공하며 또한 발신자에게 어떤 문제를 수정할 수 있는 기회를 제공한다. 따라서 대화가 어느 정도의 시간동안 의미를 지니고 계속된다면, 피드백이 중요해진다. 이러한 과정은 최소한 두 가지 장점이 있다. 첫째, 의사소통의 성공에 관한 단서를 제공하고 메시지의 정확성과 명료성을 향상시킨다. 둘째, 결과에 관한 지식은 앞으로의 의사소통을 정정하고 수정하는 토대를 형성한다(Ashford, 1986). 요점은 분명하다―피드백은 의사소통의 정확성과 명료성을 향상시킨다.

직업상황에서, 우리는 일반적으로 피드백을 과업수행에 관한 정보에 관련된 것이나 또는 다른 사람들이 개인의 행위를 인식하고 평가하는 방법으로 생각한다[Ashford(1986), Cusella(1987)]. 두 가지 유형의 피드백이 가능하다. 피드백이 개인 또는 학교가 취하는 방향을 강화, 강조, 또는 첨가할 때 피드백은 긍정적이다. 기준에서 벗어남을 수정해 줄 때 피드백은 부정적이다(Harris, 1993). 피드백은 언어적 또는 비언어적, 의식적 또는 무의식적으로 전달될 수 있다. 예를 들어, 수업시간동안 졸았던 학생은 교사에게서 뿐만 아니라 시험을 볼 때 학생 자신에게도 피드백을 제공한다.

다양한 의사소통 전략을 채택함으로써, 학교 행정가들은 그들의 동료, 학생, 그리고 다른 구성원들 사이에 상호이해, 의미의 공유 및 새로운 학습을 진전시킬 수 있다. 여러 형태의 한 방향 및 양 방향 의사소통을 효과적으로 사용하는 능력은 개인에 따라 차이가 나지만, 모든 사람들은 자신의 의사소통 능력을 향상할 수 있다.

의사소통 능력 향상

의사소통 능력은 의사전달자기 활용할 수 있는 일련의 능력 또는 자원이다. 개인저 자원은 의사소통 규칙과 규범 그리고 의사소통 능력 또는 기술 같은 것에 관한 전략적 지식을 포함한다(Jablin and Sias, 2001). 보다 구체적으로, Holly J. Payne(2005)는 능력 있는 의사전달자가 되는데 필수적인 일련의 중복된 기술을 제시한다. 이는 듣기, 공감, 타인에 대한 관심 표명, 조심성, 단어사용 및 표현, 유창성, 언어능력, 그리고 정확한 문법 등을 포함한다. 따라서 개인들은 의사소통이론과 연구로부터 지식을 얻고 자신들의 기술을 개발하고 증진시킴으로써 의사소통 자원을 형성할 수 있다. 우리는 발신, 듣기, 그리고 피드백 기술의 세 가지에 초점을 두고자 한다.

발신기술(Sending skills)은 자기 자신을 이해시키는 능력이다. 효과적인 의사소통을 위한 핵심으로서, 교육자들의 발신기술은 다음과 같은 다섯 가지 방법들을 통해 향상되어질 수 있다. 첫째, 교육자들은 간단한 단어로 나타낼 수 있다면 교육전문용어나 복잡한 개념을 피하고 적절하고, 직접적인 언어를 사용해야 할 것이다. 그러나 신뢰도를 높이기 위해, 발신자가 교육문제에 관해 잘 알고 있음을 나타낼 수 있는 언어를 사용해야 한다. 둘째, 이들은 수신자의 인지적 스키마를 인식하고 형성하는 데 필요한 분명하고,

완전한 정보를 수신자에게 제공해야 할 것이다. 셋째, 교육자들은 물리적 및 심리적 환경으로부터 발생하는 소음을 최소화해야 할 것이다. 예를 들어, 학부모 회의동안, 교육자들은 전화로 인한 회의중단을 막고 교육자들 또는 학부모들이 지닐 수 있는 고정관념을 줄이기 위한 조치를 취해야 한다. 넷째, 교육자들은 다양하고 적절한 미디어를 채택해야 할 것이다. 예를 들어, 한 방향 연설은 시청각 프레젠테이션과 체계적인 양 방향 교류기회에 의해 효과를 높일 수 있다. 상황 및 의사소통의 필요에 따라 적절한 미디어를 활용하는 것이 행정가의 업무수행에서 핵심적 요소가 된다(Alexander, Penley, and Jernigan, 1991). 다섯째, 교육자들은 복잡하거나 또는 애매한 메시지를 전달하고자 할 때 대면적 의사소통 및 중복검사(redundancy)를 사용해야 한다. 풍요성, 반복, 그리고 피드백은 메시지의 의미 공유로 의도된 효과를 얻을 수 있는 가능성을 높일 수 있다.

듣기 기술(Listening skills)은 다른 사람들을 이해하기 위한 개인의 능력이다. 능숙한 의사소통의 핵심요소로서, 듣기는 다른 사람들이 낱말, 행동, 그리고 사물을 사용하여 그들에게 전하는 것을 이해하고자 하는 행동의 한 형태이다(DeFleur, Kearney, and Plax, 1993). 적극적인 듣기에서, 청자는 화자의 시각에서 그들이 들은 내용, 느낌, 그리고 의미를 화자에게 피드백을 제공한다(Elmes and Costello, 1992). 상대적으로 정확한, 양 방향 교류를 위해서는 듣기 기술이 요구된다. 다른 사람의 이야기를 듣는 것은 그 사람에 대한 존중, 관심, 그리고 배려를 나타낸다. 적극적인 활동이 이루어질 때, 듣기는 다른 사람에게 자신의 견해를 개발하고 표현하도록 격려해 줄 수 있다(Burbules, 1993).

그러나 중요한 듣기 기술을 개발하는 것은 흔히 도외시되고 있다. 질문자가 당신의 반응에 대해 실제로 관심이 없거나, 더 나아가, 전혀 듣고 있지 않다는 비언어적 신호를 보내는 누군가로부터 몇 번이나 질문을 받은 적이 있는가? 얼마나 자주 당신의 반응을 상대방이 듣지 않거나 또는 잘못 이해되고 있는가? Allen Ivey와 Mary Ivey(1999)는 주의 기울이기, 질문하기, 격려하기, 바꾸어 말하기, 감정 나타내기, 그리고 요약하기 등 효과적인 듣기 기술에서의 일련의 중요한 요소들을 제시하고 있다.

주의 기울이기(attending)는 대화에 주의를 기울이는 과정이다. 이는 적절한 눈 맞춤, 수용적인 체언, 그리고 듣기에 집중 등을 포함한다. 눈 맞춤과 이야기하는 사람을 바라보는 것은 마치 멀리 쳐다보는 것이 무관심을 나타내는 것처럼 관심과 집중을 나타낸다. 앞에 앉아서 배우고, 개방적 자세를 유지하며, 미소를 짓고, 고개를 끄덕이며, 그리고 즐겁게 바라보는 것은 관심을 전하는 일련의 비언어적 신호이다. 끝으로 효과적인 청자는 다른 사람에게 집중한다. 즉, 청자는 다른 생각을 하지 않고 주의를 기울인다. 효과적인 듣기는 주의 기울이기가 요구된다.

질문하기(Questioning)는 흔히 메시지를 이해하는 데 필수적인 부분이다. 의사전달자의 생각만큼 메시지가 분명하지 않을 수도 있다. 어떤 메시지는 애매하다. 이러한 질문의 명확화를 위해 질문이 요구된다. 어떤 사실적 질문은 직접적이고, 분명하며, 단순하여 yes 또는 no로서 답변된다. 다른 질문들은 보다 개방적이고 심사숙고를 요구하며, 예를 들어, '갈등이 왜 일어났다고 생각하는가?' 같은 능숙한 질문은 의미를 분명하고 상세하게 만들며 주의 깊게 듣기의 자연스런 한 부분이 된다.

격려하기(Encouraging)는 능숙한 듣기의 또 다른 부분이다. 의사소통을 촉진시킬 수 있는 몇 가지 최소한의 '격려방법'들이 있다(Morse and Ivey, 1996). 침묵은 강력한 비언어적 메시지이다. 아무 말도 하지 않지만 관심을 갖고 있는 행동은 의사전달자에게 당신이 더 많은 것을 듣기 원한다는 것을 나타내는 것이다. 감정이입의 인정 또한 의사소통을 증진시킨다. 'yes', 'um-hum', 그리고 'I see' 같은 언어적 신호들이 고개를 끄덕이기 및 미소 짓기와 같은 비언어적 신호와 관련될 때 특히 의사소통을 격려한다. '조금 더 말해 주세요', '예를 들어주세요', 그리고 '조금 더 자세하게 말해 주세요.' 같은 짧은 문장 또한 의사소통을 촉진시킬 수 있다.

바꾸어 말하기(Paraphrasing)는 현재 이야기 한 것에 주의를 기울이고 이해하고 있음을 보여주는 또 다른 방법이다. 이는 청자가 효과적으로 반응하게 도와주며, 그리고 청자가 메시지의 본질을 이해하고 있음을 화자에게 피드백 해준다. 바꾸어 말하기는 피드백을 제공하고 교정기능도 지닌다. 능숙한 청자는 바꾸어 말하고 정확한 메시지를 받았는지를 확인한다.

감정 나타내기(Reflecting feeling)는 화자를 포용하기 위한 긍정적인 방법이다. 청자는 의사전달자의 느낌과 감정에 주의를 기울여야 할 것이다. 감정을 인정하는 것은 감정 나타내기의 출발점이 되는데 그 이유는 청자가 과도하게 관여하지 않으면서 다른 개인의 정서적 상태에 보조를 맞추기 때문이다(Morse and Ivey, 1996). 감정을 인정하는 것은 감정을 분류하고 화자에게 감정을 되돌려 전달하는 데 초점을 맞추며, 흔히 감정을 누그러뜨리고 억제하게 한다. '~ 때문에 그렇게 느끼는 군요……'와 '실망한 것 같군요.' 등과 같은 말은 감정을 나타내고 공감대를 형성한다. 또한, 때때로 그 사람의 이름을 불러주는 것도 도움이 된다. 능숙한 청자는 감정으로부터 사실을 이끌어 내고 감정을 인정하고 나타낸다.

요약하기(summarizing)는 장시간에 걸친 내용이고 전형적으로 대화의 거의 끝부분에서 이루어진다는 점을 제외하면 바꾸어 말하기와 거의 비슷하다. 요약의 목적은 사실과 느낌을 일관되고, 정확하며, 그리고 간단한 개요로서 조직하는 데 있다.

피드백 기술(Feedback skills)은 이전의 의사소통 및 행위의 결과 또는 효과의 지식을 전하는 발신 및 수신의 기술이다. 화자가 말한 것에 대해 질문하기, 행동 설명하기, 그리고 바꾸어 말하기는 언어적 피드백의 형태이다. 피드백 제공은 언어적, 비언어적 메시지로 구성되며, 때때로 무심코 전해지기도 한다. 예를 들어, 사람들은 때때로 가장 큰 목소리로 이야기 할 때도 있다(예를 들어, 접촉을 피하기 위해 멀리 걸어가면서). 피드백을 계획할 때, 정보는 받는 사람에게 도움이 되어야 하고, 일반적이고 오래된 것이 아닌 구체적이고 최근의 것이어야 하며, 그것을 받는 사람이 변화될 수 있는 행동을 지향하고, 시기 적절하게-즉시 주어지는 것이 더 좋다[Anderson(1976), Harris(1993)].

이러한 지침에도, 중립적이거나 또는 긍정적인 피드백은 부정적인 평가보다 더 쉽게 제공될 수 있다. 사람들은 부정적인 피드백을 주고받는 것을 마지못해 한다. 우리들 대부분은 실제적으로 진실된 반응을 나타내지 않는 메시지를 보내는데 상당히 익숙해져 있다. 일부 사람들은 그런 행동을 재치, 인간관계, 또는 생존 같은 행위로서 합리화한다. 결과적으로, 개인적 기술과 준비가 도움이 되는 피드백을 주고받는데 중요하다(Rockey, 1984). 긍정적 및 부정적 피드백 양쪽의 수용도는 목표제시에 도움이 되고, 평가적인 정보가 아닌 설명적인 정보를 활용하며, 적절한 면담 시기(Anderson, 1976)가 주어지고, 그리고 빈번한 의사소통을 통해 집단 내에 신뢰를 형성함으로써 증대될 수 있다(Becerra and Gupta, 2003).

유사하게, 피드백 추구 행동은 의사소통 및 행동의 정화성과 적절성을 결정하기 위한 의식적인 노력과 관련된다. 개인은 그러한 행동이 적응에 도움이 되고 성공적이 되도록 해주기 때문에 피드백 추구 기술을 개발할 것이다(Ashford, 1986). 피드백 추구를 위한 두 가지 전략이 제시될 수 있다. 첫째, 자연스럽게 생긴 정보관련 단서, 다른 사람들, 그리고 이들의 반응을 관찰함으로써 환경을 모니터링 하는 것이다. 즉, 모니터링은 사람들이 어떻게 반응하고 다른 사람들을 어떻게 강화시키는지 살펴봄으로써 대리적인 피드백을 받는 것이다. 둘째 전략은 다른 사람들이 당신의 행동을 어떻게 지각하고 평가하는지에 관한 직접적인 질문을 하는 것이다. 피드백은 사람들이 항상 자발적으로 제공하는 것이 아니기 때문에 강력하게 추구되어져야만 한다. 그러나 유의해야할 점은, 피드백 추구 행동은 자신이 알지 못하거나 직면해보지 못한 정보를 듣는 기회를 잠재적으로 증가시키기 때문에 개인의 자존심에 손상을 줄 수 있다. 사실, 자신의 수행성과가 보잘 것 없는 것이 아닌가 하고 생각하는 사람들은 그들이 받은 부정적인 정보의 양을 최소화하는 데 피드백 추구 전략을 사용하는 경향이 있다(Larson, 1989). 대다수 상황에서, 질문을 통해 업무를 명확히 하기 보다는 위험을 무릅쓰고 업무를 부적절하게 수행하려 한다.

개인적 시각에서 의사소통을 고려할 때(**그림 6.1, 6.2, 그리고 6.3 참조**), 한 방향 및 양 방향 의사소통은 여러 가지 형태를 지니고 다수의 기술과 미디어를 채택할 수 있다. 상호작용적 과정으로서, 효과적인 의사소통은 말하기와 마찬가지로 듣기에 관련된다. 외부의 주의집중 방해 제거, 언어적 및 비언어적 신호에 주의기울이기, 탐색 및 격려, 메시지의 지적 및 정서적 내용 간의 구별 짓기, 화자의 의미 및 감정에 대한 요약 및 추론하기 등은 효과적인 의사소통을 위해 중요하다(Woolfolk, 2000). 유능한 의사전달자로서 행정가는 다양한 의사소통 전략 및 기술을 지니고 있고 사람, 상황, 그리고 내용의 변화에 따라 한 가지 접근방법에서 다른 접근방법으로 변경할 수 있는 창의성과 융통성을 가지고 있다(Burbules and Bruce, 2000).

▉ 의사소통 미디어 : 상징을 교환하는 방법

의사소통을 위해, 인간은 두 가지 중요한 언어적 및 비언어적 상징체계를 사용한다(Dahnke and Clatterbuck, 1990). 언어적 상징은 다음과 같다.

- 인간의 말: 개인 또는 집단에서 직접적이고 대면적인 대화.
- 전자 미디어를 통한 인간의 말: 전화, 라디오, 텔레비전, 그리고 화상회의.
- 쓰기 미디어: 메모, 편지, 팩스, 소식지, 게시판, 그리고 신문.
- 전자 미디어를 통한 쓰기 미디어: 이메일, 전자게시판, 블로그, 웹 사이트, 그리고 데이터베이스[Yazici(2002), Flanagin and Waldeck(2004)].

비언어적 상징은 다음과 같다.

- 체언 또는 제스처: 얼굴표정, 자세, 그리고 팔과 손동작.
- 상징적 가치를 지닌 물체 또는 인공물: 사무실 집기, 예술작품, 복장, 그리고 보석.
- 공간: 영토권 그리고 개인적 공간 또는 근접.
- 접촉: 껴안기, 어깨 또는 머리 쓰다듬기.
- 시간: 신속함, 느림, 그리고 양.
- 다른 비언어적 상징들: 억양, 악센트, 음조, 목소리의 세기, 그리고 말의 속도.

따라서 메시지는 다양한 채널 또는 미디어를 통해 전달되어질 수 있다.

1) 언어적 미디어(Verbal Media)

Richard L. Daft와 Robert H. Lengel(1984, 1986)은 미디어는 의사소통의 풍요성을 결정하며, 여기서 **풍요성(richness)**은 정보를 전달하고 애매함을 해결할 수 있는 매체의 가능성을 의미한다고 가정하고 있다. 피드백의 속도, 의사소통 채널의 다양성, 정보원의 개별성, 그리고 언어의 풍요성 등의 네 가지 기준이 미디어의 풍요성을 결정한다. 풍요한 미디어는 다양한 단서들, 신속한 또는 시기적절한 피드백, 개인적 상황에 맞도록 메시지 편집, 그리고 다양한 언어 등을 결합한다(Huber and Daft, 1987). 풍요한 미디어는 애매함을 줄이는데 가장 적절한 자주 다루어지는 질적인 자료에 의해 특징 지워진다. 빈약한 미디어는 기술을 바탕으로 한 대규모 자료교환에 적합하며, 대규모의 청중에게 간결하고 정확하게 질적인 자료를 전달하는 데 가장 적합하다(Daft, Bettenhausen, and

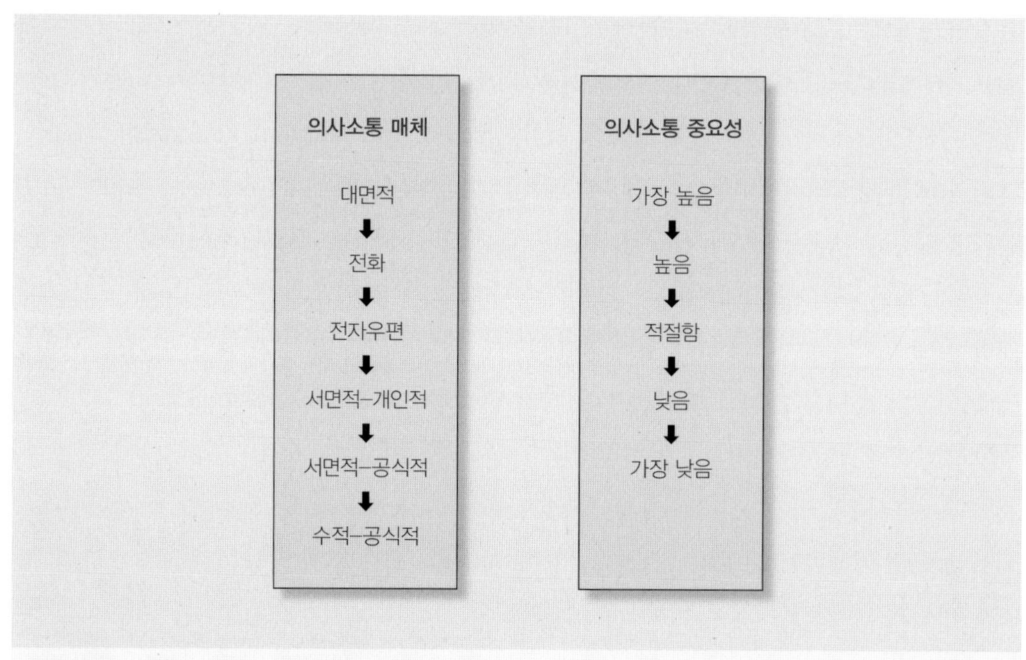

그림 6.4　의사소통 미디어와 풍요성의 연속

Tyler, 1993). 이리힌 내 기지 기준을 시용히어, Daft외 그의 동료들은 그림 6.4에 제시된 바와 같이 평행한 연속 선상에 의사소통 미디어와 풍요성을 배치하고 있다.

대면적 의사소통은 전달력이 가장 높고 풍부한 정보를 전달할 가능성이 가장 많다 (Barry and Crant, 2000). 이는 대면적 매체가 언어적 및 시각적 단서를 통해 즉각적인 피드 백을 제공해 주기 때문에 가장 풍요한 형태가 된다. 비록 언어적 피드백이 빠르지만, 전화매체는 시각적 단서가 결여되어있기 때문에 대면적보다 풍요함이 덜 하다. 서면 의사 소통은 피드백이 느리고 서면정보만 전해지기 때문에 풍요성이 보통 또는 낮게 나타나 있다. 서신전달은 개인적인 특성을 지니며 그리고 익명적이고 특정개인과 상관없는 일 반적 메모 및 공고보다 다소 더 풍요하다. 예를 들어, 학업성취평가 성적 같은 양적인 자료를 포함하는 컴퓨터 출력물과 같이 숫자가 표기된 공식적 문서에서 숫자는 자연적 인 언어의 정보전달 능력을 가지고 있지 않기 때문에 풍요성이 가장 낮은 정보를 전한 다. 전자적 메시지는 풍요성 연속 선상에서 전화와 개인적인 서면미디어 사이에 위치할 수 있다(Steinfield and Fulk, 1986).

기본적인 가정은 의사소통의 내용이 다소 애매하고 불확실하다면 의사소통 수행력을 향상하기 위해 보다 풍요한 미디어를 선정할 수 있다는 것이다. 이 가정에 대한 검증을 위해 다수의 연구들이 수행되었는데 일부는 이 가정을 지지하고 일부는 미디어 간에 별로 차이가 나타나지 않아 지지하지 않았다[Schmitz and Fulk(1991), Kock(2005)]. Daft와 그의 동료들에 의한 연구들[Trevino, Lengel, and Daft(1987), Russ, Daft, and Lengel(1990)]은 일반적으로 기본적 풍요성 가정을 지지한다. 다른 연구들[Steinfield and Fulk(1986), Rice(1992), Demmis, Kinney, and Huong(1999)]은 가정에 대한 지지가 약하거나 혼합된 형태를 보인다. 전반적으로, 새로운 미디어(예를 들어., 이메일)보다 전통적(예를 들어, 대면적) 미디어를 적용할 때 미디어의 풍요성 가정을 지지하는 결과가 많았다(Fulk and Boyd, 1991).

풍요성 논의에서 예상할 수 있는 바와 같이, 서면 미디어와 구두 미디어의 효과를 비교할 때, 의사전달자는 어떤 문제에 직면한다(Porter and Roberts, 1976). 정보가 서면형태로 되어있을 때 이해력이 더 높다. 그러나 의견변화 또는 설득은 대면적 상호작용에서 더 높게 나타난다. 따라서 적절한 미디어는 그 목적이 이해하는 것인가 또는 설득하는 것인가에 달려 있다.

미디어의 중복사용은 정보의 풍요성과 메시지 전달의 정확성을 증가시킨다(Redding, 1972). 일반적으로, 가장 효과적이고 정확한 의사소통 노력은 서면미디어와 구두미디어를 결합하여 사용하는 것이다. 다음으로 효과적인 것은 구두미디어이고 그리고 가장 효과가 낮은 것은 서면미디어이다(Level, 1972). 서면미디어와 구두미디어를 결합하는 것이 가장 적절하다. 서면 의사소통만 하는 것은 두 가지 상황에서 효과적일 수 있다. – 정보가 미래의 행동을 요구하거나 또는 그것이 일반적인 경우일 때이다. 구두미디어는 또한 그 자체로서 즉각적인 피드백을 요구하는 두 가지 상황에서 효과적일 수 있다.– 행정적인 징계를 내리고 분쟁을 해결할 때이다.

2) 비언어적 미디어(Nonverbal Media)

비록 미디어 중복이 일반적으로 더 좋은 이해를 이끌지만, 목소리와 서면미디어는 행정가들이 다른 사람들과 상호작용할 때 전하는 정보의 단지 한 부분만을 전달한다. 비언어적 상징들에 대한 이해가 충분하지는 않지만 적어도 언어적 신호들만큼 중요하다. **비언어적 의사소통(Nonverbal communication)**은 단어를 사용하지 않는 다른 상태에서 이루어지는 의사소통적인 가치를 지닌 모든 행동들이다. 전체 의사소통의 2/3 정도는 비언어적이다(Beall, 2004). 눈썹 치켜 올리기, 억센 악수, 그리고 성급하게 손가락으로 문을 두드리기 등은 의미를 전하는 비언어적 미디어로 잘 알려진 행동이다. 침묵과 엄숙한 비활동성 조차 화, 성가심, 의기소침, 또는 두려움을 나타내는 신호일 수 있다. 비록 이러한 비언어적 의사소통의 정의가 모든 영역을 포함하고 있는 것처럼 여겨지지만, 언어적과 비언어적 형태 간의 구별이 어려운 애매한 영역이 존재하고 있다. 몸짓, 표정 등의 전달행위는 목소리이지만 엄격히 구두는 아니다. 강세, 억양, 그리고 말의 속도뿐만 아니라 푸념, 웃음, 한숨, 그리고 기침 등과 같은 비단어의 발성들이 여기에 해당된다[Knapp(1972), Wietz(1974)]. 목소리는 흔히 성, 나이, 출신지역, 그리고 사회적 계층 등을 나타낸다(Beall, 2004).

비언어적 의사소통에 관한 연구들은 흔히 몸짓, 표정 등의 전달행위, 신체동작, 그리고 공간적 신호 등의 의미를 탐색한다. 예를 들어, 비언어적 행동의 다섯 가지 형태 즉 웃음짓기, 접촉하기, 긍정적인 고개 끄덕임, 즉각적인 행동자세(예를 들어, 앞쪽으로 기울이기), 그리고 눈동자 움직임은 다른 사람과의 라포를 형성하려는 개인의 시도에 일관되게 강력한 긍정적인 영향을 미친다. 이러한 행동들은 온정, 열정, 그리고 관심을 전달하는데 필수적인 것이다(Heintzman, Leathers, Parrot, and Cairns, 1993).

얼굴은 가장 명백한 비언어적 느낌의 전달자이다(McCaskey, 1979). 대부분의 느낌은 얼굴 표정을 통해 전달된다. 형식적 훈련 없이, 얼굴표정 관찰자는 흥분, 수치심, 그리고 두려움 같은 다양한 인간의 감정을 구별할 수 있다(Harris, 1993). 행복감, 슬픔, 성냄, 두려움, 놀람, 그리고 혐오감의 여섯 가지 표정은 문화에 관계없이 보편적으로 나타난다(Beall, 2004). 눈을 마주보는 것은 사람들의 비언어적 의사소통에서 가장 직접적이고 강력한 방법들 중의 하나이다.

미국의 주류문화에서, 사회규칙은 대부분의 상황에서 짧은 시간동안 눈 맞춤은 적절한 것으로 인정한다. 직접적인 눈 맞춤은 또한 정직 및 신뢰를 나타내는 것으로 받아들여진다. 오랫동안 눈 맞춤은 보통 위협이나 또는 다른 상황에서는 로맨틱한 관심의 표시로 여겨진다. 화자들은 청중들 개개인을 직접 쳐다보며 눈을 마주치는 것이 발표의 효과를 높이는 방법이라는 것을 알고 있다.

작업공간과 관련하여, Michael B. McCaskey(1979)는 사무실은 자신에게 속한 것과 다른 사람에게 속한 것을 구분하는 개인적인 구역이라고 언급하고 있다. 회의가 열리는 곳이 회의의 목적을 암시할 수 있다. 반대적인 논의를 위해, 위계와 권위를 강조하기 위해, 또는 지시를 내리기 위해서라면, McCaskey는 감독자에게 자신의 사무실에서 회의를 하라고 충고하고 있다. 사무실 배치 그 자체도 의도된 상호작용의 특징을 전달할 수 있다. 예를 들어, 많은 행정가들은 자신의 사무실을 두 가지 다른 영역으로 배치하고 있다. 첫 번째 영역에서, 행정가는 책상 건너편 다른 쪽에 앉아 있는 사람과 이야기를 한다. 이러한 배치는 행정가의 권위와 지위를 강조하는 것이다. 두 번째 영역에는 둥근 탁자를 따라 의자들이 원형으로 배열되어 있다. 이러한 배치는 위계상의 차이를 중요하게 여기지 않는다는 의도를 나타내기 때문에 보다 자유로운 의견교환이 촉진된다. 따라서 비공식적인 대화를 나누기 위한 센터로서의 사무실 배치, 개인적인 기록 및 장식들의 전시, 그리고 의자와 책상사이의 간격이 상대적으로 가깝다는 것은 방문객에게 환영의 메시지를 강력하게 전하는 비언어적 상징성을 나타낸다. James M. Lipham과 Donald C. Francke(1966)는 학교에서 이러한 가정을 확인하였다.

3) 언어적 및 비언어적 메시지의 일치(Congruence of Verbal and Nonverbal Messages)

언어적 및 비언어적 메시지는 효과적인 이해와 일치해야만 한다. 이러한 일반화에 관한 실례는 새로 부임한 행정가가 직원들과 만날 때 나타난다. "어떤 질문이나 문제가 있으시면, 기꺼이 내 사무실로 오십시오, 그 문제에 관해 의논해 봅시다. 내 방의 문은 항상 열려 있습니다."라고 전형적으로 이야기한다. 어떤 직원이 이 말을 액면 그대로 해석하고 교장을 찾아갔을 때, 비언어적 메시지가 언어적 메시지의 의미를 결정하게 될 것이다. 교장이 문 앞으로 마중 나오고, 의자로 안내하며, 그리고 생산적인 논의가 이루어진다면, 언어적 메시지는 강화되고 그 의미가 이해될 것이다. 그러나 행정가가 책상 뒤의 의자에 앉아서 서류 작업을 계속하면서 직원을 서있게 하거나 또는 책상 건너편 의자에 앉도록 한다면, 언어적 메시지는 부정된다. 언어적 및 비언어적 메시지가 갈등을 일으킬 때, 의미상의 문제가 나타난다.

2 의사소통과정의 출처 : 발신자와 수신자

앞에서 언급한 바와 같이, 메시지를 만들어내는 출처는 집단, 조직, 감독자, 동료작업자, 그리고 과업 그 자체를 포함하여 매우 다양하다[Northcraft and Earley(1989), Bantz(1993)]. 출처를 고려하는 데서, 신뢰성과 인지적 능력이 중요한 요인이 된다.

1) 신뢰성(Credibility)

발신자의 신뢰도 또는 신용(Adler and Rodman, 1991)은 메시지의 효과성에 영향을 준다. 신뢰성에 영향을 주는 두 가지 특성은 전문성과 신뢰가능성이다[Schelby(1986), Becker, and Klimoski(1989)]. 신뢰성은 수신자가 발신자의 말과 행동에서 받은 신뢰와 자신감에 의해 형성된다.

결국, 신뢰성의 수준은 의사전달자의 말과 행동에 대한 수신자의 반응이 영향을 미친다(Gibson, Ivancevich, and Donnelly, 1976). 메시지의 진실 여부와는 별도로 발신자의 정체성과 명성으로 인하여, 수신자는 정보를 왜곡하거나 또는 정부를 완전히 무시하도록 이끌 수도 있다(Bowers, 1976). 예를 들어, 교직원들이 학교장을 무능력하고 부정직하다고 여긴다면 아마도 학교장과의 모든 의사소통을 왜곡할 것이다.

미리 말할 것을 준비함으로써 전문가임을 보여줄 수 있다. 우선 의도한 의미를 전달할 수 있는 말 또는 그림 같은 일련의 상징들을 통해 아이디어를 조직하는 것으로부터 시작한다. 이러한 상징물들은 전달방법, 또는 미디어가 지닌 합리성, 일관성, 그리고 적합성을 정리해준다. 예를 들어, 이메일 메시지는, 일반적으로 징계를 내리는 공문서와는 차이가 나는 단어로 되어있고, 이들은 대면적 대화와는 상당히 다르다. 즉, 잘 연구되고, 조직되고, 작성되거나, 또는 제시된 메시지는 발신자의 능력과 신뢰성에 대한 수신자의 평가에 크게 영향을 미친다.

2) 인지적 능력(Cognitive Capacities)

심리적 특성들은 개인의 의사소통 능력을 제한한다. 정보처리능력(예를 들어, 주제에 관한 의사소통 기술 및 지식)과 인성 그리고 동기요인(예를 들어, 태도, 가치, 흥미, 그리고 기대)들은 메시지의 내용 및 질을 제한하고 걸러낸다(Berlo, 1970). 예를 들어, 수업담당 부교육감은 학교장들과 의사소통을 할 때 학교장들을 훈련시키는데 적절하지 않다고 생각하는 정보는 차단한다. 학교장들도 자신들의 업무수행에 관해 부정적인 인상을 줄 수 있는 정보는 걸러내고 부교육감에게 보고하지 않는다.

인지적 구조와 과정은 또한 메시지를 이해 또는 해석하는 수신자의 능력에 영향을 미친다. 청자가 협력적이고 지식을 지니고 있다면, 발신자가 의도한 대로 메시지를 해석하려고 할 것이다. 그러나 발신자의 경우와 마찬가지로, 수신자는 해석된 메시지를 질적으로 제한하는 의사소통능력, 주제에 관한 지식, 흥미, 가치, 그리고 동기적 특성들을 지니고 있다.

결과적으로, 수신자가 받아들인 의미는 발신자가 의도한 의미와는 정확히 일치하지는 않는다. 물론, 의미가 상당히 유사하지만, 결코 완전히 동일하지는 않다. 인지적 구조와 과정에 의해 표현된 경험을 토대로, 수신자는 메시지에 어떻게 반응하고 행동할 것인가를 선택한다. 그 행동은 발신자에게 피드백 된다(그림 6.1과 6.3 참조).

❸ 상황에 따른 의사소통

사람들 사이의 의사소통은 또한 상황적, 문화적, 또는 환경적 요인들의 결합에 의존한다. 그 과정은 일반적으로 소음(noise) 또는 장벽(barriers)이라 불리는 상황적 요인들에 의해 흐려진다. 소음은 의사소통 과정을 방해하는 어떤 소란을 의미한다. **소음**이 너무 강해지면 메시지의 내용 자체보다 더 중요해질 수 있다(Reilly and DiAngelo, 1990).

학교에서, 사회적 및 개인적 요인으로부터 야기된 소음은 물리적 방해보다 더 심각한 문제를 만들 수 있다. 예를 들어, 폐쇄적 조직문화, 처벌위주의 관료제 구조, 문화적 및 성적 차별, 그리고 권위적인 지도자는 의사소통과정을 왜곡시킨다. 이러한 경우에, 집단 구성원들이 중요해진다. 호전적인 교사는 전제적인 교장의 이야기를 잘 듣지 않으며 그 반대도 가능하다. 또한 관료적인 교육자들은 학부모들의 요구에 귀를 기울이지 않는다.

나이, 성, 인종, 사회계층, 성적 성향, 그리고 민족 차이에 대한 편견은 의사소통 과정에서 장벽을 만들고 이는 메시지를 왜곡하게 한다. 문화다원주의 사회에서, 인종, 직업, 그리고 성 같은 인구학적 특성들은 언어발달 및 의사소통 능력을 형성하는 공통적인 경험과 배경특성에 대한 대체적인 척도가 되고 있다(Zenger and Lawrence, 1989). 예를 들어, 특정업무는 남자들에 의해서만 효과적으로 처리될 수 있다고 믿는 사람은 여성들도 똑같이 그 일을 잘하거나 또는 더 잘할 수 있다는 사실, 정보, 그리고 메시지를 거부하는 경향을 지니고 있다. 모든 메시지는 장벽, 경향, 또는 인지적 스키마를 통해 걸러진다(Reilly and DiAngelo, 1990).

따라서 예를 들어, 물리적, 사회적, 그리고 개인적인 모든 형태의 상황적 소음은 학교 내에서의 의사소통을 저해하는 언어격차를 초래할 수도 있다. 다양성이 증가하고 학교상황(예를 들어, 경제적인 여유, 인종, 행정직의 성, 그리고 위험아동)의 변화에 따라, 의사소통을 정확하고 분명하게 해야 할 필요성이 더욱 커질 것이다. 그림 6.1에서 볼 수 있듯이, 의사소통 과정을 통해 공유된 의미를 만드는 것은 개인적인 기술 및 동기(MacGeorge and colleagues, 2003), 메시지의 내용, 사용된 전략 및 미디어, 그리고 상황에 달려있다. 간단하게 이야기하면, 그 관계는 다음과 같은 공식에 잘 나타나 있다.

- 의미 = 정보 + 의사전달자 + 미디어 + 상황

다음의 질문을 살펴봄으로써 공식의 본질 및 접근방법을 이해할 수 있다.

- 누가 누구에게 이야기를 하고 이들은 어떤 역할을 맡고 있는가? 행정가들인가? 행정가와 교사들인가? 교사들인가? 남성과 여성인가? 교사와 학생인가? 행정가와 학부모인가?
- 발신자와 수신자 모두 이해할 수 있는 언어 또는 일련의 상징들을 통해 정보를 전달할 수 있는가?
- 의사소통의 내용과 효과는 어떠한가? 긍정적인가 아니면 부정적인가? 적절한가 아니면 부적절한가?
- 어떤 미디어가 사용되는가?

- 어떤 상황에서 어떤 의사소통이 이루어지는가?
- 어떤 상황적 요인이 메시지를 차단하거나 왜곡할 수 있는 소음을 만드는가? 반대로, 어떤 상황적 요인이 효과적인 의사소통을 촉진하는가?

일반적인 결론으로서, 양 방향 의사소통의 부족, 미디어와 메시지 사용에 있어서의 갈등, 그리고 상황적 소음의 존재는 교육조직에서 심각한 상호이해의 문제를 야기한다.

학교에서 의사소통의 목적

학교 같은 조직에서 의사소통은 몇 가지 주된 목적—예를 들어, 생산과 규제, 혁신, 그리고 개인의 사회화와 현상유지 등을 지닌다(Myers and Myers, 1982). 생산과 규제의 목적은 학교에서의 교수·학습활동 같은 조직의 기본적인 업무수행을 목적으로 하는 활동들이 포함된다. 이에는 목표와 기준 설정, 사실과 정보전달, 의사결정, 다른 사람을 지도하고 영향 미치기, 결과 평가하기 등을 포함한다. 혁신의 목적은 새로운 아이디어를 제기하고 학교의 프로그램, 구조, 절차상의 변화에 관한 메시지를 포함한다. 끝으로, 의사소통의 사회화와 현상유지의 목적은 참가자의 자신감, 인간 상호간의 관계, 개인적인 목표를 학교의 목적에 통합하기 위한 동기부여에 영향을 미치는데 있다. 이러한 복잡하고 고도로 상호의존적인 형태들을 유지하기 위한 학교의 역량은 이러한 목적을 위해 의사소통을 처리하는 능력에 의해 제한된다.

학교의 생산, 규제, 혁신, 사회화, 그리고 현상유지의 다양한 목적에 기여하기 위해서는, 의사소통이 높은 수준의 공유된 이해를 이끌어내야만 한다. 학교의 목표를 달성하기 위해서는 인간의 행동이 필요하다. 목표 지향적 행동은 의사소통을 통해 도출된다. 따라서 메시지가 분명하고 이에 대한 이해가 높을수록, 행정가, 교사, 그리고 학생의 행동은 충실하게 목표지향적인 방향으로 나아가기가 더 쉬워진다.

예를 들어, 효과적인 학교운영에서, 행정가들, 교사들, 그리고 학생들은 서로의 생각을 이해하고 수용하며, 이에 따라 행동한다. 이들이 달성하고자 하는 학교목표와 지침은 폭넓은 대화를 통해 개발된다. 한 가지 혁신적인 목표는 프로젝트 중심 수업 접근방법을 실행하는 것이라고 하자. 이 목표를 달성하기 위해 수반되는 지침은 새로운 교육과정, 새로운 상호작용적 수업전략, 교사에 대한 사회화 및 훈련, 포트폴리오 평가 절차, 그리고 프로그램 유지를 위한 계획을 포함해야 할 것이다. 집단의 지도자로서, 학교장, 교사, 학부모, 그리고 학생들은 목표의 타당성을 역설하고, 새로운 절차의 유용성을 강조하며, 이해의 공유를 증진시키고, 프로그램 실행을 위한 집단적 행동을 조장하며, 그리고 실행 및 지속을 위해 지원해야 한다. 이러한 행동의 범위와 성공은 목표 및 이에 수반되는 절차에 관한 의사소통이 얼마나 효과적으로 학교조직의 네트워크에 의해 개시되고 유지되는가에 대한 대규모 측정에 달려있다.

의사소통의 네트워크

의사소통 네트워크는 시간과 공간을 통해 발신하고 교환되는 메시지에 의해 만들어진 의사전달자 간에 형성된 공식적 및 비공식적 접촉의 형태이다(Monge and Contractor, 2001). **공식적 채널(Formal Channels)**은 조직에 의해 인가된 방법이고 규제와 혁신 같은 조직목표에 관련된다.

개인이 **비공식적 채널(informal channels)**과 네트워크를 통해 의사전달을 할 때, 이들은 **비밀정보망(grapevines)**을 이용한다(Harris, 1993). 이러한 의사소통의 형태들은 비록 이들이 위계적 차트에는 나타나 있지 않지만 학교의 조직적 구조의 한 부분이다(Lewis, 1975). 공식적 및 비공식적 채널의 방향은 한 방향 또는 양 방향일 수도 있고 수직적 및 수평적일 수 있다. 따라서 네트워크와 채널은 학교 같은 조직에서 메시지가 이동하는 단순한 방법, 장치, 또는 형태가 된다. 이들은 의사소통의 궤도이다.

네트워크와 채널에 관한 일반적인 개념은 우리 모두는 강, 거리와 고속도로, 전화선, 그리고 배수관 같은 물리적 네트워크와 채널에 대한 폭넓은 경험을 지니고 있기 때문에 낯설지 않다(Monge, 1987). 반대로, 조직의 의사소통 네트워크는 보도, 하천, 그리고 파이프 같은 물리적 현상이 아니라 오랜 시간에 걸쳐 추상적인 인간의 행동으로 구성되어

있기 때문에 확인하기가 어렵다. 그럼에도, 의사소통 네트워크는 학교 내에서 구성원들이 정보를 교환할 때 확인할 수 있는 일상적인 대인접촉의 형태이다. 시간을 두고 의사소통 행위를 관찰해 봄으로써 정보교환을 통해 어떤 사람이 다른 사람들과 어떻게 연결되었는지에 관해 추론할 수 있다.

그림 6.5에서 보듯이, 의사소통 네트워크 내에서 구성원들은 다양한 역할을 맡고 있다. 조직 내에서 한 사람이 맡고 있는 의사소통의 역할은 그것이 다른 사람의 태도와 행동에 영향을 줄 수 있기 때문에 중요하다. **스타의 역할**(star role)은 대다수의 사람들이 한 사람과 의사소통을 할 때 나타난다[그림 6.5(a) 참조]. 스타는 네트워크 내에서 연결고리이다. 핵심적인 역할을 맡음으로써, 스타는 집단자원에 보다 쉽게 근접할 수 있고 통제를 할 수 있기 때문에 잠재적으로 강력한 영향력을 행사할 수 있다[McElroy and Shrader(1986), Yamagishi, Gillmore, and Cook(1988)]. 따라서 스타는 네트워크에서 지도자로 여겨질 수 있다.

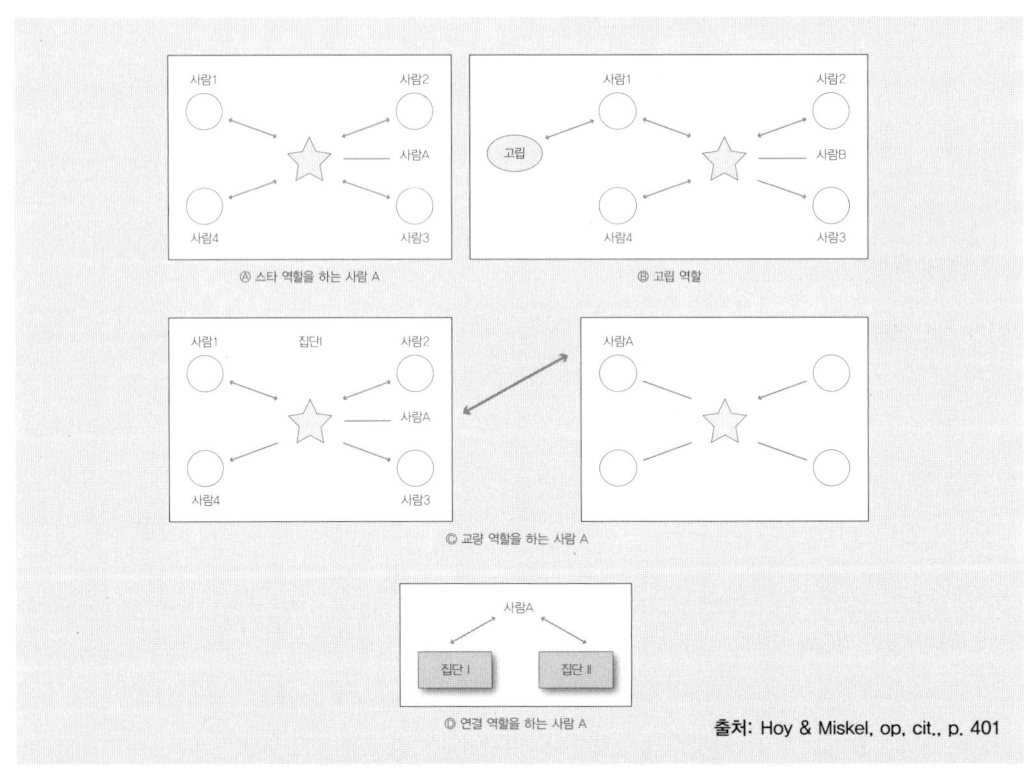

그림 6.5　　의사소통 네트워크에서 스타, 고립, 교량, 그리고 연락인 역할의 예

반대로, **고립적 역할(isolate role)**은 다른 구성원들과 의사소통에 아주 드물게 참여하는 경우이다[그림 6.5(b) 참조]. 고립은 네트워크에 느슨하게 결합되어 있거나 또는 전혀 결합되지 않기도 한다. 즉, 일상적인 의사소통의 흐름에서 동떨어져 있고 네트워크의 다른 부분들과 아무런 접촉을 하지 않는다. 이들의 의사소통 활동의 부족은 흔히 소외감, 낮은 직무만족, 조직운영에서 낮은 헌신, 낮은 업무수행을 동반하기 때문에 고립은 걱정거리가 된다. 의사소통 네트워크에 적극적인 참여는 긍정적인 결과를 가져오리라 여겨지지만, 반면에 고립은 불만과 관련된다(Harris, 1993). 그러나 학교에서 교사들의 고립을 줄이기 위해 고안된 프로그램은 가장 많은 혜택을 받아야 할 구성원이 거의 혜택을 받지 못해 저항을 하는 상황을 만들 수도 있다(Bakkenes, de Brabander, and Imants, 1999).

Patrick Forsyth와 Wayne Hoy(1978)는 어떤 경우에서 고립되면 예외 없이 다른 경우들로 전이된다는 것을 발견하였다. 친구들로부터 고립은 형식적 권위로부터 고립과 관련이 없다는 것을 제외하고 후속연구의 결과도 비슷하였다(Zielinski and Hoy, 1983). 즉, 학교의 의사소통 고립은 인지된 통제, 존경받는 동료, 학교의 통제구조, 그리고 때때로 친구들로부터 분리되는 경향이 있다. 이러한 고립의 잠재적인 피괴적 측면은 소외이다. 이러한 부정적인 영향에 대처하기 위해서, 행정가들은 현재의 채널로는 고립된 구성원에게 접근할 수 없기 때문에 대안적인 의사소통 과정을 고안해야만 한다.

교량 및 연락 같은 특정한 역할을 맡은 구성원들을 통해 네트워크 간의 교환이 이루어진다. 예를 들어, 한 집단 이상에 소속되어 있는 사람은 **교량(bridges)**이라고 부른다. 학구의 교육 과정위원회와 학교 내의 부서에 소속되어 있는 영어교사는 두 집단을 위한 교량역할을 하며 이들 두 집단 간에 정보를 전하기가 쉬울 것이다[그림 6.5(c) 참조]. **연락인(Liaisons)**은 그들이 소속되지 않은 집단들을 연결시키는 역할을 하는 구성원들이다[그림 6.5(d) 참조]. 연락인은 학교 내의 다양한 집단 간에 중재자로서 봉사한다. 즉, 그들은 다른 조직의 활동에 관한 정보를 제공하는 집단 유지의 필수적인 기능을 수행한다. 연락인과 집단 구성원 간의 상호작용은 자주 또는 공식적으로 이루어지는 것은 아니지만, 의사소통은 정규적으로 이루어지며, 구성원들은 항상 다른 사람들이 무슨 일을 하는지를 알고 있다. 이러한 중요한 연결 관계는 결속이 약하거나 이완된 결합상태에 있다.

　대부분의 경우 연락인은 다른 부서 또는 위원회에 연결시키기 위해 그리고 이들 간에 정확한 의사소통을 보장하기 위해서 조직에 의해 공식적으로 임명된다. 예를 들어, 두 학교의 영어 교육 과정 위원회의 장학을 담당하고 있는 교육 과정 및 수업담당 부교육감은 두 집단을 위한 연락인이 된다. 공식적인 연락인과 마찬가지로 비공식적인 연락인도 있다. Cynthia Stohl(1995)은 고도로 효과적인 집단은 효과적이지 못한 집단보다 외부환경 또는 조직에서 다른 집단들과 더 긴밀히 연결되어 있다고 결론지었다. 그러나 응집력이 매우 강하고 만족도가 높은 집단은 외부 구성원들과 빈번하게 상호작용하지 못하고 있다.

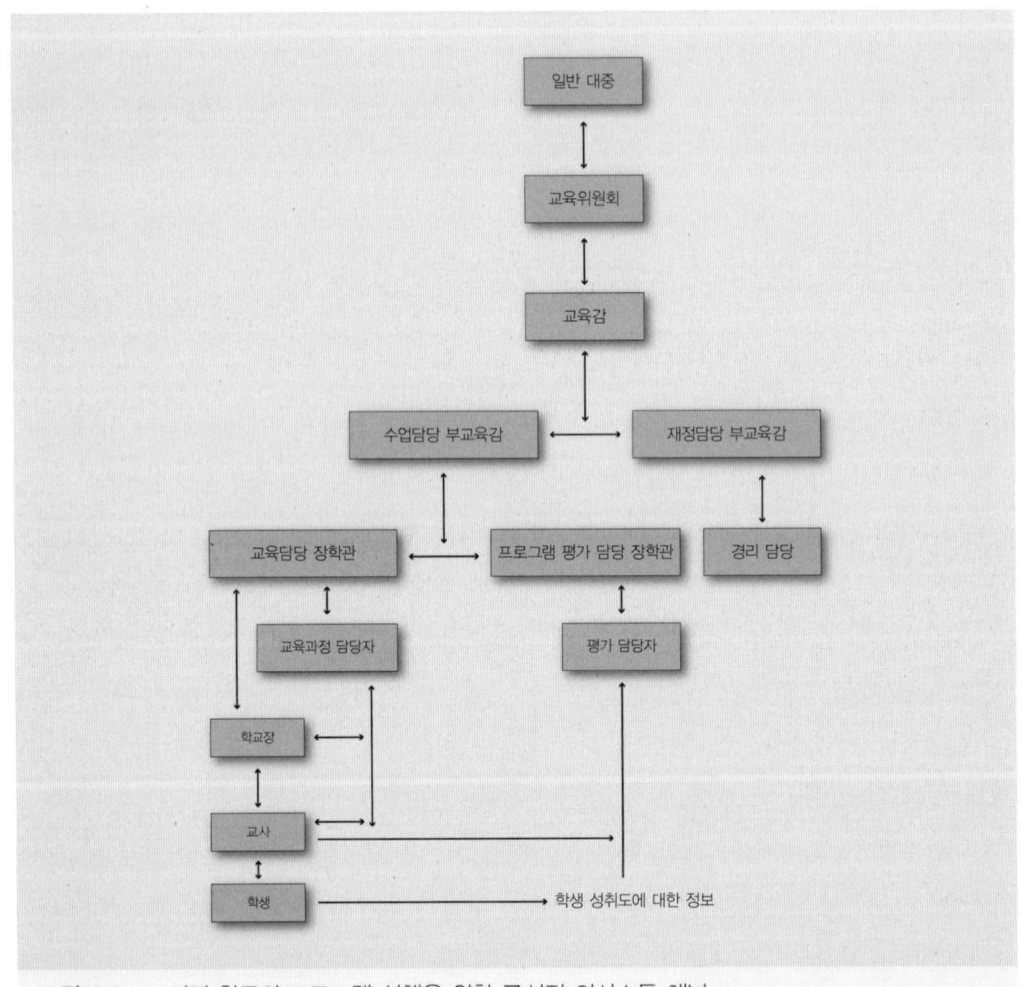

그림 6.6　어떤 학구의 프로그램 실행을 위한 공식적 의사소통 채널

■ 공식적 의사소통 네트워크

Scott(2003)에 따르면 조직발전의 이유 중 하나는 정보의 흐름을 관리하는 감독자의 능력에 의한 것이라고 한다. 학교의 위계적 구조는 지위 및 지위간의 권력차이 같은 여러 가지 특징들을 포함하지만, 그 중에서 가장 중요한 것은 집권화된 의사소통 체제이다. 의사소통은 모든 학교구조에 퍼져있다. Richard H. Hall(2002)은 "가장 좋은 조직구조의 설립은 의사소통이 특정한 경로를 따라 이루어진다고 생각하는 어떤 표시이다(p. 164)."라고 강력하게 주장하였다.

공식적 의사소통 채널 또는 네트워크는 권위의 위계를 통해 조직을 가로질러 구축된다. Barnard(1938)는 이러한 공식적 네트워크를 '의사소통 체제'라고 부른다. Barnard에 따르면, 공식적 네트워크 체제를 개발하고 사용할 때 다음과 같은 몇 가지 요인들을 고려해야만 한다.

- 의사소통 채널을 반드시 알아야 한다.
- 채널은 조직의 모든 구성원들을 연결해야 한다.
- 의사소통의 계통은 가능한 한 직접적이고 단계가 짧아야 한다.
- 전형적으로 완전한 의사소통 네트워크가 사용되어져야 한다.
- 직위를 차지하고 있는 적절한 사람이 자신의 권위 내에서 메시지를 전달함으로써 모든 의사소통은 인증을 받게 된다.

그림 6.6은 Barnard의 기술적 진술을 바탕으로 하여 학구의 공식적 의사소통 네트워크를 설명하고 있다. 차트는 공식적 의사소통 채널을 기술하고 있으며 모든 구성원들은 누군가에게 보고하고 있음을 주목하기 바란다.

교육담당 장학관은 수업담당 부교육감에게 보고하고, 수업담당 부교육감은 재정담당 부교육감과 교육감에게 보고한다. 교육감에서 교사까지의 의사소통 계통은 다섯 가지의 위계적 단계로 되어있다. 이는 대규모 학구에 비해서 단계가 짧고 직접적이다. Barnard의 주장에 따라, 이러한 체제에는 해당 직무를 나타내는 특정한 명칭 및 관료적 규칙과 규정이 추가되었다.

모든 조직 내에서, 의사소통 과정에 관한 공식적 제한이 이루어지는 것은 명백하다. 대부분의 조직들은 위계적인 의사소통 형태를 유지하고 있다. 즉, 의사소통은 일반적으로 상위자와 하위자 간의 직접적인 상호작용을 규제하며, 심지어 공식적인 규칙이 없는 경우에도, 대부분의 의사소통은 위계구조에 따르도록 하고 있다(Friebel and Raith, 2004). '적절한 채널을 통해 진행되도록 하라.'와 '명령계통을 따르라.'는 조직에서 의사소통의 통제 및 구조에 대한 요구를 반영하는 두 가지 일반적인 표현들이다(Harris, 1993). 학교관료제의 세 가지 특성들은 특히 공식적 의사소통 체제에서 중요하다. 이들은 위계의 집권화, 조직의 형태 또는 구성, 그리고 정보관련 기술의 수준이다.

집권화(Centralization) 권한이 위임되지 않고 조직의 단 하나의 정보원에 집중되어 있는 정도로서 의사소통 체제의 효과성에 중요하다(Porter and Roberts, 1976). 집권화된 학교에서는 구조 내의 특정 직위를 차지하고 있는 소수의 사람들이 대다수의 정보획득 능력을 가지고 있다. 예를 들어, 그림 6.6에서 언급한 교육감과 두 명의 부교육감은 공식적 의사소통 체제의 대부분의 정보를 수집하고 있다. 그러나 학구가 분권화 또는 이완 결합된 형태를 띠고 있다면, 정보 수집력은 어느 정도 모든 직위로 분산된다. 상이한 정보 수집력에 관한 조사연구는 집권화된 구조는 문제와 과업이 상대적으로 단순하고 직선적일 때 더 효율적인 의사소통체제라는 연구결과를 지지하고 있다. 그러나 문제와 과업이 복잡할 때는 분권화된 위계구조가 더 효율적임이 분명하다(Argote, Turner, and Fichman, 1989). 비슷하게, 집권화된 학교는 분권화된 학교에 비해 메모 및 작업지침 등과 같은 풍요성이 부족한 미디어에 의존하는 경향을 보인다(Jablin and Sias, 2001).

형태(shap) 위계 수준의 수 또는 높이 대 학교조직의 평면성 또한 의사소통 과정에 영향을 미친다. 위계 수준과 규모는 구조적 특성이며 일반적으로 형태와 관련된다. 그림 6.6에서 기술된 바와 같이, 5단계의 위계로 이루어진 학구는 이보다 위계가 많거나 적은 학구와 비교해 볼 때 위계 간 및 위에서 아래로의 의사소통 능력에서 차이를 보이고 있다. 위계단계의 수는 메시지가 이동해야 하는 거리라고 볼 수 있다. 거리가 늘어나면, 메시지가 왜곡될 가능성이 커지며 의사소통의 질과 양에 대한 만족은 감소하게 된다[Clampitt(1991), Zahn(1991)]. 교사들은 일반적으로 학교장의 메시지보다는 교육감의 메시지에 대한 만족감이 떨어진다고 표현하고 있다. 또한, 조직규모는 의사소통의 질과 부정적인 관계를 지닌다. 학구가 커지면, 의사소통은 더 비인간적이 되거나 공식적이 되며 질적 저하가 이루어진다(Jablin, 1987).

기술(Technology) 또한 정확한 효과에 대해서는 좀 더 생각을 해야겠지만, 조직의 의사소통에 상당한 영향을 끼치는 것은 분명하다. 학교는 이완결합체제라는 데 동의한 학자들은 학교조직이 상대적으로 낮은 기술수준을 가지고 있다고 주장한다. 그러나 의사소통 기술이 학교에서 보다 정교화 됨에 따라, 이러한 기술의 사용은 공식적 및 비공식적 네트워크에서 이루어지는 의사소통을 극적으로 변화시킬 것이다(Jablin and Sias, 2001).

우리는 컴퓨터 네트워크, 인터넷, 월드 와이드 웹, 전자메일, 화상회의, 통신위성, 그리고 자료처리장치 같은 진보에서 알 수 있듯이 근본적인 변화가 일어나는 창조적이고 역동적인 시대에 살고 있다. 비교적 최근의 현상으로서, 전자정보교환은 의사소통의 독특하고 별개의 형태로서 음성, 화상, 문자, 그리고 그래픽을 전달하는 데 주로 적용되었다. 이제는, 여러 곳으로 동시에 즉각적으로 음성, 화상, 문자, 그리고 그래픽자료를 전달하는 것이 일상화되고 있다. 앞으로 엄청난 변화가 일어날 것으로 여겨지지만, 참여자들의 지리적 분포와 함께 앞으로 다가올 전자기술의 영향에 관한 일반적인 기술은 이러한 미디어와 전통적인 미디어 간의 차이를 적절히게 파악하지 못하고 있다. 결과적으로, 학교에서 이루어지는 의사소통의 모든 측면 즉, 행정적, 수업적, 그리고 사회적 측면에 대한 이런 기술의 잠재적 영향력은 과소평가되고 있는 것 같다.

② 비공식적 의사소통 네트워크

공식적 의사소통 체제가 얼마나 정교한가에 관계없이 모든 조직에는 비공식적 네트워크 또는 비밀 정보망이 존재한다. 연구자들과 조직의 참여자들이 계속해서 관찰하여 얻어진 한 가지 일반화는 집단, 파벌, 또는 한 패에 속한 사람들은 사물이나 문제를 매우 빠르게 이해하는 경향이 있다는 것이다. 이들은 서로 간에 쉽고 충분한 의사소통을 한다. 비밀 정보망을 통해서 사실, 의견, 태도, 의혹, 잡담, 소문, 그리고 심지어는 지시들까지 자유롭고 신속하게 전한다. 학교 구성원 간의 사회적 관계를 통해 형성된 비공식적 채널은 공용사무실, 비슷한 업무, 휴식시간을 같이 보내기, 카풀, 친구관계 등과 같은 단순한 이유로 개발된다. 학교조직의 모든 부문에서 사회적 관계와 의사소통 채널이 나타난다.

그림 6.6으로 돌아가서, 비공식적 의사소통 형태는 교육청에도 존재한다. 교육청의 어떤 집단에는 일부 장학관, 부교육감, 일부 장학사, 평가자, 그리고 경리담당자들이 소속될 수 있다. 분명히, 비공식적 의사소통 채널은 학교장들 사이에 교사집단 및 학생회 내에도 널리 퍼져있다.

초등과 중등학교 교장들 간에 의사소통 형태는 아주 다르다(Licata and Hack, 1980). 중등 학교장들은 공통적인 전문적 관심사와 상호협조와 보호를 위한 필요성에 근거하여 비공식적 의사소통 형태를 지닌 집단을 형성한다. 반면에, 초등 학교장들은 멘토, 친구, 이웃, 그리고 관련자들과의 사회적 유대를 통해 의사소통이 이루어지는 무리를 짓는 집단을 구성한다. 요약하면, 중등 학교장들은 전문적 생존 및 발전을 위해 비밀 정보망을 구축하는 반면에, 초등 학교장들은 사회적 문제에 관한 비공식적인 의사소통을 한다.

비밀 정보원에 대한 주된 단점은 소문을 확산시키는 것이지만, 비공식적 네트워크는 형식적 학교조직에서 이루어지는 다수의 목적달성에 도움이 된다. 첫째, 이들은 학교에서 여러 가지 활동의 질을 반영한다. 비공식적 출처를 통한 의사소통은 행정가와 다른 학교지도자들에게 중요한 피드백을 제공한다. 또한, 적극적인 비공식적 네트워크는 학교문화의 척도가 되고 지도자들은 이들에 의한 청취를 통해 상당한 정보를 알 수 있다. 둘째, 비공식적 채널은 공식적 채널에 의해 충족되지 않는 사회적 또는 소속욕구를 충족시킬 수 있다.

예를 들어, 사람들은 상호부조의 방식으로 개인적 아이디어, 의견, 그리고 조언을 교환하고 상호작용을 통해 흔히 상당한 즐거움과 정서적인 보상을 받을 수 있는 비의도적인 대화에 참여할 수 있다(Miller, 2006).

셋째, 비밀 정보원은 상당한 정보를 전달함으로써 정보 공백을 채워줄 수 있다. 아무리 정교하고, 공식적인 의사소통 네트워크라도 현재의 학교에서 필요로 하는 모든 정보를 간단히 전달할 수는 없다. 비공식적 네트워크는 공식적 채널이 막혔을 때 출구가 된다. 비공식적 채널은 정보가 새롭고, 그리고 대면적 또는 전자적 의사소통이 비교적 손

쉬울 때 변화의 시기동안에 특히 도움이 된다. 넷째, 비공식적 네트워크는 학교 내의 여러 가지 활동들에 대한 의미를 제공한다. 메시지가 비공식적 네트워크를 통해 이동할 때, 메시지는 참여자들이 알아차릴 수 있는 용어로 놀랄 만큼 정확하게 바뀌어 진다. 비논쟁적 정보에 대한 정확성은 75~90%에 이른다. 왜곡현상이 나타날 때, 이들은 일반적으로 불완전한 정보에 바탕을 둔 부정확한 강조를 반영하고 있다. 문제는 아무리 작은 왜곡 또는 실수라도 엄청난 결과를 초래할 수 있다는 것이다[Clampitt(1991), Harris(1993)].

❸ 보완적 의사소통 네트워크

앞에서 언급한 바와 같이, 공식적 및 비공식적 의사소통은 모든 교육조직에서 존재한다. 다양한 상황에서 이루어진 네트워크에 관한 연구는 조직의 의사소통 형태는 아주 복잡하다는 결과를 제시하고 있다. 학교 내에서, 단 한 가지 유일한 네트워크는 존재하지 않으며, 일련의 중복되고 상호 관련된 네트워크를 이루고 있다(Jablin, 1980).

참여자들의 대다수는 많은 다른 사람들과 지속적으로 상호작용하며, 그 수는 공식적 조직 차트에서 제시하는 것보다 훨씬 더 많다. 사회적 네트워크에 비해 과업관련 네트워크는 더 크고 잘 발달되어있지만, 둘 다 서로 밀접하게 관련되고 조직에서 중요한 부분이다(O'Reilly and Pondy, 1979). 일반적으로, 의사소통 집단은 업무계통을 따라 형성된다. 작업집단의 과업구조는 전달된 메시지의 정확성과 개방성을 향상하기도 하고 떨어뜨리기도 한다. 전문화된 기술과 높은 지위를 지닌 집단들은 다른 집단보다 정보교환에 더 개방되어있다(O'Reilly and Roberts, 1977). 또한, 정확성과 개방성은 업무수행에 긍정적 영향을 미치지만, 교육자들 간에 의사소통의 빈도는 그리 높지 않다(Miskel, McDonald, and Bloom, 1983). 요약하면, 의사소통의 내용과 방향은 두 가지 체제를 상호보완적으로 만들 수 있다.

1) 내용

내용면에서 볼 때, 의사소통은 수단적 또는 표현적인 것으로 생각되어질 수 있다
(Etzioni, 1960). 수단적 의사소통은 인지구조 및 과정에 영향을 미치는 정보와 지식을 나
누어준다. 행정적 지시, 정책, 교육 과정의 목적 및 자료, 그리고 출석자료 등이 대표적
인 예이다. 수단적 의사소통의 목적은 방법 및 절차에 관한 합의를 이끌어내는 것이다.
다른 한편으로, 표현적 의사소통은 태도, 규범, 그리고 가치를 변화시키거나 강화시키
기 위한 시도를 한다. 학생들에 대한 적절한 정서적 지향, 공격성, 훈육, 그리고 조직적
보상은 표현적 의사소통의 대표적인 내용에 대한 예가 된다.

형식적 의사소통 채널은 수단적 및 표현적 내용을 전한다. 비형식적 네트워크는 이
들 모두를 향상할 수 있다. 예를 들어, 비밀 정보원은 의견 및 정서를 나타내는 척도로
서 기여한다. 학교행정가들은 흔히 학생, 교사, 그리고 다른 행정가들의 사기에 관한 비
공식적 정보의 흐름을 이용할 수 있다. 이들은 또한 새로운 절차 또는 프로그램에 대한
수용성을 테스트하기 위하여 정세를 타진할 수도 있다.

예를 들어, 행정가들은 교사양성을 위한 새로운 전문성 개발 프로그램을 소개하고
싶을 수도 있다. 최종적 의사결정을 내리기 전에, 가설적인 가능성들이 일부 참모들과
비형식적으로 논의된다. 비밀 정보원을 통해 정보가 퍼질 때, 정서는 통제될 수 있다.
이러한 반응을 바탕으로 하여, 행정가들은 새로운 프로그램에 대한 계획을 발표하기
위해, 이 프로그램을 잠정적인 상태로 남겨두거나 형식적으로 소문을 일소하기 위해서
형식적 의사소통 체제를 사용한다.

Barnard(1938)는 이러한 의사소통 유형은 비형식적 네트워크를 방해하지 않고 흘러
가지만, 공식적 채널에서 사전에 의사결정을 내리도록 요구하는 문제를 야기하거나 불
편을 초래할 수도 있다. 따라서 비공식적 채널은 가능한 행동과정을 평가해보는 토대
가 됨으로써 공식적인 수단적 의사소통을 보완할 수 있다. 표현적 의사소통 면에서, 비
공식적 네트워크는 참여자들에게 사회적으로 의사소통하고 상호작용하도록 허용해줌
으로써 개인적 표현을 위한 긍정적인 수단이 될 수 있다. 따라서 비공식적 네트워크는
학구에 재정적 부담을 주지 않으면서도 많은 학교 구성원들의 사회적 욕구를 충족시킬
수 있다.

2) 방향

메시지들은 눈에 띄기를 기다리면서 그 자리에 머물러 있지 않고, 목표 없이 떠다니다 어떤 행운으로 전달되는 것도 아니다(Myers and Myers, 1982). 조직 내의 위사소통은 공식적 및 비공식적 네트워크를 통해 어떤 방향을 향해 흘러간다. 정보흐름의 방향은 또한 가능한 공식적 및 비공식적 의사소통 네트워크의 상호보완적 특성을 보여준다. 정보는 이들 네트워크에서 수직적 및 수평적으로 흐른다.

수직적 흐름은 서로 다른 학교의 위계 수준을 통해 의사소통의 방향이 위에서 아래로 향하는 것이다. 정보는 메모, 지시, 정책, 그리고 행동계획들을 통해 권위의 위계를 따라 위 또는 아래로 전해진다. 수직적 흐름이 조직의 의사소통에서 중요한 점은 공식적 네트워크에서 메시지 이동은 메시지를 발신하고 수신하는 사람들 모두에게 매우 중요하다는 것이다. 개인들의 업무는 지시, 평가, 요구, 그리고 명령 등과 같은 문제들에 관해 그들이 받은 메시지에 달려있다(DeFleur, Kearney, and Plax, 1993).

공식적인 하향적 의사소통에서, 정보는 명령계통 즉, 위계적 지위구조를 통해 전해진다. 이러한 메시지들은 전형적으로 명령계통을 재확인하고 통제를 강화한다(Harris, 1993). 상위지로부터 히위자에게 전달되는 의사소통의 형태는 다음과 같은 다섯 가지가 있다(Katz and Kahn, 1978).

- 구체적인 과업에 관한 지시
- 그 과제를 왜 수행해야 하고, 과제가 다른 과업들과 어떤 관계가 있는지에 관한 이유
- 조직절차와 실제에 관한 정보
- 개인들의 업무수행 수준에 관한 피드백
- 조직의 목표에 관한 정보

하향적 의사소통은 비교적 전달하기가 쉽지만, 하위자들은 흔히 메시지를 잘못 이해한다. 의도된 의미가 이해되도록 하기 위해서는, 행정가들은 양 방향 의사소통 채널을 개발하고, 위계의 위아래를 오고 가는 폭넓은 피드백 과정을 사용해야만 한다.

위계의 하위 수준에서 상위 수준으로의 의사소통은 상향적 의사소통이다. 상향적 의사소통은 다음과 같은 네 가지 메시지 형태를 전달한다[Katz and Kahn(1978), DeFleur,

Kearney, and Plax(1993)].

- 일상적 운영 메시지
- 문제에 관한 보고서
- 개선을 위한 제언
- 하위자들이 서로를 어떻게 느끼고 직무에 대해 어떻게 생각하는지에 관한 정보

상향적 의사소통은 하위자들이 상위자에 대해 설명하도록 만들어진 한 가지 수단이 된다. 이러한 의사소통은 흔히 행정적 통제의 수단으로 간주된다. 결과적으로, 하위자들은 부정적인 자료를 보류하고 긍정적인 정보를 강조하며, 이들이 생각할 때 '상급자가 듣기를 원하는 것'을 전하거나 단순히 침묵을 유지하는 경향이 있다(Milliken and Morrison, 2003). 많은 결정들이 위계의 상층부에서 이루어지기 때문에, 의사결정의 질은 공식적 체제를 통해 전달되는 의사소통의 정확성과 적시성에 달려있다. 일반적으로, 정보가 보다 실제적이고 보다 객관적일수록, 하위자는 상위자에게 정확하게 의사소통할 수 있는 가능성이 커진다. 빈번한 양 방향 의사소통 또한 정확성을 향상시킨다(Porter and Roberts, 1976).

적절하게 개발된 비공식적 네트워크는 행정가들이 적시에 정보를 얻고 공식적인 상향적 의사소통의 정확성을 평가하는 데 도움을 줄 수 있다. 그러나 정보교환에서, 교사들은 행정가의 행동에 영향을 미친다. 일부 교사들은 중요한 일을 달성할 수 있는 방법이나 특정한 문제를 해결할 수 있는 사람에 관한 정보를 가지고 있기 때문에 영향력과 권력을 얻게 된다. 비슷하게, 특정한 기술을 지닌 부서장, 위원회 위원, 그리고 교사들이 가치 있는 정보를 소유하고 있다. 의사소통 네트워크에서 그들의 지식과 직위에 의해, 이들은 행정적 의사결정에 상당한 영향력을 행사할 수 있다(Barnett, 1984).

수평적 흐름은 의사소통이 동일한 위계 수준에 있는 조직 구성원들 간에 이루어지는 것을 의미한다. 예를 들어, 학교장은 다른 교장에게 정보를 제공할 수 있고, 이어서 또 다른 교장에게 정보를 전할 수 있다. 이러한 의사소통은 가장 강력하며 가장 쉽게 이해된다(Lewis, 1975). 수평적 의사소통은 공식적이거나 비공식적일 수 있다. 그림 6.6에서, 새로운 교육 과정 도입에 따른 재정확보를 위한 논의를 하고 있다면, 두 부교육감 간의

측면적 의사소통 관계는 공식적인 것이 될 것이다. 다른 일반적인 예는 수업이 없는 시간에 휴게실이나 또는 연구실에서 교사들이 서로 이야기를 나누는 것이다. 수평적 의사소통의 주된 목적은 과업을 조정하고, 문제를 해결하며, 정보를 동료들과 공유하고, 갈등을 해결하며, 그리고 친밀한 관계를 형성하는 것이다(Harris, 1993). 예를 들어, 학교장은 자신들의 활동이나 교육 과정의 강조가 다른 학교와 비슷하도록 하기 위하여 의사소통하며, 그리고 교과내용에 관한 정보를 공유하고, 잠재적인 갈등을 피하며, 동료들과의 우호적인 관계를 형성한다. 방향은 조직 의사소통의 편의, 내용, 그리고 정확성 등에 영향을 미친다.

수평적 의사소통 연구에서, W.W. Charters, Jr(1967)은 초등학교와 고등학교 간에 실질적인 차이가 남을 발견하였다. 초등학교는 대부분의 교사들이 보다 광범위하게 서로 직접적인 접촉을 하였다. 반대로, 고등학교는 교직원의 단지 15%만이 규칙적인 상호작용을 하고 있었다. 의사소통 범위에 대한 이러한 차이는 부분적으로 직원규모에 의해 설명된다. 교직원당 평균 접촉 수는 교직원의 규모가 증가하면 줄어들었다. 의사소통 범위에 관한 규모의 영향을 설명하는 데는 대규모 시설과 교실수업에 직접 참여하지 않는 전문적 인사(상담교사 또는 특수교사들)이 물리적 분산이 도움이 된다. 그러나 Charters는 규모만으로는 전체 차이를 설명할 수 없다고 지적하였다. 초등학교 교직원들은 고등학교 교직원들보다 더 많이 의사소통한다. 끝으로, Charters는 의사소통 형태에서 안정성은 분업과 물리적 근접성에 관련된다는 것을 발견하였다. 동일한 교과, 좁은 범위, 근접한 곳에 있는 교사들은 지속적으로 의사소통 네트워크를 형성한다. 따라서 학교의 수준 및 규모, 전문성, 그리고 근접성 등의 세 가지 요인들은 학교에서 수평적 의사소통 형태에 영향을 미친다.

요약하면, 의사소통은 학교에서 핵심적 역할을 하지만 그에 따른 주된 문제는 행정가, 교사, 학생들이 의사소통에 참여하고 있는가가 아니고 이들이 효과적으로 의사소통을 하고 있는가이다. 사람들은 학교에서 정보를 교환해야 하지만, 개인과 조직 수준 모두에서 공유된 의미를 도출하기 위한 의사소통 능력이 요구된다.

결 론

    의사소통은 학교 내에 널리 퍼져 있는 교육행정의 기본적이고 통합적인 과정이다. 의사소통은 사람들 간의 이해 또는 공유된 의미를 형성하기 위해 메시지, 아이디어, 또는 태도를 공유하는 것을 의미한다. 네 가지 결론을 이끌어낼 수 있다.

    첫째, 좋은 의사소통자는 다양한 의사소통 유형, 이들 유형의 특정한 특징, 이들 유형들 중에서의 선택 방법, 그리고 이들 유형을 기술적으로 적용하는 방법 등을 알아야 한다.

    둘째, 사회적 상황에서 상호작용할 때 사람들은 상징물을 다른 사람들과 교환한다. 주어진 상황에서 이들 상징물을 해석하는 사람들이 이러한 상징의 의미를 구성한다. 이것은 의도한 의미가 항상 의도한대로 곧 바르게 전달되는 것은 아니라는 것을 의미한다.

    셋째, 메시지는 다양한 언어적 및 비언어적 미디어를 사용하여 공식적 및 비공식적 채널을 이동한다. 비록 공식적 네트워크가 일반적으로 비공식적 네트워크보다 더 크고, 잘 발전되어 있지만, 이들은 밀접히 관련되어 있고, 상호보완적이며, 조직에서 중요한 부분이다.

넷째, 높은 이해의 공유수준을 확보하기 위해서는 피드백은 필수적이다. 비록 완벽은 불가능하지만, 여러 가지 방법들이 개인과 조직수준 모두의 의사소통 과정을 측정하고 개선하는 데 유용할 수 있다.

참고문헌

Branard, C.I. *Functions of an Executive*. Cambridge, MA: Harvard University Press, 1938.

Presents an early and still important set of ideas about individual and organizational communication. This is an excellent source to consult on communication and other concepts.

Catt, S. E., Miller, D.S., and Hindi, N.M. "Don't Misconstrue Communication Cues: Understanding MISCUES Can Help Reduce Widespread and Expensive Communication." *Strategic Finance* 86(12) (2005), pp. 51-55.

Offers helpful hints about interpreting communication behaviors.

Clampitt, P.G. *Communicating for Managerial Effectiveness*, 2nd ed. Newbury Park, CA: Sage, 2001.

Useful Presentation of the communication models in a context of administrative applications, myths, and tactics.

DeFler, M. L., Kearney, P., and Plax, T.G. *Mastering Communication on Contemporary America*. Mountain View, CA: Mayfield, 1993.

Excellent general source dealing with the communication literature. It Provides relatively comprehensive and in-depth coverage of the various theories and application on the communication field.

Harris, T.E.*Applied Organizational communication*, Hillsdale, NJ: Erlbaum, 1993.

Provides a good coverage of communication theories and their applications.

Jablin, F.M., and Putnam, L. L. (Eds.). *The New Handbook of Organizational Communication*. Thousand Oaks, CA: Sage, 2001.

Contains extensice reviews of the literature and suffestions for further research on communication.

Te'eni, D. "A Cognitive-Affective Model of Organizational Communication for Desighing IT." *MIS Quarterly* 25(2), pp. 251-312.

Proposes a relatively recent and elaborate version of a model of Organizational communicaion.

제 7 장

상황에 따른 교육리더십

리더십은 많은 사람들에게 상당히 낭만적이고, 감정적이며, 그리고 용감한 이미지를 불러일으킨다. 특정한 지도자를 생각할 때, 간디, 처칠, 케네디, 마틴 루터 킹, 만델라, 메이어, 나폴레옹, 레이건, 루즈벨트, 대처 등과 같은 이름을 마음속에 떠올린다. Gary Yukl(2002)에 따르면, 지도자라는 용어 그 자체는 승리를 거둔 군대를 지휘하거나, 번영된 제국을 건설하거나, 또는 국가의 방향을 변경시키는 강력하고, 역동적인 개인의 이미지를 떠오르게 한다. 간단히 말해서, 사람들은 일반적으로 지도자들은 차이를 만든다고 믿으며 왜 그런지를 이해하기를 원한다. 리더십은 흔히 기관의 성패에 영향을 주는 가장 중요한 단일 요인으로 간주된다(Bass, 1990).

위와 같은 견해는 또한 교육조직에도 동일하게 적용된다. 사실, 폭넓고 다양한 일련의 이해관계자들은 지도자들이 어떤 차이를 만들고 학교의 업무수행에 주된 책임을 진다고 여긴다(Ogawa and Scribner, 2002). 교육내외에 존재하는 이러한 수많은 이해관계자들은 교육 리더십의 중요성이 증가함에 따라 학교에 대해 더 많은 요구를 하고 있다. 이러한 결과로 인해 학교지도자들은 강력하고 철저한 조사를 받고 있으며, 현재의 지도자들은 심각한 결함을 지니고 있다는 많은 비판들이 쏟아지고 있다. 일부 사람들은 학생들의 부적절한 학업성적이 학교지도자의 탓이라는 비난을 하고 있지만, 주된 관심은 현재의 지도자들이 필요한 변화에 따른 과업 수행을 제대로 하지 못하고 있다는데 주어지고 있다.

예를 들어, 학교지도자들이 기준중심책무성에 적절하게 대응하지 못하고, 수업개선을 위한 지도와 방향 모색도 하지 않으며, 자신들의 학교에 혁신적인 새로운 정보기술을 도입하지도 않고, 시대에 뒤떨어진 행정 구조를 현대화하지도 않으며, 그리고 모든 학생들에게 필요한 교육활동을 제공해주지도 못한다는 비판을 받고 있다[Elmore(2000), Finn(2003), Hess(2003)]. 이러한 비판과 도전은 학교 리더십이 얼마나 중요한가를 일깨워준다고 할 수 있다. 지도자는 교육조직에서 필수적이라는 전제 하에서 리더십에 대한 광범위한 지식에 근거하여 도출된 유용한 이론적 관점의 제시에 의해 이러한 이슈들을 살펴보고자 한다.

리더십의 정의

일상적으로 사용하고 있는 단어인, **리더십(Leadership)**은 정확하게 재 정의할 필요도 없이 조직연구의 기술적 어휘가 되어버렸다(Yukl, 2002). 따라서 개념의 정의가 리더십 연구에 참여한 학자들의 수만큼이나 많다는 것은 놀랄 일은 아니다.

예를 들어, Bennis(1989)는 리더십은 마치 미와 같아서 정의하기 어렵지만, 그것을 보면 안다고 말하고 있다. Martin M. Chemers(1997, p. 1)는 "리더십은 공동의 과업성취에서 한 사람이 다른 사람의 협조와 지지를 얻을 수 있는 사회적 영향력의 과정이다."라고 전형적인 정의를 내렸다. 이 정의를 비롯하여 대부분의 정의들이 공유하고 있는 한 가지 가정은 리더십은 한 개인이 집단 또는 조직의 활동과 관계를 구조화하기 위해 다른 사람에게 의도적인 영향력을 행사하는 사회적 영향력의 과정이라는 것이다. 리더십이 특정한 역할인지 아니면 사회적 영향력의 과정인지에 관한 영향력의 종류, 토대, 그리고 목적에 관한, 그리고 리더십 대 관리에 관한 정의의 논쟁은 계속되고 있다(Yukl, 2002).

모든 집단은 그 집단의 효과성을 위태롭게 하지 않고는 공유될 수 없는 어떤 책임과 기능이 포함된 특정한 리더십 역할을 가진다는 견해가 있다(Yukl, 2002). 최대의 영향력을 가지고 기대된 리더십 역할을 수행하리라 여겨지는 개인이 지도자이며 그 밖의 다른 사람들은 추종자들이다. 또 다른 대안적 개념은 리더십은 사회체제 안에서 자연적으로 발생하고 구성원들 사이에 공유되는 사회적 과정이라는 것이다. 즉, 리더십은 개인적인 특성이라기보다 조직의 과정 또는 특성이라는 것이다. Rodney T. Ogawa와 Steven T. Bossert(1995)는 리더십은 사회적 네트워크와 역할을 통해 광범위하게 이루어지는 학교조직의 질이라고 주장한다. Mark A. Smylie와 Ann W. Hart(1999)는 실증적 증거를 들어 리더십을 학교의 조직적 특성이라고 지적하고 있다. 비슷하게, James P. Spillane, Richard Halverson, 그리고 John B. Diamond(2003)는 리더십은 지도자들, 추종자들, 그리고 자신들의 상황에 걸쳐 배분되어 있다고 주장한다. Katz와 Kahn(1978)은 논쟁을 일으키는 리더십의 세 가지 주된 구성요소를 —① 부서 또는 지위의 속성, ② 개인의 특성, 그리고 ③ 실제행동의 범주로 보았다. 따라서 이러한 두 가지 견해는 유용할 수 있다.— 리더십은 개인의 특성으로서 또는 사회체제의 역할 및 과정으로서 유익하게 검토되어질 수 있다.

두 번째 논쟁의 형태는 영향력의 종류, 토대, 그리고 목적이 얼마나 많이 제한되느냐에 관련되어 있다. Yukl(2002)은 이러한 문제에 대하여 이분법적 관점을 기술하고 있다. 지도자가 사용하는 영향력 과정의 형태와 결과에 관해, 일부 이론가들은 추종자들의 자발적인 헌신을 불러일으키는 전략만을 포함시키고 중립적이거나 마지못해 순응하게 하는 전략들은 제외시킨다. 다른 학자들은 똑같은 종류의 영향력도 서로 다른 상황에서는 서로 다른 결과를 만들 수 있으므로 이러한 견해는 너무 제한적이 된다고 주장한다. 비슷하게, 일부 이론가들은 지도자의 영향력 과정을 과업목표 및 집단유지에 관련된 것으로 제한하고 있다. 즉, 조직과 그 구성원에게 우호적이고 윤리적인 것으로 제한한다. 반면에 리더십의 정의에 아무런 제한을 두지 않고 의도한 목적이나 실제적인 수익자에 관계없이 추종자들에게 영향을 주는 모든 시도를 포함하고 있는데, 그 이유는 지도자의 행동은 빈번히 다양한 동기를 가지고 있기 때문이다. 끝으로, 전통적인 리더십 정의는 지도자가 추종자에게 영향을 미쳐 서로 협력하게 하고 공유된 과업목표를 달성하는 것이 자신들에게 최선의 이익이 된다는 것을 믿도록 하는 합리적 과정을 강조하는 경향이 있다. 최근에 형성된 카리스마적 리더십과 변혁적 리더십은 영향력의 근거로서 정서의 중요성을 인정하는 정의를 사용하고 있다. 즉, 지도자는 추종자들에게 보다 큰 목적을 위해 자신들의 이기적인 관심을 희생하도록 영감을 불어넣는다.

세 번째 논쟁은 지도자와 행정가의 구별 그리고 지도자가 영향을 주려는 내용과 방법을 포함한다(Yukl, 1994). 분명히, 사람들은 행정가가 아니면서 지도자가 될 수 있다(예를 들어, 비공식적 지도자). 반대로, 지도자가 아니면서 행정가가 될 수도 있다. 리더십과 행정은 근본적으로 다른 개념이라고 주장하는 사람도 있다. **행정가(administrators)**는 안정성과 효율성을 강조하지만, 반면에 **지도자(Leaders)**는 변화에 적용하는 능력을 강조하며 성취하고자 하는 어떤 요구에 관해 사람들의 합의를 이끌어낸다는 점에서 논쟁의 근거는 명백해진다. 예를 들어, 행정가들은 계획하고 예산을 편성하며, 조직하고 직원을 채용하며, 통제하고 문제를 해결한다. 지도자는 방향을 설정하고, 사람들을 조정하며, 그리고 동기화시키고 영감을 불어넣는다(Kotter, 1990). 학교 상황에서, Kenneth Leithwood와 Daniel Duke(1999)는 리더십과 관리 간에 개념적 구별을 짓는다는 것은 어렵다고 결론지었다. 어느 누구도 학교를 운영하는 것과 관리하는 것 그리고 이끌어간다는 것이 같다고는 하지 않겠지만, 서로 중복된다는 점에서는 논란이 되어왔다. 지도자와 행정가 모두 우리의 아이들과 젊은이들의 교육적 경험을 길러주기 위해 필요하다(Shields, 2005). 따라서 특정한 중복부분에 대한 논쟁을 하기보다, 실제로 그렇게 할 것이라고 가정하는 것은 아니지만 하위자나 추종자들을 위해 리더십을 발휘할 것으로 기대되는 지위에 있는 개인들(예를 들어, 행정가들, 교사들, 교육위원회 위원들, 학부모들, 학생들)을 지칭하는 것으로 두 가지 용어를 사용하고자 한다.

따라서 우리는 Yukl(2002)의 견해에 동의한다. 리더십은 집단 또는 조직의 구성원 가운데 한 사람 또는 일부가 조직 내외의 사건에 대한 해석, 목표 또는 바람직한 결과의 선택, 과업활동의 조직, 개인적 동기화와 역량, 권력관계, 그리고 조직이 나아갈 방향의 공유 등에 영향을 미치는 포괄적인 사회화 과정으로 정의될 수 있다. 또한, 특정한 역할 및 사회적 영향력의 과정으로서, 리더십은 영향력을 행사하는 목적이나 성과에 대해 아무런 가정을 갖고 있지 않은 합리적, 정의적 요소들로 구성되어있다. 이러한 포괄적인 정의를 채택하는 것은 실천가와 학자들 모두에게 학교행정 및 리더십에 대한 상당히 유용한 개념적 자산과 실증적 자산을 지니도록 해줄 것이다.

행정업무의 본질

지도자와 리더십에 대한 강력하고 오랫동안 지속되어온 관심을 고려해볼 때, 무엇이 지도자들이 하는 일을 그렇게 흥미롭게 여기게 하는가? 지도자들의 업무 속성을 서술하는 것이 리더십에 대한 우리의 이해를 향상할 수 있을까?

분명히, 이러한 질문에 대한 답변은 조직을 관리하고 이끌어 나가는 지도자들을 관찰함으로써 부분적으로나마 얻을 수 있을 것이다. 관리자들, 행정가들, 그리고 지도자들이 일상적인 업무에서 무엇을 하는지를 기술하기 위하여 많은 연구들은 구조화된 관찰 접근방법을 사용하였다.[10]

이러한 연구들은 기업의 관리자들과 학교 행정가들이 그들의 업무에서 무엇을 하고 있는지 누구와 어디에서 시간을 보내고 있는지에 관해 자세하고도 생생한 묘사를 제시

---

10 구조화된 관찰기법은 전형적으로 지도자들이 직무를 수행할 때 집중적으로 지도자들을 관찰하고 질문한다. Mintzberg(1973)와 Kotter(1982)는 가장 잘 알려진 두 개의 연구를 기업조직에서 수행하였다. 학교상황을 대상으로 수많은 연구가 여러 나라에서 구조화된 관찰기법을 사용하여 수행되었으며, 교육감을 대상으로한 연구[O'Dempsey(1976), Friesen과 Duignan(1980), Duignan(1980), Pitner와 Ogawa(1981)], 학교장을 대상으로 한 연구[Peterson(1977–78), Willis(1980), Martin과 Willower(1981), Morris와 그의 동료들(1981), Kmetz와 Willower(1982), Phillips와 Thomas(1982), Chung(1987), Chung과 Miskel, 1989)], 그리고 교육 혁신자를 대상으로 한 연구(Sproull, 1981)가 있다. 이 연구들은 지도자가 하는 일을 흥미롭게 식별할 수 있도록 해주는 것 이외에, 학교행정가들의 행동을 체계적으로 기술하고, 조직유형(기업조직과 학교조직), 조직역할(교육자, 장학사, 학교장), 국가(캐나다, 미국, 호주 등)에 관계없이 일관되어있기 때문에 그 결과들은 중요하다.

한다. 연구에서 나타난 규칙성을 고려하여 Kyung Ae Chung와 Cecil Miskel(1989)은 주요 결과들을 다음과 같이 요약하고 있다.

- 학교를 관리하는 것은 분주하고 소모적인 일이다. 학교행정가들은 육체적으로 지칠 정도로 장시간 동안 계속해서 일한다.
- 학교지도자들은 언어적 미디어에 의존한다. 이들은 학교건물을 돌아보고 개인이나 집단과 대화를 나누는데 많은 시간을 보낸다.
- 행정가의 활동은 매우 다양하다. 따라서 행정가들은 계속해서 태도와 과업을 바꾼다.
- 관리업무는 단편적으로 나누어져 있다. 학교행정가에게 있어서, 일의 속도는 빠르고 격정적이며, 불연속적으로 퍼져있고, 그리고 집중하는 시간이 짧다.

전반적으로, 행정업무에 대한 서술은 국가나 조직상황의 상이함에 관계없이 비슷하다. 행정가들은 주로 자신의 사무실이나 학교건물에서 일한다. 그들의 업무는 오랜 시간을 요구하며 다양한 개인 및 집단들과 광범위한 문제에 대해 짧은 구두 대면이 이루어지는 것이 특징이다. 구조화된 관찰법을 통한 연구들은 학교행정가와 지도자들이 그들의 직무에서 실제로 하는 일을 기술적이고 분명하게 제시해주기 때문에 유용하다.

그럼에도, 소모적이고, 대응적이며, 단편적인 특징을 지닌 업무에 종사하는 개인들이 자신들의 조직을 위해 어떻게 실제로 리더십을 제공할 수 있는가는 분명하지 않다. 또한, 기술적 진보, 성취와 기준중심 책무성 향상에 대한 요구, 그리고 새로운 학교형태에 따른 경쟁 등은 학교 행정가들이 수행하는 업무의 본질을 변화시키고 있다. 비록 이러한 연구에 의한 결과들이 중요하고 흥미롭지만, 이들은 대부분, 학교를 이끌어가는 면에서 이러한 업무의 본질을 우리는 어떻게 이해하는가? 하는 핵심 질문에 응답하지 못하고 있다. 이 질문에 대한 답변을 하기 위해, 리더십을 이해하는 데 요구되는 주된 이론적 접근방법들을 요약하고자 한다.

1 특성, 기술, 리더십

많은 사람들은 아직도 기원전 4세기 경의 Aristotle이 그랬던 것처럼 태어나는 순간부터 어떤 사람은 지배할 운명을 지니고, 다른 사람들은 지배당할 운명을 지니고 있다고 믿고 있다. 사람은 지도자가 될 수 있는 특성을 지니고 태어난다고 Aristotle은 생각했다. 리더십을 결정하는 핵심요인들은 유전적으로 물려받는다는 생각이 소위 **리더십의 특성적 접근방법(trait approach of leadership)**을 창출하였다.

Bass(1990)는 20세기 초에, 지도자들은 일반적으로 유전적인 특성 또는 사회적 환경, 일반적인 사람들과 다른 자질과 능력을 지녔기 때문에 우수한 개인들로 간주되었다고 한다. 1950년대까지 지도자가 될 사람을 결정하는 특성들을 찾으려는 탐색이 리더십 연구의 주종을 이루었다. 연구자들은 추종자와 구별되는 지도자의 독특한 특성 또는 특징을 도출해 내려고 시도하였다. 빈번하게 연구된 특성들은 육체적인 특징(키, 몸무게), 일단의 인성적 요인, 욕구, 가치, 에너지와 활동수준, 과업과 대인관계 능력, 지능, 그리고 카리스마 등을 포함한다. 시간이 지나면서, 특성들은 일반적으로 유전, 학습, 그리고 환경적 요인들에 의해 영향을 받는다는 인식이 높아졌다.

2 초기 특성연구

순수한 특성연구 즉, 특성만이 리더십의 역량을 결정한다고 보는 입장은 1940년대와 1950년대에 발표된 문헌고찰에 거의 대부분 의존하였다. 특히, Ralph M. Stogdill(1948)은 1904년에서 1947년까지 이루어진 124개의 리더십 특성연구를 검토하였다. 그는 리더십과 관련된 개인적 요인들을 다음과 같이 다섯 가지 일반적인 범주로 분류하였다.

- 능력: 지능, 민첩성, 언어 유창성, 독창성, 판단력.
- 성취: 학식, 지식, 운동기량.

- 책임: 신뢰성, 자발성, 지구력, 공격성, 자신감, 우월감.
- 참여: 활동성, 사회성, 협동성, 적응성, 유머.
- 지위: 사회경제적 지위, 대중성.

Stogdill은 지도자와 비지도자를 일관되게 구별해주는 수많은 특성들(예를 들어, 평균이상의 지능, 신뢰성, 참여, 그리고 지위)이 발견되었지만, 특성적 접근방법 그 자체는 이론적 가치가 없으며 혼란스런 결과들을 야기한다고 결론지었다. 특성의 영향은 상황에 따라 상당히 다양하기 때문에 어떤 사람이 몇 가지 특성들을 지니고 있다고 해서 지도자가 되지는 않는다고 결론지었다. 결과적으로, Stogdill은 리더십과 관련된 여섯 번째 요인 즉 상황적 구성요소들(예를 들어, 추종자들의 특징 및 성취목표)을 추가하였다. R. D. Mann(1959)도 특성연구들을 검토한 후 이와 비슷한 결론을 내렸다.

❸ 리더십 특성 및 기술에 관한 최근의 시각

일반적인 리더십 특성을 확인하는 데 실패했음에도, 계속해서 이러한 연구는 지속되었다. 그러나 보다 최근의 특성연구에서는 투사검사법(projective tests), 평가센터(assessement centers) 등 광범위하고 다양한 발전된 측정 절차를 사용하고 있으며, 다른 지도자들 보다는 관리자들과 행정가들에 초점을 맞추고 있다. Yukl(1981, 2002)은 Stogdill이 1948년 실시한 문헌고찰 결과가 리더십 특성을 연구하는 많은 연구자들을 실망시켰지만 관리자 선발 개선에 관심을 가진 산업 심리학자들은 특성 연구를 계속 수행하였다. 선발문제에 역점을 두는 연구자들은 지도자와 비지도자들을 비교하기보다 지도자의 특성과 지도자의 효과성 간의 관계를 밝히는데 특성연구의 초점을 두었다. 이러한 구별은 중요하다고 할 수 있다.

누가 지도자가 될 수 있는 사람인가를 예측하는 것과 누가 더 효과적일 수 있는가를 예측하는 것은 상당히 다른 과제이기 때문이다. 따라서 특성연구는 계속되고 있지만, 이런 특성 연구도 현재는 특정 조직유형과 상황에 있는 행정가의 특성과 리더십 효과

표 7.1 효과적 리더십과 관련된 특성 및 기술

인성	동기	기능
자신감	과업과 대인관계 욕구	기술적
스트레스에 대한 인내	성취 지향	대인관계적
정서적 성숙	권력욕구	개념적
성실	기대	행정적

성 간의 관계를 탐색하는 경향을 띠고 있다.

이러한 제2세대 연구들은 더욱 일관된 연구결과들을 보여주고 있다. 사실, 1970년에, Stogdill은 또 다른 163개의 새로운 특성연구들을 검토한 후에 지도자는 다음과 같은 특성들을 지니고 있다고 결론지었다. 책임과 과업이행에 대한 강력한 추진력, 목적추구를 위한 활력과 인내력, 모험심과 문제해결의 독창성, 사회적 상황에서 주도권을 행사하려는 추진력, 자신감 및 개인적 정체감, 결정과 행동의 결과에 대한 호의적 수용성, 대인관계에서 오는 스트레스를 흡수하려는 준비, 좌절과 지연을 기꺼이 견디어내는 마음, 타인의 행동에 영향을 주는 능력, 목적을 위해 상호작용체제를 구조화하는 능력 등이 해당된다. 비슷하게, Glenn L. Immegart(1988)는 지능, 지배욕, 자신감, 강한 에너지 또는 활동수준 등이 공통적으로 지도자와 관련된 특성들이라고 결론지었다.

요약하면, 어떤 특성을 가지고 있는 것이 그 지도자가 효과적일 수 있는 가능성을 높여주지만(Yukl, 2002), "지도자는 태어나는 것이고, 만들어지는 것이 아니다."라는 초기의 특성이론의 가정으로 회귀하는 것은 아니라는 결론을 내리고 있다. 오히려, 특성과 상황의 영향을 인정하는 것이 더 분별 있고 균형 잡힌 입장이 된다.

개념의 과다와 논의의 편의를 고려해서, 현재 효과적인 리더십과 관련된 특성 및 기술 변인들을 세 가지 집단 범주 중의 하나로 분류하고자 한다. 그 범주는 인성, 동기, 그리고 기술(**표 7.1 참조**)이 된다. 각 집단 내에서 선정된 특성들을 논의하고자 한다.[11]

인성특성(Personality Traits) Yukl(2002)에 따르면, **인성특성**은 저마다 독특한 방법으로 행동하며 비교적 안정적 성향을 보인다. 효과적 리더십과 관련된 인성 요소들의 목록은 상당히 길다. 다섯 가지가 특히 중요하다.

---

11 효과적인 리더십과 연관된 특성들을 자세히 고찰하고자 하는 독자들은 Bass(1990)의 종합적인 연구에서 찾아볼 수 있을 것이다. 보다 규모가 작기는 하지만, Yukl(2002)은 특성과 지도자 효과성에 대하여 통찰력 있는 논의를 하고 있다.

- 자신감이 있는 지도자들은 자신이나 추종자들에게 높은 목표를 제시하고, 어려운 과업을 시도하며, 그리고 문제나 실패에 직면하여 인내하는 성향이 있다.

- 스트레스를 견디어내는 지도자는 바람직한 결정을 내리고, 침착하며, 어려운 상황에 있는 하위자들에게 결정적인 방향을 제시하는 성향이 있다. 구조화된 관찰법을 사용한 연구들이 보여주듯이, 일의 처리속도, 장시간의 업무, 단편적인 일, 그리고 강한 압박 하에서 의사결정을 내려야 하는 요구 등으로 인해 스트레스를 잘 견디어내는 지도자가 업무를 가장 잘 처리할 수 있을 것이다.

- 정서적으로 성숙한 지도자는 자신의 장점과 단점을 정확히 깨닫고, 자기개선을 지향하는 경향이 있다. 이들은 자신의 단점을 부정하지 않으며, 성공에 대한 환상에 사로 잡히지도 않는다. 결과적으로, 정서적으로 성숙한 행정가들은 하위자, 동료, 그리고 상위자들과 협조적인 관계를 유지할 수 있다.

- 진실성은 지도자의 행동이 그들이 말한 가치와 일관되고 그들이 정직하고, 도덕적이며, 책임감 있고, 신뢰를 받는다는 것을 의미한다. Yukl은 진실성이 충성심을 형성하고 유지하며 다른 사람들로부터 협조와 지지를 얻는데 필수적인 요소라고 믿고 있다.

- 외향적 또는 활동적이고, 사회적이며, 제약을 받지 않고, 그리고 집단 내에서 편안함을 유지하는 것은 집단의 지도가 될 수 있는 가능성과 관련되어 진다(Bass and Riggers, 2006).

따라서 자신감, 스트레스에 대한 인내, 정서적 성숙, 진실성 및 외향성 등은 지도자의 효과성과 관련된 개인적 특성들이다.

동기부여 특성(Motivational Traits) 동기는 업무와 관련된 행동을 하게하고 그 형태, 방향, 강도, 그리고 지속성을 결정하도록 하는 개인에 내재하기도 하고 밖으로 표출되기도 하는 강력한 힘의 형태이다. 기본적 가정은 동기요인들은 행동의 선택과 성공 정도를 설명하는 데 있어 핵심적 역할을 한다는 것이다. 일반적으로, 높은 동기를 지닌 지도자가 낮은 기대, 중간적인 목표, 그리고 제한된 자기효능감을 지닌 지도자보다 더 효과적일 수 있다. 여러 학자들[Fiedler(1967), McClelland(1985), Yukl(2002)]의 연구에서 도출한, 지도자들을 위해 특히 중요한 다섯 가지 **동기부여 특성**들은 다음과 같다.

- 과업욕구와 대인관계 욕구는 효과적인 지도자를 동기화시키는 두 가지 기본적인 성향이다. 효과적인 지도자는 과업에 대한 추진력과 사람에 대한 관심을 특징으로 한다.
- 권력 욕구는 권위 있는 지위를 추구하고 다른 사람들에게 영향을 행사하고자 하는 개인의 동기를 말한다.
- 성취지향성은 성취하려는 욕구, 뛰어나려는 욕구, 성공하려는 추진력, 기꺼이 책임을 지려는 마음, 그리고 과업목적에 대한 관심 등이 있다.
- 학교행정가들의 성공에 대한 높은 기대는 그들이 직무를 수행할 수 있고 자신들의 노력에 의해 가치있는 결과를 거둘 것이라는 신념을 말한다.
- 자기효능감, 어떤 행동과정을 조직하고 수행하려는 자신의 능력에 대한 신념은 지도자의 업무수행과 변혁적 리더십에 관련된다(Bass and Riggio, 2006).

이러한 동기부여 특성 외에도, 육체적 활력과 활동수준은 개인들로 하여금 다른 사람들과 적극적인 교류를 통해 능력을 발휘하도록 해준다. 다수의 특성들이 지도자의 효과성과 분명하면서도 일관된 관계를 보였다. 특성연구에 대한 기본적인 논리는 몇 가지 인성과 동기부여 특성들은 적절한 학교 성과를 규정하고, 교수·학습활동을 조직하며, 협력적인 문화를 형성하는 것과 같은 요인들에 대해서 개인들이 다른 사람들에게 영향을 주기 위한 노력을 할 수 있는 가능성을 증가시킨다는 것이다. 실질적인 관점에서, Northouse(2004)는 개인과 조직 양측이 특성적 관점을 어떻게 사용하는지를 보여준다. 개인들은 자신의 장점과 단점을 평가하고 자신의 리더십 능력을 개발하기 위한 행동을 취한다. 학교조직은 개인들이 그들의 조직을 이끄는데 도움이 되고 조직에 적합한 특정한 특성과 기능을 지녔는지를 확인하려고 애쓴다.

기능(Skills) 교육리더십에서 중요하지만 흔히 소홀하기 쉬운 구성요소는 직무를 완수하기 위한 기능이다. 만약 누군가가 지도자가 문제를 해결하고 그들의 조직을 발전시키는데 필요한 기능의 목록을 작성한다면 그 길이는 상당할 것이다. 그러나 수많은 기술을 다양한 도식에 따라 몇 가지 집단으로 분류할 수 있다. 최근의 모형은 문제해결 기능, 사회적 판단 기능, 효과적 리더십을 만드는 지식으로 나누고 있다(Mumford et al., 2000). 비슷하게 Yukl(2002)과 Northouse(2004)는 지도자의 효과성과 관련된 특히 중요한 세 가지 기능 범주를 기술적, 대인관계적, 그리고 개념적으로 분류하였다.

- 기술적 기능은 과업을 성취하기 위한 특정한 작업형태, 활동, 절차, 또는 기법에 능숙하며 과업성취에 관한 구체화된 지식을 지니는 것을 의미한다. 교육지도자를 위해 필요한 기술적 기능으로는 학교 실제(**예를 들어, 규칙, 규정, 학생 수와 직원수준, 프로그램, 그리고 인구통계학적 요소 등**), 시험결과의 해석, 교수·학습 개선을 위한 장학활동 및 조정, 교원평가, 그리고 학생훈육 유지 등이 된다.
- 대인관계 기능은 다른 사람들의 느낌과 태도를 이해하고 개인적이고 협조적인 작업관계에서 사람들과 함께 일하는 방법을 아는 것을 포함한다. 효과적인 교육지도자는 사회적 또는 인간적 기능을 자연스럽게, 무의식적으로, 그리고 일관되게 드러내 보인다. 대인관계 기능의 예는 서면과 구두 미디어를 통해 명확하게 의사소통을 하고, 협동적이고 협력적인 관계를 유지하며, 사교적이고, 그리고 감수성, 감정이입, 배려와 재치를 보이는 것 등이 된다.
- 개념적 또는 인지적 기능은 개념을 형성하고 활용하는 능력, 논리적으로 사고하는 능력, 그리고 분석적, 연역적, 귀납적으로 사유하는 능력을 포함한다. 즉, 개념적 기능은 지도자에게 분석, 조직, 그리고 복잡한 문제를 해결하기 위한 아이디어를 개발하고 사용하도록 도움을 주며 창의적인 대안을 개발하고, 최신의 경향, 기회, 문제들을 인식하게 한다. 특수한 개념적 기술들은 학교조직의 상호작용하는 구조와 과정을 이해하는 능력, 변화가 조직의 각 부분에 어떻게 영향을 주는가를 파악하는 능력, 외부환경을 모니터링 하는 능력과 사회적 추세가 학교에 미치는 영향을 예측하는 능력, 프로그램과 조직변화를 계획하는 능력, 그리고 교육조직을 위한 비전을 설정하고 의사소통하는 능력 등을 포함한다.

기능 접근방법의 기본적인 원칙은 리더십은 복잡한 사회적 및 기술적 문제들을 해결하기 위한 대책을 마련하고 실행하기 위하여 그리고 효과적인 방법으로 목표를 달성하기 위하여 과업관련 지식 및 능력의 숙달을 요구한다는 것이다(Mumford et al., 2000). 즉, 지도자 행동의 효과성은 지도자가 조직상황과 일치하는 방법으로 필요한 행동을 선택하고 실행하는 데 요구되는 기능을 가지고 있느냐에 달려있다(Marta, Leritz, and Mumford, 2005).

효과적인 지도자에게는 세 가지 기능 모두가 필요하지만, 행정수준에 따라 세 가지 기능의 상대적 우선순위는 달라질 수 있다(Yukl, 2002). 기술적 기능은 특히 수업담당 교감 또는 교육 과정 담당자 같은 낮은 위계적 수준의 행정가에게 중요한데, 그 이유는 이들은 높은 기능을 지닌 교사와 함께 일하기 때문이다. 지도자가 학교장 같은 중간적 직위에 있다면, 이들은 세 가지 기능 모두에서 높은 전문적 기술 수준이 필요하다. 교육감 같은 최고의 행정가에게 있어서는, 특히 개념적 기능이 지도자의 효과성을 높이는데 중요하다. 낮은 지위의 지도자에 비해 고위직에 속한 지도자는 보다 중요한 문제를 다루어야 하고, 광범위하면서도 복잡하고 모호한 활동에 대처하며, 보다 크고 다양한 구성원의 집단들과 상호작용해야 한다. 따라서 지도자의 지위가 높아질수록 그들이 직면하게 되는 새로운 문제해결을 위한 기능의 수를 늘여가야만 하는 것이다.

표 7.1에서 요약한 것처럼, 리더십 효과성에 관련된 인성, 동기, 기능의 세 가지 특성들의 형태를 확인하였다. 비록 특성들이 기능들보다 안정적이고 고정적이지만, 양쪽 모두 다양한 방법을 통해 평가할 수 있고, 학습할 수 있으며, 그리고 향상할 수 있다. 예를 들어, 행정가들은 공통적으로 경험이 최선의 교사라고 주장한다. 높은 이해관계 상황에서 직무를 배우고 기능을 적용하는 데 있어, 경험은 강력한 효과를 지닌다. 위험이 덜한 대안이나 상당히 충격적인 대안은 행정가가 되어 필요한 기능을 학습하는 것이 바람직한지에 대한 건전한 판단을 내리기 위한 방법을 제공한다. 그 외에 평가센터, 인성과 기능목록, 인턴제, 직무순환, 워크숍, 그리고 교육 리더십과 행정의 대학원 프로그램 등이 좋은 옵션이 된다. 그러나 효과적인 리더십에 관련된 특성과 기능은 복잡하고 다양하며 이를 개발하는 데 장기적인 과정, 아마도 10년 이상이 소요될 것이다(Numford et al., 2000). 그럼에도, 당신이 앞으로 행정가가 되거나 현재 행정가로 일하고 있다면, 당신의 장점과 단점을 알고, 새로운 기능을 배우고 현재 보유하고 있는 기능을 계속해서 발전시키며, 결점을 보강하고, 그리고 약점을 보충하는 것이 기본적으로 중요하다(Yukl, 2002).

상황과 교육리더십

1940년대와 1950년대 후반에 특성 접근방법에 대한 반작용, 또는 보다 직절하게 말하면 과잉반응이 강하게 일어났으며 그 당시 학자들은 의문투성이인 특성 접근방법을 엄격한 상황적 분석으로 대체하고자 하였다. 지도자는 타고난다는 견해에 반대하였다 (Bass, 1990). 연구자들은 지도자 성공의 원인을 독특한 상황적 특징에서 찾고자 하였다. 이들은 지도자의 행동과 업무수행과 관련된 리더십 상황(Leadership situation)의 특정한 속성들을 구분하려고 시도했다[Campbell et al.(1970), Lawler(1985), Vecchio(1993)]. 이 책의 전반에서 볼 수 있고 표 7.2에서 요약된 바와 같이, 일련의 변인들은 학교 내의 행동에 영향을 줄 것으로 가정하였으며, 따라서 리더십의 상황적 결정요인으로 간주될 수 있다. 몇 가지 일반적인 예는 다음과 같다.

- 조직의 구조적 특성: 규모, 위계적 구조, 공식화, 기술
- 역할 특징: 과업의 유형과 난이도, 절차적 규칙, 내용과 수행기대, 권력
- 하위자 특징: 교육, 연령, 지식 및 경험, 모호성에 대한 허용정도, 책임, 권력
- 내적 환경: 풍토, 문화, 개방성, 참여수준, 집단 분위기, 가치, 그리고 규범

- 외부 환경: 복잡성, 안정성, 불확실성, 자원의존성, 제도화

상황적 요인(표 7.2 참조)은 특히 지도자가 바뀌는 시기동안 중요하다. 지도자가 바뀌면 자연적으로 조직이 불안해지고 개인들에게 어려운 일이 발생하기 쉽다. 교장이나 교육감의 교체는 의사소통체계를 변화시키고, 권력관계가 재편되며, 의사결정에도 영향을 주고, 그리고 일반적으로 정상적인 활동이 파괴되기 때문에 분열된다. 행정가의 교체는 또한 실질적으로 조직 참여자들에게 학교지도자의 중요성에 대한 인식을 높여주는 계기가 된다(Hart, 1993). 새로운 지도자로 임명된 사람, 이 사람과 함께 일할 구성원들, 그리고 그 지도자로부터 영향을 받게 될 사람들은 변화가 일어나고 있음을 감지하게 될 것이다. 즉, 새로운 지도자들은 기존의 조직 효과성 수준을 유지하거나 개선해야 한다는 업무수행에 있어서의 높은 기대수준에 직면하게 된다(Miskel and Cosgrove, 1985). 지도자가 변경되기 전이나 변경된 직후에 새 지도자와 학교조직 모두에게 중요한 상황적 현상이 발생한다. 결과적으로, 핵심적 상황요인(예를 들어, 선정과정, 교체 이유, 행동 위임, 교체기간 동안의 불안정성 등)에 관해 알고 있는 행정적 직위의 후보자는 리더십 직위를 유지하고 자신의 성공을 강화하기 위해 지식을 사용할 수 있다.

John P. Campbell과 그의 동료들(1970)은 리더십 연구의 상황적 측면에 관해 흥미로운 결론을 제시하였다. 모두들 상황적 연구의 필요성이 크다는 점은 인정하지만, 실증적인 연구는 별로 이루어지지 않았다고 믿고 있다. 따라서 "지도자는 만들어지는 것이 아니고 태어나는 것이다."라는 생각을 뛰어넘어 "지도자는 상황에 의해 만들어지는 것이고, 태어나는 것은 아니다."라는 생각은 그리 오래 가지 못하였다. Bass(1990)는 상황적 입장은 상황을 지나치게 강조하고 리더십의 인간적 특성을 과소평가하고 있다고 주장한다. 인간적 및 상황적 요인들은 강력한 상호관련이 있다. 지도자는 상황을 통해 영

표 7.2 교육리더십의 상황적 요인

부하	조직	내부환경	외부환경
인성	규모	풍토	사회적
동기	위계	문화	경제적
능력	형식화		
	지도자 역할		

향을 주려고 한다. 상황은 지도자의 영향을 지지하고 제한한다. 리더십 연구를 특성 또는 상황 어느 한쪽만으로 제한하는 것은 지나치게 편협되고 역효과를 초래할 수 있다.

❶ 행동과 리더십

리더십의 초기 개념은 전형적으로 **지도자 행동(leader behavior)**을 두 가지 범주로 구분하였다. 하나는 사람, 대인관계, 집단유지에 관한 것이고, 다른 하나는 생산, 과업완수, 목표달성에 관련된 것이다(Cartwright and Zander, 1953). 비슷한 연구결과들이 리더십의 다른 초기 연구들에도 반영되어 있었다. 우리는 여기서 지도자 행동에 관한 초기 연구 프로그램에서 보다 최근의 시각에 이르는 내용을 서술하고자 한다.

❷ 오하이오 주립대학의 리더십 연구

교육행정연구에서, 아마도 가장 유명한 지도자 연구는 1940년대에 오하이오 주립대학교에서 시작된 지도자행동기술설문지(LBDQ)에 관련된 연구들이다. 최초로 John K. HemPhill과 Alvin Coons(1950)에 의해 개발된 LBDQ는 후에 Andrew Halpin과 B.J. Winer(1952)에 의해 개정되었다. 이 설문지는 지도자 행동의 두 가지 기본적인 차원인 구조설정과 배려로 측정한다.

구조설정(Initiating structure)은 지도자와 하위자 간의 관계를 기술하고, 동시에 조직의 규정된 형태, 의사소통 채널, 그리고 진행방법 등을 설정하는 지도자 행동이다. **배려(Consideration)**는 우정, 신뢰, 온정, 관심, 그리고 지도자와 작업집단 구성원 간의 관계에서 존경을 나타내는 지도자 행동이다(Halpin, 1966). LBDQ를 사용하여, 하위자, 상위자, 또는 개인들은 지도자로서 자신의 행동과 다른 사람의 지도자적 행동을 서술한다.

오하이오 주립대학교의 LBDQ 연구에서 밝힌 네 가지 주요 연구결과들(Halpin, 1966)

은 다음과 같다.

- 구조설정과 배려는 지도자 행동의 기본적 차원이다.
- 가장 효과적인 지도자는 높은 조직화와 배려, 양쪽을 통합한 것으로 서술되었다.
- 상위자와 하위자는 효과성을 평가함에 있어서 지도자 행동 차원의 기여를 서로 상반되게 평가하는 경향이 있다. 상위자들은 구조설정을 강조하는 경향이 있고 하위자들은 배려에 더 많은 관심을 보인다.
- 지도자들이 어떻게 행동해야 하는가에 대해 상위자들이 말하는 것과 하위자들이 말하는 것 간에는 상당한 차이가 있다.

Kunz와 Hoy(1976) 그리고 Leverette(1984)는 다른 학자들[Vroom(1976), House and Baetz(1979), Mitchell(1979)]에 의해 이루어진 연구결과를 지지하고 있다. 배려는 전형적으로 하위자들의 직무와 지도자에 대한 만족에 관련된다. 연구결과는 다소 혼합되어 있지만, 구조설정은 하위자의 업무수행에 있어서 근원이 되는 것으로 확인되었다.

그러나 상황적 변인들은 분명히 배려와 구조설정 간의 관계에 영향을 미치고 조직 효과성의 기준에도 똑같은 영향을 미친다. 배려는 구조화된 상황에서 일하거나 스트레스가 많고, 좌절 또는 불만족스런 과업을 수행하는 하위자들을 만족시키는데 가장 긍정적인 영향을 미친다. 반대로, 구조설정은 하위자들의 과업이 불명확하게 규정되었을 때 집단의 업무수행에 가장 큰 영향을 미친다.

이러한 연구결과들은 우리에게 분명하게 몇 가지 시사점을 제시해 주고 있다. 구조설정을 소홀히 하면 학교에 대한 지도자의 영향력은 제한되어 진다. 확실히, 구조설정과 배려의 양쪽에 관한 강점을 일관된 형태 속에 통합하는 지도자의 행동이 바람직하다. 그럼에도, 그 반대가 될 수도 있다. 강한 배려와 제한된 구조설정을 특징으로 하는 배려 중심의 리더십 유형을 특히 선호하는 상황도 있을 수 있다. 효과를 극대화하기 위하여 상황에 부합하는 리더십 유형을 조화시키는 것은 이 장 내내 모색해야할 복잡한 문제이다.

❸ 지도자 행동에 대한 최근의 시각

Yukl(2002)은 또한 초기 연구의 결과를 효과적인 지도자 행동의 보편적 이론으로 해석하지 않도록 경고한다. 달리 말하면, 똑같은 지도자의 행동유형이 모든 상황에 걸쳐 최적이라고 결론내릴 수는 없다는 것이다. Blake와 Mouton(1985)의 관리망 이론은 널리 알려진 보편적 이론이다.

이 이론의 기본적인 가정은 가장 효과적인 지도자들은 생산과 사람 양자에 관심이 높다. 생산과 사람에 대한 관심은 '과업' 또는 '구조설정', 그리고 '관계' 또는 '배려' 같은 초기모형에서 사용한 용어들과 비슷하다. Yukl이 지적한 바에 의하면 Blake와 Mouton은 지도자의 행동이 효과적이려면 상황에 적절해야 한다는 생각으로 상황적 측면을 제시하고 있다는 것이다. 그러나 이들은 서로 다른 상황에 적절한 행동을 연계시키는 구체적인 일반화를 실제로 한 번도 제시하지 않았다. 초기연구에 대한 논의에서 제시한 바와 같이, 개인이 사람과 과업 양 차원에 높은 관심을 보일 때 상황적 요인들은 지도자 행동의 효과성에 영향을 미친다.

비록 우리의 논의가 구조화된 관찰법을 사용한 연구들과 오하이오 주립대학의 연구들에 한정되었지만, 지도자 행동의 목록은 문헌에서 많이 찾아볼 수 있다. Yukl(2002)은 많은 유형과 분류를 통합하기 위하여, 지도자 행동에 관한 세 가지 범주의 틀을 개발하였다. 그가 만든 범주와 그에 관한 설명을 간단히 제시하면 다음과 같다.

- 과업지향 행동은 역할을 명백히 하고, 운영을 계획하고 조직하며, 그리고 조직기능의 모니터링을 포함한다. 이러한 행동은 과업성취, 인사 및 자원의 효율적 사용, 안정적이고 신뢰로운 과정의 유지, 그리고 점진적인 개선 등을 강조한다.
- 관계 지향적 행동은 지원, 개발, 인정, 자문, 갈등관리 등을 포함한다. 이러한 활동은 관계개선 및 사람 돕기, 협동과 팀워크 증진, 그리고 조직에 대한 헌신 구축에 초점을 맞춘다.
- 변화 지향적 행동은 외부 사건들을 세밀하게 조사하고 해석하며, 매력적인 버전을 명확하게 표명하고, 혁신적인 프로그램을 제안하며, 변화를 호소하고, 변화를 지지하고 실행하기 위한 제휴를 만들어내는 것들이다. 이러한 행동들은 환경변화에 적응하고 목

표, 정책, 절차와 프로그램에 주요변화를 만들며 변화에 헌신하도록 하는 일 등에 집중한다.

과업지향행동과 관계지향행동은 구조설정 및 배려와 비슷하지만, 각각은 더 광범위하게 정의되고 있다.

지도자들은 전형적으로 세 가지 행동유형 모두에 참여한다. 그러나 외부환경은 지도자의 효과성을 위한 과업과 관계의 적절한 배합을 결정하는 데 있어 특히 중요한 역할을 수행한다고 Yukl(2002)은 믿고 있다. 안정적인 환경에서, 과업지향 행동은 변화지향 행동보다 더 빈번하게 사용되어질 수 있다.

예를 들어, 학교의 프로그램이 안정적 지역사회에 알맞은 때에는 효율성 증진과 안정적 운영의 유지 같은 과업지향 행동에 역점을 둘 필요가 있다. 변화 지향적 행동은 환경을 모니터링하고 새로운 지식을 확산하는 데 필요하다. 비슷하게, 관계 지향적 행동은 복잡하고 불안정한 환경에서보다 단순하고 안정적인 환경에서 더 실현가능하다. 불확실한 환경에서는, 변화 지향적 행동이 가장 효과적일 수 있다. 요약하면, 지도자의 업무수행을 증진시키기 위해서는 다양한 상황에 따라 각기 다른 행동유형을 적절히 적용하고 조화시키는 것이 기본적으로 중요하다.

■4 리더십 효과성

상황 적응적 모형에서 마지막으로 고려해야 할 개념은 리더십 효과성을 판단하기 위해 사용된 기준이다. 효과성은 행정가와 학자들 모두에게 복잡하고, 다면적이며, 그리고 미묘한 주제이다. 표 7.3에 세 가지 효과성의 유형이 제시되어있다.

- 개인적: 명성에 대한 타인의 인식과 자기평가
- 구성원 개개인의 만족
- 조직목표달성

표 7.3 교육지도자의 효과성 지표

개인	조직	구성원
평판 인식	목적 달성	만족
자기 평가		수행

　업무수행에 대한 평가를 인식하는 것은 중요하다. 지도자 자신, 학교 내의 하위자, 동료, 그리고 상위자들의 주관적인 판단과 학교 밖 일반인들의 주관적인 판단이 효과성 평가의 척도가 된다. 예를 들어, 학교에서 학생, 교사, 행정가, 그리고 후원자들의 존경, 칭찬, 그리고 헌신 등의 의견은 상당히 중요하다. 그러나 이러한 집단들은 아주 다른 업무수행을 보일 수 있다. 리더십 효과성의 두 번째 척도는 조직 참여자들의 만족이다. 끝으로, 학교목표달성의 상대적 수준 또한 교육지도자의 효과성을 규정한다. **리더십 효과성(Leadership Effectiveness)**은 조직목표달성이라는 객관적 차원과 주요 준거집단들이 인식한 평가와 하위자들의 전반적인 직무만족이라는 두 가지 주관적 차원으로 규정될 수 있다.

상황적응적 리더십 모형

그림 7.1에 나타난 일반적 모형과 같은 상황적응적 접근방법은 1970년대에 절정을 이루었으며 1980년대에 가장 영향력 있는 리더십 모형이 되었다. **상황적응적 접근방법 (contingency approaches)**은 지금까지 고려해온 네 가지 개념들 즉, 지도자의 특성, 상황의 특징, 지도자의 행동, 그리고 지도자의 효과성을 포함하고 있다. 그림 7.1은 두 가지 기본적인 가설을 보여준다.

첫째, 지도자의 특성 및 기능과 상황의 특징들이 결합하여 지도자의 행동과 효과성을 산출한다. 둘째, 상황적 요인들이 직접적으로 효과성에 영향을 미친다. 예를 들어, 교사와 학생들의 동기와 역량은 학교목표달성 여부를 결정한다. 또한, 학교에 참여하는 개인들의 사회경제적 지위는 표준화 검사에 의한 학생의 학업성취에 밀접하게 관련된다. 단기적인 시각에서는, 학교의 상황적 특징들은 지도자 자신의 행동보다 지도자의 효과성에 더 큰 영향을 미칠 수 있다. 상황적응적 접근방법은 또한 지도자의 특성, 행동, 그리고 업무수행 기준 사이의 관계를 조정하는 조건 또는 상황적 변인들을 구체화하기 위한 시도가 된다(Bryman, 1996). 어떤 상황에서는 한 가지 지도자 형태가 효과적이지만 다른 상황에서는 다른 지도자 형태가 효과적이다.

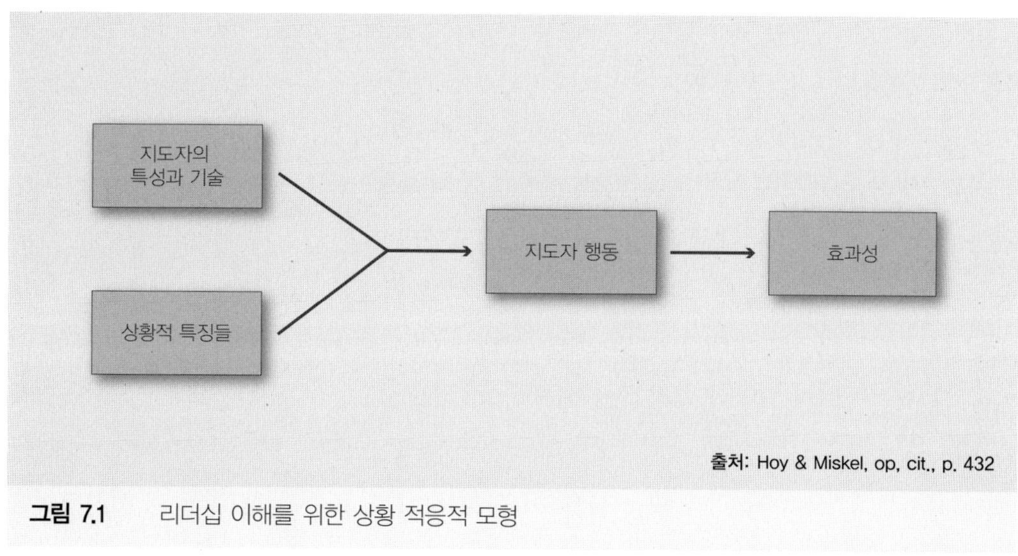

그림 7.1   리더십 이해를 위한 상황 적응적 모형

우리는 다섯 가지 상황적응적 리더십 모형 즉, 교육조직을 위한 구체적인 수업리더십 모형, 학교에 적용되는 배분된 또는 참여적 리더십모형, 그리고 포괄적인 조직에 걸쳐 광범위한 고찰을 통해 받아들여진 세 가지 일반적 모형(즉, **최소선호 동료모형, 리더십 대체모형, 그리고 경로목표이론**)을 살펴보고지 한다.

❶ 수업리더십

수업리더십은 학교의 기술적 핵심인 교수·학습활동의 개선을 강조하는 특수한 리더십 형태이다. 수업지도자는 교육 과정 내용, 수업방법, 평가전략, 그리고 학업성취를 위한 문화규범 같은 학교요인들을 변화시키고자 시도한다. 이런 리더십은 학교장 및 다른 행정가들, 교사들, 학부모들, 그리고 학생들 자신을 포함한 다양한 출처에서 나타날 수 있다. 그러나 1980년대 초 이래로, 주된 초점은 수업지도자로서 학교장에 맞추어졌다(Hallinger, 2003, 2005). 1970년대의 효과적인 학교연구에 근거하여, 학교장에 대한 초기 서술은 학교장의 영웅적인 능력을 강조한 견해들이 현저하게 나타났는데 이러한 현상은 학교장에 대한 변화가 일어났기 때문이라고 본다.

Hallinger가 지적한 바와 같이, 수업지도자는 공통적으로 강력하고 지시적이며, 문화 창조자이고, 목표 지향적이며, 지도자이면서 관리자이고, 그리고 카리스마와 전문적 기술을 겸비한 사람으로 본다. 정책결정자들은 학교개선의 길은 학교장의 수업리더십에 달려 있다는 생각에 빠졌으며 대학과 학구들은 학교장이 수업지도자가 되도록 대비하고 그런 능력을 갖춘 학교장을 채용할 것을 요구하였다. 그러나 이러한 요구는 해답을 찾지 못했는데, 그 이유는 Hallinger가 명백하게 지적했듯이, 교육행정 분야는 학교장이 어떻게 학생들의 학습에 영향을 줄 수 있는지를 기술하고 설명해 놓은 연구나 실제에 근거한 이론적 모형이 부족했기 때문이다. 또한, 이 분야는 실증적으로 역할 탐색을 위한 타당하고 신뢰할 수 있는 측정들이 부족했다. 1980년대 초에 시작하여 오늘날까지 계속해서, 학자들은 수업리더십을 이해하기위한 유용한 상황 적응적 접근방법을 개발하기 위해 노력해 왔다.

Steven Bossert, Dwyer, Brian Rowan, 그리고 Lee(1982)에 의해 개발된 상황 적응적 모형은 개인, 학구, 그리고 외부환경 특징들은 학교장의 관리행동에 영향을 미치고, 이어서 학교풍토와 수업조직에 영향을 미친다고 가설을 설정하였다. 학교풍토와 수업조직은 학생의 학습을 산출하는 교사의 행동과 학생의 학습경험을 형성한다. Ronald Heck, Terry J. Larsen, 그리고 George A. Marcoulides(1990)는 실증적으로 모형을 검증하고 기본적인 가설에 대한 실질적인 지지를 발견하였다. 학교장은 참여적인 행동을 통해서 그들 학교의 수업조직을 창조함으로써, 특징 있는 학교풍토와 문화 형성에 의해서, 학업성취와 사회적 행동을 위해 명확하게 전달된 목표와 높은 기대에 의해서 간접적으로 학생성취에 영향을 미친다.

Hallinger와 Murphy(1985)는 세 가지 차원을 채택하여 수업지도성모형을 발전시켰다. **학교의 임무 규정**(Defining the school's mission)은 학교가 명백하고, 측정가능하며, 학생의 학업진보를 위한 시간중심 목표를 사용하는 것을 보증하기 위해 다른 사람들과 함께 일할 때의 학교장 역할에 초점을 맞추어야 한다. 학교장은 목표가 널리 알려지고, 학교 지역사회를 통해 지지를 받고, 그리고 하루하루의 실제생활에 포함되도록 의사소통해야만 한다. **수업 프로그램의 관리**(Managing the instructional program)는 교수·학습활동을 자극하고, 장학하며, 그리고 모니터링 함으로써 학교의 교육 과정 및 수업을 조정하고 통제하는 것을 의미한다. 끝으로, **긍정적인 학교 학습풍토 증진**(promoting a positive school learning climate)은 효과적인 학교는 학생과 교사들에 대한 높은 기준과 기대를 통해 학업성취 압력을 가한다는 생각을 토대로 형성된 것이다(Hallinger, 2005). 개념적 모형의 차원들을 측정하기 위하여, Hallinger(1983)는 학교장의 수업관리 평가척도(Principal Instructional Management Rating Scale) 또는 PIMRS를 개발하였다. 설문지는 학교장이 수업리더십의 세 가지 차원에 관련된 행동에 참여한 빈도를 표기하도록 되어있다. 세 가지 차원을 가진 비슷한 설문지인, 수업 리더십 조사(Instructional Leadership Inventory)가 Jane M. Alig-Mielcarek와 Hoy에 의해 개발되었다(2004).

Hallinger(2005)는 최근에 측정을 사용한 100편 이상의 연구들을 검토하였다. 학교장의 리더십의 효과는 간접적이고, 영향이 적으며, 그리고 의미 있다고 말하면서, Hallinger는 PIMRS 연구들로부터 두 가지 주요한 일반화를 도출하고 있다. 첫째, 가장 영향력 있는 효과는 학교의 임무를 형성하는 학교장의 행동으로부터 얻어진다. 둘째, 학교의 상황 또는 상황적 요인들은 학교장이 행하는 수업리더십 형태에 영향을 준다. 이러한 결과와 유사하게, Alig-Mielcarek과 Hoy(2004)의 연구결과는 학교장의 수업리더십 행동은 학업성취 압력의 상황적 요인에 영향을 주고, 이로 인해 학생성취에 직접 관련된다고 주장한다.

초기 공식화에서는, Hallinger와 Murphy의 모형은 상황 적응적 리더십 모형은 아니었다. 모형과 그것의 측정(PIMRS)은 구체적인 학교장의 행동과 학업성취 및 학교 효과성에 대한 그들의 관계를 다루었다. 다소 불명확하였으나 시간이 지남에 따라, 모형은 상황 적응적 시각의 특징을 지닌 것으로 여겨졌다. Hallinger(2005)는 예컨대, 상황 적응적 접근방법은 수업리더십의 이론적 모형 속에 명백하게 포함되어 있다고 주장한다. 그는 리더십은 다양한 방법으로 그들의 수업리더십을 규정하기 위하여 여러 가지 원칙들에 압력을 가하는 수많은 상황적 요인들에 상호영향을 주는 과정이라고 주장한다. 구체적 요인들은 학생배경, 지역사회 형태, 학교풍토 및 조직, 그리고 교사 경험 및 능력 등이 된다. 어떤 특성들의 결합과 마찬가지로 PIMRS 속에 수업리더십 행동을 포함시킬 필요가 있다.

예를 들어, 학교장은 상황의 변화에 따른 요구에 자신의 행동적응, 변화를 시도하기 위한 성취 및 권력의 동기부여, 학교임무를 제시하고 형성하기 위한 의사소통 기술, 그리고 대안선택의 방향 및 프로그램 실행 평가에 도움이 되는 교육 과정 및 수업에 관한 지식 등에 부응하기 위하여 자신의 인성에서 다소 융통성을 발휘해야만 한다.

　요약하면, 수업리더십의 초점은 리더십의 복잡한 상황적 모형이라기보다 오히려 단순한 영웅적 개념으로부터 발전되었다(**그림 7.1 참조**). 수업지도자는 그들의 인성, 성공을 위한 동기부여, 내적 및 외적 사건들에 대한 해석을 통해 개선을 이루려는 행정적 기술, 조직 및 작업 활동의 실제 변화, 그리고 개인적 동기부여 및 능력, 권력관계 및 참여지향 등을 사용한다.

2 최소 선호 동료 이론

　Fiedler(1967)는 리더십 연구에서 구체적인 상황 적응적 관계를 제시하기 위한 주요이론을 최초로 구성하였다. 행동요소를 결여하고 있는, **최소 선호 동료모형**(least preferred co-worker model)은 특성으로 리더십 유형과 세 가지 상황적 통제척도, 그리고 효과성을 사용한다.

　리더십 유형(Leadership style)은 지도자의 동기부여 체제에 의해 결정된다. 즉, 다양한 대인관계 상황에서 행동을 동기화하는 심층적 욕구구조에 의해 결정된다. 최소 선호 동료(LPC) 척도는 이러한 특성을 측정하기 위하여 사용된다. LPC를 사용하여, 응답자는 함께 일하기가 가장 싫은 사람(**최소 선호 동료**)을 먼저 선정하고, 척도에 의해 개인을 평가하고 설명한다. LPC 척도에서 높은 점수를 받은 사람은 유쾌, 충성, 온화, 친절, 효율, 기타 등등을 지닌 긍정적인 최소 선호 동료로 설명된다. 반대로, LPC 척도에서 낮은 점수를 받은 사람은 불쾌, 험담, 냉담, 불친절, 비효율, 기타 등등을 지닌 부정적인 최소 선호 동료로 설명된다. LPC 점수는 개인이 과업성취(**과업-동기화 된**)나 좋은 대인관계(**관계-동기화 된**) 유지에 높은 우선권 또는 가치를 부여하는 정도를 나타낸다(Fiedler and Garcia, 1987).

　상황통제(Situational control)는 지도자가 실행계획, 의사결정, 그리고 행동전략에 대해 가지는 권력 및 영향력의 정도이다(Fiedler and Garcia, 1987). 상황통제는 세 가지 요인들에 의해 결정된다. 첫째, **지위권력**(position power)은 직무를 완수하도록 할 목적으로 조직이 지도자에게 부여한 권력이다. 이러한 예는 지도자가 구성원에게 상벌을 내릴 수 있는 정도와 집단이 지도자를 면직시킬 수 있는지의 여부이다. 둘째, **과업구조(task structure)**는 과업이 명백한 구체적인 업무수행의 목표, 방법, 그리고 기준을 가지는 정도이다. 과업이 더 많이 구조화될수록, 지도자는 집단을 더 많이 통제할 수 있다. 셋째, **지도자-구성원 관계(leader-member relations)**는 지도자가 집단구성원에 의해 받아들여지고 존경받는 정도이다. 지도자와 구성원 관계에서 존경을 받는 데는 두 가지 요인이 중요하다.

지도자와 하위자 간의 대인관계의 질, 그리고 지도자에게 승인된 비공식적 권위의 수준이다. 지도자-구성원 관계의 질은 집단 구성원에 대한 지도자의 영향력 결정에서 가장 중요한 요인이며, 그 다음으로 과업구조와 직위권력이다. Fiedler는 세 가지 요인들 즉, 지도자-구성원 관계의 좋고 나쁨, 과업의 구조화 또는 비구조화, 직위권력의 높고 낮음으로 양분하여 여덟 가지 상황을 만들었다. 여덟 가지 결합 또는 8분원은 높은 통제로부터 낮은 통제까지 상황의 범위를 정한다. 이 모형에서 기본적 주장은 집단이 지원적이고, 지도자가 무엇을 어떻게 할지 정확하게 알고 있으며, 조직이 지도자에게 집단 구성원을 상벌할 수 있는 수단을 줄 때 지도자는 더 많은 통제와 영향력을 가질 수 있다는 것이다.

Fiedler, Chemers, 그리고 Mahar(196)는 학교장과 같은 행정가들은 자신들의 상황 측면을 조정하기 위해 교육받을 수 있다고 제의하였다. 이들은 지도자와 구성원의 관계, 과업구조, 그리고 지위권력 면에서 그들의 상황을 분석하는 방법과 분석에 근거하여, 집단의 업무수행을 향상할 수 있는 조건을 변화시키기 위한 방법을 지도자에게 가르치기 위해 프로그램을 개발하였다.

최소 선호 동료 이론에서 **효과성(Effectiveness)**의 개념은 분명하다. 즉, 집단이 주요 과업을 성취하는 정도이다. 수많은 Fiedler의 연구에서는, 집단효과성의 객관적 측정을 위해 순이익, 단가, 성공률, 해결한 문제의 수 등이 사용된다. 집단 업무수행에 대해 신뢰할 수 있는 객관적 척도가 이용가능하지 않다면, 지도자 또는 집단의 상사가 내린 업무수행 평가를 이용한다. 그러나 모든 경우에 있어서, 지도자의 효과성은 과업이 성취되어진 것으로 판단하는 정도에 의해서 결정된다.

1962년 이전에 수집한 자료를 토대로, Fiedler는 상황 적응적 이론에 대한 세 가지 명제를 다음과 같이 개발하였다.

- 통제가 높은 상황에서는 과업지향의 지도자가 관계지향의 지도자보다 더 효과적이다.
- 통제가 중간 수준인 상황에서는 관계지향의 지도자가 과업지향의 지도자보다 더 효과적이다.
- 통제가 낮은 상황에서는 과업지향의 지도자가 관계지향의 지도자보다 더 효과적이다.

위 모형을 엄격하고 완전하게 검증한 두 연구는 Fiedler의 기준에 부합될 뿐만 아니라 여덟 가지 상황도 모두 포함하고 있다. 한 가지 연구는 Fiedler의 모형을 지지(Chemers and Skrzypek, 1972)하였지만 다른 연구는 그렇지 않았다(Vecchio, 1977). 또한, 상황 적응적 모형을 검증한 세 개의 메타-분석 연구는 이 모형의 일부를 지지하였지만, 8개의 모든 상황에서 위와 같은 결과가 나타나지 않았고 실험연구보다는 현장연구에서 위와 같은 결과가 약하게 나타났다. 학교상황에서도, 일련의 연구들로부터 얻어진 연구결과들 또한 Fiedler의 이론을 검증하고 지지해주고 있다[McNamara and Enns(1966), Williams and Hoy(1973), Martin, Isherwood, and Lavery(1976)].

LPC 이론은 여러 가지 비판을 받아왔었다. 아마도 가장 지속적인 반대는 LPC가 무엇을 측정할 것인가에 관한 정의가 시간에 지남에 따라 변하게 되었다는 것이리다. 처음에, LPC는 단순히 지도자와 함께 일하기 어려운 사람에 대한 정서적 반응을 측정하는 것이었다. 다음으로 LPC는 대인관계에 반대되는 것으로 과업지향을 지닌 개인들을 구별하는 것으로 생각하였다. 그 후에 LPC 점수는 지도자의 동기부여 위계의 척도로서 해석되었다.

전체적으로 볼 때, Fiedler의 이론은 강력한 상황 적응적 리더십 이론을 확립하기 위해 야심 차고 칭찬받을 만한 노력을 보여주고 있다. 비록 관심이 줄어들긴 했지만, 이 모형은 상황적 특징과 개인적 특징을 결합하여 리더십 현상을 부분적으로 설명하고 있다. 대부분의 선구적인 노력이 그러하듯이, 이 모형은 실체에서는 그렇지 않겠지만 세부적인 것에서는 의심의 여지없이 부정확하다. Fiedler의 상황 적응적 모형은, 어떤 특정 상황에 어떤 특별한 유형인가? 하는 질문에 응답하려는 최초의 시도이고 현재까지도 가장 오랫동안 지속되고 있는 시도이다.

❸ 리더십 대체모형

상황 적응적 및 다른 리더십 모형들은 학교 같은 조직에서는 일련의 공식적 위계 리더십이 필요하고 중요하다고 가정한다. Steven Kerr와 John M. Jermier(1978)은 이러한 가정에 의문을 제기하고 그들이 연구한 사례의 50%가 채 안된 상태에서 리더십에 차이가 생긴다는 것을 발견하였다. 그들은 다수의 대체요인들이 리더십의 효과적인 실행을 감소시킨다고 믿었다. Peter Gronn(2003)이 지적한 바와 같이, Kerr와 Jermier는 여러 가지 상황에서, 개인의 리더십 행동은 취소되고, 대체되었거나, 또는 무가치해졌다고 주장하였다. 그들의 연구결과와 아이디어를 설명하기 위하여, Kerr와 Jermier는 **리더십 대체모형(substitutes for leadership model)**을 만들었다.

대체는 인간지향 및 과업지향 행동을 불필요하고 쓸모없게 만드는 것이다. 즉, 대체는 추종자의 태도, 인식, 또는 행동에 영향을 주기 위해 지도자의 역량을 대체하거나 감소시키는 상황적 측면이다. 다음과 같은 세 가지 요인이 지도자의 역량을 대체하도록 하는 가능성을 지닌다(Kerr and Jermier, 1978).

- 하위자의 특징: 능력, 훈련, 경험 및 지식, 전문성 지향, 그리고 보상에 대한 무관심.
- 과업의 특징: 구조화된 일상과업, 본질적으로 만족스런 과업, 그리고 과업에 의해 제공된 피드백.
- 조직의 특징: 역할 및 절차의 공식화, 규칙 및 정책의 융통성, 행정가와 추종자 간의 공간적 거리.

두 번째 주요개념은 **중화제(neutralizers)**이다. 이것은 지도자의 행동을 대신하지는 않지만 지도자가 특정한 방법으로 행동하려는 것을 미리 막거나 지도자의 행동 효과를 무력화시키는 상황적 요인들이다. 예를 들어, 교사의 효과적인 업무수행을 보상하는 데 있어 학교장의 권위 결여는 리더십 행동에 대한 상황적 제약이 되고, 반면에 학교장에 의해 제공된 인센티브에 대한 교사의 관심 부족은 행동을 무가치하게 만드는 조건이다(Yukl, 1998).

두 가지 부가적인 개념은 **개선제(enhancers)**와 **보충제(supplements)**이다. 개선제는 지도자-성과 관계를 신장시키고, 예를 들어, 지원적이고 협력적인 작업-집단규범을 포함한다. 보충제는 지도자의 직접적인 효과를 변화시키지 않고 하위자의 업무수행에 기여한다. 한 가지 예는 새로운 웹 중심 수업 프로그램일 수 있다(Gronn, 1999).

기본적으로, 이러한 모형은 지도자의 행동과 업무수행 간의 연결은 하위자, 과업, 그리고 조직특징에 의존하거나 적어도 조정된다. 예를 들어, 하위자들의 능력이 높고 경험이 있으며 지식을 지닐 때, 또는 과업이 분명하고 일상화되어 있을 때, 과업지향 리더십은 중요성이 줄어들거나 전혀 필요하지 않을 수 있다. 비슷하게, 과업이 본질적으로 만족스럽거나 과업집단이 밀접하게 결합되고 응집적, 지원적 리더십일 때 유용성은 제한된다. 중요한 시사점은 "많은 경우에 리더십의 효과적인 실행범위는 대항적인 힘에 의해 최소화될 가능성이 높다(Gronn, 1999, 42)."라는 것이다. 달리 말하면, 대체는 일부 지도자의 행동을 부분적으로 비효과적으로 만들 수 있지만, 이들은 어떤 특정한 행동을 필연적으로 전체적 면에서 비효과적으로 만들지 않는다(Dionne, Yammarino, Howell, and Villa, 2005).

이론은 지도자의 행동이 어떤 상황에서는 중요한 영향을 미치지만, 다른 상황에서는 그렇지 않을 수 있는 이유를 설명하는 데 도움을 주기 때문에 실질적인 관심을 불러일으킨다. 그러나 모형을 검증한 연구들은 리더십 모형의 본질에 대한 실증적인 지지를 거의 해주지 못하고 있다(Podsakoff and Mackensie, 1997). 더 나은 발전을 위해 계속해서 높은 관심을 기울인다면(Dionne, Yammarino, Howell, and Villa, 2005) 모형은 아마도 부가적인 주의를 끌 것이다.

4 분산 리더십

수업 리더십, 최소 선호 동료 모형, 그리고 변혁적 리더십 같은 접근방법들은 학교장과 같은 개인을 학교효과성에 '주요 인물'로 강조하거나 어떤 경우에는 리더십을 낭만적으로 묘사한다. 이에 반대되는 대체이론과 비슷한 가정을 지닌, 참여 리더십, 조직 리더십, 또는 **분산 리더십(distributed leadership)** 모형은 팀, 집단, 그리고 조직 특징들에 의한 리더십을 포함한다. 실제로, 분산 접근방법은 한 사람이 조직변화에 책임을 진다는 일반적인 가정을 거부한다(Heller and Firestone, 1995). 대신, 전통적으로 한 개인의 탓으로 돌린 리더십 책임을 다양한 개인들과 집단들이 대체 또는 공유한다.

분산 리더십의 기본적 생각은 분명하다(Elmore, 2000). 그것은 규모, 복잡성, 그리고 범위 면에서 다양한 수많은 과업들을 안내하고 수행하기 위해서 조직 내의 다양한 리더십 자원을 활용하는 것을 의미한다. 분산 리더십은 예산심의, 직원회의, 정기평가와 같이 반복되고 일상적인 과제에서부터 긴급 상황이나 돌발적인 문제(Gronn, 2002)와 같은 예상치 못한 과제도 포함된다. 그리고 변화추구, 타인 격려, 기존의 절차 조정, 과정조정, 장애처리(Heller and Firestone, 1995) 같은 기능상의 변화도 포함된다. 분산 리더십의 제안자들은 학교조직이 너무 복잡하고 과업도 광범위하므로 어느 한 사람이 리더십 기능의 모든 문제를 처리하기에는 역부족이어서 분산 리더십이 필요하다는 주장을 한다. 결국, 이러한 과업을 수행하는 데 따른 책임은 다양한 개인들과 역할에 따라, 예를 들어 교육청 소속의 행정가, 학교장, 교감, 교사, 다른 직원, 외부자문, 학부모, 그리고 학생들에게 분산되어져야 한다.

근본적으로, 리더십 분산은 권력 분배와 동등하다(Gronn and Hamilton, 2004). 분산 또는 조직화된 리더십은 새로운 현상이 아니라는 것은 분명한 것 같다. 학교와 다른 조직들은 항상 리더십 책임감과 관련하여 분업의 원리를 적용해왔지만(Gronn, 2002), 개인적, 영웅적, 또는 독단적 리더십의 개념이 대중적인 문헌과 학구적인 문헌 양면에 널리 퍼졌다. Camburn, Rowan, 그리고 Taylor(2003)에 따르면, 교육개혁가와 정책결정자들은 1980년대 동안 자신들의 관심을 개인적 수준의 리더십과 함께 분산 리더십에까지 확장시켰다.

예를 들어, 단위학교 책임경영제와 교사들을 위한 경력단계 프로그램 등은 학교 내에 추가적인 리더십을 학교에 결합시키려는 시도를 보여주는 정책이라 할 수 있다. 비록 Gronn(2002, p. 424)은 "분석 리더십에 의해 파생된 연구나 분석적 연구가 부족하다."라고 결론 내렸지만, 교육학자들은 1990년대 동안 분산 리더십에 관한 이론적 틀을 개발하고 연구를 수행하고자 노력하였다.

Ogawa와 Bossert(1995)는 리더십을 조직 관련 속성으로 인식한다. 리더십은 조직 내의 개인들에게 기능을 분배하는 것 이상이며 조직의 모든 구성원들을 이끌 수 있어야 한다고 그들은 주장한다. 리더십은 또한 학교조직을 구성하는 역할 네트워크 속에서 작동하면서 개인, 구조, 문화, 그리고 작업이 이루어지고 조정되는 방법에 영향을 준다. 그리고, 리더십의 정도는 시기와 학교에 따라 다양하게 나타난다. Pounder, Ogawa, 그리고 Adams(1995)는 이러한 생각을 확대하여 다음과 같은 가설을 설정하였다. 즉 몇몇 집단들은 학교 리더십에 기여하며 리더십의 총량은 학교 업무수행과 정적관계가 있다는 것이다. 그들은 이 가설에 대해 지지하는 연구결과를 제시하면서, 구성원들이 참여적 의사결정을 실행하기 위해 노력을 기울이고(9장 참조) 그리고 분산 리더십과 유사한 리더십을 발휘한다면 학교 효과성을 향상할 수 있는 잠재력을 갖게 될 것으로 예측하였다.

　March(2005)는 또한 영웅적 리더십 모형을 무시하였다. 그는 이런 모형은 조직이 극적으로 호전되거나 주된 혁신을 이룰 때 지도자의 활동을 과장해서 나타낸다고 주장한다. March는 무엇이 본질적으로 리더십의 조직적 개념인가를 제시하면서, 조직의 효율성은 문제에 근접한 사람들에 의해 어려운 점들이 쉽고 일상적으로 다루어질 때 이루어진다고 주장한다. 그의 관점으로부터 다음과 같은 학교 내에서 조직 효과성을 향상할 수 있는 네 가지 핵심 리더십 요인을 추출하여 제시하고자 한다.

- 능력: 교육자들이 그들이 무엇을 하며 그것에 전문가임을 알고 있다.
- 자발성: 개인들(예를 들어, 교사, 자문가, 행정가 등) 또는 문제에 근접한 교육자 집단들이 문제를 해결하기 위하여 지역적, 즉시적, 자발적, 그리고 독자적으로 행동한다.
- 동일시: 교육자들은 자신의 업무와 학교에 자부심을 가지고 신뢰의 문화와 집단적 정체성을 공유한다.
- 방해받지 않는 조정: 개인적 행동이 표준화된 일상 업무 및 운영절차, 그리고 개방된 의사소통 체제를 통해 효과적이고 신속하게, 비용을 들이지 않고 조정된다.

　따라서 학교의 효과성과 효율성 수준은 리더십 역할 수행이 능력 있고, 진취적이며, 조직에 헌신하는 사람에 의해 이루어지고, 그리고 자신의 직무를 자유롭게 또는 혼자서 처리할 때가장 높아질 가능성이 있다. March(2005)가 말했듯이, "능력, 자발성, 동일시, 방해받지 않는 조정, 그리고 그들에 관한 의사결정 등은 효과적인 리더십의 핵심이다. 그들은 장엄하지도 않고, 영웅적이지도 않으며, 대부분은 흥미롭지도 않다(p. 116)."

James Spillane(2006)은 교수·학습활동, 특히 읽기, 수학, 그리고 과학을 향상하기 위해 의도된 실제에 초점을 둔 분산 리더십 모형을 제안하였다. Spillane에 따르면, 리더십은 학교의 핵심 업무에 관련된 활동을 언급하고 동기부여, 지적영향, 또는 다른 교육자의 실행에 영향을 주기 위해 조직구성원에 의해 계획되어진 것이다. 이 모형에서, 교사, 행정가, 그리고 학부모 같은 다양한 지도자들은 교수·학습활동을 향상하기 위해 사회적, 물질적, 문화적 자원들을 확인하고, 획득하며, 배분하고, 조정한다(Spillance, Halverson, and Diamond, 2001). 학교장과 교육감이 혼자 힘으로 성공할 수 없는 이유를 알기 위해, Spillane은 다양한 공식적 및 비공식적 지도자들과 그들의 추종자들이 자신들의 학교를 완전히 바꿔놓거나 또는 주된 변화를 일으키는데 필요한 과업을 수행하고 안내하기 위해 동원된다는 것을 관찰하였다.

달리 말해서, 리더십 활동들은 지도자, 추종자, 그리고 상황의 상호작용 웹 내에서 분산된다(Spillane, Sherer, and Coldren, 2005). Spillane(2006)에 의하면 과업을 수행할 때, 리더십 실행은 지도자, 추종자, 그리고 상황의 상호작용을 통해 이루어지기 때문에 상황은 명시요인(defining element)으로 볼 수 있나. 또한, 리너십의 분산과 정도는 나수의 상황직 요인들에 따라 다양하다—교과목에 따라(**수학 수업은 언어기술 및 과학에 비해 적은 지도자가 필요하다**), 규모에 따라(**소규모보다 대규모에 더 많이 필요하다**), 그리고 유형에 따라(**사립 또는 기업의 학교보다 공립학교가 더 적다**) 다양하다.

다양한 종합학교의 개혁발안은 리더십의 공유 또는 분산을 요구하며 현상을 연구하기 위한 훌륭한 장소를 제공한다. 가령, Camburn, Rowan, 그리고 Taylor(2003)는 Accelerated Schools, America's Choice, Success for All programs을 운영하고 있는 학교들은 비교 학교보다 약 1.5배 이상 지도자가 더 많았고, 직원연수의 효과가 상당히 괄목하게 증가되었으며, 새로운 지도자들은 실제로 수업리더십에 참여하게 되었다는 것을 발견하였다. 비슷하게 Amanda Datnow와 Marisa Eileen Castellano(2001)는 모든 프로그램에 대한 성공(Success for All programs)을 운영하는 학교에서 교장의 공유된 리더십 역할과 교사의 촉진자로서 역할을 탐색하였다. 이 프로그램이 성공적으로 시행되기 위해서는 지도자와 교사의 역할 모두가 중요하다는 것을 발견하였다. 학교장의 리더십은 모든 발안에 대한 성공(Success for All initiative)을 선택하는 데서 특히 중요하였다. 그러나 촉진자들이 교장 및 교사와 함께 그들의 역할 및 관계를 규정하기 시작하면, 그들은 상당한 애매모호함과 긴장을 경험하게 되며, 자신의 위치를 바꾸기 위한 협상에 상당한 노력을 기울인다. 예상한 대로, 새로운 리더십 모형이 전통적 학교 구조 및 문화에 소개되면, 참여자들(예를 들어, 학교장, 교사들, 그리고 변화촉진자들)은 리더십에 대한 자신들의 다양한 개념도 재조정하고 협력하는 기술도 개선하면서 리더십을 개혁해 나간다.

Day, Gronn, 그리고 Salas(2004)는 분산 리더십은 흥미로운 새로운 발전이라고 결론지었다. 분산 리더십, 참여 리더십, 조직화된 리더십에 대한 기본생각은 새로운 것이 아니고 우리의 관점으로부터 도출된 것이며, 이는 단순히 오랫동안 찾아내려고 애썼던 생각을 정교화하고 쇄신시킨 것이다. 그럼에도, 모형들은 영웅적 모형으로부터 벗어난 견해를 제시하며 교육리더십에 관한 유용한 새로운 지식창출을 자극하는 잠재력을 가지고 있다. 그러나 분산 리더십은 상당한 비판을 받았다. Leithwood와 그의 동료들(2006)은 분산 리더십 이론은 실증적 증거라기보다 철학과 민주적 가치에 더 많은 바탕을 둔 운동이라고 주장한다.

이론개발 면에서, 여러 개념들은 불확실하고, 가설이 언급되지 않았으며, 연구가 매우 제한적이라고 비판한다. 개념적 발전과 실증적 검증이 없는, 분산 리더십 이론은 이상적이고, 지나치게 단순하며, 그리고 로맨틱하게 여겨진다. '분산 리더십 이론'은 대부분 일반적인 생각(예를 들어, 20세기 중엽의 민주적 행정과 1990년대의 총체적 질 관리-TQM)을 지닌 사례로서, 이에 대한 연구와 실제는 오랫동안 공론에 지나지 않았고 연구나 실제 적용이 매우 적었다(Campbell, 1971). 더구나 한 사람 또는 소수의 사람들이 조직 전체의 리더십과 업무수행에 책임을 지는 것이 훌륭한 행정적 실천으로 널리 받아들여진다는 것에 생각의 기초를 두고 있다. 그럼에도, 분산 리더십은 학교행정에 널리 퍼져있고, 중요하지만, 아직 인식이 부족한 현상이다. 따라서 결론은 개인적 및 분산 리더십 접근방법들은 확실히 다른 이론의 중요성을 부인하지 않고 감소시키지도 않으며, 학교를 이끌어 가는데 있어 상호보완적인 시각을 제공한다는 것이다.

⑤ 개정된 경로-목표 이론

House(1971, 1973)에 최초로 개발된 리더십의 **경로-목표 이론(path-goal theory)**을 House와 Mitchell(1974)은 다시 재정의하였다. 이 모형에 대해 지지를 하는 40~50편의 연구에 대해, House(1996)는 이론에 관한 정밀 검사를 하였다. 예를 들어, 그는 지도자의 행동 및 성과 변인 수를 확대하고, 상황적 개념을 현 시기에 맞게 조정하였으며, 26개의 구체적인 명제 또는 가설을 공식화하였다. 주요 개념은 리더십 행동, 상황요인, 그리고 효과성이며 표 7.4에 개정된 경로-목표 이론이 제시되어있다.

기대동기이론에 근거한, 모형의 핵심 가정은 추종자들이 일할 수 있는 능력을 지니고 있고, 그들의 노력이 바람직한 결과를 산출할 것이며, 그 일을 하는 것에 대한 보상이 가치 있다고 믿는다면, 추종자들은 동기화 될 것이라는 것이다(Northouse, 2004). 모형의 전반적인 명제는 지도자가 과업환경과 하위자들의 능력을 보완하고 결함을 보충하는 활동을 하게 되면 하위자의 만족 및 개인과 작업단위의 효과성은 증가된다는 것이다. 이러한 복잡한 이론의 특정한 명제를 설명하기 위해, 다섯 가지 지도자 행동을 규정하고, 이어서 다섯 가지 특성한 명제들을 통하여 상황 및 성과 변인들을 관련시키면 다음과 같다.

첫째, 어떤 조건 하에서 지도자의 **경로-목표 명료화 행동(path-goal clarifying behaviors)**은 하위자들의 욕구와 선호가 효과적인 업무수행에 달려 있도록 만드는 능력이다. 이것은 업무수행 목표의 명료화, 과업완수의 수단, 업무수행의 기준, 타인의 기대, 그리고 하위자에 대한 상벌을 포함한다. 이는 하위자들의 과업요구가 만족스럽지만

표 7.4 개정된 리더십 경로-목표 이론의 개념

지도자 행동		상황	결과
경로-목적의 명료화	집단 결정 과정	부하의 동기	부하의 만족
성취 지향	대표성		부하에게 권능 부여
업무 촉진	네트워킹	부하의 능력	부하의 효과성
지원적	가치 중심		
상호작용 촉진	공유	과업 요구	업무 단위 효과성

애매할 때, 경로-목표를 명료화하는 지도자의 행동은 명료화의 근원이 되며 하위자의 만족은 동기화 될 것이라는 명제로 이끌어 준다.

둘째, **성취지향 지도자 행동**(achievement-oriented leader behavior)은 우수한 업무수행 장려, 도전적인 목표설정, 발전추구, 하위자들이 높은 업무수행 기준에 도달하리라는 자신감을 보이는 행동이다. 이는 단순히 강조된 업무수행 또는 목표 이상의 것이며, 하위자들의 동기지향에 달려있다. 따라서 House(1996)는 성취지향 지도자 행동은 업무에 대해 개인적 책임과 통제를 가진 하위자들을 관리하는 상위자들에 의해 수행되어질 때 효과적일 수 있다고 제안한다.

셋째, **지원적 지도자 행동**(supportive leader behavior)은 하위자들의 복지에 관심을 나타내고, 우호적이고 심리적인 지원이 이루어지는 작업환경을 만들며, 그리고 하위자들의 요구와 선호를 고려하여 행동하는 것이다. 이런 행동은 특히 상황이 위험하고, 단조로우며, 스트레스 또는 좌절을 느낄 때 필요하다. 반대로, House(1996)는 과업이 내면적으로 만족스럽거나 또는 긴장 상황이 아닐 경우에는 지원적 지도자 행동은 추종자의 만족, 동기부여, 또는 업무수행에 제한된 영향을 줄 것이라고 제안한다.

넷째, **가치중심 지도자 행동**(value-based leader behavior)은 추종자의 소중한 가치에 호소하고, 그들의 자기 효능감과 일관성을 증진하며, 그리고 지도자의 임무에 기여한다는 자부심을 갖게 한다. 이러한 행동에는 추종자들의 더 나은 미래를 위한 버전 또는 이념적 목표를 분명히 하고, 버전에 대한 열정을 보이며, 그리고 집단적 버전에 포함된 가치를 강조하기 위해 상징적 행동을 사용하는 등의 활동이 포함된다. 이념적 버전은 항상 현상유지에 반하기 때문에, 그들의 표현은 흔히 억제된다. 따라서 가치중심 지도자의 버전에 내재한 가치들이 지배적인 세력 또는 조직에 확산되어 있는 문화와 갈등을 일으킬 때, 가치중심 리더십은 실질적으로 집단 상호간에 갈등을 야기할 수 있다.

마지막으로, **참여적 리더십**(shared leadership)은 지도자가 지도자 행동을 작업집단의 구성원들과 함께 공유하는 것을 공식적으로 인정할 때 발생한다. 다음의 연구는 공식적 행정가들에 의해 리더십이 실행되었을 때보다 동료 리더십이 훨씬 더 효과성에 관련된다는 것을 발견하였으며, House(1996)는 다음과 같은 제안을 제시하였다. 과업이 과업단위 내에서 상호의존적일 때, 지도자 행동을 수행하는 데 있어 집단적으로 책임을 공유하도록 권장하는 지도자가 작업단위의 응집력과 업무수행을 증진시킬 것이라고 하였다.

전술한 열 가지 행동형태의 모두 또는 거의 대부분을 수행할 수 있는 능력을 가진 지도자는 얼마 되지 않을 것 같다. 그들의 인성과 능력에 관한 목록을 바탕으로, House(1996)는 효과적인 지도자들은 그들이 가장 편안하다고 여기는 행동을 선택할 것이라고 주장한다. 부가적으로, 어떤 행동은 아마도 서로 대체되어질 것이다. 예를 들어, 적절한 행동 모델링과 연결된 버전을 명백히 하는 것은 경로-목표를 분명히 하는 행동으로 대체될 수 있다. 일부 조정된 변인들은 서로 대체될 수 있으며 과업관련 지식은 과업구조로 대체될 수 있다.

개정된 리더십의 경로-목표 이론을 제시하면서, House(1996)는 수정된 이론은 현재의 다른 리더십 이론과 실증적 일반화로부터 얻어진 예측과 일관되며 그 결과들을 통합하고 있다고 결론 내렸다. 이러한 결론을 내린 시기이지만, 아직도 House 또는 다른 사람들에 의해 실증적으로 검증된 공식화는 이루어지지 못하고 있다. 모형을 검증한 연구는 드물며 최근의 연구(Schriesheim, Castro, Zhou, and DeChurch, 2006)에서 얻어진 결과도 이를 지원해주지 않는다. 마지막으로, 이 이론은 최근에 부각된 비공식적 리더십, 지도자의 정치적 행동, 조직 내의 여러 수준의 행정가들 또는 하위자들에게 영향을 주는 리더십, 또는 변화를 위한 리더십을 다루지 않고 있다.

리더십 시각의 변화

우리는 리더십에 대한 지식 발전의 역사적 순서에 따라 특성, 행동, 상황적, 그리고 상황 적응적 접근방법을 제시하였다. 이러한 전통적 모형에 관한 연구와 이론개발의 대부분은 1980년 전에 이루어졌다. 이러한 접근방법으로부터 축적된 지식은 실질적이고 리더십에 관한 중요한 통찰을 제공한다. 그럼에도, James G. Hunt(1999)는 1970년에 리더십 연구에 관한 '비관적인 전망(doom and gloom)'에 대해 기술하고 있다. 많은 학자들이 리더십 개념[Lieberson and O'Connor(1972), Salancik and Pfeffer(1977), McCall and Lombardo(1978), Kerr and Jermier(1978)]의 유용성을 의심했다. 학자들은 엄청난 리더십 연구들이 거의 새로운 개념적 자산을 만들지 못했다고 보았으며 오히려 엄격하고, 지루하며, 정체된 분야를 산출하였다고 생각했다. 가장 중요한 것은 비논리적인 의문들을 조

사한 연구들이 점점 더 많아졌고 이들은 거의 새로운 지식을 제공하지 못하였다는 점
이다.

파국의 울부짖음 가운데, 희망의 부분으로서 변혁적 리더십이 이러한 사태의 구원을
위해 출현하였다(Hunt, 1999). 예지적이고 변화지향적인 리더십에 관한 새로운 생각으로
인해, 비관적인 전망의 분위기는 1980년 동안 '새로운 리더십'을 위한 열정으로 변형되
었다.

변혁적 리더십

James MacGregor Burns(1978)는 거래적 리더십(transactional leadership)과 변혁적 리더십(transformational leadership)에 관한 생각을 공식화하고 정치 분야에 적용하여 일반적인 신뢰를 얻었다. Bass(1985a)는 Burns의 생각을 토대로 하여, 사회조직의 지도자들을 위한 광범위하고 높은 영향력을 지닌 모형을 구축하였다. 변혁적 리더십의 기본적 틀은 Bass(1998)가 '전체 리더십 모형(full range leadership model)'이라고 명명한 연속체를 사용하여 개념화할 수 있다.

표 7.5 전체 리더십 연속체

전체 리더십 모형		
자유방임형 리더십	거래적 리더십	변혁적 리더십
1. 비거래적	2. 조건적 보상 리더십 3. 적극적 예외 관리 4. 소극적 예외 관리	5. 이상적 영향력–속성 6. 이상적 영향력–행동 7. 영감적 동기화 8. 지적 자극 9. 개인별 배려

표 7.5에 나타난 바와 같이, Bass는 세 가지 주요 리더십 모형 즉, 자유방임형 리더십, 거래적 리더십, 그리고 변혁적 리더십으로 분류하였다. 세 가지 리더십 유형은 불변하지만, 세 가지 유형을 구성하는 요인들 또는 구성요소들의 수는 변화되어왔다(Avolio, Bass, and Jung, 1999). 표 7.5에 나타난 공식화는 아홉 가지 요인들을 사용하고 있다-자유방임 또는 수동적 요인 1개, 거래적 요인 3개, 변혁적 요인 5개이다(Bass and Riggio, 2006).

■ 리더십의 세 가지 유형

1) 자유방임 리더십

Bass(1998)는 이러한 리더십 유형은 추종자와의 거래부재로 인한 것이라고 특징지었다. 예컨대, 자유방임형 지도자들은 중요한 문제에 대해 자신의 의견표현이나 행동을 취하는 것을 회피하며, 의사결정을 내리지 않거나 또는 지연시키며, 책임을 지지 않고, 피드백을 제공하지 않으며, 그리고 권위도 행사하지 않는다. 이는 근본적으로 리더십의 회피 또는 부재로 인한 것이며, 결과적으로 가장 수동적이고 가장 낮은 효과를 보인다. 자유방임형 학교장은 주로 교장실에 있고, 교사나 학생들에게 최소한으로 개입하며, 학생의 학습과 발달 또는 교사들의 욕구에 최소한의 관심을 보이며, 그리고 학교구조와 과정은 기존의 방식대로 둔다.

2) 거래적 리더십

거래적 지도자들(Transactional leaders)은 제공된 서비스에 대한 교환으로 보상을 제공함으로써 추종자들에게 동기를 부여한다. 예를 들어, 학교장은 새로운 수업자료를 제공하거나 교사들이 새로운 교육 과정을 도입할 수 있도록 하기 위해 계획된 시간을 늘여준다. 하위자들이 학교 같은 조직에서 자신의 일을 할 때, 거래적 지도자들은 추종자들이 일의 댓가로 무엇을 원하는가를 인식하고 그들이 원하는 것을 제공해주려고 노력한다. 그들은 보상과 노력에 대한 사례의 약속을 교환하고 추종자들의 즉각적인 이기심에 반응한다. 거래적 지도자들은 하위자들에 의해 제공된 계약된 서비스에 대한 보답으로 추종자들의 현재의 물질적 및 심리적 욕구를 충족시키기 위해 비용-수익, 경제적 교환을 추구한다(Bass, 1985a).

표 7.5에서 나타난 바와 같이, 거래적 리더십은 세 가지 구성요소(Antonakis, Avolio, and Sivasubramaniam, 2003)를 가정한다. **조건적 보상 리더십(Contingent reward leadership)**은 역할과 과업 요구조건의 명료화에 초점을 두고 추종자의 업무수행에 따라 조건적 보상을 제공하는 지도자의 행동을 말한다. 달리 말하면, 이러한 리더십 행동의 하위유형은 지도자들이 원하는 것과 추종자들이 원하는 것을 교환하도록 해준다(Kuhnert and Lewis, 1987). **적극적 예외 관리(Active management-by-exception)**는 지도자가 기준 충족을 확신할 수 있도록 높은 주의 수준을 유지하는 것을 의미한다. 즉, 지도자는 문제가 명백해지면 적극 모니터하고 수정된 행동을 취한다. **소극적 예외 관리(Passive management-by-exception)**는 문제가 심각해질 때까지 지도자가 개입하지 않는 것을 의미한다. 이러한 지도자는 잘못이나 다른 업무수행 상 문제가 발생하여 관심을 불러일으킬 때까지 조치를 취하는 것을 기다린다.

Bass와 Riggio(2006)는 대부분의 상황에서, 거래적 리더십은 매우 효과적이라고 주장한다. 특히 조건적 보상 행동은 효과적 리더십을 위한 건전한 토대를 제공한다. 그러나 거래적 리더십이 변혁적 리더십으로 확장되어질 때 노력증대, 효과성, 그리고 직무만족이 이루어진다.

3) 변혁적 리더십

변혁적 리더십은 단순한 상호교환과 동의를 넘어서 거래적 리더십의 확장이다. 변혁적 지도자들은 고무적인 집단적 관심에 관한 추종자들의 의식수준을 높이고, 추종자들이 보통이상의 높은 업무수행 결과를 성취하도록 도와준다. 이 이론은 변혁적 리더십을 구성하는 네 가지 I's 즉 이상적 영향력(idealized influence), 영감적 동기(inspirational motivation), 지적 자극(intellectual stimulation), 그리고 개별적 배려(individualized consideration)를 가정한다(Bass and Riggio, 2006).

　이상적 영향력(Idealized influence)은 추종자로부터 신뢰와 존경을 받고 개인 및 조직이 업무를 수행하는 과정에서 급격하고 근본적인 변화를 수용할 수 있는 근거를 제공한다. 이러한 지도자는 중요한 문제에 관해 확신을 나타내며 높은 윤리적, 도덕적 행동 기준을 제시하고, 목표 설정과 달성을 하는 데 있어 추종자와 함께 위험을 나누며 자신보다 타인의 욕구를 먼저 고려하고 임무, 비전, 대의를 성취하기 위해 개인과 집단이 나아가도록 권력을 사용하지만, 결코 자신의 이익을 얻고자 하지 않는다. 결과적으로, 변혁적 지도자들은 찬양받고, 존경받으며, 신뢰를 얻게 된다. 추종자들은 지도자를 동일시하며 모방하고자 한다. 지도자에 대한 그런 신뢰와 헌신이 없다면, 조직의 임무를 변화시키고 그 방향을 재조정하려는 시도는 극도의 저항에 부딪치게 되기 쉬울 것이다(Avolio, 1994). 이상적 영향력은 추종자들의 역할 모형으로서 행동하는 변혁적 지도자들로부터 나온다.

　최근의 공식화에서, 이상적 영향력 또는 카리스마는 두 가지 하위유형으로 나누어졌다. **특성에 속하는 이상적 영향력**(Attributed idealized influence)은 추종자들이 지도자가 카리스마적이고 자신감이 있으며, 강력하고 고차원의 이상과 윤리를 지향한다고 인식하고 있는 정도이다. 반대로, **행동으로 표출된 이상적 영향력**(idealized influence as behavior)은 가치, 신념, 그리고 사명감에 초점을 둔 지도자들의 카리스마적 행동이다(Antonakis, Avolio, and Sivasubramaniam, 2003).

　영감적 동기화(Inspirational motivation)는 조직의 문제가 해결될 수 있다고 믿도록 집단 구성원들의 기대를 변화시킨다(Atwater and Bass, 1994). 이것은 또한 조직목표 및 운영절차의 발전 방향을 제시하는 버전을 개발하고 부각시키는데 핵심역할을 수행한다(Avolio, 1994). 영감적 동기화는 주로 지도자 행동에서 나오며 추종자들에게 의미와 도전을 제공한다. 변혁적 지도자는 사람들에게 매력적이고 낙관적인 미래를 계획하도록 활기를 불어넣어주고, 야심 찬 목표를 강조하며, 조직을 위해 이상적 버전을 만들며 그 버전이 달성될 수 있음을 추종자들에게 분명하게 의사소통한다. 따라서 단체정신, 열의, 낙관주의, 목표달성에 기여, 그리고 작업집단 또는 조직 내에서 버전을 공유하고 결속하게 한다(Bass and Avolio, 1994).

　지적 자극(Intellectual stimulation)은 창의성의 문제를 언급한다(Atwater and Bass, 1994). 변혁적 지도자들은 종래의 가정, 전통, 그리고 신념에 의문을 품고 문제를 재구성하며,

그리고 새로운 방법으로 종래의 상황에 접근하여 추종자들이 혁신적이고 창의적이 되도록 자극한다. 변혁적 지도자들은 추종자들이 창의적인 사고를 하게 하고, 새로운 절차와 프로그램을 도입하며, 그리고 어려운 문제를 해결하게 하면서도 고착화된 기존의 업무처리 방식을 잊어버리고 제거하도록 촉진시키며, 구성원 개개인의 잘못을 공개적으로 비난하지 않는다(Bass and Avolio, 1994). 지도자는 모든 것을 개방적으로 부단히 검토하고 변화를 전체적으로 수용한다(Avolio, 1994). 결과적으로, 추종자들도 그들의 지도자가 자신의 시각과 가정을 재 고려하도록 자극한다. 아무리 바람직하고, 일상화되어있고, 정치적이고, 관료적인 것이라도 경쟁하고, 변화하며, 때로는 폐기되어야 한다(Avolio, 1999).

개별적 배려(Individualized consideration)는 변혁적 지도자는 각 개인의 성취 및 성장 욕구에 특정한 주의를 기울인다. 개별적 배려의 목적은 다른 사람의 욕구와 강점을 측정하는 데 있다(Atwater and Bass, 1994). 변혁적 지도자들은 멘토로서 이러한 지식과 행동을 활용하며, 추종자들과 동료들이 높은 수준의 잠재력을 성공적으로 개발하여 자신의 발전에 책임을 지도록 한다(Avolio, 1994). 지원적 풍토 속에서 새로운 학습기회를 만들고, 욕구의 기치에서 개인적 치이를 인정하고 수용하며, 양 방향 의사소통을 활용하고, 인간적인 방식으로 다른 사람들과 상호작용하는 것이 개별적 배려를 이룩하기 위해 필요한 행동이다. 개별적 배려의 지도자는 다른 사람의 소리에 적극적이고 효과적으로 귀 기울인다.

지도자들은 표 7.5에 나타난 리더십 연속체의 모든 측면들을 나타낸다. 높은 업무수행의 지도자는 자유방임형 행동을 거의 나타내지는 않지만, 높은 수준의 적극적 예외관리와 소극적 예외 관리, 조건적 보상 리더십을 지속적으로 보여주며, 매우 빈번하게 변혁적 행동을 나타낸다. 반대로 낮은 업무수행의 지도자들은 매우 자주 자유방임형 행동을 나타내는 경향이 있으며 변혁적 행동은 거의 나타내지 않는다(Bass and Riggio, 2006).

주요요인들을 측정하고 변혁적 리더십 이론을 검증하는 대부분의 조사연구들은 다원적 리더십 설문지(MLQ)를 사용한다. MLQ의 초기버전은 심한 비판을 받았다(Sashkin and Burke, 1990). 이 설문지가 소개된 이래로, MLQ의 내용은 바뀌어졌고 관찰할 수 있는 지도자의 행동을 기술하는 항목들을 늘이기 위해 재 정의되었다. MLQ에 대한 최근의 평가에서 MLQ는 표 7.5에서 보여준 아홉 가지 요인 모형을 지원한다는 것을 발견하였다(Antonakis, Avolio, and Sivasubramaniam, 2003).

2 변혁적 리더십의 이론과 연구

Bass(1998)와 Avolio(1999)는 변혁적 리더십은 실질적인 리더십 체제의 근거를 형성한다고 주장한다. 예컨대, 지도자가 추종자들과 많은 거래를 통해 자신의 자리를 유지한다면, 시간이 지나야 지도자를 신뢰하게 된다. 변혁적 지도자들은 탁월한 업무수행을 토대로 보다 높은 수준의 신뢰와 정체감을 형성한다. 변혁적 지도자는 거래적 리더십을 대신하지는 않지만 추종자의 동기, 만족, 그리고 업무수행에 관한 영향력을 증가시키거나 확대한다. 따라서 이러한 리더십 형태는 표 7.5에서 나타난 것과 똑같은 리더십 연속체 선상에서 나타날 수 있다.

그러나 변혁적 리더십은 바람직한 업무수행에 대한 유인책을 교환하는 이상의 리더십이다[Bennis and Nanus(1985), Howell and Frost(1989), Howell and Avolio(1993)]. 변혁적 지도자들은 조직목적에 기여하고 추종자들에게 이러한 목적을 달성하도록 권한을 부여한다(Yukl, 2002). 네 가지 I's에 관한 기술에 대해 위에서 설명한 바와 같이, 변혁적 지도자들은 변화의 필요성을 정의하고, 새로운 버전을 창출하고 그 버전에 헌신을 불러일으키며, 장기적인 목표에 집중하고, 추종자들에게 고차원의 목표를 추구하기 위해 자신의 이해관계를 초월하도록 영감을 불어넣으며, 조직이 현상유지 되기보다 비전에 맞추어 조직을 변화시키고, 자신의 발전과 타인의 발전을 위해 보다 큰 책임감을 갖도록 추종자들을 모니터한다. 그렇게 하면, 추종자들은 지도자가 되고 지도자는 변화의 추진자가 되어 궁극적으로 조직이 변혁된다는 것이다.

변혁적 지도자의 근원은 개인적 가치와 지도자의 신념에 내재해 있다. 변혁적 지도자는 자신의 개인적 기준을 발표함으로써, 이전에 가능하다고 생각했던 것보다 더 높은 수준의 업무수행을 산출하는 방법으로 자신들의 목표와 신념을 변화시키고 아울러 추종자들을 통합시킬 수 있다(Kuhnert and Lewis, 1987). 사실, Thoma J. Sergiovanni(1994)

는 리더십의 핵심은 개념, 가치, 그리고 아이디어라고 주장한다. House(1988)는 변혁적 리더십은 지도자가 은유나 다른 상징을 통해 사회적으로 바람직한 변화와 성취의 예들을 제시하여 자신의 권력욕을 얼마나 효과적으로 표현하느냐에 달려있다고 주장한다.

비슷하게, Bass(1985a, 1998)는 지도자가 새로운 시각에서 자신의 업무를 보도록 타인을 자극하고, 조직의 사명 또는 버전에 대한 깨달음을 얻으며, 동료와 추종자들이 높은 수준의 능력과 잠재력을 개발하도록 하고, 자신의 이해관계를 넘어서 집단에 이익을 줄 수 있는 안목을 갖도록 동기화시킬 때 변혁적 리더십으로 본다는 것을 관찰하였다. 변혁적 리더십은 보다 도전적인 목표를 설정하고 전형적으로 거래적 지도자보다 더 높은 업무수행을 성취한다.

Yukl(1999)은 이론에 대한 전체적인 평가를 내리면서 변혁적 리더십은 리더십의 과정과 성과에 관한 설명을 하는 데 중요한 기여를 한 것 같다고 결론 내렸다. 특히, 변혁적 리더십은 중요한 상징적 측면에 의존하고 있으며 효율적 관리의 기술적 및 대인관계 측면 그 이상이다. 이 이론은 의미와 행동에 의존하며 지도자는 그 의미를 만든다. 그러나 Yukl은 이 모형이 포괄적인 적용성을 가지더라도 변혁적 리더십을 제한하고 촉진하는 상황 변인들을 부가적으로 강조할 필요가 있다고 주장한다.

1) 상황요인

Bass(1997)는 상황적 영향의 중요성을 경시하고 변혁적 리더십 모형은 상황과 문화에 유효한 영향을 미친다고 주장했다. 보다 최근에, Bass와 Riggio(2006)는 효과성을 이끌기 위한 최선의 방법은 아니지만 상황요인은 지도자의 효과성에 영향을 미칠 수 있다는 것을 분명히 인정하였다. 특히, 위기상황에서는 매우 중요하다. 지도자들이 위기상황에서 효과적이 되기 위해서는, 변혁적 리더십을 발휘해야 하며 그들의 추종자들이 즉각적인 요구와 적절한 반응을 보이는 것에서 초월해야 한다. 단지 변혁적 지도자들만이 그들의 추종자들에게 위협과 준비의 부족을 인식하도록 할 수 있으며 이기심을 초월하고 신뢰할 수 있는 방향을 제시하기 위한 목표를 제공할 수 있다. 거래적 리더십과 변혁적 리더십 양쪽의 출현과 성공에 영향을 미칠 수 있는 상황조건들은 외부환경의 안정성, 조직구조와 문화, 공적 또는 사적 부문, 과업 및 목표, 그리고 지도자와 추종자간의 권

력의 분배 등을 포함한다. 그러나 최종 분석에서, Bass와 Riggio(2006)는 변혁적 리더
십은 상황적 환경과는 관계없이 영향을 미친다고 강력하게 주장하고 있다.

2) 연구

1980년대 중반에 변혁적 리더십에 관한 소개가 이루어진 이래로, 이에 관한 엄청난
연구문헌이 발행되었다. Avolio(1999)에 따르면, 연구 결과들은 거래적 리더십을 형성하
는 요인들을 다루는 다수의 일반화를 지지한다. 예를 들어, 이상적 영향력과 영감적 리
더십은 가장 효과적이고 만족스러웠으며 지적 자극과 개별적 배려는 어느 정도 효과적
이었다. 모두 다 거래적 리더십 보다 더 효과적이다. 전반적으로, 변혁적 리더십은 사람
들의 이상적 지도자라고 기술할 때 마음속에 갖게 되는 것에 근접한 리더십이다. 특히,
이것은 지도자들이 단지 거래적 활동에 시간을 소비하기 보다 추종자들에게 높은 업무
수행에 대한 기대를 발전시키도록 하는 것을 의미한다. 달리 말하면, 지도자는 사람의
개발자이고 단체의 형성자가 되어야만 한다는 것이다(Bass, 1990).

전체 이론에 관해서, MLQ를 사용한 연구로부터 도출된 연구결과들은 변혁적 지도
자들이 높은 평가를 받으며, 보다 효과적으로 조직을 이끄는 것으로 인식되고 있고, 하
위자들이 거래적 지도자일 때 보다 더 많은 노력을 하는 것으로 나타났다(Yukl, 1999).
유사하게, Bass(1998)는 변혁적 리더십은 추종자들이 기대된 업무수행을 초과하여 처리
한다는 것을 명백하게 입증하였다. 거래적 리더십과 비교하여 볼 때, 변혁적 리더십은
하위자들의 노력, 헌신, 그리고 만족을 더 많이 이끌어낸다고 믿는다. 다른 학자들도
마찬가지로 모형에 관해 긍정적인 경향을 지닌다.

3) 교육현장

교육조직에서 변혁적 리더십에 관한 가장 광범위한 연구는 Leithwood와 그의 동료
들[Leithwood, Jantzi, and Steinbach(1998)]에 의해 이루어졌다. Burns와 Bass의 아이디어
에 바탕을 두고, Leithwood(1994)는 교육현장. 즉, 학교버전형성, 학교목표설정, 지적자
극제공, 개별화된 지원제공, 최선의 실행과 중요한 조직가치 모델링, 높은 업무수행 기

대 입증, 생산적인 학교문화 창조, 그리고 학교의사결정의 참여를 촉진하기 위한 구조 개발 등에 대한 여덟 가지 차원의 모형을 형성하기 위해 변혁적 리더십과 거래적 리더십 개념들을 사용하고 있다. 그의 틀은 두 가지 일반화에 근거하고 있다. 첫째, 학교에서 변혁적 리더십은 학생의 목표성취와 학생의 진급에 관한 교사의 인식 같은 학교성과들에 직접적으로 영향을 미친다. 둘째, 변혁적 리더십은 직원의 세 가지 중요한 심리적 특징들 즉, 학교특징의 인식, 변화를 위한 교사의 헌신, 그리고 조직학습에 영향을 미침으로써 간접적으로 이러한 성과들에 영향을 끼치며, 결국에는 성과들에 영향을 미치게 된다. 다양한 구조적 변화를 겪고 있는 학교에 대한 4년간의 연구결과를 토대로 하여, Leithwood(1994)는 변혁적 리더십은 모형의 모든 측면들이 포함되어야 하며, 개별적 배려에 근거한 학교의 독특한 공식화를 요구하고, 상황 적응적 접근방법에 해당한다고 결론지었다.

최근에, Leithwood와 그의 동료들[Leithwood, Aitken, and Jantzi(2006), Leithwood, Day, Sammons, Hopkins, and Harris(2006), Leithwood, Louis, Anderson, and Wahlstrom(2004)]은 그들의 모형을 확대하고 성공적 리더십의 핵심 실행(core practices of successful leadership)에 관해 언급하고 있다. 본질적으로, 그들은 핵심과정인 변혁적 리더십과 함께 투입, 전환, 그리고 산출 변인들을 포함하는 개방된 사회적 체제모형을 만들었다.

일련의 다른 교육연구자들이 변혁적 리더십에 관한 주목할 만한 연구를 수행하였다. 예를 들어, H. C. Silins(1992)과 Kyung Ae Son 그리고 Miskel(2006)은 변혁적 지도자들은 거래적 지도자들보다 그들의 교육조직에 더 큰 긍정적인 영향을 미친다는 것을 발견하였다. Helen M. Marks와 Susan M. Printy(2003)는 학교 전체에서 변혁적 리더십과 수업리더십의 결합이 질 높은 교육에 긍정적으로 관련되었고, 그리고 학생들의 높은 학업성취수준 또한 명백하다는 것을 발견하였다. 보다 일반적으로, Leithwood와 Doris Jantzi(2005)는 교육현장에 대한 연구를 검토하고 변혁적 리더십의 효과에 관한 네 가지 결론을 도출하였다.

- 지각된 조직 효과성에 관한 변혁적 리더십의 효과는 중요하고 크다.
- 객관적인, 조직 효과성의 독립된 척도에 관한 변혁적 리더십의 효과는, 긍정적이고 중요하지만, 크기가 보통이다.

- 독립적으로 측정된 학생 성과에 변혁적 리더십의 효과는 유망하지만 양이 한정된다.
- 학교의 학생참여에 관한 변혁적 리더십의 효과는 보통이지만 균등하게 긍정적이다.

전체적으로, 변혁적 리더십 이론은 광범위하게 사용되었고 일반적으로 수많은 조사연구에 의해 지지되었다. 결과적으로, 변혁적 리더십의 모형은 자신들의 학교조직을 현대화하려는 도전에 직면하였을 때 교육지도자들을 위해 지적 자본을 제공할 수 있다. 이 책의 전체에 걸쳐 명확하게 밝히고 있듯이, 학교조직의 주요 구성요소중의 어떤 요소에 대한 근본적인 변화는 일반적으로 모호성과 저항을 내포하고 있다. 변혁적 리더십은 이러한 어려움을 극복하는 데 있어 어떤 약속을 제공해 준다. 그러나 Bass(1998)에 의하면, 변혁적 시도를 이끌기 위해서는 어느 정도의 능력, 기능, 그리고 행동이 요구되는데, 이는 개발되어질 수 있고, 가르쳐질 수 있고, 학습되어질 수 있다. 몇몇 증거가 변혁적 리더십은 훈련을 통해 향상될 수 있다는 가설을 검증해주었다(Dvir, Eden, Avolio, and Shamir, 2002). 따라서 현재와 장래의 지도자들은 훈련프로그램이 학교를 변혁시킬 수 있는 능력을 길러주는지를 고려해보아야만 한다.

결　론

　학교의 리더십은 기술적 요구와 상징적 요구에서 균형이 유지되어야 하는 복잡하고 모호한 과정이다(Deal and Peterson, 1994). 리더십은 일련의 기능숙달, 적절한 상황 탐색, 행동유형 제시, 이러한 요인들을 상황적 접근방법에 결합시키거나 변혁적 지도자로서 적절한지에 대한 결정을 내리는 것 이상이다. 특정한 상황에 부합되는 적절한 지도자의 특성과 행동은 중요하지만, 리더십에 관련된 인간적, 상징적, 문화적 측면들이 너무 많다. 문제는 수단적 및 행동적 활동으로서 리더십과 상징적 및 문화적 활동으로서 리더십 중에서 하나를 선택하는 것이 아니고 이 문제에서 분명한 것은 양쪽 모두, 그 이상이다. 따라서 다섯 가지 예시적인 실제 및 열 가지 헌신제공(Kouzes and Posner, 2002) 또는 일반적 수준의 다섯 가지 리더십(Collins, 2001)같은 단순한 리더십 공식은 곤란에 처한 학교장에게 임시방편적인 효과는 줄 수 있겠지만, 업무수행 성과에 생산적인 효과는 거의 주지 못한다. 대신에, 교육조직을 이끌기 위한 효과적인 능력형성은 기존의 모형에서 최선의 아이디어 활용, 새로운 이론 형성 및 그에 대한 실증적인 검증, 그리고 학교의 현재 및 장래의 지도자들을 위한 집중적인 전문성 개발 프로그램 창출을 위한 지식 적용 등이 요구된다고 믿는다.

리더십은 교육행정을 연구하는 학생들에게 중요한 주제이다. 리더십은 매우 복잡하고 모호한 개념이라는 사실을 감안해 볼 때, 일부 개념상의 혼란과 경험적 단점은 충분히 예상된다. 그럼에도, 리더십에 관한 지식체계 형성은 실질적으로 상당한 진전을 이루었다. 리더십은 개인이 집단 또는 조직 내에서 행동과 관계를 구조화하기 위하여 다른 사람에게 의도적인 영향을 발휘하는 사회적 영향력 과정이라는 점은 일반적으로 동의되고 있다. 영향력 과정을 설명하기 위하여, 수많은 리더십 모형이 제안되어왔고 또 검증되어 왔다.

1970년대에는 상황 적응적 이론들이 최고의 인기를 누렸었다. Fiedler의 가정으로 설명되는 이 접근방법에 따르면, 리더십 효과는 리더십 유형이 적절한 상황과 일치하는데 달려있다. 상황 적응적 이론에 대한 관심이 시들해지면서, 1980년대에 흥미로운 새로운 모형이 지배하게 되었다. 변혁적 리더십이 학자들과 실천가들로부터 집중적인 관심을 받기 시작했다. 이러한 새로운 리더십 이론들은 추종자들의 정서적 반응과 비전 있는 변화 지향적 행동을 결합하였다. 변혁적 리더십은 네 가지 핵심적 요소들 즉, 이상적 영향력, 영감적 동기, 지적 자극, 개별적 배려로 구성되어 있다. 광범위한 발전과 실증적인 검증이 아직도 요구되지만, 분산 리더십은 교육현장에서 광범위한 관심을 받고 있으며 잠재적으로 개인을 중시해 왔던 리더십 모형을 보완해 줄 수 있는 훌륭한 이론이라 할 수 있다. 이 모든 리더십 이론의 개발이 리더십 현상에 대한 이해를 향상하기 위한 증거가 된다.

참고문헌

Bass, B.M. *Bass and Stocdill's Handbook of Leadership*, 3rd ed. New York: Free Press, 1990.

Provides a somewhat dated but probably the most complete review of the leadership literature.

Bass, B. M., and Riggio, R. E. *Transformational Leadership*, 2nd ed. Mahwah, NJ: Erlbaum, 2006.

Updates and summarizes the theory, research, and measurement for transformational leadership.

Leadership Quarterly. Publishes only papers focusing on leadership.

Leirhwood, K., and Jantzi, D. "A Review of Transformational School Leadership Research 1996-2005." Leadership and Policy in Schools 4(3) (2005), pp. 177-99.

Reviews 32 studies and addresses questions about the nature of transformational leadership, its precursors, and catiables variables moderating and mediating its effects.

Leitwood, K., Aitken, R., and Jantzi, D. *Making Schools Smarter*, 3rd ed. Thousands Oaks, CA: Corwin, 2006.

Leitwood, K., Louis, K. S., Auderson, S., and Wahlstrom, K. *How Leadership Influences Student Learning*. New York: Wallace Foundation, 2004.

Reviews the literarure and shows the inportance and effects of educational leaders.

March, J. G., and Weil, T. *On Leadership. Malden*, MA: Blackewell, 2005.

Challenges traditional beliefs about heroic and effective leadership by exploring a vatiery of divergent ideas.

Northouse, P. G. Leadership: *Theory and Practice*. 3rd ed. Thousand Oaks, CA: Sage, 2004.

Supplies excellent summaries and analyes as well as many assessment instruments and other applications.

Yukl, G. A. *Leadership in Organizations*. 5th ed. Upper Saddle River, NJ: Prentice Hall, 2002.

Summarizes and critiques leadership theory and resrarch and provides practical applications.

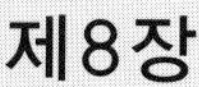

제 8 장

교육 외부환경의 관점과 대응전략

개방체제관점은 조직의 취약성과 그들 환경과의 상호의존성을 강조한다. 조직의 산출은 외부 환경에 긍정적(즉, 생산품)이거나 부정적(즉, 오염물질)인 기여를 한다. 외부환경도 조직과 마찬가지로 투입, 내부구조와 과정, 조직의 산출에 영향을 미친다. 따라서 학교조직 내에서 행동을 설명하기 위해서는 조직 내부와 외부 양쪽을 살펴보아야 한다. 실제로 더 큰 사회적, 문화적, 경제적, 인구학적, 정치적, 그리고 기술적 경향 모두가 학교와 학구의 내부운영에 영향을 준다.

학교조직은 더욱 큰 영역이나 환경의 부분으로 개념화되기 때문에, 어떤 주장은 더 큰 환경 속에서 일어나는 것들이 학교에 영향을 미칠 수 있다고 할 수 있고, 또 그 반대의 주장을 할 수도 있다. 예를 들면, 컴퓨터 및 정보기술의 비약적인 발전은 행정과 수업과정에서 이러한 최근에 생겨난 기술을 구입하고 사용하는 방법을 찾으려고 노력할 때 학구에 활동과 변화의 소용돌이를 일으킬 것이다. Colorado 주의 Littleton의 Columbine 고등학교에서 일어난 것과 같은 학교에서 강력폭행사건은 언론, 대중, 정치지도자의 관심을 끌었고, 폭력사건과는 거리가 먼 학교들도 다양한 대처방안을 계획하고, 경비원들을 고용하며, 무기 탐지기를 설치해야 했다. 비슷하게 2001년에 제정된 No Child Left Behind Act 법과 같은 정부의 조치는 새로운 교육 과정 기준, 평가정책, 일부는 외부 가정교사나 학교선택과 같은 옵션을 이행하도록 학교에 요구하고 있다. 이러한 분명한 예들과 외부환경의 중요성에 대한 장기적인 강조에도 교육자들은 그들의 조직이 더 큰 환경에 관련되고 영향을 받고 있다는 사실을 과소평가한다(Scott and Meyer, 1991). 실제로 W. Richard Scott(2003)는 개방체제를 강조하고, 모든 조직은 불완전하므로 그들의 생존 조건으로서 환경 속에서 다른 조직들과의 상호작용에 의존해야 한다고 강조한다.

그림 8.1에서 보듯이 각계각층으로부터 제기되는 다양한 환경적 영향은 학교에서 일어나는 것들에 영향을 주고 있다. 기술 및 정보 발달, 정치구조와 법률적 규범의 형태, 사회적 상황 및 문화적 가치, 경제적 및 시장요인들, 그리고 인구와 인구학적 특성들이 학교구조와 과정에 영향을 미친다. 특정한 지역 안에서, 다양한 이해집단들은 교육활동에 핵심역할을 수행한다. 예를 들면, 개별 학부모, 납세자 단체, 기업인 단체, 입법기관, 인가한 기관들이 학교정책에 영향을 준다.

행정가들은 지역적 환경요소에 관한 감독과 계획에 초점을 두는 경향이 있으며, 더 큰 사회에서 환경적 요소가 학교뿐만 아니라 지역 환경에도 영향을 미칠 가능성이 있음을 인식하지 못하는 경향이 있다. 예를 들어, 연령, 성, 종족, 인구에서 인종분포 등과 같은 인구학적 변화는 실제적으로 모든 미국학교를 변화시키기 위한 엄청난 압력을 불러올 것이다.

예를 들면, 학교에 입학하거나 재학 중인 교육결손 이민자녀의 증가비율은 교육목표 달성에 중요한 시사점을 가진다. 학교에서는 전통적으로 이러한 학생들에게 효과적인 방법으로 봉사해 주지 못하고 최소한의 보살핌에 그쳤다. 즉 교육결손학생과 이민학생들의 학교생활은 낮은 학업성취도, 높은 결석률 및 중도 탈락률로 특징지어진다. 학교들이 학생을 교육하는 방법에서 근본적인 변화를 이끌어내지 못한다면, 학교 효과성에 관한 문제와 학교에 대한 압력은 증가할 것이다. 따라서 이러한 인구학적 경향에 관한 예는 학교의 외부환경이 더욱 불확실해지고 그 중요성이 더욱 커지고 있다는 사실을 보여준다.

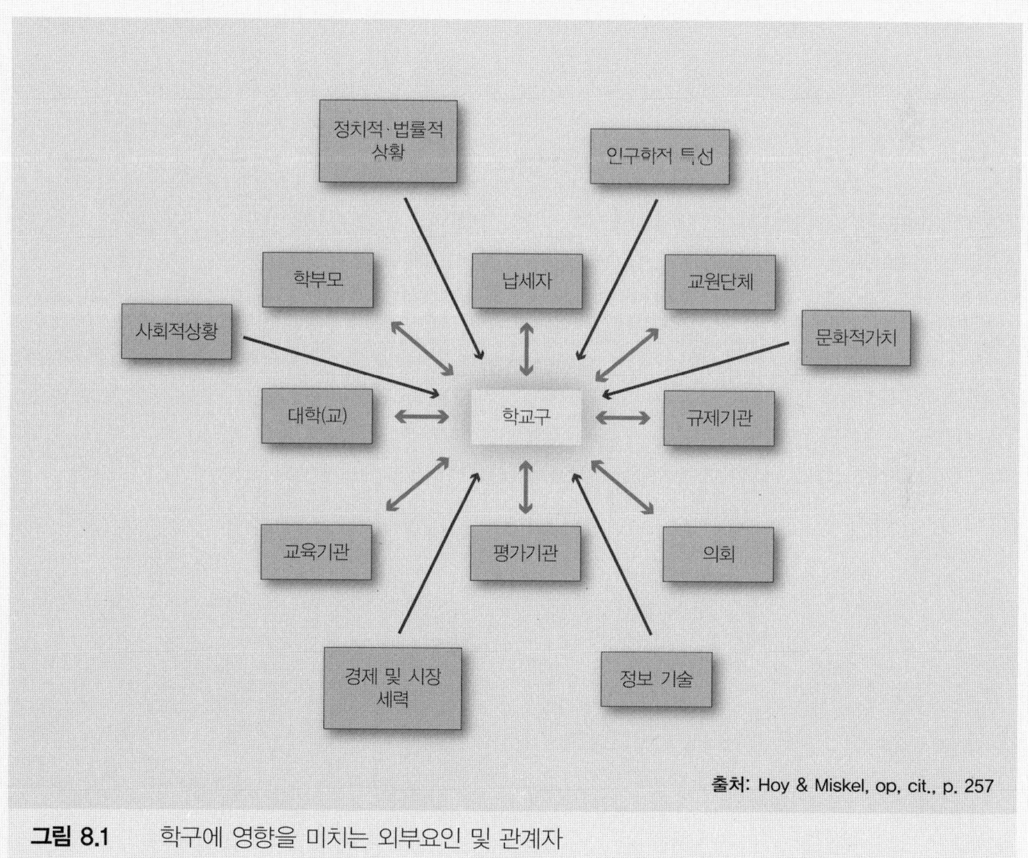

출처: Hoy & Miskel, op, cit., p. 257

그림 8.1　　학구에 영향을 미치는 외부요인 및 관계자

교육 외부환경에 대한 관점

William R. Dill(1958)에 따르면 **과업환경(task environment)**은 목표설정과 목표달성에 잠재적으로 영향을 미칠 수 있는 모든 환경 측면을 포함하며, 학교조직에 대한 외부영향을 이해하는 데 있어 유용한 개념이다.

과업환경의 기본적 전제는 조직은 사회에서 어떤 기능이나 업무를 수행하고 목표를 달성하기 위하여 만들어졌다는 것이다. 과업환경의 특징에서 학교와 같은 조직은 투입을 산출로 전환하는 생산체제이고, 생산을 위해 재료와 에너지 투입을 요구하며, 시장과 구매자들은 생산된 것을 교환하기 위해 자원을 제공해야 한다는 것을 강조한다. 따라서 조직은 자급자족할 수 없으며, 생존을 위해 필요한 정보와 다른 자원들을 얻기 위해 외부환경과 상호작용해야만 한다. 효과적인 학교행정가는 효율적인 작업요건을 설계하고, 기술과정을 조정하며, 학교산출을 위해 적절한 자원제공자와 시장을 확보해야 한다(Scott, 2003). 정보와 자원의존 관점은 과업환경이론의 가장 잘 알려진 예가 된다. 제도적 관점은 외부환경을 이해하기 위한 대안적 접근방법을 제공한다.

이 모형에서는 과업목표, 효과성, 효율성 등의 강조는 제한된다. 대신, 기본적 전제는 조직의 생존기회는 학교구조와 절차가 사회에서 제도화된 규범, 가치, 그리고 이념을 반영할 때 가장 높아진다는 것이다(Rowan, 1993). 여기서 정보, 자원의존, 그리고 제도적 관점을 고찰하고 학교환경에 어떻게 적용되는지를 살펴볼 것이다.

■1 정보관점

정보관점(information perspective)에서 외부환경은 의사결정자가 그들 조직의 내부적 구조와 과정을 유지하고 변화시키기 위해 사용하는 정보(즉, **기대된 목표와 성취도 수준**)의 근원이다. 이러한 틀에서 **외부환경(external environment)**은 조직참여자에 의해 인식된 외부요인에 관한 정보로서 규정된다. 의사결정자에 의한 정보의 인식은 조직의 참여자에 의해 취해진 행위와 연결된다(Aldrich and Mindlin, 1978). 이러한 가정은 조직변화를 외부환경에 관한 의사결정자들의 인식된 정보의 다양성으로 설명한다(koberg and Ungson, 1987). 가령, 교육감이 새로운 주 교육 과정 체제 이행의 필요성에 관해 교육부의 직원으로부터 얼마나 중요한 정보를 받았느냐에 따라 해당 학구의 수업프로그램을 변화시키려는 노력의 정도가 부분적으로 결정될 것이다.

비록 환경에 대한 행정가와 교사들의 인식으로 행동이 결정되는 것은 사실이지만, 이러한 인식이 특정인 또는 학교 상황에 따라 완전히 특이하지는 않을 것이다(Aldrich and Pfeffer, 1976). 다양한 사회와 사회화 과정들이 연계되어 비슷한 인식을 이끌어 낸다. 예를 들어, 비슷한 배경과 교육수준을 지닌 교육자 채용, 다른 학교들의 프로그램 모방하기, 전문적 규범과 정부의 규정 준수하기 등은 환경적 정보 인식을 위한 일반적인 준거 틀의 개발을 촉진한다.

환경적 불확실성

정보관점의 주된 관심은 불확실성이다. 환경적 불확실성(environmental uncertainty)은 조직 내의 의사결정자가 외부환경의 현재 조건들로 적절한 정보를 입수하는 데 방해를 받아 정확한 예측을 하기가 곤란할 때 존재한다[Milliken(1987), McCabe and Dutton(1993)]. 불확실성의 수준은 조직 내의 의사결정자들이 가지고 있는 환경조건의 경향과 변화에 관한 정보의 종류, 명확성, 양에 의해 결정된다. 따라서 불확실성이 높을 때, 행정가들은 적어도 다섯 가지 문제 상황에 직면하게 된다.

- 지식과 기술부족은 환경으로부터의 정보를 이해하는 것을 어렵게 한다.
- 가능한 결과에 관한 선호도가 덜 명확하다.
- 대안적인 행동 과정과 그 결과를 예측하기 어렵고 위험성이 증가한다.
- 전략과 전술을 전달하고 이행하는 것이 상대적으로 어렵다.
- 의사결정에 따른 잠정적 결과를 알 수 없다.

정보관점은 환경에 관한 의사결정자의 지각 및 조직의 내부구조 및 과정을 조정하기 위해 정보를 어떻게 사용할 것인가에 초점을 둔다. 예를 들면, 조직이 불확실한 환경에 직면할 때, 조직은 흔히 부가적 융통성이나 구조적 형태의 재설계를 통해 조직의 효과성을 유지하거나 증가시킬 수 있다[Dill(1958), Lawrence and Lorch(1967), Prakken(2004)]. 학교조직에서 교육자들은 흔히 특정한 부서나 프로그램을 만듦으로써 환경적 불확실성에 대처하려고 한다. 더욱 많은 다양한 집단들이 교육에 관심이 있음에 따라, 공공정보기관, 정부 관련 기관, 지역사회 참여, 특수교육, 정보기술, 그리고 협력기업 관련 부서 등과 같은 특별한 부서들이 만들어졌으며, 이러한 기관들의 활동을 모니터하고, 핵심 학교행정가에게 이러한 기관들의 목표와 행동에 관한 인지된 정보를 보고하며, 이들의 지원을 얻기 위한 노력으로 정보교환 과정에 집단들이 참여한다. 그 생각은 환경에 적합하도록 학교가 적응해 간다는 것이다. 학교조직은 인지된 외부환경에 맞게 조직구조와 과정을 변화시킨다[Miller(1992), Pennings(1992)].

요약하면, 정보관점은 학교가 사회를 위해서 무엇을 생산해야 할지에 관한 주된 정보원으로서 외부환경의 인지에 근거한 목표성취를 강조한다. 이러한 관점을 토대로, 학교행정가들은 그들의 학교조직을 변화시키기 위해 노력한다. 환경이 불확실하거나 역동적이고 복잡해짐에 따라(Harris, 2004), 조직은 더욱 유동적이고 유기적이 되며, 즉 공식화 및 집권화의 정도가 낮아진다.

❷ 자원-의존 관점

정보관점과는 대조적으로, **자원-의존 관점**(resource-dependence perspective)은 환경을 조직의 과업과 기술적 과정을 위해 희소한 자원을 획득하기 위한 장소로 본다. 환경자원의 네 가지 일반적 유형에는 전형적으로 재정, 인사(예를 들면, 학생, 교사, 행정가, 학교 자원봉사자, 교육위원 등), 정보와 지식(예를 들면, 연구, 개발, 평가 프로젝트 등의 결과), 그리고 재화와 서비스(예를 들면, 수업자료와 시험채점 서비스 등)가 있다[Aldrich(1972), Benson(1975)]. 조직은 환경자원을 위해 경쟁하고 이를 공유하기도 한다.

환경자원은 일반적으로 **희소성**(scarcity)에서 **풍부함**(munificence), 즉 조직의 안정성과 지속적인 성장을 지원하는 자원 제공에 대한 환경의 정도와 능력을 나타내는 연속 선상의 개념으로 정의된다. 환경에서 상대적으로 풍부한 자원은 조직을 위한 충분한 자원투입의 결정요인이 된다. 자원이 풍부할 때, 생존이 상대적으로 쉬워지고 폭넓은 과업목표 추구가 가능해진다(Castrogiovanni, 1991).

예를 들면, 부유한 지역의 학구는 과세율이 낮아도 상대적으로 많은 세금을 징수할 수 있다. 풍부한 재원을 지닌 지역에, 학구들은 다양한 교육 과정 및 특별활동 프로그램을 제공할 수 있다. 자원이 한정되거나 희소한 상태에서는 하위집단 간에 자원경쟁은 조직의 전체복지를 위해서보다 한정된 자신들의 몫에 더 많이 신경을 쓰는 zero-sum 게임의 형태를 띠게 된다. 예를 들면, 가난한 지역의 학구들은 기본적인 교육 과정에 거의 모든 예산이 배정되므로, 특별활동 프로그램 운영을 위해서는 나머지 얼마 안 되는 예산을 확보하기 위해 경쟁해야 한다.

의존(Dependence)은 환경에서 자원이 필요한 정도와 자원의 이용 가능성(즉, 희소·풍부)에 의해 규정된다. 교육계에서, 의존은 다른 조직에 의해 통제되는 자원에 대한 학교조직의 요구에 직접 관련되고, 다른 조직으로부터의 자원 이용 가능성과는 부적으로 관련된다. 만약 학교조직이 다른 조직에 의해 통제되는 자원 없이는 교육목표를 달성할 수 없고, 그 밖의 다른 곳에서는 자원을 구할 수 없다면, 학교조직은 다른 조직에 의존해야 한다. 반대로, 자원을 제공함으로써, 자원 공급자는 학교에 대한 권력을 얻게 된다. 이러한 권력을 지닌, 자원을 공급하는 조직은 두 가지 일반적인 통제수단 즉, 해당 학교가 필요로 하는 자원을 가질 수 있는가에 대한 결정권과 학교가 원하는 방법으로 자원을 사용할 수 있는가 하는 결정권을 가진다(Froosman, 1999). 자원획득을 위한 경쟁의 주된 결과로서 환경 속에서 조직 간의 의존성이 발전된다. 의존은 조직 간의 관계에서 나타나는 특성이지, 고립된 개별조직이 갖는 특성은 아니다[Aldrich and Mindlin(1978), Sutcliffe(1994)]. 자원의존이 클수록, 조직 간의 의사소통이 더 증가한다(Van de Ven and Ferry, 1980).

학교재정에 관련된 사항들이 의존개념을 잘 설명해준다. 재정자원인 지방재산세와 연방교부금이 줄어들게 되면, 학구는 주 의회로부터 추가적인 특별 지출금을 확보해야 할 필요가 증가하게 된다. 주에서 지원되는 예산비율이 점점 커지고 있기 때문에, 학구의 주 정부 의존도는 상당히 늘어나고 있다. 동일한 맥락에서 지역 학구에 관한 주 정부의 권력은 확대되고, 주 의회와 교육부는 학구에 교육 과정 기준과 평가프로그램의 교육개혁을 명령할 수 있다.

자원의존 이론의 주창자 Jeffery Pfeffer(1982, 1997), Pfeffer and Salancik(1979)는 조직이 생존에 필요한 자원을 조직 내부에서 구할 수 없다면, 필요한 자원을 획득하기 위하여 환경적 요소와 상호교환 작용을 해야 한다는 것을 기본적인 전제로 하고 있다고 주장한다. 자원의 상호교환 작용에서, 외부조직은 조직의 산출물을 소비할 뿐만 아니라 조직에 어떤 행위나 변화를 요구할 수 있다. 달리 말하면, 조직은 어느 정도 자율권을 상실하게 되고, 다른 조직들과의 상호의존 네트워크 형성으로 행동에 제한을 받게 된다. 예를 들면, 학교에서 교육받고 훈련받은 개인들은 자신들의 노력을 통해 사회에 기여하며, 사회는 학교에 특정한 교육프로그램을 운영하도록 요청한다. 따라서 기본적 가정은 조직변화는 중요한 자원을 획득하고 통제하기 위한 조직의 경쟁력에 의해 설명된다는 것이다(Koberg and Ungson, 1987). 그 결과로, 조직이 자원 확보를 위해 환경에 점점 더 의존하게 되면, 조직은 더 비형식적이고, 덜 표준화되며, 분권화된 보다 유연하고 적응적인 구조를 나타내는 경향이 있다. 자원에 대한 외부요인의 의존은 흔히 공동프로그램 및 조직흡수 같은 조직 간의 관계를 이끌어낸다[Aiken and Hage(1968), Aldrich and Mindlin(1978)].

모든 조직은 환경에 의존하기 때문에, 조직 행동의 외부통제는 가능하고, 제약을 받는 것은 불가피하다. 만약 조직이 환경의 요구에 반응하지 않는다면, 조직은 번영할 수 없고 생존할 수도 없다. 달리 말하면, 조직의 생존은 외부환경으로부터 필수적인 자원을 획득하는 능력에 달려있다(Casciaro and Piskorski, 2005). 따라서 자원의존모형은 조직이 환경에 적응하고 이를 통해 생존 가능성을 높일 수 있다는 점을 강조한다(Scott, 2003). 그러나 요구들은 흔히 갈등을 일으킨다. 따라서 조직은 환경적 요구에 단순히 반응하여서는 번영이나 생존할 수 없다. 학교의 의사결정자들이 직면하는 문제는 학교가 다양한 외부요구에 적응해야만 하는 정도와 이러한 반응이 학교조직에 어떤 시사점을 줄 것인가를 결정하는 것이다.

요약하면, 자원의존 관점에 의하면, 학교조직은 외부환경을 외부환경에서 가치 있게 여겨지는 재화와 용역을 교환하여 조직의 과업과 구조를 위한 다양한 자원을 제공해 주는 곳으로 본다. 학교가 환경에 더 많이 의존하게 되면 내부통제는 감소하고 외부구속이 강요된다. 그 결과 학교는 더욱 유연해지고 덜 관료적인 형태로 적응하게 된다. 자원의존주의와 정보관점을 결합할 때, 행정가에게는 '의존을 증가시키지 않으면서도 환경의 불확실성을 감소시킬 수는 없을까?' 하는 본질적인 의문이 제기된다(Wood and Gray, 1991, p. 141).

❸ 제도적 관점

비록 조직의 과업환경에서 중요한 요인들은 물질과 자원에 관련되어 있지만 제도적 환경에서 핵심요인들은 원래 상징적이고 문화적인 것이다(Scott, 2003). 또한, **제도적 관점**(institutional perspective)은 조직과 그들 환경을 이해하기 위한 선도적인 접근방법이 된다(Mizruchi and Fein, 1999). Brain Rowan(1993)은 제도적 관점을 현재의 조직이론에서 가장 각광받는 이론의 하나라고 규정한다. 제도적 이론의 뿌리는 Philip Selznick(1949, 1957)의 연구에서 찾을 수 있다. 그의 생각은 '새로운' 제도적 이론을 만들려는 Meyer와 Rowan(1977)에 의해 활성화되고 정교화 됐다. 1970년대 말 이후로 제도적 이론은 학자들 사이에 관심이 널리 확산되어 왔으며 학교에 대한 가치 있는 개념적이고 실제적인 통찰이 제공됐다.

Rowan과 Miskel(1999)에 따르면, 제도적 이론의 목표는 어떻게 사회적으로 조직화된 환경이 나타나고 이들이 사회적 행동에 어떻게 영향을 미치는지를 설명하는 데 있다. 본질에서 모든 종류의 사회적 행위자. 즉 개인, 행정가, 교사, 이해집단, 학교 등은 사회적으로 조직화된 환경 속에서 존재하는 것으로 보여 진다. 이러한 환경은 행동과 다른 행위를 제약하고 형성하는 상황에 관한 규칙, 규정, 규범, 그리고 정의를 만들어낸다. 제도적 방식은 실제 모든 수준의 사회적 체제(즉, **사회 및 개인조직, 그리고 소규모 집단 등**)에서 찾아볼 수 있고, 규제적, 규범적, 인지적 토대를 가지고 있으며, 안정적이고 반복적인 구조에서 일어나는 활동과 기능이 있다.

제도는 공식적 조직일 수 있지만, 반드시 그런 것은 아니다. 어떤 제도는 사회기관의 강제적인 권력에 의해 강요된 형식적이고, 명문화된 행위의 법전 즉 법규, 헌법, 표준운영절차 등에 바탕을 둔다. 다른 제도들은 사회화를 통해 내면화되어 강한 의무감을 느끼게 하는 규범과 가치와 같은 덜 형식적인 것에 따른다. 비교적 암묵적으로 받아들여지고, 상황을 규칙처럼 이해하는 인지적 구조가 아직도 유지되는 다른 조직들도 있다. 예를 들면, 제도로서 생각되는 일반적인 대상에는 결혼, 가족, 선거, 악수, 형식적 조직, 학교, 학교출석, 수업, 교직, 임기, 학교장, 노동조합, 그리고 학교 교육 등이 포함된다(Rowan and Miskel, 1999). 이러한 제도적 구조의 다양성을 반영하여, Peter Abell(1995)은 **제도(institution)**를 일부 행위자들의 행동에 의미를 부여하고, 행동을 결정하는 어느 정도 합의된 일련의 규칙체계라고 정의한다. 더욱 명백하게 Scott(2001:48)는 "제도는 관련된 활동 및 자원들과 함께, 사회생활에 안정성과 의미를 제공하는 문화적, 인지적, 규범적, 그리고 규제적 요소들로 구성되어 있다."라고 주장한다.

Jepperson(1991)은 모든 제도는 권한부여와 통제를 동시에 하고 있다고 말한다. 이들은 제약 속에서 활동하기 위한 수단이 된다. 모든 제도는 정체성과 이러한 정체성을 위한 활동체계를 확립하는 프로그램과 규칙의 체제이다. 예를 들어, 제도로서 간주되는 학교는 사회적 상황에서 설립과 고용을 위한 규칙과 수업을 동반한 일괄 사회기술체제이다. 제도는 당연한 것으로 받아들여지는 상황에서 일반적 행위 또는 표준화된 활동으로 구체화된다. 제도로서 학교는 사회 환경 속의 시설로서 취급되고 환경 속에서 어떤 기능을 수행하는 것으로 설명된다는 측면에서 당연한 것으로 받아들여진다.

따라서 **제도적 환경(intitutional environment)**은, 지원과 합법성을 인정받기 위해 개별 조직들이 따라야만 하는 상세한 규칙 및 요구조건에 의해 특징지어진다. 현대사회에서,

환경적 요구조건들(즉, 규칙, 규범, 가치, 그리고 이념)은 합리적인 형태를 띠고 있으며, 합리성의 주된 근원은 정부와 전문가들이다. 주와 연방수준의 행정과 입법 기관들은 권한을 집중화하고 지방의 전문직 종사자에게 제한된 자율권을 부여하는 정책 및 관료적 장치를 만들려고 한다. 전문가와 그들의 협회는 지방 교육자들의 손에 최대한의 권한을 부여할 수 있는 느슨하고 더 많이 분권화된 구조를 선호한다. 그러나 그 근원이 어떠하든, 조직은 이러한 제도적 규칙, 신념, 그리고 이념을 따를 때 보상을 받게 된다[Meyer and Rowan(1977), DiMaggio and Powell(1991), Scott and Meyer(1991)].

사실상, 합리적인 신화는 제도와 그 환경에 대한 논의에서 일반적으로 사용된다. 신화는 전형적으로 객관적으로 검증될 수 없는 폭넓게 받아들여지는 믿음이다. 그들이 믿기 때문에 사실이다. 이러한 신화는 어떤 주어진 목적을 달성하는 데 필요한 절차를 구체화하는 관료적 또는 전문적 규칙의 형태를 취할 때 합리화된다(Scott, 1992). **합리화된 신화(Rationalized myths)**는 사실로 여겨지거나 당연한 것으로 받아들여지는 신념에 근거하여 어떤 결과를 달성하기 위한 절차를 구체화하는 규칙이다. 예를 들면, 합리화된 신화는 특수교육학급에 학생을 배정하기 위하여 심리검사 및 분류체계를 사용하는 것이다. 이러한 진단적 접근방법은 지적 및 정서적 과정을 측정하기 위한 절차를 제공하기 때문에 합리적인 것이 된다. 이들은 전문가 협회, 인가된 단체, 그리고 재정후원기관의 보증에 크게 의존하기 때문에 신화가 된다(D' Aunno, Sutton, and Price, 1991). 많은 다른 교육 과정들은 학교 및 프로그램 승인, 교사와 교육행정가, 그리고 면허교부를 포함하는 합리화된 신화를 담고 있다.

1) 개념적 토대

제도적 이론은 과업환경 이론과 유사하다. 제도이론과 과업환경이론은 내부적 영향보다 조직과 환경과의 관계에 초점을 둔다. 그러나 과업환경이론은 외부환경으로부터 정보와 자원을 얻기 위하여 과업 혹은 기술적 환경에 집중한다. 이와 반대로, 제도적 환경은 조직의 법률적, 사회적, 전문적, 그리고 정치적 상황에 의해 부과된 일련의 강력한 규칙과 요구조건에 순응할 것을 조장한다(Fennell and Alexander, 1987). 과업환경과 제도적 이론은 '합리적' 조직형태를 촉진시킨다.

기술적 환경은 바람직하거나 예측할 수 있는 결과를 산출하는 방법으로 수단과 목적의 조화를 이루기 위해 일련의 규칙을 구체화하는 합리성을 강조한다. Meyer, Scott, 그리고 Deal(1992)은 기술적 관점에서, 학교는 매우 비효과적인 조직이라고 결론지었다. 학교는 모호하지 않은 바람직하거나 측정 가능한 결과를 산출하는 기술을 가지고 있지 않으며, 자신들의 작업과정을 적절하게 통제하지 못한다. 특히 교수·학습활동에서 그렇다. 이와 대조적으로, 제도적 환경은 '이론적 근거'를 합리성으로 강조한다. 즉, 제도적 환경은 과거의 행위를 이해할 수 있고 수락할 수 있으며, 그럴듯하게 설명할 수 있는 어떤 설명을 제공한다.

제도적 이론의 최근 판은 제도적 규칙이 항상 조직 효과성과 갈등을 빚는다는 단순한 주장 이상의 발전을 이루어낸 것 같다(Rowan and Miskel, 1999). 따라서 과업과 제도적 환경은 그들이 공존하기 때문에 상호 배타적인 요인으로 간주되지는 않는다. 다른 말로 하면, 기술적 및 제도적 요인은 이분법적인 것이 아니며, 대신 환경에 따라 다양하게 나타나는 독립적인 범주 또는 연속 선상에 있다. 학교는 상대적으로 강한 제도적 환경과 약한 기술적 환경 속에서 운영된다[Powell(1991), Scott(2003), Scott and Meyer(1991)]. 역사적으로, 학교는 주로 산출의 질에 의해서 보다 오히려 전문적 기준과 법규적 요구조건에 부합하는가에 따라 보상을 받는 경향이 있다. 교육 과정 체제와 평가 프로그램의 결합을 강조하는 최근의 경향과 함께, 과업환경에 대한 상대적인 장점이 강조될 것이며, 최소한의 산출 기준을 충족시키도록 학교에 대한 압력이 증가될 것이다(Scott, 2003). 제도적 이론에서 중요한 개념은 순응, 다양성, 그리고 안정성이다.

2) 순응 및 제도적 환경

제도적 이론에서는 조직은 환경에 의해 크게 영향을 받는 개방체제라는 점을 강조한다. 또한, 가장 결정적인 힘은 보다 효과적인 업무수행을 위한 합리적인 압력이 아니라 전통적인 신념에 순응하게 하는 사회적 압력이다(Scott, 1992). 따라서 제도적 이론의 기본적 전제는 조직구조 및 과정은 사회에서 제도화된 규범, 가치, 그리고 이념들을 반영한다는 것이다. 따라서 조직은 합법성 즉 조직을 위한 문화적 지원을 얻기 위하여 제도화된 규칙과 절차에 순응한다. 달리 말하면, 순응이 기술적 생산성에 미칠 수 있는 어띤 영향과는 별도로, 제도적 순응은 조직의 명백한 성공과 장기적 생존을 촉진시킨다. 제도적 환경의 규칙에 순응하는 공식적 구조를 설계함으로써 조직은 적절하고 목적에 걸맞은 방식으로 집단으로 가치 있는 목적을 위해 행동하고 있음을 보여준다[Meyer and Rowan(1977), Rowan(1993)]. 학교 조직은 명백한 기술이 결핍되어 있고 경쟁적 시장에서 운영되지 않음으로 인해 즉, 공립학교체제는 특히 제도적 요소들을 채택하고 제도적 환경에 순응할 가능성이 크기 때문에 이러한 논제는 교육자들에게 두드러진다(DiMaggio, 1988).

유사하게, Paul J. DiMaggio와 Walter W. Powell(1983, 1991)은 제도적 환경에서 조직변화는 조직을 보다 효율적으로 만들지 않고 조직을 비슷하게 만든다고 주장한다. 동일한 제도적 환경 속의 조직은 동질화되는 경향이 있다. 예를 들면, 어떤 특정 국가의 공립학교들은 서로 비슷한 점을 가지고 있다. 교사, 학생집단을 위해 설계된 교실, 그리고 비슷한 교수·학습 과정에 참여하는 방법 등 학교의 건물 및 교육방법에서 유사점을 많이 갖고 있다. DiMaggio와 Powell은 제도적 순응을 촉진하기 위하여 세 가지 기제를 제시하고 있다.

강제석 순능(Coercive conformity)은 정지적 영향력과 합법성의 문제에서 기인한다. 조직이 정부기관에 의해 공표된 규칙과 규정을 준수하여 비슷한 구조 또는 과정을 만들어 낼 때 강제적 순응이 야기된다(Rowan and Miskel, 1999). 학교변화를 위한 일반적이고 가시적인 강제적 압력 혹은 정치도구에는 정부의 지시 및 유인책이 포함된다. 예를 들어, 연방 및 주 차원의 규정에 근거하여, 학교는 특별한 보호를 필요로 하는 학생들을 위해 특수교육 교사를 채용하고, 기준 또는 체제에 부합하는 교육 과정 자료를 개발하며, 정부의 기준에 부합하는 성취도 평가를 학생들에게 실시한다. 어떤 교육위원회 위원이 발음중심어학 교수법이 읽기를 지도하는 유일한 방법이라고 믿는 경우와 같이 강제적 영향력은 비가시적이고, 비형식적이며, 감지하기도 어렵다(Hanson, 2001).

강제적 정치도구가 지닌 주된 문제는 효율성 및 효과성에서 예측되는 수익을 올리지 못하고서 집행비용이 증가하고 있다는 점이다. 예를 들면, Meyer, Scott, 그리고 Strang(1978)은 학구는 참여자를 위해 연방정부의 법적 요구조건에 부합하는 재원을 확보하는 데 상당한 관심이 있다고 추론하고 있다. 그들은 연방정부의 재정지원 증가는 주 또는 지방의 세수 증대보다 학교 행정직원의 증가를 더 많이 가져온다는 것을 발견하였다. 강제적 순응결과의 또 다른 생생한 예는 학구 통합(즉, 두개 이상의 학구를 하나로 합병하는 것)이다. 1938~1980년 동안, 통합으로 인해 미국에서 학구의 수가 100,000개 이상 줄어들었다. David Strang(1987)은 실제적인 면에서 이러한 감소는 제도적 환경의 변화 즉 적정 학교규모와 구조에 관한 정책결정자들의 신념에 의해 영향을 받았다고 결론지었다. 이들 연구는 강제적 순응의 의도적 및 비의도적 영향을 설명하고 있다.

모방적 순응(Imitative conformity)은 불확실성을 줄이기 위하여 다른 곳에서 채택하고 있는 기준을 받아들여 적용하는 것이다. 이러한 과정은 Meyer와 Rowan(1977)이 제시한 합리적 신화의 개념과 유사하며, 성공적인 또는 유명한 조직을 모방한다. 달리 말하면, 학교 같은 기술적으로 열악하고 모호한 목표를 지닌 조직은 더욱 합법적이고 성공적이라고 인식되는 다른 조직을 모형으로 삼을 수 있다. Mark Hanson(2001)은 교육자문가, 전문협의회, 그리고 여러 직위로 옮겨 다니는 행정가들에 의해 모방이 부추기고 지원받는다고 주장한다. 모방적 순응의 최근의 예는 전체 질 관리, 폐쇄적 스케줄, 발음중심교수법, 효과적 학교운동, 체제적 개혁을 포함하고 있다.

Rodney T. Ogawa(1992)는 다음과 같은 모방적 과정의 예를 제시한다. 어떤 학교는 효율성을 향상하기 위해 새로운 구조를 적용한다. 만약 새로운 구조가 업무수행을 개선하리라 인식된다면, 다른 조직도 이를 본받을 것이다. 시간이 지남에 따라, 학교는 효율성을 개선하는 기술적 목적이 아니라 성공적인 조직을 모방함으로써 지역주민으로부터 합법성을 획득하려는 제도적 목적에 따라 새로운 구조를 적용할 수 있다. 구체적인 예는 낮은 학업성취도와 부족한 예산 등과 같은 다양한 문제들을 처리하기 위하여 구안된 일부 도시 학구들의 학교단위 책임경영제 채택이다. 이러한 '혁신적인' 학구들이 경험한 성공담이 널리 확대됨에 따라, 초기에 이를 채택했던 학구들이 직면했었던 문제점을 가지고 있지 않았던 다른 학구들이 무비판적으로 혁신을 실행하였다. 이와 유사하게 Betty Malen(1993)은 학교단위 책임경영제는 학구가 진보적 체제로서 그들의 명성을 유지하는 데 도움을 주고, 혁신에 대해 의미를 부여하는 어떤 신념과 관련되어 있다고 결론지었다.

규범적 순응(Normative conformity)은 전문적 기준을 따르도록 사회화되고 교육받아온 인사들이 전문가의 규범을 조직 전반에 퍼뜨릴 때에 나타난다(Rowan and Miskel, 1999). 프로의식의 두 가지 양상은 학교조직에서 순응을 이끌어내는데 특히 중요하다. 첫 번째는 형식적 교육과 인지적 지식에 의존하는 것이다. 전문가들은 적절한 행동에 대한 규범적 규칙과 표준화된 업무수행 방법을 배운다. 두 번째는 새로운 모형이 신속하게 퍼지도록 하는 조직들을 연결하는 전문적 네트워크와 협회의 성장과 정교함에서 비롯된다. 예를 들면, 교사와 행정가의 협회 및 노동조합은 전문가들 사이에 정보교류를 촉진하고, 교육 전체에 걸쳐 실시할 수 있는 정책과 실제를 제공한다.

California 학구에서 세 가지 직업이 생성되는 과정을 추적한 Rowan(1982)의 연구는 규범적 순응이 어떻게 새로운 교육프로그램을 이끌어낼 수 있는지를 설명해준다. 그는 주 정부기관, 의회, 그리고 전문단체들의 규칙과 이념에 의해 보건, 심리, 교육 과정 서비스 직업이 어떻게 만들어졌고 제도화되었는지 그리고 지방학구의 구조 속에 통합되었는지를 차트로 보여주었다. 1909년 초에 의회는 학교직원들에게 어린이들의 신체검사를 할 수 있도록 하는 법안을 통과시켰다. 이 검사의 원래 목적은 전염병의 확산을 막고자 하는 것이었다. 법안이 통과된 후, 개혁운동가들은 제도화에 참여하였다. 그 결과, 1935년에 제정된 교육법(school code)에는 매년 신체검사를 실시하도록 하는 규정이 삽입되었다. 학구는 제도적 환경의 변화에 따라 특정직업을 지원하기 위하여 새로운 직업을 추가하거나 제거하고 있다고 Rowan은 결론을 내렸다.

이러한 순응요인을 통해, 학교는 비슷한 구조와 서비스를 제공하며, 서로서로 닮아가기 시작한다. 학교는 매우 유사한 것처럼 보인다(Ogawa, 1992). 실제로, 순응을 위한 압박들로 인해 미국의 공교육체제는 놀라울 정도로 동질성의 수준을 유지하게 되었다. Mayer, Scott, 그리고 Deal(1992)은 학교로서 그들의 합법적 지위를 유지하기 위하여 학교들은 상당한 노력을 한다는 것을 발견하였다. 학교는 전문적으로 규정되거나 법적으로 권한이 부여된 일련의 규칙에 순응함으로써 인정을 받고자 한다. 학교는 자격증을 가진 교사들을 채용하여 신중하게 해당 학생들에게 배정한다. 학생들은 전국에 걸쳐 표준화된 의미가 있는 학년에 따라 구분된다. 마지막으로, 교사와 학생들은 과학, 영어, 수학 등 공정하게 표준화된 범주로 조직된 교육 과정에 참여하게 된다. 달리 말하면, 개별학교는 학교는 이래야 한다라는 사회적 정의에 따른 제도적 규칙에 따라 제약을 받고 여기에 순응한다. 학교는 목표, 가치, 그리고 광범위한 사회의 문화를 반영할 것을 기대한다(Bacharach and Mundell, 1993).

3) 교육의 다양성과 복합적인 제도적 환경

순응을 요구하는 강력한 환경적 압력에도, 상당한 다양성이 K-12 교육 분야에서 존재하고 있는 것이 사실이다. 고도로 집권화된 국가체제로 운영되는 상당수의 나라와는 대조적으로, 미국 학교들의 제도적 환경은 복잡하고 다양한 층으로 이루어져 있다.

예를 들면, 미국교육의 뚜렷한 특성은 분권화된 재원 조달과 주 정부 및 지역 정부 수준에서 통제권을 행사한다는 것이다. 연방 정부는 교육규제를 위한 제한적인 헌법상의 권한을 가지고 있으며, 그러한 권위를 확보하고자 하는 시도는 대개 성공을 거두지 못하고 있다. 비록 No Child Left Behind 법의 통과로 연방 정부의 역할이 확대되고 있지만, 그 역할은 일반적으로 재원 조달 및 여러 연방 기관들이 운영하고 있는 다양한 특수교육 프로그램들을 감독하는 것에 한정되어 있다. 결론적으로, 연방수준에서 공교육의 제도적 환경은 실질적인 권한이 없이 재원 조달에 집중되어 있으며, 지역, 주, 그리고 국가 수준의 연계는 이완적이고, 우회적이며, 간접적인 경향을 띤다. Meyer(1992)는 이러한 형태를 분절화된 집권화(fragmented centralization)라고 부른다. 결과적으로, 미국의 학교들은 학부모, 지역사회집단, 지방정부, 연방 및 주 정부기관, 사회 각 층의 다양한 전문가 집단 및 특수한 이익집단 등의 압력에 둘러싸여 있다(Meyer, Scott, and Strang, 1987).

대다수의 정책결정자, 시민, 학부모, 학자, 그리고 교육자들은 아마도 K-12 교육체제의 다양성을 심각하게 받아들이거나 인식하지 않는 것 같다. 미국의 K-12 교육을 생각할 때, 이들은 주로 가장 널리 보급된 공교육체제에만 주의를 기울이고 있다. 비록 잘 발달된 비영리집단의 하위영역이 있지만, 사립학교, 직업학교, 보육시설, 그리고 대안적 접근 또한 K-12 교육체제의 공교육 하위영역과 공존하고 있다. 실제로, 교육 분야에서 시장 중심적 접근(즉, 공립 및 사립에 대한 선택권, 대안학교, 그리고 Voucher plans 등)에 대한 요구의 빈도가 증가하고 지속되고 있는 것은 사립 및 대안적 형태의 교육에 대한 관심이 고조되고 있다는 신호일 수 있다. 다양한 하위영역을 강화하려고 하는 이러한 다양성에 대해서 고찰해 보아야 할 중요한 점은 서로 다른 제도적 환경이 K-12 체제의 각 하위영역을 위해 존재할 뿐만 아니라 서로 다른 교육구조와 과정을 낳는다는 것이다.

Rowan(1993)은 각 하위영역은 상대적으로 독특한 제도적 환경을 가진 강력한 사례를 만들 수 있다고 주장한다. 그는 또한 제도적 위치로 인하여, 공립학교는 광범위한 사명이 있으며, 합리적인 요소들이 스며들어 있다고 말한다. 이와 반대로, 사립학교들은 한정된 목표가 있으며 공립학교들이 직면하고 있는 다양한 압력에 구속받지 않는다. 따라서 공립학교들과 비교할 때 합리적인 가정은 사립학교는 서로 다른 제도적 환경을 가지고 있으며 서로 다른 구조와 과정. 예를 들면, 작은 학급규모, 낮은 관료화, 직업교육을 거의 하지 않음, 소수의 강좌개설, 공동체 학습 및 지원환경, 그리고 서로 다른 통치방법을 반영하고 있다는 것이다. Anthony S. Bryk, Valerie E. Lee, 그리고 Peter B. Holland(1993)는 이러한 가정을 위한 실증적인 연구 지원을 제공한다.

4) 안정과 제도적 환경

불확실성이 증가하리라는 일반적인 생각과는 반대로, Meyer와 Rowan(1977)은 제도적 환경이 조직 내·외부관계를 안정화하는 경향이 있음을 이론화하고 있다. 그들은 집권화된 통치, 전문가 협회, 그리고 조직 간의 연합이 표준화된 운영 절차 및 안정성을 제공한다고 추론한다. 환경적 요구, 학교들의 투입 및 산출 특성, 그리고 기술적 과정이 제도직 목직 및 통제의 관힐권 아래에 있게 힌다. 지원은 업무수행에 의존하는 대신 합의로 보장된다. 가령, 학교에서 학생들을 어떻게 교육하는 것과 상관없이 사람들은 학교에 모든 것을 맡기고 계속해서 거의 자동으로 재원조달을 한다. 더 나아가 Meyer와 Rowan은 제도적 환경이 외부의 혼란으로부터 완충작용을 통해 조직을 보호하며 순응관계가 안정성을 유지하도록 한다고 주장한다. 합의사항이 늘어남에 따라 변화는 더욱 느리게 진행된다.

실제로, 조직 간에 만연한 집단적 합의는 거의 독과점을 인가하는 것이며 이를 통해 학교 및 전문가 협회 같은 조직은 고객을 확보하게 된다. 따라서 미국 학구들은 거의 독과점 상태에 있으며, 아주 높은 안정성을 누리고 있다. 이러한 합법성에 대한 대가로써 공식적인 교육 과정 내용에 관한 것과 마찬가지로 학생 및 교사의 분류와 자격에 관해 계속 확대되고 있는 규칙들을 따라야 했다. 그 대신에, 학구들은 교육을 제도적으로 분류하고 의무적인 것으로 규정한 규칙에 따라 보호를 받고 있다.

그럼에도, 외부환경은 학교조직의 변화를 촉진할 수 있다. Hanson(2001)은 환경의 변화, 이전의 상태로의 회귀 및 충격은 상당한 변화를 이끌어낼 수 있다고 가정한다. 중

대한 환경적 변화 및 충격은 사실상 언제든지 일어날 수 있다. 대안학교와 고도의 전문적 업무수행에 대한 시민, 정책결정자, 그리고 기업가들의 요구가 증가하고 있다는 것은 이전에 이루어진 제도적 합의에 문제점이 있다는 것을 나타낸다. 이러한 가능성은 이 장의 뒷부분에서 다루어질 것이다.

5) 제도적 이론의 요약 평가

제도적 이론은 학교조직과 환경 간의 관계에서 정보 및 자원의존 이론과는 실질적으로 서로 다른 관점을 제공한다. 학교는 제도화된 규칙 및 이념에 순응하고 수업과정 및 결과를 통제하고 조정하는 데는 거의 노력을 기울이지 않는다. 이러한 모습은 다소 과장된 형태를 전달한 것이다(Ingersoll, 1993).

제도적 이론은 순응과정을 지나치게 강조한 나머지 적극적인 기관의 역할 및 조직과 환경 간의 관계에서 저항을 경시하고 있다는 비판을 받고 있다(Goodstein, 1994). 순응과정에 초점을 둔 나머지 제도화는 논쟁을 일으키고 불완전하다는 상황 설명으로부터 이론적 관심이 너무 멀리 동떨어져 있다는 것이다. 학교와 같은 조직은 제도적 압력에 따라 어느 정도 선택권을 행사할 수 있다. 예를 들면, 학구는 주 정부의 정책 사항에 대해 다양한 반응을 보인다(Firestone, Rosenblum, Bader, and Massell, 1991). 그럼에도, 단순히 환경에 순응하는 비교적 수동적인 행위자로 조직을 묘사하고 있다는 제도적 이론에 대한 비판은 추가적인 개념적 발전 및 실증적 검증이 필요한 중요한 영역이라는 것을 나타낸다.

제도적 이론의 핵심적 통찰을 확증하는 상당히 많은 연구가 있다. 시간이 지남에 따라 미국 및 전 세계에 걸쳐 제도적 분야는 교육조직을 규정하고 표준화시켜 왔다(Rowan and Miskel, 1999). 즉, 각종 연구는 조직구조는 제도적 환경의 변화에 반응한다는 제도적 이론의 기본전제를 지원하고 있다. 그러나 아마도 제도적 이론의 가장 중요한 공헌은 조직환경에 대한 대안적인 개념을 제시하고 있다는 것이다. Meyer와 Rowan(1977)의 논문은 그동안 관심 밖이었던 환경의 특정 부분에 대한 관심을 불러일으켰다. 신념, 규칙, 그리고 역할 같은 제도적 또는 상징적인 요소들은 자원의 흐름 및 기술적 요건 등과는 관계없이 조직형태에 영향을 미칠 수 있다.

6) 제도적 환경의 관리

Scott(1992)는 환경의 기술적(예를 들어, 정보와 자원) 및 제도적 측면에 대한 조직반응 방식은 명백한 차이가 있음을 지적하고 있다. 기술적 환경과 관련된 대부분은 정보와 자원의 교류와 관계가 깊다. 비록 제도적 환경과 관련된 것 중 정보교류와 관계된 것이 있기는 하지만, 제도적 관점에서는 조직은 환경으로부터 도출한 요소들에 의해 구성된다고 가정한다. 제도적 환경은 기술적 및 자원의존 환경에 따라 다르고 제도적 이론의 발전이 최근에 이루어졌기 때문에, 조직이 제도적 환경과 어떤 관계를 가지는가에 대해서는 알려진 것이 많지 않다(Scott, 1992).

학교조직은 적절한 평판을 받음으로써 보상을 받으리라는 것이 제도적 환경을 관리하는 데 있어 기본적이고 일반적인 생각이다(Elsbach and Sutton, 1992). 정보 및 자원의존 모형과 같이, 다양한 완충 및 경계확대 전략들 또한 제도적 환경을 관리하는 데 도움이 되는 것 같다.

7) 완충 전략

완충은 내부활동을 격리하거나 둘러싸고, 환경의 방해를 흡수하는 구조 및 과정이라는 앞서 논의를 회상하자. 완충작용은 기본적으로 조직과 환경 간에 보호층을 만드는 것이다. 완충 기체를 통해 해결해야 하는 중요한 문제는 기술적 효율성에 대한 압력과 제도적 규칙 간에 갈등이다. 제도적 관점에서, 환경으로부터 학교조직을 완충시키는 두 가지 방법은 이미지를 관리하거나 분리하는 것이다.

분리(Decoupling) Meyer와 Rowan(1977)은 효율성을 높이기 위해 이상적으로 설계된 조직들은 조직구조와 기술적 활동 간에 면밀한 조절을 유지하기 위한 시도를 한다고 말한다. 제도화된 조직 속에서 면밀한 조절은 조직이 비효율적이고 일관적이지 못하다는 것을 공적으로 증명하는 것이 된다. 따라서 제도화된 환경 속에서 운영되는 조직은 자신들의 기술적 구조와 활동에서 제도적 구조를 분리하려고 노력한다. **분리**는 의도적으로 작업과정에 대해 적절한 통제를 가하지 않으려 한다(Ingersoll, 1993). 분리는 조직을 두 부분으로 나눈다. 한 부분은 주로 제도적 환경에 연결되며 다른 한 부분은 기술적 활동과 관련된다. 따라서 기술적 부분은 기술적 핵심을 위하여 내부로 향하고 환경을 뒤로 하지만, 반면에 제도적 부분은 제도적 환경에 순응하는 데 초점을 맞추고 기술적 핵심을 뒤로 한다(Meyer, Scott, and Deal, 1992).

분리된 학교조직은 일련의 특징을 가지고 있다. 예를 들면, 행정가의 권한 밖의 활동들이 이루어지며 전문가주의가 적극 조장된다. 목적은 모호하며 기술적 목표는 범주적 목표로 대체된다. 즉, 학교는 학문적 학습이 아니라 학생들을 교육하는 곳이다(Meyer and Rowan, 1977). 조직은 여러 가지 이유로 분리된다. 분리는 조직에 대한 대중의 신념을 약화시킬 수 있는 모순, 비합리성, 그리고 낮은 과업수행을 감추어주거나 완화해준다. 더 나아가 분리된 조직은 제도화된 전통에 순응하면서도 어느 정도 행동의 자율성이 보존되는 구조적 요인들을 포함하고 드러내 보일 수 있다. 모순되거나 갈등을 일으키는 환경에서, 분리는 특히 유용한 전략이 된다(Scott, 1992).

이미지 관리(Managing the Image) 이 전략은 지지를 받을 수 있는 구조와 행위를 나타내기 위한 **인상관리(impression management)**를 의미한다(Elsbach and Sutton, 1992). 인상관리는 상징적 범주와 성문화된 규칙을 광범위하게 활용한다. 인지적 도식과 비슷하게, 상징적 범주는 조직에 의해 처리되는 사물 또는 사람들을 선택하고, 확인하며, 분류하고, 라벨을 붙여서 만들어진다. 성문화된 규칙은 제도적 틀의 본질이다. 이러한 규칙들은 사물과 사람 간의 구분을 지워주고 표준화된 운영절차 또는 당연하게 여겨지는 절차들이 채택되도록 해준다(Scott, 1992).

예를 들어, Meyer와 Rowan(1977)은 학교 프로젝트를 정당화하기 위해 비용분석을 사용하는 것이 만약 어떤 프로젝트가 실패했을 때 이를 합리화할 수 있는 제도적 규범이 된다고 주장한다. 자신의 계획이 실패하였을 때 행정가는 절차가 신중하였고 그들의 결정이 합리적으로 이루어졌다는 것을 다른 행정가, 교사, 교육위원회, 그리고 일반시민에게 입증할 수 있다. 따라서 제도화된 실행 및 인상관리는 행정가들의 행위를 정당화하는 데 도움을 주고 유권자들에게 긍정적인 이미지를 주게 된다. 이러한 상징적 활동들은 공유된 의미 및 가치를 갖게 하며 이를 통해 학교조직에 대한 헌신, 지원, 그리고 합리성을 부여하게 된다(Ogawa, 1992).

8) 경계확대 전략

이 장의 앞부분에서, 경계확대 또는 연결은 학교조직과 외부환경의 요인들을 연결하고 조직경계 간에 내부 역할을 만들어 내는 활동으로 정의되었다. Meyer와 Rowan(1977), DiMaggio와 Powell(1991), 그리고 Scott(1992)은 제도적 환경에서 순응을 핵심적인 경계확대 전략으로 제시하고 있다. 제도적 규칙, 신념, 그리고 조직구조 속의 이념을 결합함으로써 조직은 보다 동질화되고 정당성을 얻게 된다. Scott는 제도적 환경을 관리하는 데 사용될 수 있는 세 가지 연결 전략을 제시하고 있다.

범주적 순응(Categorical Conformity) Scott(1992)에 따르면, 이는 광범위하고 일반적인 전략이다. **범주적 순응**은 제도적 규칙이 당연하게 여겨지게 하고 조직구조의 형태에 어떤 근거를 제공하는 기본적인 과정이다. 이러한 구별은 광범위하게 공유된 인지적 도식의 예이다. 인지적 구조는 우리의 언어 속에 자리 잡고 일반적으로 받아들여진다. Meyer와 Rowan(1978)은 이를 의식적 범주체제로 언급하고 있다. 이러한 체제는 초등교사 또는 중등교사와 같이 교사들을 분류하기 위한 정교한 규칙들이 있으며, 각 범주는 그 나름의 성술과 자격을 가지고 있다.

이와 비슷하게, 학생들은 학년수준, 능력 수준, 과정이수 정도에 따라 범주화된다. 표준화된 범주와 의식적 분류 절차에는 교육자와 학생뿐만 아니라 교육 과정 주제와 학교(예를 들어, 대안학교 또는 전통적 학교)들도 포함된다. 이러한 공유된 인지적 신념체계를 결합한 학교들, 즉 범주적 순응을 보이는 학교들은 자신들의 정당성을 높이고 자원 확보 능력을 증가시킬 수 있다.

구조적 순응(Structual Conformity) 때때로 제도적 환경은 수용 및 지원을 위한 조건으로 학교에 매우 구체적인 구조적 요구조건을 부과한다(Scott, 1992). 외부적 요구들이 학교에서 새로운 프로그램을 이행하게 하는 원인이 된다. 지난 30년간, 많은 특수교육프로그램. 예를 들면, 심각하고 깊은 지체로 학급결손을 지닌 사람들과 청각, 시각, 그리고 다른 손상을 지닌 사람들을 위한 프로그램들이 다양한 법률, 행정적 규칙, 학부모들의 신념에 부합하기 위하여 교육조직 속에 마련되었다. 다양한 조정을 통해 학교들은 제도적 환경에서 명시된 특별한 요구 범주에 순응하기 위하여 구조를 발전시켜왔다. 행정가들은 점수–성공은 수업 효율성보다 오히려 제도적 순응에 대한 요구를 수반한다는 것을 알고 있다(Rowan, 1981). 앞에서 언급한 바와 같이, 불확실성에 직면했을 때 학교는 흔히 성공적인 구조형태를 받아들이거나 모방한다. 따라서 선택 또는 강제로 학교는 환경에 적응하기 위한 수단으로서 **구조적 순응**을 자주 사용한다(Scott, 1992).

절차적 순응(Procedural Conformity) Meyer와 Rowan(1977)은 기술적 활동에 대한 조정과 통제가 부족한데도 불구하고, 학교는 무정부 상태가 아니라는 것을 밝혔다. 일상적인 활동들은 질서정연한 형태로 이루어진다. 사실, 제도적 환경은 특정한 방법으로 활동을 수행하도록 학교에 **절차적 순응**에 대한 압력을 준다. 학교는 어떤 유형의 절차를 수행할 때 따라야 하는 단계들을 자세하게 제시하는 합리적인 신화에 반응할 수 있다. 예를 들면, 학교는 적정한 자격을 지닌 교사들을 채용하고, 학생들을 학급에 배정하며, 그리고 시간표를 작성하는 등과 같은 과정을 엄격하게 통제한다(Meyer and Rowan, 1978). 절차적 상술에 대한 집착은 안정적 학교 형태가 제도적 환경 속에서 활동하도록 만들어지고 정당화될 수 있는 방법이다. 쟁점이 되는 활동을 수행할 때 사회적으로 수용 가능한 절차를 활용함으로써, 학교는 합리적이고 합법적이라는 인상을 유지할 수 있다(Scott, 1992).

학교조직에서 모방과 보다 큰 환경에서 진행되는 변화를 살펴보고서, Hanson(2001)은 비록 어떠한 의미 있는 변화가 이루어지지 않더라도 교육 행정가는 빈번한 변화를 시도함으로써 개혁가로서 명성을 얻게 된다고 결론지었다. Hanson의 분석에 동의하면서, 우리는 또한 학교 리더십의 상징적 측면은 의미와 행위에 의존한다는 것에 주의해야만 한다. Selznick(1957)에 따르면, 제도적 리더십이란, 의미를 형성하고 목적을 설정하기 위하여 잠깐 동안 기술적 요구조건 이외에 조직에 가치를 불어넣기 위한 기능이라고 한다. 비록 학교의 제도적 과업환경을 관리하기 위한 실질적인 방법들은 다소 미발전된 상태로 남아 있지만, 앞서 제시한 완충 전략들은 계속해서 변화하는 학교의 외부환경을 관리하기 위한 구체적인 전술을 개발하는 데 상당한 통찰력을 제시해 주는 것 같다.

9) 정책결정과 교육환경 변화

학교가 어떤 모습이어야 하고 어떤 일을 수행하는가에 대한 다양한 행정규칙, 전문가 협회의 규범, 그리고 공공의 이념적 합의로 인해 공립 K-12 교육은 비교적 안정적인 제도적 환경 속에 자리 잡고 있다. 그러나 1980년대 초 이래로 널리 퍼져 있는 제도적 가정, 분리된 구조 및 과정, 그리고 합리화된 신화는 강력하면서도 지속해서 도전을 받고 있다. 급진적인 사회경제적 집단, 정책결정자, 기업가, 그리고 많은 시민 간의 학업성취도 차이와 세계시장에서의 경제적 경쟁 같은 요인들에 관한 우려로 학교에서 교수, 학습, 그리고 학문적 성취를 강조할 것을 요구하고 있다. 장기간, 격렬하고, 다양하게 요청되고 있는 교육개혁은 일반대중의 합의가 줄어들고 제도적 환경이 불안정하다는 것을 나타낸다. 특히, k-12 교육에 대한 체계적 개혁 및 경쟁적 시장 프로그램 이행에 대한 국민발의는 주로 제도적 형태에서 과업 혹은 기술적 형태로 학교환경의 이동을 반영하는 것일 수 있다.

체계적 개혁(Systemic reform)은 명백하게 진술된 교육결과를 달성하기 위하여 통합적, 공동적, 일관된 방법으로 학교를 변화시키기 위해 고안된 종합적인 변화 프로그램이다(Fuhrman, Elmore, and Massell, 1993). 체계적 개혁의 기본적 우선권은 핵심적 학문주제에서 교육 과정 내용 및 성취기준을 규정하고 교과목표와 평가프로그램을 밀접하게 결합시키는데 있다. 교육 과정 내용 및 성취기준과 평가절차의 조정은 K-12 학교체제의 효율성과 효과성을 모니터링하기 위한 책무성 체제를 형성하게 된다. 환경이론 관점에서 K-12 교육체제의 체계적 개혁의 결과로서 제도적 환경의 영향이 감소되고 과업의 영향이 증가된다고 본다.

학교단위책임경영과 기준 지향적 교육 과정과 관련된 Ogawa(1994, 2002, 2003)의 연구에서 보듯이, 체계적 개혁의 핵심은 현재의 발의가 기술적 효율성과 효과성 또는 사회적 논의, 더 나아가 통치의 표준화, 그리고 전문가 통제를 촉진할 수 있는가이다. 만약 체계적 교육개혁가의 목표가 달성된다면, 기술적 환경은 학교의 지배적 형태가 될 것이며 책무성, 효율성, 그리고 효과성을 위해 긴밀한 연계가 제고되어야 할 것이다. 만약 기술적 환경으로 전환되지 않는다면, 체계적 개혁 노력은 합리화된 신화의 새롭고, 두터운 망을 만들 수 있으며 더 나아가 공립 K-12 교육체제의 환경은 제도화될 것이다.

개혁을 요구하는 일반대중의 강력한 요구에도 합리화된 신화에 의존할 경우 독과점 상태에 있는 공교육의 분열을 가져올 것이며, K-12 교육은 경쟁 상태에 처하게 될 것이다.

John E. Chubb와 Terry M. Moe(1990)는 미국의 학교를 개선하는 최선의 방법은 경쟁적 시장에서 학교들이 자유롭게 경쟁하도록 하는 것이라고 주장한다. 시장 자체는 중립적 매커니즘이고 비계획적인 무수한 선택의 결과이지만(Oplatka & Hemsley-Brown 2004), **경쟁적 시장(competitive market)**은 사람들이 그들의 교육적 욕구에 가장 잘 부합한다고 생각하는 학교 및 교육 형태를 선택하는 것을 의미한다. 자유 시장 제안자들은 경쟁의 힘은 독점에 의했을 때보다 더 나은 교육서비스를 제공하고 학교개혁을 위한 강력한 인센티브를 부여하게 된다고 믿는다. 달리 말해서 기본적인 주장은 학교 같은 조직은 개방 시장에서 운영될 때 더 혁신적이고 잘 반응한다는 것이다(Lynn, 2005).

이러한 이유에 따라, 경쟁적이고 개방된 시장에서, 학부모와 학생은 가장 효율적이고 효과적이라고 생각하는 공립학교나 사립학교를 선택할 것이다. 만약 소비자들이 결과에 만족하지 않는다면, 그들은 그곳을 떠날 것이며, 이는 교육자에게 학교 업무수행수준에 관한 분명한 신호를 보내는 것이다. 이러한 피드백이 없다면, 개선을 위한 자극은 약해지며 독과점으로 인한 무관심이 지배하게 된다(Boyd and Walberg, 1990). 경쟁적인 교육시장을 이끌어내기 위해 제시되는 공통적인 방법은 공립 및 사립학교에 대한 학부모 선택권 부여 및 대안학교 설립, Charter School, 학생들의 학비를 지불하기 위해 이용할 수 있는 것으로 정부가 수업료를 지불해주는 Vouchers 또는 장학금이 있다.

Christopher Lubienski(2003, p. 401)는 "교육혁신을 유도하기 위한 선택과 경쟁의 가능성에 관한 실질적이고 포괄적이며, 내용이 풍부한 합의가 이루어지고 있다."라는 결론을 내리고 있다. 세계에 널리 퍼져 있는 학교체제(즉, **영국, 미국, 칠레, 이스라엘, 그리고 뉴질랜드**)들은 경쟁적 시장의 핵심 양상을 구체적으로 나타내기 위하여 변화를 시도하고 있다.

그럼에도, Lubienski(2005), Izhar Oplatka, Jane Hemsley-Brown(2004)에 의한 연구결과는 교육 분야에 시장의 영향력을 적용하는 데 의문을 갖게 한다. 학교의 효과성과 효율성을 향상하기 위한 혁신적인 교수·학습 프로그램에 주로 초점을 맞추기보다 오히려, 많은 학교는 그들 학교로 학생들을 모집하기 위해 시장 프로그램이 지닌 경쟁적인 영향력에 반응하며 그를 통해 자원기반을 증가시키고자 한다. Lubienski(2005)는 시장에 관한 지나친 강조는 개방시장 옹호자들이 학교 개혁을 이끄는 데 따른 인센티브를 왜곡하거나 비도덕적으로 만들 수 있다고 주장한다. 시장논리에 입각한 대안 중에서, 상당수의 지지자는 Charter schools의 가능한 공헌을 폭넓게 칭찬한다.

예를 들어, 2003년 말 현재, 포털사이트인 Google에서 'Charter school'이란 단어가 포함된 문헌 검색 건수는 거의 3백만 건에 이르는 것으로 나타났다. 그러나 2006년 중반에는 약 1천7백만 건에 이르렀다. 시장논리에 입각한 다른 시도들과 비슷하게, Charter School의 근본적인 생각은 번거로운 규칙으로부터 학교들이 자유로워짐으로써 교육자들은 자유를 가지고 새로운 조직설계와 수업전략을 지닌 실험에 대한 자극을 받을 것이다. 이러한 혁신은 학업성취도를 향상할 것이고, 학부모들에게 긍정적인 옵션을 제공하며, 특히 교육적으로 불이익을 당하는 학생들을 교육하는 새로운 방법을 제시하게 될 것이다.

Charter School에 관한 기존의 연구들을 철저히 분석한 최근의 두 연구는 이러한 기본적 주장의 효과에 관한 의문을 제기하고 있다. 비록 Charter School이 조직 및 통치구조에 혁신을 가져왔지만, 실제로 교육 과정과 수업 실제에서 전혀 혁신을 일으키지 못했다는 것이다(Lubienski, 2003). 학업성취도 향상에서도, 그 결과는 다양하다. 즉, Charter School의 학업성취도 결과는 전통적인 공립학교의 학업성취도보다 평균적으로 극적으로 높거나 낮지 않다. 반대로, **Charter School**에 자녀를 보낸 학부모들은 공립학교에 자녀를 보낸 학부모들보다 상당한 만족도를 나타내고 있다(Gill, Timpane, Ross, and Brewer, 2001). 이러한 연구들에 비추어볼 때, 시장의 영향력이 교육혁신을 불러일으키고 학업성취도 향상을 가져올 것이라는 가정은 제한된 지지를 받고 있지만, 상황은 변할 수 있다. 더 나아가, 적어도 어느 한 부분에서 상당히 영향력 있고 대중적인 매체가 Charter School에 관한 강력한 보류를 표명하고 있다. New York Times(2006)의 사설에서는 Charter School의 제안이 공립학교의 뿌리 깊은 학업성취도 문제에 대한 마술적인 해결책은 되지 못한다고 결론지었다. 그럼에도, Charter School 운동은 아직 초기단계에 있으며, 열정을 가진 지지자들이 계속해서 이러한 노력을 해나갈 것이다.

체계적 개혁의 경우와 같이, 경쟁적 시장을 위한 이론적 근거는 제도적 환경보다 기술적 환경을 우선시하는 것이다. 경쟁적 시장 지원자들은 학부모와 학생들이 야심 찬 학문적 목표, 우수한 교사와 행정가, 동기부여를 하는 수업자료, 높은 효율성과 효과성, 강한 책무성 체제를 지닌 학교를 선택할 것이라고 가정한다. 비록 시장지향 학교들이 상당히 광범위한 토대 위에서 설립되었지만. 그러나 제도적 환경의 영향력이 기술적 환경을 향상하려는 노력을 저지할 수도 있다.

예를 들면, 시장지향 학교들은 이미 모방적 순응을 입증하였고, 그들 자신의 합리화된 신화를 발전시킬 것이며, 정부기관 또는 전문가 협회에 의해 제도화된 환경에서 운영될 것이고, 현재와 같은 K-12 교육체제 독과점의 지지자들에 의해 강하게 저항을 받게 될 것이다.

요약하면, 우리는 Rowan과 Miskel(1999)의 결론에 동의한다. 전문가 협회, 정부기관, 그리고 민간부문 조직에 의해 지난 30년간 형성되어온 합의된 제도는 학교 교육의 기술적 환경의 강도를 증가시키고 있다. 이러한 강화된 기술적 환경은 학교의 교육적 결과를 확인하기 위한 교육 생산성 모형과 기술적 능력을 포함한다. 결과적으로, 학교는 과거보다 더 강력한 기술적 업무수행에 대한 요구에 직면해있지만, 그렇다고 해서 또한 제도적 순응에 대한 요구의 감소에 직면해 있는 것은 아니다. 따라서 전적으로 제도적인 환경에서 제도와 기술이 공존하는 환경으로 이동은 근본적인 변화를 나타내며, 학교의 운영에 상당한 영향을 미칠 것 같다.

교육 외부환경에 대한 대응전략

과업환경의 상황에서도, 불확실성과 의존성은 학교조직에 도전적인 문제를 제기한다. 환경적 요소들은 교육자들의 자율성을 위협하거나 제약하며, 학교조직의 내부구조와 운영에 변화를 가져온다. 따라서 교육행정가들은 외부효과를 최소화하기 위해 노력하며 학교의 외부환경을 관리하는 데 핵심역할을 떠맡는다(Pfeffer, 1976).

다양한 전술을 사용하면서, 교육자들은 의존하는 것을 피하려고 자원에 대한 통제력을 확보하고, 다른 사람들이 그들에게 의존하도록 만들며, 불확실성을 완화시키려고 노력한다. 환경의 불확실성 및 의존성을 줄이려는 시도는 내적 또는 조직 간 대처전략으로 유목화 할 수 있다. 이러한 일련의 전략은 확실성을 높이고 추가적인 자원 확보를 통해 환경의 영향으로부터 핵심과정을 보호하기 위해 설계된다. 그러나 일련의 전술을 상세화하기 전에 우리는 두 가지 사항을 유의해야 한다. 학교에서 외부환경은 상당히 역동적이다. 비록 전략을 잘 계획되고 실행하여 다소의 통제를 확보했다 하더라도, 곧바로 통제력을 상실할 수도 있다(Gross and Etzioni, 1985).

❶ 내부대응전략

과업환경은 학교 같은 조직에 기술적 자원제약을 강요한다. 이러한 제약에 대응하기 위해서 조직은 일반적으로 내부운영을 완충·조정하는 것을 포함한 전략을 사용한다.

1) 완충(Buffering)

최근에, Monty L. Lynn(2005, p. 38)은 **완충**을 '규정 또는 조직과정, 기능, 실재, 혹은 환경적 불확실성이나 희소성의 영향으로부터 개인을 격리시키는 것'으로 규정하였다. 완충은 예를 들면 기술적 핵심, 즉 학교에서 수업은 외부 불확실성과 의존성에 의해 방해받지 않을 때만이 효율성이 최대화될 수 있다는 가정에 근거한 고립의 전략이다. 간단히 말하면, 완충은 조직과 환경 간에 보호층을 형성한다[Miner, Amburgey, and Stearns(1990), Pennings(1992)].

구조와 과정을 사용하여 내부활동을 격리하거나 둘러싸고 환경적 방해요인들을 흡수하듯이, 교육자들은 지시하고, 제한하며, 혹은 환경적 상호작용을 정지시킴으로써 그들의 학교가 외부요구에 의한 충격을 완화하도록 한다(Honig and Hatch, 2004). 가령, 학교는 다양한 환경요인으로부터의 불확실성과 의존성을 다루기 위한 특정부서, 역할, 과정을 만든다. 구매, 계획, 인적자원, 교육 과정, 시설 부서들이 학교환경요인으로부터 교사들이 받는 충격을 완화시키기 위하여 설치된다. 이러한 부서들은 환경과 학교 간에 재화, 용역, 정보, 자본, 그리고 다른 자원들을 교류한다. 부가적으로, Janice R. Fauske와 Bob Johnson(2002)이 언급한 것처럼, 학교장은 지역사회의 위협으로부터 학교와 교사들을 보호하고, 교사들에 관한 학부모의 불평을 다루는데 주된 완충 역할을 담당한다. 더 나아가, 학교장과 다른 행정가들은 교사들과의 교섭보다 외부인들과의 최초 교섭을 위하여 지역사회집단이나 사회봉사기관의 대표자 같은 외부인들이 요구하는 형식적 규율과 절차를 만들 수도 있다(DiPaola and Tschannen-Moran, 2005). 완충의 목표는 가능한 폐쇄체제에 가깝도록 기술적 핵심을 만들고 그것에 의하여 효율성을 향상하는 데 있다(Daft, 1989). 다른 일반적 완충 전략들은 계획, 예측, 조직경계확대, 학교조직에 광범위하게 적용할 수 있는 전략 등을 포함한다.

2) 계획과 예측(Planning and forecasting)

계획과 예측은 환경적 변화를 예측하도록 함으로써 조직에 대한 충격을 완화하게 하고 개인이나 내부구조와 과정에 대한 다양한 영향을 완화하는 행위를 취하게 한다. 불확실성과 의존적 상황에서, 학구는 흔히 분리된 계획부서를 만들거나 특정한 행정가에게 계획된 의무를 부여한다. 교육계획가는 중요한 환경적 요인들을 확인하고, 이에 대한 가능한 행위와 다른 조직에 대한 대응책을 분석해야 한다. 계획수립은 포괄적이고 예측 가능한 다양한 시나리오를 준비해야만 한다. 상황이 변화함에 따라, 계획도 이를 반영하여 갱신되어야 한다. 교육자들이 환경적 변동을 정확하게 예측할 수 있는 정도에 따라, 교육자들은 불확실성과 의존성을 줄일 기회를 갖고 학구의 내부기능에 영향력을 쉽게 미칠 수 있다.

3) 경계확대(Boundary spanning)

경계확대는 조직경계와 관련된 내부역할을 만들고 외부환경요소와 학교를 연결한다. 또한, 이는 환경적 불확실성과 의존성에 대처하기 위한 중요한 완충 전략이 된다. 경계확대역할은 전형적으로 두 가지 기능으로 분류된다. 외부환경의 변화에 대한 정보탐지와 환경에 대한 조직을 대표하는 기능이다(Aldrich and Herker, 1977).

탐지기능에서 경계역할은 환경과 학교 간의 정보전달에 초점을 둔다. 경계인사는 갑작스러운 변화와 장기적 경향을 만들어 낼 수 있는 환경 내의 일들을 조사하고 모니터하며, 의사결정자에게 정보를 전달한다(Daft, 1989). 새로운 기술적 발전, 교육 과정 혁신, 규정, 기금형태 등을 확인함으로써 경계인사는 변화속도와 방향을 조화시키기 위해 교육자에게 자료를 제공한다.

예를 들면, 환경적 충격파가 교수학습활동의 안정적이고 민감한 영역에 도달할 때에는, 관리 가능한 수정과 혁신 속에서 변화는 확산되어질 수 있다(Lynn, 2005). 학교에서 다수의 개인. 예를 들면, 교육감과 교장들은 경계확대 활동을 통해 기술적 핵심을 완충하는 역할을 한다. 다른 학교의 경계확대 역할은 공공정보, 통치관계, 연구, 평가, 그리고 개발이나 재정확충을 다루는 부서에 교육자들을 포함한다.

대표기능에는 경계확대 인사는 조직으로부터 환경으로 정보를 보낸다. 그 생각은 조직에 대한 다른 사람의 인식에 영향을 주고자 하는 것이며, 불확실성을 줄이고, 그로 인해 운영핵심에 대한 충격을 완화하고자 한다. 학교는 흔히 중요한 이해관계자들에게 정보를 전달하기 위한 목적으로 공공정보담당자를 두고 있다. 다른 학구의 직원 또한 이러한 기능에 봉사할 수 있다.

예를 들면, 주로 납세자를 끌어들이기 위한 지역사회 및 성인교육프로그램은 학생들에게 가능한 수업의 질을 보여주는 좋은 예가 된다. 사업과 법률담당 부서는 정치적 문제에 관한 견해나 학교의 요구에 관해 입법 제정자에게 전할 수 있다. 비슷하게, 교육위원회와 학교운영위원회는 항상 그런 기회를 주는 것은 아니지만, 관심이 있다는 느낌을 주기 위해 상당히 가시적인 방법으로 학교와 환경 속의 중요한 고객층을 연결하고 있다. 따라서 여성, 소수계 인종, 학생들이 다양하게 운영위원회의 위원으로 임명되는 것이 증가하고 있다(Aldrich and Herker, 1977). 학교에 대한 긍정적 이미지를 촉진함으로써 환경의 여러 가지 요인에 대한 의존성이나 불확실성을 줄일 수 있다. 따라서 경계확대자는 조직 간의 관계에서 핵심 역할을 하며(Friedman and Podolny, 1992) 조직 내의 핵심 의사결정자에게 커다란 영향을 미칠 수 있다(At-Twaijri and Montanari, 1987).

4) 내부운영조정(Adjusting Internal Operation)

정보와 자원의존 관점은 조직설계에 대한 구조적 상황론적 접근을 제시한다[Aldrich and Mindlin(1978), Pennings(1992)]. 조직설계 방식은 어느 정도 환경에 의존하여 계획되어야 한다. 달리 말하면, 학교를 조직화하는 데 최상의 방법은 존재하지 않는다는 것이다. 오히려, 가장 효과적인 학교구조는 중요한 환경적 요소들을 조정하는 구조이다.

서로 다른 조직구조의 유형은 서로 다른 환경에서 효과적일 수 있다는 사실을 지적한 최초의 연구자는 Tom Burn과 G. M. Stalker(1961)이다. 그들은 역동적 환경 속에 존재하는 구조형태는 안정적이거나 다른 환경 속에 존재하는 구조형태와는 다르다는 것을 발견하였다. 외부환경이 안정적일 때, 내부조직은 '기계적'이거나 매우 관료적인 형태를 띠며, 형식적 규칙과 규정, 표준화된 운영절차, 집권화된 의사결정 등을 특징으로 한다. 아울러 개인 간의 상호작용도 공식적, 비인간적, 엄정, 명확하다. 프로그램화된 행위에 의존하기 때문에 기계적 조직은 일상적인 과업을 효과적이고 효율적으로 수행

하나, 익숙하지 않은 사건에 대해서는 비교적 느리게 반응한다.

매우 불확실한 환경에서는, 내부조직은 '유기적' 또는 비공식적인 형태를 띠며, 규칙이 적고, 운영절차에 관해 비형식적 동의가 이루어지고, 분권화된 의사결정이 이루어진다. 개인 간의 상호작용은 비형식적, 인간적, 유동적, 다소 모호한 형태를 띤다. Burns와 Stalker는 유기적 모형이 기계적 모형보다 우월하다고 결론짓지 않았지만, 가장 효과적인 구조는 환경의 요구조건에 적응하는 형태라고 보고, 안정적인 환경에서는 기계적 모형이, 불안정한 모형에서는 유기적 모형이 효과적이라고 여긴다. Danny Miller(1992)는 상황이나 환경에 적합한 모형에 대한 상당한 지지를 찾아냈다.

정보관점이 구조 상황론적 접근을 제시하듯이, 자원의존 모형도 마찬가지이다. 자원의존이론에 따르면, 환경은 생존을 위한 엄격한 요구사항을 강요하지는 않는다. 따라서 폭넓은 행위와 조직구조가 가능하다. 그러므로 결정을 안내하고 구조를 결정하는 기준이 중요하게 되고 문제시된다. 조직과 환경을 조정하는 유일한 최적의 구조 또는 행위형태는 존재하지 않기 때문에 내부의 권력 차이가 중요하게 된다. 대신에 선택의 범위 또는 조정 전략이 가능하게 된다. 다양한 내부 이해 관계자들의 영향력은 외부 고객층의 요구와 상호작용하면서 조직의 반응을 결정할 수도 있다. 자원의존이론은 조직적 결정과 행위를 촉진하거나 억제하기도 하는 환경적 요인의 중요성을 강조하지만, 동시에 조직구성원들이 알려지거나 알려지지 않은 상황을 교묘히 처리할 때 조직구성원의 편에서 전략적 선택의 작용을 위한 여지도 남겨두고 있다. 달리 말하면 자원의존 모형은 비록 환경적 영향이 중요하지만, 환경적 제약으로 실현 가능한 구조형태가 오직 한 가지 형태로 제한되는 것은 아니라고 가정한다. 오히려 조직의 생존과 일관되는 다양한 내부 구조와 행위들이 존재하며, 비록 조직이 생존의 목표가 있지만, 생존이 오직 하나 또는 매우 제한된 구조형태를 의미하지는 않는다(Aldrich and Pfeffer, 1976).

상황론적 연구결과를 적용하는 데 있어 한 가지 주의해야 할 점으로서, 환경에 적응하고 변화하기 위한 탐색절차와 적극적인 대안 마련의 결과로서 학교 간에 구조 및 과정에서 차이가 발생한다는 것이다. 사실상, Boyd(1976)는 학교는 그들이 봉사하는 지역사회의 모습을 그대로 반영하는 것도 아니며, 전혀 반응하지 않고 자기이익만 추구하는 전문적 교육자들에 의해 지배되는 완전히 고립된 요새도 아니라고 주장한다. 어느 정도에서, 학교조직은 그들의 능력에 적합하도록 환경을 형성할 수 있다.

② 조직 간 대응전략

지금까지 우리는 학교조직이 내부적으로 외부환경에 적응하는 방법을 설명하였다. 학교는 또한 그들의 환경에 손을 뻗치고 변화시킨다. James G. March(1981)는 조직은 일부분이지만 그들의 환경을 창조한다고 주장한다. 외부환경을 관리하는 데는 두 가지의 유형. 즉, 우호적인 관계 형성과 환경적 요소 형성이 사용된다. 환경을 통제하기 위한 시도에서 기억해야 할 점은 환경 역시 반격을 위해 어느 정도 조직화된 특성과 능력을 갖춘다(Katz and Kahn, 1978).

1) 우호적인 관계형성(Establishing Favorable Linkages)

정보와 자원 환경, 공립학교와 같은 비영리적 조직에 대한 부가적 통제를 획득하기 위한 전략은 다수의 제휴, 동반자관계, 다른 조직과의 협력을 활발하게 증가시키고 있다. 이러한 협력적 결합의 증가로, 서로 다른 조직들이 협력적 노력, 자원, 의사결정, 최종 재화와 용역의 공동소유를 통해 문제를 다루기 위해서 함께 일하며, 이러한 현상은 공공교육부문과 사적 부문에서 명백하게 나타나고 있다(Guo and Acar, 2005).

조직 상호 간의 관계는 조직권력을 증대시키고, 불확실성을 감소시키며, 중요한 자원의 안정적 흐름의 보장으로 업무수행을 향상하고, 환경적 불확실성과 희소성의 다양한 영향으로부터 조직을 보호해주기 때문에 중요하다(Stearns, Hoffman, and Heide, 1987). 더 나아가, 다른 조직과의 강한 유대관계 형성은 의사소통 확대, 정보공유, 유연성 전략 학습을 통해 적응과 혁신을 향상시킨다[Goes and Park(1997), Kraatz(1998)]. 그러한 연결은 흔히 정보의 흐름을 조직화하고 불확실성을 감소하기 위한 시도로서 복잡한 네트워크에서 이루어진다. 주된 사회적 과정이 사회적, 경제적 교환의 어떤 형태를 띠게 된다. 조직은 정보교환, 인사, 기금, 장비, 그리고 다른 필요한 항목 등에 의하여 연결된다. 즉, 환경을 통제하기 위해 자원이 교환된다. 가령, 협력적 결합은 정보의 불확실성을 감소시키고 학교들이 필요한 자원을 획득하도록 도와준다(Guo and Acar, 2005).

경쟁과 의존을 줄이기 위해 기업체에서 널리 사용하는 메커니즘은 합병이다. 원료의 확보가 불확실한 경우, 원료공급자를 확보함으로써 외부의존에서 벗어날 수 있다. 비록 교육조직은 합병에 의존할 수는 없지만, 다른 조직과의 결합을 위한 모험을 시도하기도 한다. 학구는 대규모의 혁신과 연구 프로젝트와 관련된 위험 및 비용을 공유하기 위해 기업, 재단, 대학, 그리고 연방 및 주 정부와 동반자관계, 협력, 연합 등을 형성한다. 기업과 학교조직 간의 모험적인 결합관계의 대표적인 예는 New American Schools 운동, 다양한 직업교육 프로그램 운영, Charter school 개설 및 운영 등과 같은 전반적인 학교개혁 실행에 대한 것이다. 모험적인 결합관계의 수는 환경에 대한 조직영향의 가장 좋은 예보자가 될 수 있다(Boje and Whetten, 1981). Charter School 같은 변화의 시장모형에 관한 최근의 흐름을 볼 때, 공립 학구는 비학구 집단에 의해 설립되는 Charter School의 수를 줄이는 방법으로 학부모 집단들과 연계하여 그들 자신의 Charter School을 설립하기도 한다.

우호적인 관계 형성의 또 다른 전략은 외부인사 영입(Cooptation)이다. 외부인사영입은 환경의 중요한 구성요소로부터 지도자를 데려와서 학교조직의 정책이나 의사결정구조에 참여하게 하는 것이다. 외부인사 영입은 영향력 있는 시민이 교육위원회나 학교운영위원회의 위원으로 임명될 때 발생한다. 이러한 생각은 외부인사 영입은 다른 조직의 구성원을 사회화시키거나 지위, 성향, 그리고 정보 같은 가치 있는 것의 교환을 통해 귀중한 자원의 흐름을 안정시킬 수 있다는데 있다(Casciaro and Piskorski, 2005). 외부인사 영입을 하지 못할 때, Pfeffer(1997)는 조직에 영향을 미칠 수 있는 사람들과 우호적인 관계를 형성하는 것도 때로는 효과적인 전략이 된다고 한다. 그러나 학교운영위원회를 통해 조직의 영향력을 향상하려는 시도는 그 결과가 명확하지 않다. 이를 지원하는 연구도 있지만(Pfeffer, 1972), 그렇지 않은 연구도 있다(Boje and Whetten, 1981).

2) 정책결정환경에 영향력 행사(Shaping Elements in the Policy-Making Environment)

Kingdon(1995)은 정책결정 환경은 통치 내부와 통치 외부의 두 가지 층으로 구성되어 있다고 기술하고 있다. 내부통치에서는 세 가지 집단이 정책과정을 통제한다. 그 집단은 선출직 공무원과 행정부에서 임명된 공무원, 일반공무원, 그리고 입법자와 그의 스텝들이다.

외부통치에서는 네 가지 집단유형이 영향력을 지닌다. 이해집단, 단체(즉, 학회, 연구자들, 컨설턴트), 미디어, 선출 관련 참여자들이다. 어떠한 정책결정자도 정책과정을 지배할 수는 없으므로, 행정부나 입법부에서 선출된 공무원들이 일반적으로 가장 큰 영향력을 발휘한다. 이러한 결론은 Mengli Song과 Cecil Miskel[Miskel & Song(2004), Song & Miskel(2005)]의 연구결과에 의해 뒷받침된다. 그들은 조직 내부의 작은 집단에 의해 Reading First 법률 제정이 이루어지고 국가의 독서정책에 주된 변화를 불러왔음을 발견하였다. 비슷하게, 정부 관료들(내부자들)은 외부자들보다 주 독서정책을 수립하는 데 상당히 핵심적이고 뛰어난 역할을 수행하였다.

정부대표자의 권력을 상쇄시키고 영향력 있는 외부환경에서 자신들의 노력을 확대하기 위하여, 교육자와 다른 외부자들은 정치적 임무 부과나 협회의 확대를 통하여 자원의 공동출자를 증대한다. 공동출자 자원을 가지고서, 교육조직이나 이해집단들은 국회의원 로비활동, 규정제정 또는 개정에 영향력 행사, 교육프로그램 보급, 공공 관련 캠페인 전개 등과 같은 활동을 수행하는 사람들에게 보수를 제공할 수 있다. 교육 관련 이해집단의 예는 사친회, 전국교육협의회(NEA), 미국교사협의회(AFT), 미국학교행정가협회(AASA), 미국 사립교육협의회(CAPE), 장애인협의회(CEC), 그리고 최고학교행정가협의회(CCSSO) 등이 된다.

협의회의 명부는 매년 회원 수가 늘어나 부피가 커진다. 예를 들면, 독서정책 영역에 대한 협의의 정의에서, Julie McDaniel, Celia Sims, 그리고 Cecil Miskel(2001)은 국가의 독서정책에 영향을 미치기 위해 연방정부 내·외에서 노력하는 다양한 형태를 지닌 131개의 개인과 조직 협의회를 발견하였다. 유사하게, Miskel과 그의 동료(2003)는 주 독서정책에 영향을 주기 위해 시도한 이해집단들이 8개 주에 걸쳐 272개가 있음을 확인하였다. 교육정책에 영향을 미치려고 시도하는 조직의 수적 증대는 사설재단, 교사노동조합, K-12와 고등교육협회, 기업, 시민단체, 두뇌집단 또는 정책기관, 그리고 미디어 등을 포함한 광범위한 이해집단에 걸쳐있다.

이해집단들은 빈번히 자신들의 이해에 관련된 쟁점을 주장하고 비선호적인 대안을 봉쇄함으로써 정책형성에 영향을 미치려고 시도한다. 예를 들면, 공립학교들은 사립학교에 대한 주나 연방지원을 봉쇄하기 위해 광범위한 노력을 기울인다. 그들의 이해관계를 관철하기 위해 비교적 크고 일반적인 전술도구형태를 사용하며, 학교 당국은 지방, 주, 그리고 연방정책결정자에게 그들의 견해를 알리기 위하여 로비스트에게 비용을 지

표 8.1 이해집단들의 영향력 행사 전술

• 입법부 및 행정 기관의 청문회에서 증언하기	• 관련 연구 결과 제시
• 의회 의원 및 다른 공무원들과의 직접적인 접촉	• 공무원 임명 감독 및 영향력 행사
• 의회 의원 및 다른 공무원들과의 비공식적인 접촉	• 법안 및 규칙의 초안 작성 및 위원회의 활동 참가
• 유권자들의 반응 불러 일으키기	• 대중 매체 활용
• 소송 제기	• 동일한 입장을 취하는 후보의 선출 및 지지
• 이의 제기 및 항의 시위	• 연합

불한다(Kollman, 1998). 표 8.1에서 보듯이, Baumgartner와 Leech(1988)은 영향력을 행사할 수 있는 열두 가지 유형의 **영향력 행사 전술(influence tactics)**을 제시하고 있다.

공공정책에 영향을 주기 위한 의도로써 사용되는 전술이 로비활동이다. e메일, 인터넷 검색엔진과 웹 사이트, 그리고 컴퓨터화된 팩스기기 같은 현대정보기술들은 이러한 영향력 행사의 주장과 확산을 높여준다. 주와 연방수준의 교육 이해집단들은 이러한 전략을 폭넓게 받아들인다. 연방수준에서 Sims, McDaniel, 그리고 Miskel(2000)은 교육 관련 이해집단들이 연구결과를 제출하고 정부 관료들과 접촉하며, 공청회에 증인으로 선서한 것을 통해 가장 빈번하게 로비하였음을 발견하였다. Tamara V. Young과 Miskel(2004)은 주 수준에서 유사한 로비활동 형태들을 발견하였다. 주와 연방수준에서 덜 빈번한 활동에는 선출직 공무원을 위한 정치적 동맹의 승인과 소송이 있다. 그들이 정부 내부 또는 외부의 어디에 있던지, 이해를 지닌 개인과 집단들은 정치 환경에서 고립되지 않으려 한다. 그들의 생각을 지지받고 효력을 발휘하기 위해 적극적 동맹을 찾는다.

예를 들면, Baumgartner와 Walker(1989)는 교육정책을 다루는 정부기관과 교육 이해집단들은 정책결정과정에서 서로 자문과 충고를 한다는 것을 알았다. 실제로, Heclo(1978)는 참여자들의 소규모 집단이나 '철의 삼각지대'가 더는 정책결정을 통제하지 못한다고 주장한다. 오히려, 정부 관료주의와 이해집단체제의 증대로, 정책결정은 전형적으로 비교적 개방된 쟁점이나 정책 네트워크 안에서 일어나며 그로 의사결정을 유발하고 안내하는 많은 영향력 있는 웹들이 간과되기가 쉽다.

이슈 네트워크(어떤 정책 영역에 관해 지식이 있는 사람들의 의사전달 웹)는 빈번하게 정부 관료,

입법가, 사업가, 로비스트, 학자, 그리고 저널리스트들을 포함한다(McFarland, 1992). 네트워크가 발전하면 그들은 유망한 동반자와 경쟁자들의 유용성, 능력, 신뢰성에 관한 정보의 저장고를 늘이게 된다(Gulati and Gargiulo, 1999). 이슈 네트워크 참여로부터 얻어진 지식을 사용함으로써 이해관계가 있는 개인과 집단들은 협력하고, 연합을 형성하며, 정책문제에 대한 행동을 결정한다. 예를 들면, 교육자들과 이해집단들은 그들의 생각을 지지받고 효력을 발휘하기 위해 광범위한 협력적 동맹 혹은 연합을 형성하고 적극 동맹을 맺기 위해 이슈 네트워크로부터의 정보를 사용한다. 다른 활동들 가운데서, 연합은 그들의 정책의제를 진전시키기 위해 정보, 자원교환, 공동 집필문서, 공동 후원활동을 공유한다.

Young과 Miskel(2006)에 의해 상술된 바와 같이, 연합은 여러 주에서 늘어났으며 상당한 영향력을 지니게 되었다. 그들은 교육비 공제, 지망학교, 교육 지불보증 같은 특정의 문제 해결 계획에 관련된 제안에 반대하는 광범위한 로비활동 캠페인을 비난하였다. 이러한 예는 California와 Texas의 독서정책 변경(Shepley, 2003), California의 수학과 과학 교육 과정 개정(Carlos and Kirst, 1997), 그리고 Chicago의 학교개혁 촉진(Gittell, 1994) 등이 된다. Tim L. Mazzoni와 Betty Malen(1985)은 Minnesota 천주교 협의회와 교육 자유를 위한 시민의 모임(Citizen for Educational Freedom)이 제휴하여 세금공제 패키지를 승인받기 위해 입법부를 설득하기 위한 전술로서 선거활동과 로비활동을 어떻게 펼쳤는지 자세히 상술하고 있다. 이러한 동맹은 입법부의 의제에 관해서 지속적인 이슈를 제기하고, 호감을 보이는 입법가에게 법안을 제출하도록 격려하고, 그리고 가장 중요한 것으로서, 시민유권자들을 동원하여 입법가의 득표에 영향을 미치도록 압력을 가하는 것이다. 정치지도자와 기업집단 간에 특별한 연합은 학교의 외부환경에서 점점 더 가시적이고 가공할 힘이 되고 있다.

예를 들면, Minnesota와 New Jersey에서, 운영위원과 기업이해집단들의 강력한 연합은 지망학교의 이슈에서 교사노조를 억눌렀으며(Gittell and Mckenna, 1999) Texas에서 독서정책도 마찬가지였다(Miskel et al., 2003).

연합과 로비활동의 형성은 불확실성이 증가하는 시기 동안 늘어났다. Karper와 Boyd(1988)에 따르면, 1980년대 중반의 도전적인 환경에 직면하여 Pennsylvania의 교육 이해관계 집단들은 로비스트의 수를 늘리고 특화하며, 정교화를 통해서, 그리고 그들의 힘을 최대화하기 위해 거대 연합을 형성하여 위기에 대처하였다. 정보관점에서 제시된 바와 같이, 연구결과는 집단들이 소유하고 공유할 수 있는 정보의 양을 증가시켜야만 한다고 믿는다는 것을 밝혔다. 결과적으로, 정보에 대한 요구는 로비활동 집단내의 특화와 정교화의 증대를 촉진시켰다. 집단들은 그들의 연구능력을 향상시켰고, 정책분석에 참여하였으며, 그리고 높은 기술 수준을 사용하였다.

실제를 위한 전반적인 시사점은 학교조직은 외부환경의 단순하고 소극적인 기관이 아니라는 것이다. 완충적인 전략들이 내부학교운영에 대한 환경적 영향을 줄일 수 있다. 개인, 이해집단, 그리고 네트워크 제휴에 의한 정치활동이 적어도 부분적으로 학교의 정치 환경을 실제로 형성한다. 요약하면, 내·외부 전략을 사용하여 교육 행정가들은 외부 요구들을 줄이거나 완화할 수 있고 불확실성을 감소시키며, 그리고 자원획득을 증가시킨다.

결 론

개방체제이론은 학교조직과 환경 간의 상호작용과 취약성을 강조한다. 외부환경은 조직의 내부구조 및 과정에 영향을 미치기 때문에 중요하다. 이 장에서, 세 가지 환경관점이 제시되었다. 처음 두 가지 즉, 정보 및 자원의존 이론은 목표설정, 목표달성, 효과성, 그리고 생존에 잠재적으로 관련된 외부환경의 과업 또는 기술적 요소들과 주로 관련된다. 이러한 모형은 학교는 어떤 형태의 작업을 수행하고 목표를 달성하기 위해 만들어졌다는 것을 강조한다. 정보관점은 환경은 조직의 의사결정자가 사용할 수 있는 정보의 근원이라고 생각한다. 자원의존 접근방법은 조직은 내적으로 필요한 자원을 생성할 수 없고 환경으로부터 자원을 조달해야 한다고 생각한다. 반대로, 세 번째 관점인 제도적 이론은 환경은 법적, 사회적, 전문적, 그리고 조직의 정치상황에 의해 강요된 강력한 일련의 규칙 및 요구조건에 학교가 순응하도록 조장하고 있다고 생각한다. 제도적 이론의 본질은 학교의 환경은 실제보다 형식을 더 많이 강조한다는 것이다.

그럼에도, 기술적 및 제도적 환경은 공존한다. 학교는 오랫동안 상대적으로 강한 제도적 환경과 약한 기술적 환경으로서 기능을 다해왔다. 현재의 체계적 개혁 및 경쟁적 시장을 강조하는 입장은 학교환경을 우려하는 기업가와 정책결정자들이 과업환경을 보다 강조하고 있다는 것을 나타낸다. 제도적 환경에서 기술적 환경으로의 전환은 합리적인 신화를 약화시키고, 학교의 근본적인 변화를 초래할 것이며, 현재의 제도적인 힘에 맞서 격렬하게 다투게 할 것이다.

외부환경은 조직의 자율성과 효과성을 위협할 수 있기 때문에, 행정가들은 흔히 내부적 학교운영에 관한 외부효과를 최소화하기 위해 노력한다. 그들의 반응은 내부적이거나 또는 조직 상호 간의 대처 전략으로 분류될 수 있다. 내부적 대처 전략은 기술적 핵심에 대한 완충, 계획 및 예상, 내부과정 조정, 환경의 기대에 순응, 그리고 조직경계 확대 등이 포함된다. 조직 상호 간의 대처 전략은 중요한 외부 고객층과 우호적인 관계 형성과 정치적 행위를 통한 환경적 요소를 정하는 것이 포함된다. 대처 전략을 사용함으로써, 행정가들은 어느 정도, 그들 학교의 환경을 관리할 수 있다.

참고문헌

Baumgartner, F. R., and Leech, B. L. *Basic Interests: The Importance of Groups in Politics and in Political Science*. Princeton, NJ: Princeton University Press, 1998.
Summarizes a wide range of models and research dealing with interest groups and influence processes.

Chubb, J. E., and Moe, T. M. Politics, *Markets, and America's Schools*. Washington, DC: Brookings Institution, 1990.
Argues the conceptual case for competitive markets and charter schools.

Lawrence, P. R., and Lorsch, J. W. *Organization and Environment: Managing Differentiation and Integration*. Boston: Graduate School of Business Administration, Harvard University, 1967.
Offers a detailed analysis of the information perspective.

Lubienski, C. "Innovation in Educational Markets: Theory and Evidence on the Impact of Competition and Choice in Charter Schools." *American Educational Reseach Association*, 40(2) (2003), pp. 395-443.
Gives a comprehensive review of the literature dealing with competitive markets and charter schools and represents an excellent resource.

Lynn, M. L. "Organizational Buffering: Managing Boundaries and Cores." *Organization Studies*, 26(1) (2005), pp. 37-61.
Details extensive historical, theoretical, and empirical analyses of the buffering concept.

Ogawa, R. T. "The Institutional Sources of Educational Reform: The Case of School-Based Management." *American Educational Reasearch Journal*, 31(3) (1994), pp. 519-48.
Analyzes school-based management using institutional theory.

Pfeffer, J., and Salancik, G. *The External Control of Organizations*: A Resource Dependence Perspective. New York: Harper&Row, 1978.
Probably the most widely cited source for the resource dependence perspective.

Powell, W. W., and DiMaggio, P. J. (Eds.). *The New Institutionalism in Organizational Analysis*. Chicago: University of Chicago Press, 1991.
Contains a collection of chapters on institutional theory, including the classics by Meyer

and Rowan (1977) and DiMaggio and Powell (1983.)

Rowan, B., and Miskel, C. "Institutinal Theory and the Study of Educational Organizations." In J. Murphy and K. S. Louis (Eds.), *Handbook of Research on Educational Administrantion* (2nd ed., pp. 359-83). San Francisco: Jossey-Bass, 1999.
Reviews the literature dealing with institutional throry generally and for education specifically.

Scott, W. R. *Institutions and Organizations* (2nd ed.). Upper Saddle River, NJ: Prentice Hall, 2001.
Provides a comprehensive consideration of the perspective.

제 9 장

교육혁신의 전개과정과 실제

- 미국의 교육혁신 -

미국의 낮은 교육수준을 개선하기 위해 일어난 일련의 교육혁신 물결에서, 1980년대 초반에 나타난 교육혁신의 물결에서는 세 가지 주된 요인 즉, 위기에 처한 국가(A Nation at Risk) 보고서, '교육의 수월성' 운동, Reagan 행정부의 교육혁신 정책이 가장 강력한 영향을 미쳤다.

첫째, A Nation at Risk는 주 수준의 개혁활동을 점화시켰다. 미국교육의 질적 수준에 대해 상세하고 심도 있게 다룬 일단의 교육적 통계를 분석한 후, A Nation at Risk 저자들은 낮은 수준의 미국교육에 변화를 초래하기 위해서는 교육부문에 대한 전반적인 혁신이 필요하다는 결론을 내렸다.

둘째, '교육의 수월성' 운동은 수업의 질을 향상하고, 수학과 과학의 수업시수를 늘이는 교육정책 채택을 확대하도록 하였으며, 이러한 운동에 힘입어 상당수 주들은 고등학교 졸업 요건 수정, 수업일수 증가, 교사를 위한 새로운 직업 경로 설정, 졸업 자격시험 실시, 그리고 학생들의 상이한 성취도 수준을 인정하기 위한 다양한 형태의 학위증명서를 제정하였다.

셋째, Reagan 행정부는 교육리더십을 강조하고, 학업의 질을 향상하며, 학교에 대한 재정적 지원을 삭감하고자 하였다. Reagan 행정부 동안, 공립 초·중등학교에 대한 연방정부의 재정지원은 1979~1980년 9.8%에서 1985~1986년에 6.7%로 삭감되었다(National Center for Educational Statics, 1988).

미국의 교육혁신 변화 과정을 파악하기 위하여 시기별로 제1의 물결(1983~1986년), 제2의 물결(1986~1990년), 제3의 물결(1991년 이후)로 구분해 보고, 교육혁신운동의 흐름에 따른 구체적인 내용과 주된 특징을 살펴보고자 한다.

첫 번째 교육혁신 물결 : 1983~1986년

첫 번째 교육혁신의 물결은 국가의 교육문제는 낮은 학업성취수준과 수업의 질적 저하로 일으키게 된다는 전제에 바탕을 두었다. 1983~1985년 사이에 교사들의 자질을 높이기 위해 700개 이상의 법률조항이 제정되었다(McLaughlin, M.W, 1985). 일반적으로 제정된 법률에는 무능한 교사를 퇴출하고, 능력 있는 교사를 유치하기 위한 인센티브를 포함하고 있으며, 준비가 덜 된 교사를 탈락시키기 위한 능력 시험이 마련되고, 교사자격증에 대한 대안이 제시되었다.

첫 번째 교육혁신의 물결은 '위에서 아래'로 향하였다. 주 정부는 교육혁신의 과정을 통제하고 교육자들이 '주 정부의 처방'을 따르도록 하였다. 흔히 이루어진 접근방법으로서 교육법안의 일괄통과는 인센티브(예를 들어, merit pay, 봉급인상)와 규정의 결합을 포함하였다. 주 정부는 학교가 서로 다르지 않고 비슷하다고 보았기 때문에, 교육혁신을 주 전체에 확대하려 하였으며, 한 학교의 교육혁신 사례를 모든 학교에 일반화하려 하였다 (Metz, M.H, 1988).

규정과 기준들이 첫 번째 교육혁신의 물결 동안 수많은 변화를 시도하기 위해 형성되었다. 규정과 기준의 명문화는 교사들의 자의적인 변경을 막을 수 있기 때문에 표준화된 프로그램과 정책은 거의 자연적으로 높은 질적 수준을 유지하게 해줄 것이라는 가정에 근거하였다. 주 정부는 상세화된 교육 과정 모형 틀을 만들고 조정하였으며, 교사와 학생 평가 프로그램, 과제 정책 수립, 졸업요구조건, 정해진 학업수준을 통과하지 않으면 운동할 수 없는(예를 들어, **축구 또는 야구 부적격자**) 규칙 제정, 학급규모, 수업전개체제, 균일한 수학, 과학 및 영어 요구조건 등등에 관한 것을 정하였다.

부가적으로, 가장 우수한 대학 졸업생 유치를 위해 다른 고용부문과 경쟁하기 위하여, 교육기관의 봉급구조를 개선하였다. 현재 화폐가치로 모든 교사의 평균 봉급을 지속해서 인상하였다.

예를 들어, 1967~1968년에 $7,423에서 1986~1987에 $26,551로 높아졌다. 그러나 1986~1987년의 불변가격으로 계산할 때, 모든 공립학교의 교사(**초등과 중등**) 봉급은 1967~1968년부터 1984~1985년까지의 인플레이션을 감안하면 실제 봉급은 $24,275로 낮아진다(National Center for Educational Statics, p. 72). 비록 봉급이 증가하였다고 하지만, 문제는 근본적인 해결책이 되지 못한다는 점이다. 1985~1986년의 평균교사봉급은 $25,240이지만, 이는 배관공의 봉급($23,500)보다 조금 높고, 우편배달부($26,232)의 봉급보다 조금 낮다(Darling-Hammond, L. and Berry, B., 1988, p. 39).

수업의 질을 향상하기 위하여 성과급, 경력제, 멘토 교사, 직원능력차이 같은 성과중심보수체계를 도입하였다. 역사적으로 교사노동조합은 이러한 유형의 프로그램들이 교사들 간의 경쟁에서 제로섬 게임을 일으킨다고 보기 때문에 심각한 문제를 일으켰다. 가치 있는 화폐량은 고정되어있기 때문에 어떤 교사들이 많이 받으면, 다른 교사들은 반드시 상대적으로 적게 받게 된다. 성과중심보수체계에 관한, Rand 회사연구에서는 다음과 같이 결론을 내렸다.

성과중심보수체계는 70년대에 잠깐 나타났다가 사라졌다. 역사적으로, 대다수 체제에서 성과중심보수체계 적용이 5년 안에 실패로 끝났다. 그 이유는 주로 훌륭한 수업, 행정적 문제, 그리고 불충분한 자금 등을 판단하는 데 그것이 부적절한 방법이었기 때문이다(Darling-Hammond, L. and Berry, B., 1988, p. 54).

흥미 있는 적절한 사례는 성과급이 될 것이다. 이러한 계획 대부분은 체제를 믿지 못하는 교사들과 정치적 논란을 일으킴으로 인하여 1980년대 중반에 취소됐다. 사실상 1985년과 1986년에 Florida의 교사들은 주 정부의 성과급 프로그램 삭제로 교육적 헌신에 따른 성과급을 받지 못했다(Newsweek, 1988).

상당수 주가 교육혁신운동을 통해 높은 질의 교사들을 충원하고자 하는 입장을 취하였다. 교사지망생들은 전통적으로 SAT 시험에서 평균점수가 전문직에서 가장 낮은 등급에 속해 있었다. California도 이러한 문제에서 예외는 아니었다. 1983년에, 주 정부의 신규 교사 중 65%를 교육시킨 California 주립대학은 이들 연수생 중 40%는 기초적인 읽기, 쓰기, 그리고 수학시험을 통과하지 못하였다고 밝혔다(Timar, T. and Kirp, D, 1988, p. 14).

대부분의 주는 구체적인 대학과정의 교과목 이수와 형태를 명시하고, 교사자격증의 요구조건을 규정해 놓았다. 그러나 1977년까지 단지 3개 주가 교사자격증 기준으로서 교과능력 시험제도를 위임받고 있었다. 1988년에 44개 주가 기초기능, 전문지식, 그리고 교과 영역지식에 관한 능력 시험을 위임받게 되었다(Education Week, 1989).

주의 교사지망생에 대한 능력 시험은 의도하지 못한 결과를 낳았다. 우선 몇몇 주들, 득히 Sunbelt 지역의 주들은 심각한 교사부족을 겪게 되었다. 결국, 이러한 결과는 잠정적인 자격증 부여 또는 심지어 탈락점수의 저하 같은 허점을 드러내게 되었다.

두 번째 의도하지 않은 결과는 전문직을 배척하는 소수의 교사에 의해 영향을 받았다. 예를 들어, Louisiana에서 교사시험프로그램은 1978년에 시작되었다. 첫해에는 교사시험 응시자의 31%가 흑인이었다. 4년 후에는 단지 13%만이 흑인이었다(Darling-Hammond, L. and Berry, B., 1988, p. 28). 1984년 Texas에서 무자격 후보자들을 구별해내기 위해 사전 전문직 기능 시험을 실시하였다. 대략 흑인의 78%, 히스패닉 66%, 앵글로색슨 27%가 시험을 통과하지 못했다(Education Week, 1985). 교사능력 시험은 상당수의 주에서 시험근거의 편견이나 직무 관련성 결핍 등으로 소송이 걸렸다.

교사자격증의 갱신은 교실수업의 질을 향상하는데 중요한 역할을 맡고 있다. 전통적으로 대부분 주에서 한번 교사자격증을 취득하면, 부가적인 학문연구가 요구되지 않았다. 이제는 상당수의 주가 종신교사자격증을 허용하지 않고 있다. 32개 주는 주기적으로 부가적인 대학수업 또는 직무연수를 통해 교사자격증을 갱신하도록 요구하고 있다(Darling-Hammond, L. and Berry, B., 1988, p. 10).

'위에서 아래'로의 교육혁신 접근방법은 강력한 책임감을 수반하였다. 이러한 강조는 첫 번째 물결의 끝은 아니며 10년간 계속됐다. 전 교육부장관, William Bennett은 책무성이 공립학교를 위해 어떤 의미가 있는지에 대해 정의하는 것을 곤란해했다.

성공이나 실패하지 않은데 따른 보상이 이루어진다. 반면에 계속 실패하는 학교는 폐쇄하고 이들 학교의 인사를 교체한다. 무능한 교사를 퇴출시킨다. 자신들이 무엇을 해야 할지 걱정하지 않는 나이 든 교장들을 퇴출한다. 그 대신 사람들이 비전에 헌신하도록 한다(Education Week, 1987).

몇몇 주들은 시험점수, 중도탈락률, 학급규모, 교육 과정과 재정 같은 요인들을 고려한 '성과중심' 책무성 체제를 채택하였다. 만약 지역학구들이 기대 이하의 성과를 나타낸다면, 교육감과 학교장은 교사들을 해고하거나 전보시킬 수 있다. 극단적인 경우에 주 정부는 학구에 대해 '교육파산'을 선언할 수 있으며, 주 정부가 그 학구를 통제하게 된다. 흥미로운 접근방법으로 Florida의 Dade Country에서는 학구의 교육파산을 다루는 전문기술을 지닌 '특수 기동대'를 개발하였다. 이 팀에는 다른 학구의 학교장, 외식사업인사, 기업관리자, 교육 과정전문가. 그리고 지역교육감이 학교개선 프로그램의 발전과 이행을 위해 반드시 필요하다고 여기는 사람들이 포함된다(Education Week, 1988).

첫 번째 교육혁신 물결의 결과

1980년대 교육혁신의 첫 번째 물결은 주로 주 정부에 의해 '위에서 아래'로 진행되었다. 교육현장의 흐름이 견고한 배와 같이 됨에 따라, 그 배에 승선한 선원들이 더 많아지고 계약조건은 더 엄격해졌다. 1986년 주 교육위원회 조사에 의해 보고된 엄격한 학업프로그램 기준은 다음과 같다.

- 45개 주에서 고등학교 졸업 요구조건이 늘어났다.
- 42개 주에서 수학 요구조건이 늘어났다.
- 34개 주에서 과학 요구조건이 변하였다.
- 26개 주에서 사회적 연구 요구조건을 조정하였다.

- 15개 주에서 학교 입학 연령이 변화되었다.
- 6개 주에서 수업일수를 늘였다(Pipo, C, 1986, p. 1).

Tom Timar가 지적한 바와 같이 1980년대 중반에 위로부터 시도되는 혁신이 실제적인 교수·학습활동이 이루어지는 학교에 효과적으로 침투되지 못하고 있다는 각성이 싹트기 시작했다.

> 주 수준의 정책결정자들이 도출할 수 있는 레퍼토리는 제한되어 있다. 그들은 교사자격, 교과서 채택, 교육 과정의 수준과 균등 등과 같은 거시정책을 관리하지만, 일상적인 학교운영에 관한 통제는 제한을 두고 있다. 주 정책은 통제할 수 없는 것을 변화시킬 수는 없다(Timar, T., 1989, p. 5).

1980년 중반에 첫 번째 물결이 사라지지는 않았다. 그러나 강력한 두 번째 물결이 첫 번째 물결을 덮쳤다. 여러 방향에서 동시에 교육체제에 새로운 바람을 불러일으켰다.

두 번째 교육혁신 물결:1986~1990년

첫 번째 교육혁신의 물결이 교육문제로서 교사들에 대한 자질 향상에 주어졌다면, 두 번째 교육혁신의 물결은 교육문제해결을 위해 교사들에 대한 권한부여에 주어졌다. 초기 교육혁신에 대한 비판은 주에서 위임된 교육기준들과 규정된 교육활동의 내용과 형태의 증가에 주어졌다.

비판적으로 사고할 수 있는 학습자를 만들기에는 너무 엄격하고, 너무 수동적이며, 너무 기계적 암기를 지향하고 있고, 종합과 변환, 경험과 창조 등은 1960년대로 다시 돌아가 진보주의 시대의 교육이념들과 실제로 똑같다(Darling-Hammond, L. and Berry, B., 1988, p. 9).

1980년 중반에 발표된 일련의 교육혁신 보고서들은 미국 교육의 개선이라는 도전에 새로운 초점이 주어지고 있음을 밝히고 있다. '아래로부터 위로'의 교육혁신 접근방법은 가장 영향력 있는 보고서에서 공통된 강조점이었다(The Holmes Group, 1986). 즉, 실제로 효과를 거두기 위해서는, 변화의 시도가 특수한 지역요구조건을 고려하고, 지역수준에서 시작돼야만 한다는 것이다.

보고서는 교사들이 사회의 가장 어려운 과업을 부여받았지만, 그것을 해결할 수 있는 권위를 갖지 못하였다는 점을 강조하였다. 효과적인 교수·학습활동은 지능, 자발성, 통찰력, 개인적 이해, 사랑과 인내 등의 복합한 결합으로 이루어진다. 규칙은 특히 학습을 자유롭게 해주기보다 원거리서 통제하며 학습 과정을 제약한다. 두 번째 교육혁신 물결은 첫 번째 물결과 달리, '교사들을 관리하기보다 오히려 교사들에게 권한을 부여하는' 교육혁신을 강조한다(Johnson, S., 1989, p. 95).

권한부여는 교사들에게 더 많은 자율성을 부여하고 자신들의 직무수행을 위해 훈련, 신뢰, 그리고 대학에서의 연수기회 등을 통해 전문적 지위 신장을 위한 노력을 하도록 요구한다. 즉, 교사들을 공장의 근로자와 같이 취급하지 않고 무엇을, 어떻게, 언제 할지를 결정하는 자율적 존재로서 본다.

아직도 학교 수준에서는 어느 정도의 권한부여를 해야 할지를 상당한 논쟁이 야기되고 있다. 행정가들은 흔히 교사들은 그들에게 직접적인 관계가 있는 의사결정만을 내리고자 하며, 필요한 경우에 직원을 해고해야 하는 것 같은 '곤란한' 결정을 내리기를 원치 않는다고 말한다(Brandt, R., 1989, p. 378).

따라시 권힌부여 개념은 두 빈째 교육혁신의 물결을 일으키는 데 있어 핵심적인 개념으로 자리 잡았으며 교육 분야에 종사하는 모든 교사와 학교인사들에게 강력한 영향력을 미치게 되었다.

▮ 학교단위책임경영(School-based Management)

교사들에게 권한부여가 이루어지면서 학교단위책임경영(SBM)이 도입되었다. SBM의 전제는 Carnegie 재단에 의해 잘 서술되어있다.

도시학교의 과도한 집중과 관료적 통제는 끝났다. 효과적인 분산리더십이 중요해졌다. 모든 학교는 창의적인 학교목적에 부응하기 위하여 자유와 융통성을 발휘할 수 있어야 하며, 무엇보다도, 학생들의 필요에 부합해야만 한다(Carnegie Foundation, 1988).

학교단위책임경영은 의사결정권한의 이동이나 최소한의 방식으로 의사결정을 내리는 것을 포함한다. 다양한 SBM 모형들이 1980년대에 국가 전역에서 나타났지만, 그 가운데 네 가지 모형이 핵심매개변수들을 설정하는 데 유용하였다.

네 가지 학교단위책임경영의 모형이 교육혁신을 위한 접근방법으로 학구에 소개되었다. 네 가지 모형의 핵심전략은 학교장과 교사 및 학부모위원들로 구성된 지역학교위원회의 창설이다. Dade Country, Florida, East Baton Rouge, 그리고 Louisiana에서 교육혁신이 일련의 시범학교 선정을 위한 교육위원회의 정책을 통해 자발적으로 시도되었다. 새롭게 창설된 지역학교위원회는 단지 자문적인 역할만을 하므로 공통적인 목적을 향한 교사−행정가의 자발적인 협력이 성공의 열쇠가 된다. 즉, 어떠한 의사결정권한도 교사−행정가들의 협력으로 넘겨져야 한다.

Dade Country 모형은 예산, 직원, 그리고 학업프로그램에 관한 문제들을 포함한 연구를 통해 교사들의 '리더십 순환(일본 회사의 질 순환을 모형화 함)' 과정을 형성하였다. 교사들이 리더십 순환에 기여하는 시간은 그들의 일상적인 업무에 포함된 요인은 아니지만 '숨어있는 것을 드러내도록' 하는 것이다(Coghran, J. and Provenzo, E. Jr, 1989).

East Baton Rouge 학구는 모든 학교에 입학등록을 할 수 있는 자유입학 프로그램을 SBM에 연계하여 30년 이상 법정소송에 휘말려 있는 학구에 따른 종족 간 불균형 문제를 종결짓고자 하였다(Education Week, 1988).

Chicago 모형에서는 새롭게 창설된 위원회는 주입법의 산출물이다. 따라서 과거로의 다리는 과거의 제도로 복귀를 허용하는 어떠한 시범 프로젝트도 행해지지 않았기 때문에 사라져 버렸다. Dade County와 East Baton Rouge 모형과 달리, 진실한 의사결정권한은 Chicago 학교위원회로 넘어갔다.

각 위원회는 학교예산을 배분하는 데 권한을 지니고, 학교장의 임용과 해고 같은 학교개선의 노력에 권위를 가졌다. 새로운 법률하에서, 1990년 Chicago 학교장들의 1/2이 종신직위를 잃었고, 1991년 나머지 1/2이 종신직위를 잃었다. 위원회는 4년간의 업무수행 계약을 받아들인 학교장들을 선정하였다. 목표한 변화를 불러오지 않는다면, 학교장들은 그에 따른 책임을 지고 물러나야 한다. 교장노조는 이러한 SBM 접근방법은 학교장의 교육지도자 역할을 정치가의 역할로 바꾸는 것이라고 강력하게 항의하였다(Education Week, 1989).

Los Angeles의 SBM 모형은 교육위원회와 교사노조 간의 협상에 따른 결과물이다. 새롭게 창설된 위원회는 그들에게 전환된 의사결정권한을 행사할 수 있지만, 단지 특정한 계약기간 내에서만 가능하다. 위원회는 이전에 행정가들에 의해 이루어진 재량기금 배분과 수업시간표 같은 것에 대한 의사결정을 할 수 있다. 그러나 위원회는 학교행정가를 고용하거나 해고하는 권한을 갖지 못한다(Education Week, 1986).

요약하면, 네 가지 학교단위책임경영은 학교혁신이 서로 다른 방법에 의해 이루어질 수 있다는 것을 설명해주고 있다. 학교위원회 정책, 주 입법 및 협상계약 등에 의해 이루어질 수 있다. 이들 각각은 학교위원회(Chicago에서는 학부모, LosAngeles에서는 교사)를 형성하는 데 배후의 추진력이 되고 위원의 수를 투표를 통해 통제함으로써 자신들의 지배력을 보증 받는다. 교육위원회 정책에 의해 위원회를 설립한 두 학교체제에서, 위원회는 단지 자문적 능력만을 행사할 수 있다.

학교단위책임경영의 배후권력 모형 또는 동료적 자문모형이 미국교육의 질을 향상할지 여부는 시간이 말해줄 것이다.

2 규제 완화(Deregulation)

규칙을 변경하지 않고 교육프로그램을 혁신시키려 하는 학교는 부두에 견고하게 묶어 둔 밧줄을 풀지 않고 석양 속으로 항해를 시도하려는 보트 운항과 같은 경우이다. 교육혁신을 바라는 정부 관료들과 교육자들은 더 많은 규제 완화가 이루어져야 한다고 주장한다.

몇 가지 규제 완화를 위한 접근방법이 제시되었다. 예를 들어, Bush 행정부는 더욱 높은 책무성 수준에 대한 보상으로서 연방과 주 정부의 지원에 대한 신뢰를 제공한다. Memphis 학구에서 규제 완화는 실패와 빈곤의 악순환 속에서 고심하는 특정학교의 교장들이 교육감에게 직접 보고할 수 있게 하려고 중간관리층을 없애는데 주어졌다.

South Carolina에서 특정한 규제 완화 지위를 누리기 위해서는, 학교들이 비교적 높은 사회경제적 특성들을 지닌 상위 1/4의 학교들에 속할 수 있는 표준화 시험점수를 획득해야만 한다.

어떠한 규제 완화가 이루어지든 간에, 두 번째 교육혁신 운동은 많은 경우에 같은 비용으로 더 많은 교육이 가능하다는 견해를 받아들이고 있다.

❸ 선택(Choice)

1980년대 말에, 자유입학의 학교선택권은 교육혁신의 이미지로서 자리 잡았다. 최초로 Minnesota 주에서 학교선택권이 부여되고 이어서 15개 주가 이를 받아들였으며 다른 주들도 그들 자신의 계획을 발전시켜 학교선택권을 채택하였다. Bush 행정부는 학교선택권을 제안하면서 교육에 자유시장원리를 적용해야 한다고 주장하였다. 좋은 학교는 나쁜 학교를 몰아낼 것이며, 학부모들은 그들의 자녀를 높은 질적 수준을 지닌 학교로 보낼 수 있다. 나쁜 학교는 학생 수 부족과 재정지원 감축을 겪게 되므로 교육방법을 바꾸거나 도태되어야 한다.

현재의 제도에서는 나쁜 학교들은 변화를 위한 어떠한 인센티브도 갖지 못하게 되어 있다. 질적 수준이 낮은 학교들은 임명된 교사들이 빈약한 프로그램을 운영하고 변화를 위한 의지도 갖추고 있지 않다고 가정한다.

학교선택권에 대해 회의론자들은 선택이 어떤 결과를 초래할지 궁금해한다. 가령, 높은 성취의 학교들은 낮은 성취의 학생들과 위기에 처한 학부모들 그리고 소수계 인종의 학생들 입학을 교묘하게 차단하고 학교선택권의 이익을 얻지 못하게 하며, 운동선수들이 더욱 강력한 운동프로그램을 지니고 독자적인 학업프로그램을 운영하는 학교로 전학하는 것을 어렵게 하고, 학습장애나 행동문제를 지닌 학생들을 학교에서 받아들이는 것을 꺼리거나 받아들일 준비가 되어있지 않을 수 있다.

세 번째 교육혁신 물결 : 1991년 이후

　1980년대 후반에는 개혁 운동의 본질이 바뀌고(Vinovskis, 1999), 개혁 활동이 두 번째 흐름이 시작되었다. 1989년에 National Governors' Association과 그 당시 대통령이었던 George H. Bush는 Charlottesville Education Summit에서 회동하였다. 회의의 중요한 결과는 여섯 가지 국가 교육 목표(National education goals)의 설정이며, 이는 1994년 Educate America Act(P. L. 103-227)에 의해 작성된 Goals 2000 프로그램에서 여덟 가지로 확대되었다. 이러한 여덟 가지 목표는 표 9.1에 제시되어 있다.

　1980년대의 교육개혁 노력은 일반 대중의 관심을 교과학습에 초점을 두게 하였지만, 새로운 정책들은 단편적이고, 일관성이 부족하며, 수업내용 및 방법의 변화를 위한 노력은 거의 없었고, 교사들을 수용하지 못했으며, 학습 및 성취도와 직접 관련된 요인들을 경시했다는 강한 비난을 받았다[Fuhrman, Elmore, and Massell(1993), Smith and O'Day(1991), Vinovskis(1999)]. 이러한 단점에 대한 반응으로, 1990년대에는 학교개혁의 세 번째 흐름이라 불리는 방안이 확고하게 자리 잡게 되었다. '체계적 개혁'으로 알려진 이러한 접근방법은 여러 학교 관련 요인들의 전반적인 변화와 동시에 일련의 명확한 결과를 토대로 한 정책 통합 및 일관성 확보 등 두 가지 대표적인 주제로 이전의 개혁 활동의 물결

표 9.1 국가교육목표

목표1: 학습준비	미국의 모든 어린이들은 학습 준비가 된 상태에서 입학을 할 것이다.
목표2: 학교 졸업	고등학교 졸업률은 적어도 90%에 이르게 될 것이다.
목표3: 학생의 성취도 및 시민의식	모든 학생들은 4학년, 8학년과 12학년을 마칠 때 영어, 수학, 과학, 외국어, 정치와 행정, 경제, 미술, 역사와 지리 등을 포함한 도전적인 교과목에서 능력을 입증해야 하며, 미국 내의 모든 학교들은 책임감 있는 시민이 되고, 계속 학습을 하는 동시에 생산적인 직업을 가질 수 있도록 하기 위해 모든 학생들이 자신의 의지를 적절하게 사용하는 것을 배울 수 있도록 해야 한다.
목표4: 교사 교육 및 전문성 신장	전국의 교사들은 계속적으로 자신들의 전문적 기술을 개선시키기 위한 프로그램에 참여하고, 미국의 학생들에게 21세기를 대비하여 가르치고 준비시키기 위해 필요한 지식과 기술을 습득할 기회를 가져야 한다.
목표5: 수학과 과학	수학과 과학 성취도의 경우 미국의 학생들이 세계에서 가장 높은 점수를 받을 것이다.
목표6: 성인의 문맹률과 평생 학습	모든 성인들은 문자를 해독할 수 있고, 세계 경제에서 경쟁하는 데 필요한 지식과 기술을 가지며, 민주 시민으로서의 권리와 책임을 행사하게 될 것이다.
목표7: 안전하고, 질서가 유지되며, 음주 및 약물중독이 없는 학교	미국 내의 모든 학교에서는 약물중독, 폭력, 불법 무기 소지 및 음주가 사라질 것이며, 학습을 조장하는 질서있는 환경을 제공할 것이다.
목표8: 학부모의 참여	모든 학교는 학생들의 사회적, 정서적 및 학업적 성장을 촉진하기 위해 학부모들의 관여와 참여를 증대시키는 동반자 관계를 조장할 것이다.

을 통합시키려고 시도하였다(Fuhrman, Elmore, and Massell, 1993). 세 번째 교육개혁 흐름 하에서, 교육개혁에 관한 집중이 실질적으로 증가되었고, 이러한 높은 관심은 오늘날에도 계속되고 있다. '책무성', '학업성취', '성취기준', '평가', '고부담 검사', '교사의 질', 그리고 '학생 중도 탈락률' 같은 용어들은 교육자, 정책결정자, 기업체 지도자, 그리고 일반 대중들에게 보편화되었다. 즉, 체계적이고 전체적인 교육개혁이 학교 개선과 관련된 용어를 지배하게 되었다.

1 America 2000

'America 2000'에서 제시하고 있는 주요 전략은 새 국가시험 및 전국적인 새로운 기준 채택, 학부모의 학교 선택권 제고, 연방정부가 임명하는 새 연구감독기구의 설치, 그리고 영어, 수학, 과학, 역사, 지리 과목의 강조 등이다. 이러한 전략들의 밑바닥에 깔린 생각은 한편으로는, 현재 교육을 거의 독점하고 있는 공립학교를 소비자의 판단에 따라 선택할 수 있는 개방된 시장경제체제같이 자연스럽게 서로 경쟁하도록 유도하자는 것이다. 그리고 다른 한편으로는, 전통적으로 미국 사회의 장점으로 인정받았던 자율성, 다양성 등의 가치를 약간 훼손하는 일이 있더라도 국가경쟁력의 신장이라는 측면에서 가장 중요하다고 판단되는 전략과목들에 대해 의도적으로 집중하여 관리하고 지원하겠다는 것이다. 특히 1960년대부터 강조됐던 교육기회의 평등이나 재정 지원의 공정성을 기하기 위해 경제적, 인종적인 측면에서 소외되거나 열등한 집단에 대해 더 많은 배려를 하기보다는 잘하는 집단을 더 잘하도록 지원을 확대해 주는 방향으로 정책의 방향이 크게 바뀌었으며, 이는 모두 교육의 수월성을 추구하기 위한 시도였다.

'America 2000'의 중심 실천사인 주시사들은 'America 2000'의 아이니어를 시시하는 개인이나 단체 또는 조직을 묶어서 'America 2000 Communities'를 만들어 이를 지원하였다. 여기에는 지역의 행정책임자와 상공회의소들이 재정적인 후원자로 깊이 참여하고 있으며, 이 제도의 도입 초기인 1992년 10월까지 전국적으로 1500여 개의 'America 2000 Communities'가 생겼다. 예를 들어, 어떤 지역에서는 이 기구에서 2달러를 모으면 행정기관에서 1달러를 지원하는 등의 상응 기금(matching funds)제도를 도입하여 지원하였다.

'America 2000'은 하나의 국가교육발전전략이며, 연방정부의 프로그램이 아니다. 그러므로 주 정부나 지방 정부의 교육혁신을 위한 주도적인 역할을 존중하며, 더 나아가 진정한 교육혁신은 지역사회별로 그리고 학교별로 일어나는 것임을 적극 인정하고 있다. 여기서 가장 강조되는 정신은 학교와 지역사회의 유대강화를 통해 교육혁신을 도모하는 것이다.

❷ 21세기 학교 프로그램

'21세기 학교 프로그램'은 'America 2000' 계획의 하나로서, 전국적으로 광범위하게 경쟁을 거쳐서 1990년부터 선정된 학교에 대해 재정적 지원을 하기 시작하였으며, 1992년에 마지막 학교들이 선정되었다. 이 프로그램은 학교당 연간 25만 달러씩 3년간 재정지원을 하며, 선정된 42개 학교에 대해 3년간 약 3천만 달러가 지원되었다. 이 프로그램은 그 당시 수행된 교육혁신 프로그램 중에서 내용적으로는 자유시장경제의 논리를 적용한 가장 혁신적이었으며, 재정 면에서도 가장 큰 규모를 지녔다.

'21세기 학교 프로그램'은 혁신적이고 과감한 교육프로그램을 구안하고 실천할 수 있는 모험을 강행할 교육사업가를 찾으려 하였다. 즉, '21세기 학교 프로그램'의 목적은 교육벤처사업가를 배출하는 것이며, 이를 위해 사용된 재원은 교육 분야의 벤처자본이라 할 수 있다. '21세기 학교 프로그램'이 기대하는 결과는 프로그램에 참가한 학교들을 새롭고 효과적인 벤처학교로 만드는 것이다. 따라서 대상학교 선정과정에서 가장 중요하게 고려한 것은 학교의 변화를 위해 아이디어를 내고 그것을 집행할 수 있는 사람을 찾는 것이었다. 그러므로 지원자들은 자신들의 계획이 어떻게 그들의 교육구와 주, 나아가 국가 전체에 일반화될 수 있는지에 대해서 그 내용을 지원서에 쓰도록 하였고, 이를 중요하게 고려하여 대상학교를 선정하였다.

'21세기 학교'의 선정에서 학교에 요구한 것은 '한 사람의 기업인이 고객의 요구를 충족시키기 위해 어떻게 할 것인가'를 생각하면서 학교 교육 발전계획을 세우도록 한 것이다. 이것은 완전히 '고객 만족정신'을 학교 교육에 적용한 것이다(Gerstner, 1994, p. 20). 그러므로 '21세기 학교'는 이미 정해진 특정한 프로그램이나 혁신을 요구하거나 받아들이지 않았다.

모든 벤처 사업가들과 같이 이런 과감한 아이디어의 일부는 실패할 것이라 예상할 수 있다. 실제로 2개 학교는 그들의 아이디어를 전혀 실천하지 못했으며, 일부 학교는 학생들의 학업성취에 전혀 영향을 미치지 못하였다. 하지만 '21세기 학교'의 상당수는 많은 변화를 가져왔고, 학교운영을 방법을 바꾸었으며, 학생들의 학업성취와 기술향상을 가져왔다(Gerstner, 1994).

'21세기 학교 프로그램'의 기본철학은 규제에 의한 혁신은 실패하기 때문에 공립학교가 성공하기 위해서는 규제를 철폐해야 한다는 것이다(Gerstner, 1994, p. 21). '21세기 학교'의 기본적인 입장은 학교 교육의 책무성을 높일 방법은 시장의 기제(market mechanism)가 작동하도록 학교 교육의 운영체제를 바꾸는 것이다. 따라서 관료적인 학교체제에서 벗어나 시장에서 고객 만족을 위해 노력하는 것과 같은 방법으로 나아가야 한다는 것이다. '21세기 학교 프로그램'의 철학은 수요와 공급의 기본적인 선택을 존중하고, 새로운 아이디어와 기술도입을 강조하며, 학생과 학부모의 요구를 만족시키고 주와 지방 학구의 관료적 통제보다는 학교운영위원회에 학교운영에 대한 모든 권한과 책임을 부여하는 데 있다.

'21세기 학교 프로그램'의 목적은 '학생들의 학력향상'에 있다. 프로그램의 목적은 참가한 학생들의 행동변화나 지역사회의 만족감이 향상되는 것을 중요하게 고려하지만, '학생들의 학력향상'을 가장 중요한 목표로 여긴다. 우리나라에서는 교육혁신의 목적을 창의성 교육이나 인성교육에 두고 있는 데 비해 대조적으로 미국에서는 학력향상에 목적을 두고 있다.

'21세기 학교 프로그램'의 운영방법은 보조금을 교육구에 주는 것이 아니라 학교에 주는데 교장이나 교사에게 직접 주는 것을 특징으로 한다. 그 이유는 교장과 교사가 학생들의 교육을 담당하고 직접적인 책임을 지기 때문이다. 학교에 지원되는 경비에 대해 교육구가 간접비를 떼지 못하도록 하였으며, 보조금이 지급한 후에는 어떠한 명목으로도 다시 반환하지 못하도록 하였다.

'21세기 학교 프로그램'을 운영한 학교들이 취한 전략을 요약하면, 분명한 목표설정, 교장의 지도성 발휘, 유능한 교사 선발, 총체적 질 관리기술(TQM) 적용, 연속수업, 수업일수 증가, 인건비 절감, 학생의 자기주도 학습시간 증대, 학부모와 지역사회와의 의사소통, 학생들의 동료학습 등이 된다.

'21세기 학교 프로그램'의 성공적인 학교 사례로는 Park View 초등학교는 연중 무휴 교육프로그램 운영, Ortega 초등학교는 학부모 보조교사 활용, Piscataquis 지역사회 고등학교는 동기부여 및 성취기준 향상을 위한 확대 교육 과정 제공, Rappahannock 초등학교는 부모의 직장 내 학교에서 계속 교육, New Stanley 초등학교는 다양한 학습 집단 운영 및 동일교사와 장기간 학습하기 프로그램 운영 등이 있다.

❸ 초·중등교육개혁법

미국의 Bush 대통령은 2002년 1월 8일 초·중등교육개혁법(U. S. Department of Education, No Child Left Behind Act of 2001)에 서명함으로써 교육에 대한 연방정부의 관심은 물론 혁신의 방향을 제시하였다. 이 법안은 2001년 1월에 Bush 대통령이 취임 3일 만에 의회로 보낸 것으로, 하원과 상원은 1여 년의 검토를 거쳐 12월에 통과시킨 것이다. 여기에는 Bush 행정부의 교육혁신에 대한 의지가 잘 반영되어 있으며, 미국의 여·야 지도자들과 경제, 언론 등 사회의 지도자들이 적극 지지를 보내고 있다.

이 법안의 주요 목적은 모든 학교가 학생들이 일정 수준의 읽기와 수리 능력을 갖추도록 교육함으로써, 어떤 학생도 기초학력에 뒤처지지 않도록 하기 위한 것이다. 이것을 실천하는 방법은 주 정부로 하여금 독자적인 성취목표를 설정하고, 각각의 교육구와 학교들이 이를 달성하도록 하며, 이를 충족시키면 보상하고 그렇지 못하면 조치를 하는 것이다. 이 과정에서 학생과 학부모에게 학교선택권을 행사할 수 있도록 허용함으로써 교육구와 학교가 스스로 변하지 않으면 안 되도록 하는 장치를 마련하고 있다.

이와 같은 법안이 나오게 된 배경에는 대도시 주변의 학교에 다니는 빈민과 소수인종 자녀가 보여주고 있는 문맹에 가까운 학력수준과 그와 관련된 문제들을 개선하지 않고서는 미국의 미래를 낙관하기 어렵다는 판단이 자리 잡고 있다. 따라서 각 주 정부는 앞으로 저조한 학력수준과 마약, 폭력의 위험 속에 있는 학교를 개선하여 적절한 교육을 제공하던지, 아니면 학생과 학부모가 선택하는 다른 학교로 옮길 수 있도록 해 주고 필요한 재정을 지원해 주어야 한다. 이것은 대도시의 황폐해진 학교에 갇혀 있을 수밖에 없었던 빈민 흑인 자녀에게 학교를 떠날 수 있도록 해 주었으며, 더 나은 학교에 다닐 수 있는 길을 열어 준 것이다. 그리고 주 정부가 정한 수준의 읽기와 수리 능력을 교육시키지 못하는 학교는 결국 문을 닫을 수밖에 없게 되는 것이다.

미국의 대표적인 교원단체인 미국교육협회(NEA)와 미국교사연맹(AFT)도 교육개혁법에 대해 수용과 환영의 뜻을 표시하고 있는데, 이는 1991년의 'America 2000'이 발표된 당시와는 달라진 학교혁신의 사회적 요청을 받아들이지 않을 수 없음을 보여주는 것이다.초·중등교육개혁법이 추구하는 가치는 책무성, 선택, 그리고 융통성이며, 이 가치들은 대체로 경제적 효율성을 강조하는 것이다. 그 내용은 교육결과에 대한 학교의 책무성 강화, 학생과 학부모의 학교선택 범위확대, 주와 교육구, 학교의 예산 사용의 융통성 허용 등이다. 초·중등교육개혁법은 'America 2000'과 기본적인 철학과 방향은 같지만, 내용상으로 'America 2000'보다 매우 제한적이고 집중적이라는 것이다. 그동안 'America 2000'이 많은 것을 추구하려고 하였지만 하나도 제대로 성취하지 못한 것에 대한 경험을 바탕으로 한 것이므로 초·중등교육개혁법은 실현 가능성이 상당히 높다고 할 수 있다.

그러나 미국의 연방정부는 교육에 대해 법적인 권한과 책임이 없으며, 학교 교육에 대한 모든 권한과 책임은 주 정부에 있다. 연방정부는 부유한 주로부터 가난한 주에 이르기까지 학생교육비의 약 5% 정도에서 20% 정도까지 부담하고 있다. 가난한 주의 입장에서는 이 지원이 매우 유용하지만 부유한 주에서는 큰 비중을 차지하지 않기 때문에 연방정부의 요구를 얼마나 충실하게 따를 것인지 의문시된다. 그렇지만, 초·중등교육개혁법은 '21세기 학교'가 추구하는 학교의 자율적 운영을 보장함과 동시에 학생과 학부모의 학교선택권 행사를 그대로 반영하고 있다. 그리고 주 정부가 정한 기준을 충족하지 못하는 학교에서 학생들이 떠날 수 있도록 함으로써 권한과 책임을 강조하는 시장의 원칙을 잘 반영하고 있다.

■4 다양한 유형의 혁신학교

'21세기 학교' 외에도 학교 교육 혁신을 위해 현장경영학교(on-site management schools), 매그네트학교(magnet schools), 협약학교(charter school), 바우처학교(voucher schools), 그리고 민영화 학교(privatized schools) 등이 도입되었다. 현장경영학교, 매그네트학교, 그리고 협약학교는 공립학교의 틀을 그대로 유지하면서 학교의 교육내용이나 운영방법을 달리함으로써 교육의 질을 향상하려고 노력하고 있으며, 바우처 학교는 공립과 사립을 동등한 입장에서 지원하여 교육의 질을 높이려는 취지를 반영하고 있다. 그리고 민영화 학교는 공립학교를 민간인이나 회사에 운영을 맡겨 교육의 질을 개선하고자 한다.

다양한 혁신학교들은 '21세기 학교'의 자유와 선택, 권한과 책임을 중시하는 특성을 잘 반영하고 있다. 다양한 유형의 혁신학교들에 대한 자세한 비교를 통해 그 차이를 고찰해 보면 표9-2와 같다.

표9-2 미국의 다양한 유형의 혁신학교 상호비교

내　용	현장경영학교 (on-site management schools)	매그네트학교 (magnet schools)	협약학교 (charter school)	바우처학교[1] (voucher schools)	민영화 학교 (privatized schools)
지향 가치	자율과 경쟁	자율과 경쟁	자율과 경쟁	자율과 경쟁	자율과 경쟁
운영 주체	교장과 교사	학교의 교육구	교사, 학부모, 민간회사 등	학교와 교육구	민간회사
운영 방법	공립학교와 같음	특수목적학교와 같이 운영함	교사, 학부모, 그리고 행정가가 스스로 위원회를 만들어 운영	변화 없음	사립학교와 같음
권한과 책임	학교 운영에 대해 권한을 행사함	공립학교와 같음	학교운영에 대해 권한과 책임을 동시에 행사함	현재와 같음	사립학교와 같음
학생의 학교 선택	할 수 없음	할 수 있음	할 수 있음	할 수 있음	할 수 있음
학교 선택의 범위	공립학교	공립학교	공립학교	공립, 사립학교	공립사영학교[2]
학교의 학생 선택	할 수 없음	할 수 있음	할 수 없음	할 수 있음 (사립의 경우)	할 수 있음
교육 과정 운영	공립학교와 같음	전문화 된 교육과정 운영	공립학교와 다소 다를 수 있음	변동 없음	공립학교와 다소 다를 수 있음
등록금	부과하지 못함	부과함	부과하지 못함	공립학교는 부과하지 못하지만, 사립학교는 부과함	부과함
재정 지원	일반 공립학교와 같음	일반 공립학교보다 더 많이 지원 받음	일반 공립학교와 같음	주 또는 지방교육구가 바우처에 정해진 규모를 해당 학교에 지원함	사립학교와 같음
학생 학업성취에 대한 책무성	학생들의 학력 향상에 대해 보고하지 않아도 됨	학생들의 학력 향상에 대해 보고하지 않아도 됨	학생들의 학력 향상에 대해 보고하여야 함	학생들의 학력 향상에 대해 보고하지 않아도 됨	학생들의 학력 향상에 대해 보고하지 않아도 됨
교원노조와의 관계	공립학교와 같음	공립학교와 같음	공립학교와 같음	현재와 같음	사립학교와 같음

자료: Danny Weil(2000), Charter Schools: A Reference Handbook, Santa Babara, CA: ABC CLIO. pp. 7–12.

1) 바우처학교: 바우처제도의 대상이 되는 학교. 다른 학교와 구별할 수 있는 특성이 있는 것은 아니다.
2) 공립사영학교: 설립은 공립이지만, 운영은 민간이 하는 학교를 말한다.

결 론

미국의 교육혁신에서 핵심은 다양한 유형의 혁신학교를 도입하고 학생과 학부모들에게 학교선택권을 부여하는 것이다. 학생과 학부모의 수준이 다양하고, 그들의 요구나 취향도 다르므로 거기에 맞춘 다양한 학교를 제공하는 것은 교육적으로 적절하며 당연한 일이라고 여기는 것이다. 특히 초·중등교육법(No Child Left Behind Act of 2001)을 통해 경제적인 능력 부족으로 전학할 수 없는 학생들에게 다른 학교로 갈 기회를 마련해준 것은 상당히 획기적인 일이었으며 학부모들로부터 많은 지지를 받았다.

미국과 우리나라의 교육혁신에서 공통으로 추구하는 바는 경제적 효율성의 증대이다. 이를 위해 학교운영에서 자율과 경쟁을 가장 중요한 가치로 여긴다. 그러나 미국과 우리나라의 차이점은 미국은 학교에 자율권을 주고 학생들의 학력 신장을 위해 학교 간에 경쟁을 유도하고 있지만, 우리나라에서는 학교에 자율권을 부여해 주지 않고 경쟁을 시키고 있다는 점이다.

미국에서는 학교운영의 권한과 책임을 운영 주체(교장, 교사, 학부모 등)에게 부여함으로써 학교는 운영 주체를 중심으로 자율적인 학교운영이 이루어지고 있다. 미국의 교육혁신은 '아래로부터 위로'의 혁신을 추진한다. 이러한 교육혁신의 결과, 학력수준과 다른 요건들이 주 정부의 기준에 미달된 상당수의 공립학교가 폐교되었지만, 반면에 새로운 학교모델인 Charter School, Magnet School, Voucher School, Privatized School 등의 다양한 혁신학교들이 설립되었으며, 이들 학교가 성공적인 교육적 효과를 보임에 따라 전국적으로 그 수가 확대되고 있다. 우리나라의 교육혁신에서도 미국의 교육혁신에서 이룬 성공적인 사례를 토대로 단위학교 중심의 '아래로부터 위로'의 교육혁신을 추진할 수 있도록 재정적인 지원을 확대하고 학교운영의 자율성을 더욱 많이 부여해 주어야 할 것이다.

참고문헌

Beare, Hedley and Slaughter(1993), *Education for the Twenty-First Century*, New York, N. Y.: Routledge.

Bodilly, Susan(1996), *Lessons From New American Schools Development Corporarion's Demonstration Phase*, Santa Mouica, CA: RAND.

Bryman, Alan and Burgess, Robert G. (Eds., 1999), *Qualitative Research*, Thousand Oaks, CA: Sage Publications.

Bush, George(1992), " A Revolution to Achieve Excellence in Education", *Phi Delta Kappan*, October, 130, 132-133.

Clinchy, Evans(1991), "America 2000: Reforms, Revolutions, or Just More Smoke and Mirrors?", *Phi Delta Kappan*, November, 210-218.

Education Commission of the states(1996), *New American Schools: An Introducation*, Denver, Colorado: Education Commission of the States.

Elmore, Richard F. and Associates(1991), *Restructuring Schools: The Next Generation of Education Reform*, San Francisco: Jossey-Bass Publishers.

Feintuck, Mike(1994), *Accountability and Choice in Schooling*, Buckingham, Philadelphia: Open University Press.

Gerstner, Louis V. Jr., Semerad, Roger D., Doyle, Denis Philip, and Johnston, William B.(1994), *Reinventing Education: Enterepreneurship in America's Public Schools*, New York, N. Y. Dutton.

Glennan, Thomas K. Jr.(1998), *New American Schools After Six Years*, Santa Monica, CA: TAND.

New American School(1996), *Working Towards Excellence: Early Indicators from Schools Implementing New American Schools Designs*, Arlington, Virginia: New American Schools Development Corporation.

U. S. Department of Education(2002), No Child Left Behind Act of 2001.

Weil, Denny(2000), *Charter Schools: A Reference Handbook*, Santa Barbara, CA: ABC CLIO.

찾아보기

박선하

동아대학교 대학원 교육학박사(교육행정 전공)
인제대학교 및 창원대학교 교육대학원 강사 역임
안산성호중학교 재직

e-mail   baekjo99@hanmail.net

교육행정의 혁신

초판 1쇄 인쇄   2012년 6월 8일

지은이   박선하
발행인   김재홍
책임편집   이은주
마케팅   이연실

발행처   도서출판 지식공감
등록번호   제396-2012-000018호
주소   경기도 고양시 일산동구 견달산로225번길 112
전화   031-901-9300
팩스   031-902-0089
홈페이지   www.bookdaum.com
전자우편   book@bookdaum.com

가격   20,000원
ISBN   978-89-968332-9-1   13370